개정판

정책평가론

-실제와 사례-

박홍윤 · 박규동

도서출판 대영문화사

개정판 머리말

21세기는 평가의 시대이다. 이를 반영하여 2015년에는 유엔과 IOCE(International Organization for Cooperation in Evaluation)가 중심이 되어 '세계 평가의 해(International Year of Evaluation: EvalYear)'를 선포하기도 하였다. 이렇게 평가를 강조하는 배경에는 증거기반 정책결정으로 공공 부문의 성과를 향상하는 데 평가가 중요한 기능을 한다는 것을 반영하고 있다.

이러한 사조에 의하여 우리나라도 평가 공화국이라고 할 정도로 모든 분야에 평가가 일반화되어 있다. 중앙정부와 지방정부에서 매년 수행되는 기관 성과평가부터 정부의 재정지원 사업 등의 사업평가에 이르기까지 평가 이외에 검토, 점검, 분석, 평정, 조사라는 이름으로 행정과 정책과정에 대한 평가가 계속 확대하고 있다. 정책평가는 순수이론적인 분야가 아닌 다양한 학문을 바탕으로 하는 응용 분야라는 면에서 학문과 실제를 이해하기 위해 항상 최신성이 있어야 하나 이 책이 출간된 지 10년이 되어 기본적인 책무를 확보하지 못했다.

뒤늦은 개정판이지만 이 책에서는 그간의 정책평가에 대한 이론과 실제의 변화를 반영하고자 노력하였다. 개정판의 기본체계는 초판을 그대로 유지하면서 다음과 같은 내용의 변화를 추구하였다.

첫째, 이 책은 기본적으로 학부생과 평가에 관심 있는 공공 분야 종사자들을 위한 책이란 면에서 이론 부분을 대폭 줄였다. 그리고 학부 강의를 고려하여 책의 분량도 대폭 줄였다. 정책평가에 대한 이론 분야에 대한 연구가 부족한 우리의 현실에서 늘려야 하나 오히려 줄인 것이 아쉽다. 정책이론에 대한 것은 저자들이 앞으로 해야 할 과제로 남겨두었다.

둘째, 사례를 가능한 최신 것으로 바꾸었다. 그러나 책 분량의 제한으로 사례를 구체적으로는 소개하지 못하고 개략적으로만 제시하였다. 관련된 자료는 구글 학술(https://scholar.google.co.kr), 프리즘 정책연구관리시스템(www.prism.go.kr), 정부업무평가포털(www.evaluation.go.kr)을 통하여 얻을 수 있는 것만 소개하였다.

셋째, 전체적으로 우리나라 정부업무평가의 핵심을 구성하는 중앙부처와 지방자치단체의 기관평가로 성과평가부문에 많은 부분을 할애하여 더 실제로 평가를 이해할 수 있도록 했다. 이론적인 차원에서 정책평가와 단년도 중심의 성과평가와 차이가 있지만 두 가지 평가에 균형을 유지하고자 했다.

넷째, 개정판을 준비하면서 초판과 같이 실제를 중시한다는 면에서 학자들의 이론서보다는 UN, OECD, EC 등 국제기구 및 주요 국가 정부의 평가 매뉴얼이나 가이드라인 등을 주로 참고하여 수정하였다. 이들 자료는 모두 인터넷에서 검색이 가능한 자료들이다.

정책과정은 정치적 과정이다. 그리고 정책평가는 정책과정의 한 부분을 구성하기 때문에 정치적 과정의 속성을 가진다. 이러한 정치적 속성으로 정책평가가 정치적 술책의 하나로 이용된다. 정책평가를 연구하는 것은 정책평가가 정치적 술책으로 활용되는 것을 방지하고 비판적 사고를 바탕으로 정책과정을 개선하고 정책이 공익에 이바지할 방법을 모색하는 것이 기본 목적이다. 저자들은 이 작은 책이 이러한 정책평가의 목적에 이바지했으면 하는 바람으로 개정 작업을 했다.

항상 학자의 길을 가는 저자에게 자신들을 희생한 가족들에게 감사하면서 이 개정판이 나올 수 있도록 해주신 대영문화사 임춘환 사장님, 임현준 부장님 및 편집진에게 깊은 감사를 드린다.

2023년 1월
저자 박홍윤 · 박규동

초판 머리말

20세기를 기획의 시대라고 하면 21세기는 평가의 시대라 할 정도로 평가활동은 사회의 모든 분야에서 일상화되고 있다. 그렇지만 평가만큼 어려운 활동도 없다. 평가는 가치를 판단하는 것이고, 가치는 평가자에 따라서 서로 다르기 때문이다. 이에 워너(C. D. Warner)는 "세상에 절대적 가치란 없다. 사람은 사물이 자기에게 지니는 가치를 평가할 뿐이다."라고 말한다. 더욱이 정치적 맥락에서 이뤄지는 공공정책의 경우 그의 정치적 속성에 의해 가치 판단이 항상 논란의 중심에 있게 된다.

그렇지만 공공 부문에서 정책이나 프로그램 및 개인에 대한 평가는 점점 확대 및 다양화되고 있으며, 공공 부문의 개혁을 위한 중요한 수단으로 제시하고 있다. 그 대표적인 것이 평가를 바탕으로 한 자원 배분과 성과평가를 위한 공공 부문의 효율성을 제고하고자 하는 노력들이다.

지금까지 우리의 공공정책 평가와 관련된 교재들은 전통적 평가 패러다임인 진실험, 준실험이나 통계학을 바탕으로 하는 비실험 연구와 같이 방법 중심의 평가 소개에 초점을 두고 있다. 그러나 실제 평가활동에서 이러한 방법 중심의 평가는 거의 사용되고 있지 않다. 그리고 다양한 분야의 평가연구에서 제시하고 있는 새로운 패러다임의 소개나 적용에 대해 매우 제한적인 실정이다.

이 책은 이러한 문제 인식을 가지고 평가활동의 실제와 논리를 이해하는 데 도움을 주기 위한 목적으로 준비했고, 평가는 그의 기본적인 목적을 평가결과를 바탕으로 정책 및 프로그램을 개선하기 위한 정보를 제공해야 한다는 이용 중심의 시각에서 출발해 평가문제를 체계화하고자 했다.

이를 위해 평가연구와 관련된 이론보다는 이론을 활용해 실무에 적용하고자 한 노력들을 글쓰기에 많이 활용했다. 그 대표적인 것들로 UN, EC, OECD, 세계은행(World Bank) 등의 국제기구와 미국과 영국 등의 부처에서 정책 및 프로그램 평가를 위해 제시하고 있는 각종 평가 관련 매뉴얼을 주로 참고했다. 특히 모든 평가활동에서 널리 활용되는 미국 교육평가기준 합동위원회(Joint Committee on Standards for Educational Evaluation: JCSEE)의 프로그램 평가 기준(Program Evaluation Standards)을 최대한 활용했다. 이 기준은 2011년 세 번째 수정안이 제시되어 있다.

이 책은 평가 방법 이외에 실무에서 평가활동을 관리하는 사람들에게 도움이 되도록 평가관리 부분에 대해서도 많은 지면을 할애했다. 평가가 공공 및 비영리 조직의 활동에서 중요한 환류작용을 하기 위해서는 그의 담당자와 이해관계자들이 평가활동에 대한 정확한 이해가 우선시되어야 한다는 입장에서 이를 중시했다.

평가과정과 이론에 대한 이해를 높이기 위해 사례를 충분히 제시하고자 했으나 지면 관계로 자세히 소개하지 못했다. 그렇지만 개략적으로 제시한 사례의 대부분은 인터넷상에서 쉽게 이용할 수 있는 것을 중심으로 제시하고 있기 때문에 이를 참고하면 도움을 얻을 수 있으리라 생각된다.

이 책을 구상하고 마무리하는 데 오랜 시간이 걸렸다. 강태공은 "남을 평가하려면 먼저 자기를 반드시 평가해야 한다."고 하고 있다. 이 책은 저자와 독자의 모든 욕심을 채우기에 너무나 부족한 것이 많은 책이다. 우리는 남을 평가하기는 좋아하지만 평가받기는 싫어한다. 그러나 변화와 발전은 평가에 의존할 수밖에 없는 것이 개인과 사회의 현상이라는 면에서 이 책에 대한 다양한 평가를 차후에 보완하고자 한다.

이 책이 나오기까지 감사해야 할 분이 많다. 은사님들, 학과의 동료 교수들, 정책평가에 대해 연구하고 귀중한 글을 쓴 정책학자들, 그리고 아버지를 따라서 행정학을 연구하겠다고 학문의 길에 들어선 서울대학교 행정대학원 박규동의 교정에 고마움을 표하고자 한다. 그리고 무엇보다 교수라는 이유로 휴일도 함께하지 못한 아내에게 미안하고 고마운 마음을 전한다.

마지막으로 항상 애정을 가지고 행정학과 정책학 분야의 책을 출판해 주시는 대영문화사의 임춘환 사장님과 편집진에 깊은 감사를 드린다.

2012년 1월
임진년 새해 벽두 연구실에서
저자 信香 박홍윤

차례

C·H·A·P·T·E·R 1

정책평가의 이해

제 1 절 정책평가의 의의

1. 왜 평가를 하는가?

사람은 매일 평가를 한다. 물건이 좋다 나쁘다, 음식이 맛있다 맛없다부터 자신의 행동이 잘한 것인지를 판단하기에 이르기까지 우리는 다양한 기준으로 평가하고 판단한다. 개인에게 평가란 자신의 행동에 잘못이나 부족함이 없는지를 돌이켜보는 반성을 의미한다. 모든 성인은 반성하는 삶의 자세를 중시한다. 소크라테스(Socartes)는 “반성 없는 삶은 무가치하다.”고 하고, 법구경(法句經)은 “자기 자신을 항상 반성하여 잘잘못을 알아내라.”고 하고 있다. 이처럼 자신을 평가하여 반성하는 것은 더 나은 삶과 사람이 되기 위한 필수적 행위이다.

평가는 대화, 성찰, 학습, 개선을 기반으로 하는 사고방식으로 살아 있는 시스템인 조직, 기업, 정부의 활동에서 평가적 사고가 없으면 더 나은 상태로의 변화를 가져올 수가 없다. 평가가 없으면 올바른 일이 올바른 방식으로 수행되는지, 무엇이 제대로 작동하는지, 왜 작동하지 않는지에 관한 엄격한 성찰을 할 수가 없다. 평가하지 않으면 실수를 반복하고, 자금을 낭비하고, 추구하는 목표를 달성하지 못하게 된다. 실패는 성공의 어머니라고 한다. 실패가 성공의 어머니가 되기 위해서는 자기가 한 일에 대하여 평가를 하고 잘잘못을 따져서 같은 실패를 반복하지 말아야 한다. 평가가 없으면 과거로부터 배우지 못한다. 평가에 의한 반성은 지혜의 학교라고 한다. 단순히 지식을 습득하는 것이 아니라 문제를 더욱 합리적으로 해결할 수 있게 한다.

20세기를 계획의 시대라고 하였다. 국가를 발전시키는 중요한 수단으로 경제개발 계획과 같은 계획경제로 국가를 통치하고자 하였다. 반면에, 21세기는 평가의 시대라고 한다. UN은 2015년을 세계 평가의 해(International Year of Evaluation: EvalYear)로 선포하면서 증거에 기반한 정책결정(evidence-based policy making) 및 건전한 평가문화 형성을 요구하였다. 우리의 경우도 2000년대 이후 신자유주의 이념을 바탕으로 모든 공공 부문에 평가가 일상화되어 평가의 홍수 속에 살고 있다.

교육이나 정부정책뿐만 아니라 모든 인간 활동에서 평가는 매우 중요한 활동이며 구성요소가 된다. 평가는 시스템에서 통제와 환류의 기능을 하면서 시스템이 변화하는 환경에 적응하고 새로운 변화에 필요한 정보를 창출한다. 우리는 정책평가를 통하여 정부의 개입(intervention)[1]이 어떻게 실행되고 있고, 실행되었는지, 개입이 누구에게 어떻게 효과를 주었는지를 이해한다. 이를 통하여 개선할 수 있는 것을 확인하고 개입의 변화를 추구한다.

2. 정책평가의 개념

평가(evaluation)의 어원은 가치판단을 수반한다는 의미를 가지는 value라는 말에서 나왔다. 사전적으로 평가라 하면 "사물의 가치나 수준 따위를 평함" 또는 "사물의 가치를 좋고 나쁨 따위로 따져서 매김"이라고 정의한다. 평가에 대해 스크라이븐(Scriven, 1991)은 "어떤 것의 장점(merit), 유용성, 가치(worth) 등을 결정하는 과정 또는 그러한 과정의 산물"로 정의한다. 평가는 가치판단 행위로 좋고 나쁨, 쓸모 있는 것과 쓸모없는 것을 구분하는 행위다. 스터플빔과 쉉크필드(Stufflebeam & Shinkfield, 2007)는 좀 더 포괄적인 차원에서 "평가는 어떤 대상의 장점, 가치, 성실성, 실현 가능성, 안전, 중요성 및 형평성에 대한 기술적(descriptive) 판단적 정보를 서술하고, 획득하며, 보고하고, 적용하는 체계적 과정"으로 정의하고 있다.

정책평가는 정책을 대상으로 정책의 맥락에서 정책 활동의 가치 또는 중요성을 결정하는 과정을 의미한다. 정책평가에 대한 정의는 평가의 초점을 어디에 두는가에 따라서 다양하다. 가장 협의로 정책평가에 대한 정의는 정책 목표의 달성도인 효과를 평가하는 것부터 정책 전체 과정에서 이루어지는 다양한 판단을 평가의 범주에 포함하는 정의에 이르기까지 다양하다. 이러한 연구자들의 정의를 보면 다음과 같다.

- 베덩(Vedung, 1997): 정책평가란 정부개입의 과정과· 산출물 및 그 결과의 장점, 유용성, 가치 등을 사후적으로 정밀하게 사정하여 미래의 실제적 행동에 반영하는 회고적 사정 활동이다.
- 트로침(Trochim, 1998): 평가는 본질적으로 정치적이고 종종 갈등을 가지는 다수의 이해관계자가 개입하는 의사결정상황으로 공적 활동(프로그램, 제품, 성과)에 대해 유용한 경험적 증거를 제공하기 위해 공식적인 방법론을 사용하는 전문직업이다.

1) 개입(intervention)이란 정책, 프로그램, 프로젝트, 규제, 전달방법의 변화를 포함하여 정부가 변화를 유도하기 위한 모든 활동을 의미한다.

- OECD(2009): 현재 진행 중이거나 완료된 프로젝트, 프로그램, 정책과 그의 설계, 집행 및 결과를 체계적이고 객관적으로 사정하는 것이다.
- 정부업무평가 기본법(제2조 제1항): "평가"라 함은 일정한 기관・법인 또는 단체가 수행하는 정책・사업・업무 등에 관하여 그 계획의 수립과 집행과정 및 결과 등을 점검・분석・평정하는 것을 말한다.
- 패튼(Patton, 2008): 프로그램 평가는 프로그램을 판단하고, 프로그램의 효과성을 개선하며, 앞으로의 계획을 위한 결정에 정보를 제공하기 위해 프로그램의 활동, 특성, 결과에 대하여 정보를 수집하는 것이다.
- 위드머와 브루놀드(Widmer & Brunold, 2017): 평가란 전략, 법, 사업, 시책, 조치 등을 체계적이고 투명하게 평가하는 조사기반의 서비스(research-based service)를 말한다.
- 미국 Public Law No. 115-435(2019): 평가는 하나 이상의 프로그램, 정책, 조직의 효과성과 효율성을 평가하기 위해 체계적으로 자료를 수집하고 분석하는 사정(assessment)을 의미한다.

이 책에서는 여러 학자의 정의를 기반으로 정책평가를 "정부활동의 개입, 집행 및 결과를 조사・사정하여 일정한 기준에 의해 그 유용성과 가치를 판단하고, 이를 활용하는 체계적 활동"으로 정의하고자 한다.

3. 정책평가의 특징

우리가 정책평가 또는 프로그램 평가라 하면 다음과 같은 의미를 내포한다(Weiss, 1998; Vedung, 1997).

1) 정책평가는 정부개입을 대상으로 평가한다

정책평가의 대상은 정책, 사업(program), 시책(project) 등의 정부개입(government intervention)이다. 엄격하게 정책평가, 사업평가, 시책평가를 구분하는 경우도 있지만(구광모, 2003) 많은 경우 이들이 혼용된다. 이는 정책-사업-시책이 목표 수단의 계층제적 성격을 가지고 있으면서 상호연계성을 갖기 때문이다. 이에 많은 정책평가에 대한 정의는 정책, 사업, 시책을 구분하기보다는 베딩(E. Vedung)의 정의와 같이 정부개입(intervention)으로 이들을 포괄하여 정의하고 있다. 이 책에서도 정책평가를 사업(프로그램)평가, 시책(프로젝트)평가를 포함하는 것으로 사용하고자 한다.

2) 정책평가는 정부활동을 개선하기 위한 노력이다

평가에 대한 정의들은 묵시적 또는 명시적으로 평가의 이용을 언급하고 있다. 즉, 공공정책평가는 평가결과를 활용하고자 하는 의도성(intentionality)을 가진다. 정책평가는 정책, 프로그램, 업무와 관련해 중요한 이슈를 중심으로 문제를 해결하고자 하는 행동 지향적이고, 의사결정 지향적이다. 이외에 정책평가는 책임성 향상을 통하여 정부활동의 효율성을 확보하고자 한다.

3) 정책평가는 정책의 집행과 산출 및 결과에 초점을 둔다

정책평가는 정책의 모든 과정이 대상이 되지만 주로 정책집행과 산출(output) 및 결과(outcome)에 초점을 둔다(Vedung, 1997). 때로 정책의 성공과 실패의 원인을 분석하기 위해 정책형성이나 전략 계획이 분석되기도 하지만, 평가의 초점은 집행 및 영향과 같은 결과 중심으로 추진될 것을 강조한다.

4) 정책평가는 일정한 기준과 비교하는 활동이다

정책평가는 일정한 기준에 의한 판단 활동이다. 그러나 판단을 위한 유일한 기준이 있는 것은 아니다. 정책평가는 서로 다른 목적을 가진 다양한 이해관계자가 있고, 정책평가 환경이 다르므로 다양한 판단 기준이 사용되게 된다.

5) 정책평가는 체계적이고 분석적인 과정이다

정책평가는 체계적이고 분석적 활동이다. 체계적이란 정책과 관련된 다양한 구성요소 간의 관계를 대상으로 한다는 것이고, 분석적이란 평가의 결론 도출이 관련된 자료에서 인과적으로 추론되고 입증되어야 한다는 것을 의미한다.

6) 정책평가는 다학문적 지식을 요구한다

정책평가 활동은 다양한 학문 분야에서 만들어진 지식을 활용하는 종합 학문적 성격을 가진다. 체계적 정책평가를 위해서는 관련 분야의 지식 이외에 통계학, 정치학, 정책학, 행정학, 경제학, 사회학 등의 사회과학 지식이 필요하다.

7) 정책평가는 정치적 과정이다

정책과정은 정치적 과정이다. 정책과정의 한 단계인 정책평가도 정치적 과정이고 활동이다(Weiss, 1998; Cronbach et al., 1980). 정책평가는 체계적 과학적인 분석도 중시하나 평가과정에 다양한 이해관계자의 참여 및 참여자 간의 조정과 합의도 강조된다. 정책평가의 정치적 속성에 의하여 정책의 결정자나 집행자는 그 정책이 값어치가 있다고 결론짓기를 원하며, 그렇게 함으로써 자원 배분에 영향을 미치고자 한다(Weiss, 1988).

4. 유사 개념과의 구분

정책평가와 유사한 활동으로 검토, 점검, 분석, 평정, 조사 등이 혼재되어 행정관리에서 통제 활동을 수행한다. 예를 들어, '1인 창조기업 육성에 관한 법률 시행령'은 아이디어 사업화 지원 대상의 선정기준으로 사업화의 가능성, 기술성 등을 검토하여야 한다(동 시행령 제8조). 이는 사전평가의 성격을 가진다. '가정폭력방지 및 피해자보호 등에 관한 법률 시행령'은 가정폭력 예방교육 실시결과를 시스템으로 점검하고, 필요한 경우 현장 점검을 할 수 있다고 하고 있다(동 시행령 제1조의2). 사전평가의 성격을 가지는 예비타당성 조사는 평가가 아닌 조사라는 용어를 사용하고 있다.

광의의 평가에 포함할 수도 있는 조직의 관리 통제 활동을 보면 다음과 같은 것들이 있다(UNDP, 2021; UNEG, 2017; Unicef/CLEAR, 2019).

- 사전 검토(appraisal): 집행 전 의사결정을 하기 전에 활동의 잠재적 가치를 비판적으로 사정하는 활동이다. 국책사업자를 선정할 때 제안서를 평가하는 것, 예비타당성 조사 등이 이에 속한다.
- 검토(review): 평가의 정당한 절차에 의하지 않고, 주로 운영상의 이슈를 주기적

또는 임시로 그의 성과를 신속하게 사정하는 것을 의미한다.

- 검사(inspection): 검열 또는 검사는 어떤 행위나 사업 따위를 살펴 조사하는 일로 취약 영역이나 오동작을 식별하고 시정조치를 하는 활동을 의미한다.
- 조사(investigation): 조사는 법적인 기소나 징계 조치에 필요한 증거를 제공하기 위해서 잘못된 행동을 탐지하고, 정보를 검증하는 활동으로 통제와 규정 준수를 목적으로 한다.
- 내부 관리 컨설팅(internal management consulting): 관리자가 조직 및 관리 문제를 해결하고 내부 작업 프로세스를 개선하는 데 도움이 되는 컨설팅 서비스를 의미한다.

1) 성과관리와 정책평가

정부업무평가 기본법은 성과관리를 "정부업무를 추진함에 있어서 기관의 임무, 중·장기 목표, 연도별 목표 및 성과지표를 수립하고, 그 집행과정 및 결과를 경제성·능률성·효과성 등의 관점에서 관리하는 일련의 활동을 말한다."(동법 제2조)고 정의하고 있다. 성과관리(performance management)는 조직 구성원들이 조직의 요구에 부응하여 가능한 한 효율적이면서도 효과적으로 업무를 수행할 수 있도록 관리하고 지원하는 과정이다. 해리스 외(Harris et al., 2003)는 성과관리를 "일련의 활동 및 성과가 효과적이고 효율적인 방식으로 조직의 목표를 충족하는지를 확인하는 과정"으로 정의하면서, 성과관리가 특정 과업을 관리하기 위해 조직, 부서, 직원 또는 과정의 성과에 초점을 맞춘다고 본다. 성과관리를 위한 성과측정은 성과목표와 관련하여 공공기관의 성과를 기록하는 것이다.

정책평가와 성과관리가 차이를 가지지만 우리의 경우 성과관리가 정부업무평가와 통합되면서 둘의 관계가 모호해졌다(이광희·윤수재, 2012). 그 이유는 정부업무평가가 사업평가보다는 기관평가 중심으로 운영되고 있기 때문이다. 이 둘의 관계는 성과관리와 평가를 분리해서 보는 입장과 같은 차원으로 보는 입장, 평가를 성과관리의 한 부분으로 보는 시각과 성과관리를 평가의 한 부분으로 보는 시각 등 다양하다. 그러나 성과관리와 정책평가는 같은 연속체의 일부로 서로 보완하는 기능으로 이해되어야 할 것이다. 성과관리는 조직이 효과성을 개선함에 직원을 개인이나 집단 구성원으로 참여시키는 과정이다. 성과관리는 정책평가와 같이 책무성과 의사결정에 필요한 양질의 정보를 제공하는 것을 목적으로 한다. 성과관리는 프로그램이 계획대로 운영되고 자원을 효율적으로 사용하도록 하지만, 성과의 변동을 설명하지는 못한다. 반면에, 정책평가는 성과를 위한 노력의 결과를 이해하는 데 도움을 준다.

성과평가는 평가의 유형이면서 성과관리를 위한 수단이다. 성과측정과 사업평가의 차이는 〈표 1-1〉과 같다. 정책 및 사업평가와 성과관리의 차이로 행위빈도의 측면에서 보면 사업평가는 일회성으로 이루어지는 데 반해, 성과관리는 지속적이다. 사업평가는 인과적 분석을 위한 질문(why and how)을 던지는 데 비해, 성과관리는 성과측정을 위한 질문(what)을 제기한다. 비용은 사업평가가 성과관리에 상대적으로 높은 것으로 지적되고 있으며, 보고방식으로 사업평가는 서술식이나 성과관리는 계량화한다. 결과의 활용 측면에서 보면 사업평가는 적절한 시점을 놓치나 성과관리는 적절한 시점에 활용할 수 있다. 사업평가는 사업이나 정책을 단위로 하나 성과관리는 조직이나 기관 차원에서 이루어진다. 그리고 사업평가는 인과성(causality)을 분석대상으로 하나 성과관리는 인과성을 전제로 한다(이광희 · 윤수재, 2012).

표 1-1 정책평가와 성과측정

정책평가	성과측정
일반적으로 주기적으로 수행, 일회성이 많음	지속적으로 수행
프로그램 외부의 중립적 평가자가 수행	성과측정 책임자 및 평가 책임자와 협의로 프로그램 관리자가 수행
프로그램 또는 정책의 작동 여부, 이유 및 방법뿐만 아니라 프로그램 자체에 기인할 수 있는 결과를 설명하는 데 중점	성과평가를 위해 목표와 비교하여 성과지표 및 진행률을 사용하여 측정
프로그램이 가져온 성과 측정으로 확인된 문제를 확인하고 해결방법을 비교하기 위해서 종종 사용	문제를 식별하는 데 유용한 경우가 많음
비유: 자동차의 성능을 설명하고 개선하기 위해 차의 '후드 아래를 살펴봄'	비유: 자동차의 대시 보드, 속도, 엔진온도, 연료계를 봄

출처: Treasury Board of Canada Secretariat(2022).

2) 평가연구와 정책평가

학문적 연구를 목적으로 하는 평가연구(evaluation research)는 사회적 개입 프로그램의 개념화와 설계, 집행 및 유용성을 평가할 때 사회연구 절차를 체계적으로 응용하는 것이다(Rossi et al., 2018). 정책평가와 평가연구의 가장 큰 차이는 방법이나 주제가 아닌 그 목적에서 찾을 수 있다(Weiss, 1998). 학문적 연구를 목적으로 하는 평가연구는 주로 가설의 검증에 초점을 두고, 정책평가는 실제 활동의 개선에 초점을 둔다. 정책평가는 의사결정 및 조직의 학습에 필요한 정보를 제공하는 것을 목적으로 하지만, 평가연구는 새로운 지식의 개발을 목적으로 한다. 평가는 단기적인 문제에 평가연구는 장기적 문제에 초점을 둔다. 평가는 학문적인 경계를 중시하지 않지만, 평가연구는 학문적 경계를 가진다. 평가는 규범적 요소로 가치와 장점을 판단하나 평가연구는 기술한다(Shaw, 1999).

3) 모니터링, 감사 및 평가

공공 부문에서 정책평가와 유사한 활동으로 관리 감독 기능을 수행하는 모니터링과 감사활동이 있다. 모니터링과 감사활동은 조직의 일상적 관리 활동이라는 면에서 간헐적으로 이루어지는 평가와는 차이가 있다. 이들의 활동 범위와 특성은 [그림 1-1] 및 〈표 1-2〉와 같다.

평가는 정책의 전 과정을 대상으로 하나 모니터링(monitoring)은 정책과정의 일부분을 대상으로 한다. 모니터링은 기준이나 계획대로 추진되고 있는지를 추적하여 성과를 개선하기 위해 정책을 집행하는 동안에 진행과 변화 상황을 관찰하는 활동이다. 모니터링은 정책, 전략, 사업, 시책 또는 활동과 관련된 데이터와 정보를 지속적이고 체계적으로 추적하는 것으로, 프로그램, 프로젝트 또는 활동 구현 중에 원하는 결과가 예상대로 발생하고 있는지를 확인한다. 모니터링은 종종 사람, 기관, 시스템 또는 프로세스의 특성 또는 상태에 대한 계량화 가능한 측정치인 지표에 의존한다(OMB, 2018).

정책 모니터링은 정책집행에서 정책 대상집단과 만나는 지점에 초점을 두면서 정책이나 프로그램이 계획한 재화와 서비스가 대상자에게 정확하게 전달되는가를 조사하고 기록한다. 모니터링은 쓰레기 무단 투기를 방지하기 위해 CCTV를 설치하는 것과 같이 활동이 운영 목적에서 일탈하는 것을 수정해 프로그램의 성과를 개선하고 평가를 촉진하는 기능을 한다.

공공 부문의 감사(auditing)에 대하여 GAO는 정부감사기준에서 성과감사를 정부운영과 감독을 위하여 객관적인 분석 및 결과를 제공하는 활동으로 정의하고 있다.

그림 1-1 **평가, 모니터링, 감사의 범위**

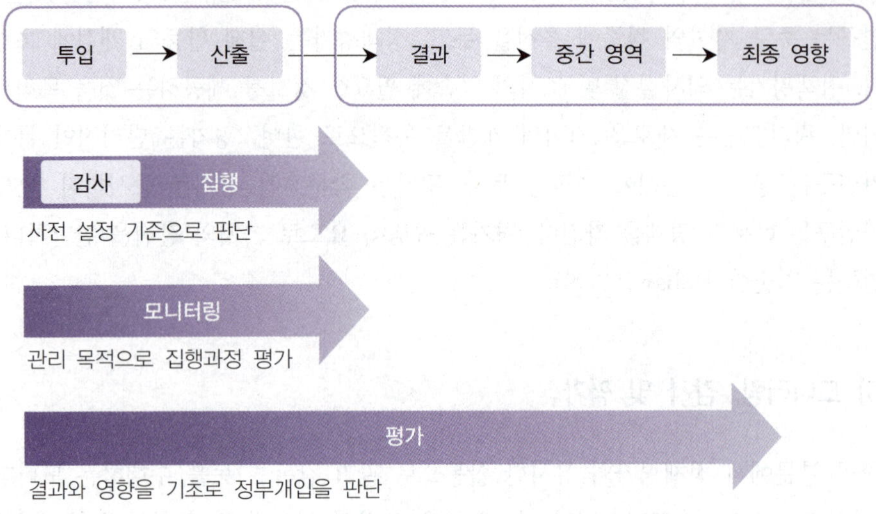

출처: DG BUDGET(2004).

표 1-2 **정책평가와 감사 및 모니터링의 비교**

분류 기준 \ 순수형	감사	정책평가	모니터링
목적	책무성(정책형성)	정책형성(정책집행)	정책집행(책무성)
기능	통제(환류)	환류(학습)	학습(통제)
내용	정확성(효율성)	효과성(효율성)	정확성(효과성)
수행자	외부기관(상급기관)	외부기관(운영기관)	운영기관(상급기관)
시기	사후평가(진행평가)	사후평가(사전평가)	진행평가(사후평가)
주기	일회평가(수시평가)	수시평가(주기평가)	주기평가(수시평가)
이용자	외부통제자(사업책임자)	사업책임자(사업운영자)	사업운영자(사업책임자)

출처: 김준한(1999)에서 수정.

특히 성과감사란 정부가 수행하는 활동을 수정하고 정부의 책무성을 확보할 수 있도록 사업성과 증진, 비용 절감, 의사결정 등에 도움이 되는 활동을 수행하는 것을 의미한다(김형아, 2019 재인용). 감사는 대상 조직이 목표를 달성할 수 있도록 조직 위험관리, 통제 및 운영 절차의 효과성을 평가하고 향상하기 위한 체계적이고 엄격한 방법으로 실시된다(OECD, 2009). 감사는 투입과 산출에 초점을 두는 전통적인 재무

감사에서부터 평가적 특성을 포함하는 성과감사에 이르기까지 매우 다양하다. 감사원의 회계감사나 직무감찰, 각 부처 감사실에서 이루어지는 공직기강 확립을 위한 감찰과 같은 감사활동은 법규나 사전에 설정한 기준에 따라서 업무를 처리하고 행동을 하고 있는가를 조사하는 활동이다. 감사활동은 주로 법적 책임성을 확보하기 위한 활동으로 소극적, 규범적, 회고적, 합법성을 특징으로 한다. 그리고 회계감사는 주로 내부기관에서 수행하나 정책평가는 내·외부 평가기관이 수행한다.

5. 정책과정에서 정책평가

정책과정은 [그림 1-2]와 같이 순환적 과정으로 이해할 수 있다. 이 순환과정에서 정책평가는 환류에 의한 통제 기능을 한다. 정책평가는 기존의 정책과정에 대한 평가를 바탕으로 성공을 유지하고 실패를 피하려는 의식적인 노력을 기반으로 정책과정을 발전시키고 변화를 추구한다. 정책 시스템에서 환류에 의한 통제 기능을 수행하는 정책평가는 정책이 추구하는 목표를 달성하는 데 필요한 활동이 얼마나 효율적이고 효과적으로 수행되고 있는지와 수행되었는지를 평가하여 시정조치를 하는 활동이다.

정책평가는 무엇인가 잘못되어 가고 있다는 것을 밝혀서 수정하는 부(−)의 피드백 기능 이외에 정책 시스템의 효율성을 높이는 정(+)의 피드백 기능을 동시에 추구한다. 정책평가는 정책이 계획대로 추진되지 못할 경우 계획대로 추진하도록 시정 조

그림 1-2 정책과정 모형

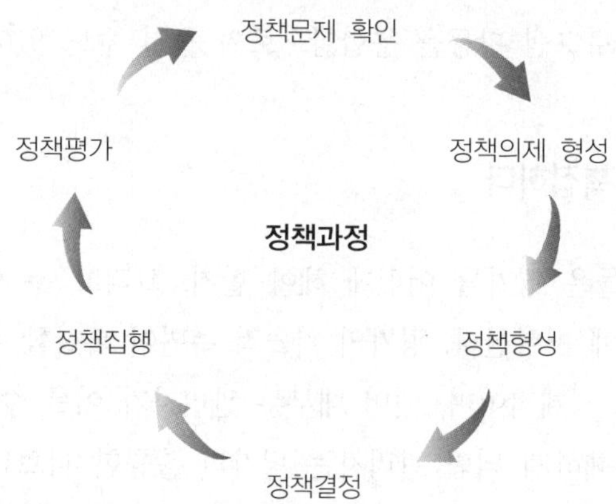

치하는 단일순환 학습기능 이외에 정책의 근본 가설이 잘못되어서 효과가 발생하지 않는 것을 발견하여 정책을 근본적으로 수정하도록 하는 이중순환 학습의 기능도 한다.

6. 정책평가에 대한 잘못된 생각들

정책평가와 관련해 종종 다음과 같은 잘못된 생각을 가지기도 한다(ACF & OPRE, 2010).

1) 평가는 프로그램 자원을 전용해 대상집단에 손해를 끼친다

평가는 자원이 들어가는 활동이다. 평가비용을 프로그램 비용에서 사용하게 되면 궁극적으로 대상집단은 더 적은 편익을 받는 것이 아니냐고 생각할 수 있다. 그러나 평가는 프로그램의 어떤 것이 작용하고 있고, 작용하고 있지 않은지를 밝혀서 개선하여 궁극적으로는 대상집단에게 더 나은 서비스를 제공할 수 있도록 한다.

2) 평가는 프로그램 담당자에게 부담을 증대시킨다

종종 프로그램 담당자들은 프로그램을 가장 잘 알고 있고, 프로그램 참여자와 친밀한 위치에 있기 때문에 평가정보를 수집해야 할 책임을 부여받아서 실제 프로그램 활동에 투자해야 할 시간을 빼앗는다고 생각한다. 그러나 평가정보는 담당자 업무를 개선하는 데 도움을 주어 좀 더 효율적으로 업무를 수행할 수 있게 한다. 이러한 부담은 평가활동과 프로그램 활동을 통합함으로써 줄일 수도 있다.

3) 평가는 너무 복잡하다

프로그램 관리자들은 평가를 어떻게 해야 할지, 그리고 누구에게 도움을 받을지 모르는 경우에 평가에 저항한다. 평가의 기술적 측면이 복잡할 수는 있지만, 평가 과정 자체는 단순하고 체계적이며, 이미 대부분 관리자가 이를 수행하고 있다. 평가의 기본적인 과정만 이해하게 되면 관리자는 평가의 훌륭한 파트너가 될 수 있다.

4) 평가는 부정적 결과를 생산하여 나쁜 결과를 가져올 수 있다

평가는 성공뿐만 아니라 목표 달성에서 문제점을 보여줄 수 있다. 이 두 가지 유형의 정보를 이해하는 것이 중요하다. 즉, 문제를 발견하는 것을 프로그램의 실패를 입증하는 것이 아닌 프로그램에 대한 학습과 개선의 기회로 보아야 한다. 문제점과 성공에 대한 정보는 프로그램을 도와줄 뿐만 아니라 다른 프로그램에 대한 학습과 개선에 도움을 주게 된다. 이러한 시각은 평가를 프로그램 개선이 아닌 구성원을 통제하기 위한 수단으로 활용하는 경우에 발생할 수 있다.

5) 평가는 또 다른 형태의 모니터링이다

프로그램 관리자나 담당자들은 프로그램 평가를 상급기관이나 자금 제공자들이 제시한대로 프로그램을 운영하고 있는지를 알기 위해 수행하는 모니터링으로 본다. 그러나 프로그램 평가는 모니터링이 아니다. 모니터링을 위해 수집한 정보가 평가를 위한 정보와 중첩되기도 하지만, 두 과정은 서로 다른 문제에 답을 구하고 있다.

6) 평가는 성과 기준을 요구하나 이를 설정하는 것은 어렵다

많은 프로그램 관리자는 평가가 성과 기준의 설정을 요구하는 것으로 믿고 있다. 그리고 이러한 기준을 충족하지 못하면 프로그램을 실패로 판단한다고 생각한다. 이는 자금을 제공하는 기관이나 상급기관이 기준을 설정해 평가를 의무화할 경우에는 타당할 수 있다. 그러나 성과 기준은 특별한 프로그램 평가의 경우에만 의미를 가지는 것으로 성과 기준이 유일한 프로그램 평가의 기준이 되는 것은 아니다.

제 2 절 정책평가의 목적과 한계

1. 평가의 기능과 가치

인간 행동에서 평가는 다양한 기능을 한다. 평가의 근본적 가치는 인간의 삶을 더 나은 방향으로 가는 데 필요한 정보와 지식을 제공하는 데 있다. 학교에서 학생을 평가하는 것부터 기업평가, 정부 정책평가에 이르기까지 평가활동은 다음과 같은 기능을 한다.

- 평가는 진단 기능을 한다. 평가는 의사가 환자를 진찰하듯이 평가하고자 하는 현상을 설명하고 기술하는 기능을 한다. 진단 기능을 통하여 현상이 정상적인지 아닌지를 판단하게 된다.
- 평가는 목표 달성 여부와 그 요인을 확인할 수 있도록 한다. 이를 바탕으로 변화를 추구하도록 한다.
- 평가는 예측 기능을 한다. 평가결과는 현상을 개선하지 않았을 경우에 어떠한 결과를 가져오게 될 것인지를 예측할 수 있게 한다. 이를 통하여 개선을 추구하도록 한다.
- 평가는 학습 기능을 한다. 평가를 통하여 개인은 성찰하고 조직은 계획과 활동을 수정할 수 있는 정보를 얻게 된다.
- 평가는 합리성을 높이는 기능을 한다. 평가를 통하여 얻은 정보는 인간의 다양한 의사결정을 향상하는 기능을 한다.
- 평가는 동기부여 기능을 한다. 평가는 개인이나 조직을 열심히 일하게 할 뿐만 아니라 변화의 필요성을 인식하게 하고, 변화를 추구하도록 한다.
- 평가는 의사전달 기능을 한다. 평가활동과 평가결과는 해결하고자 하는 문제와 관련된 참여자와 이해관계자 간의 의사전달을 활성화하는 기능을 한다.
- 평가는 연구 기능을 한다. 평가는 관련 분야의 지식을 향상하는 기능을 한다. 평가결과는 기존 이론에 대한 검증과 새로운 탐구의 필요성을 제공한다.

평가결과는 다음과 같이 다양한 차원으로 활용된다(Mark, 2009).

- 직접적(도구적) 활용: 평가결과를 프로그램의 지속, 확장, 개선과 관련된 의사결

정에 활용하는 것을 의미한다.

- 개념적 활용: 평가결과를 프로그램 이해관계자들이 문제나 해결책에 대한 이해를 향상하는 학습에 활용하는 것을 의미한다.
- 프로세스에 활용: 평가과정에 참여하여 프로그램 및 평가과정에 대한 이해와 개선에 활용하는 것을 의미한다.
- 상징적 활용: 평가결과를 기존 입장을 정당화하거나 단순히 기관의 합리성을 보여주기 위해서 활용하는 것으로 주로 의사평가나 정치적으로 활용하는 것을 의미한다.
- 관계적 활용: 평가결과를 프로그램과 관련된 다양한 이해관계자들의 지속적인 관계, 구조, 조직과정을 수정하기 위해서 활용하는 것을 의미한다.
- 가치적 활용: 평가결과를 우리가 믿는 것, 우리가 열망하는 것을 형성하기 위해서 활용하는 것을 의미한다.
- 외부적 활용: 평가결과를 평가하는 프로그램을 넘어서 변화를 추진하는 데 활용하는 것을 의미한다.

2. 증거기반 정책과 평가

증거기반 정책은 정책결정이 엄격하고 객관적인 증거를 기반으로 하거나 정보를 바탕으로 이루어져야 한다는 것이다. 증거기반 정책결정이란 일반적으로 검증되지 않은 이데올로기, 편견 또는 정책결정자의 의견을 기반(opinion-based)으로 하는 정책결정과는 대비되는 개념으로 과학적 증거에 기초한 정책(정책의 수립, 집행, 평가)을 의미한다. 증거기반(evidence-based)이라는 말은 증거기반 의학(evidence-based medicine)에서 찾을 수 있다. 이는 환자를 진단하고 그 결과에 따라 처방하는 것을 의미한다. 증거기반 정책에 대한 관심의 배경은 지속적인 정부의 재정 압박과 정보통신 기술의 발달, 국민들에 대한 책임성 확보 등에서 찾을 수 있다. 증거기반 정책은 1997년 영국의 토니 블레어(Tony Blair) 총리가 증거에 기반한 정책의 시행 및 평가를 정부개혁의 핵심 어젠다로 제시하면서 관심을 가졌고, 미국의 오바마(Barack Obama) 정부는 2014년 증거기반정책위원회법(Evidence-Based Policymaking Commission Art)을 제정하여 이를 제도화하였다.

증거는 주로 평가, 전문가 지식, 기존 연구 결과, 자문결과, 경제적 · 통계적 모델링 산출물 등 다양하다. 최근 비약적인 정보기술(IT)의 발전으로 증거 확보 방법으로 정형 및 비정형의 빅데이터(머신러닝), 인공지능(AI) 등의 활용을 강조하고 있다.

증거기반 정책결정에 의하여 정부가 얻을 수 있는 효과를 보면 다음과 같다(PEW & MacArthur Foundation, 2014). 첫째, 낭비적 지출을 줄일 수 있다. 정책 입안자는 증거를 사용하여 비효율적 사업에 투입되는 예산을 다른 용도로 사용할 수 있다. 둘째, 혁신적 사업을 확대할 수 있다. 검증되지 않은 신규사업을 사전에 엄격하게 평가하여 혁신적 사업에 자금을 투입할 수 있게 한다. 셋째, 정부의 책임성을 강화할 수 있다. 사업의 집행 및 결과에 대한 자료를 수집하고 보고함으로써 결과에 대한 책임을 더 쉽게 물을 수 있게 한다. 이외에 증거기반의 정책은 정책과정에서 발생할 수 있는 집단 간의 갈등을 합리적으로 해결할 수 있게 한다.

증거기반 정책의 단계를 보면 다음과 같다(PEW & MacArthur Foundation, 2014). 이에서 보듯이 정책과정에서 정책 사정, 정책 모니터링, 평가와 같이 평가활동을 강조하고 있다.

- 프로그램 사정: 공공프로그램의 효과성에 관한 증거를 체계적으로 검토한다.
- 예산 개발: 예산과 정책결정에서 프로그램 효과성에 대한 증거를 통합하고, 공공자금을 투자수익률이 높은 우선순위에 따라서 자원을 배분한다.
- 집행 관리: 프로그램이 효과적으로 전달되고 의도한 계획에 의해서 집행하도록 한다.
- 결과 모니터링: 정기적으로 프로그램이 바람직한 성과를 달성하였는지를 결정하기 위해 성과 자료를 측정하고 보고한다.
- 표적 프로그램 평가: 새로운 프로그램과 검증되지 않은 우선순위가 높은 프로그램을 대상으로 엄격한 평가를 수행하여 지속해서 자금 배분을 한다.

이러한 변화를 반영하여 우리의 경우에는 2012년부터 통계기반 정책평가 제도를 운영하고 있다(윤건, 2018). 통계법(제12조의2)에 의한 통계기반 정책평가제도는 말 그대로 정책이 통계에 기초하고 있는지를 평가하는 것이다. 이에 의하여 중앙행정기관의 장은 소관 법령의 제정 또는 개정을 통하여 새로운 정책과 제도를 도입하거나 종전의 정책과 제도의 중요 사항을 변경하는 경우에는 그 도입·변경되는 정책과 제도의 집행·평가에 적합한 통계의 구비 여부 등에 대한 평가를 통계청장에게 요청하도록 하고 있다. 요청에 따라 통계청장은 정책 및 제도가 통계에 기반을 두고 있는지를 평가하고, 그 정책 및 제도 관련 통계의 적합성 여부, 통계 개발·개선 계획 등을 포함한 의견을 해당 중앙행정기관의 장에게 통보하여야 한다. 통계기반 정책평가는 정책의 기반이 되는 필요 통계지표를 구비함으로써 통계와 정책 간의 연계를 강화하여 정책의 효과성을 높이는 것을 목적으로 한다.

3. 정책평가의 목적

1) 정책평가의 일반적 목적

정책평가는 정책을 변경하거나 제공할 서비스를 결정하는 사람들에게 정책 활동과 결과로부터 피드백을 제공하여 정책의 효과성을 높이는 기능을 한다. 이러한 피드백은 모든 시스템이 생존하고 변화하기 위해서 필수적 기능이다(Linfield & Posavac, 2018). 우리의 정부업무평가 기본법은 정책평가를 "중앙행정기관·지방자치단체·공공기관 등의 통합적인 성과관리체제의 구축과 자율적인 평가역량의 강화를 통하여 국정운영의 능률성·효과성 및 책임성을 향상시키는 것을 목적으로 한다."(동법 제1조)고 하고 있다.

OECD(2020)의 조사에 의하면 각국 정부가 정책평가를 수행하는 주요 목적으로 다음을 제시하고 있다.

- 정부의 활동 결과와 그를 달성하는 데 요구되는 자원의 측정
- 증거기반 정책결정의 촉진
- 공공자원의 기획과 배분의 투명성 개선
- 공공 서비스의 질 개선
- 보다 대응적이고 성과지향의 정부가 되기 위해
- 정책형성과 재형성
- 건전한 예산 거버넌스 지원
- 공공기관의 신뢰 향상
- 비용 대비 정책 가치 향상

(1) 정부개입 활동의 개선

정책과 프로그램 평가의 가장 중요한 목적은 정책, 사업, 시책 등의 정부개입 활동의 효과성과 질을 개선하는 것이다. 정책평가는 정부개입 활동의 과정과 결과를 사정해 정책결정자에게 유용하며 교훈이 될 수 있는 정보를 제공한다. 평가를 통하여 사업의 우선순위를 조정하여 자원 배분의 효율성을 높일 수 있다. 우리의 많은 사업이 평가결과를 바탕으로 미흡한 경우 전문가 컨설팅을 하고 있다. 이를 통하여 더 효과적으로 사업 목표를 달성하고자 한다. 정책평가는 조직의 정책과 관련된 학습 기능을 하여 정부의 중요한 지식자본을 형성하는 원천이 될 수 있다. 정책 및 프로그램 평가는 정부의 정책과 프로그램의 역사를 기록하는 활동으로 조직은 이러한 역사에서 교훈을 배울 수 있게 된다(HM Treasury, 2020).

정책평가의 결과는 다음과 같은 정부개입과 관련된 의사결정에 필요한 정보를 제공하여 정부활동을 보다 나은 상태로 변화할 수 있게 한다.

- 정책집행 단계에서의 프로그램 수정
- 정부개입 활동의 지속, 확대, 제도화, 종결, 포기
- 새로운 대안에 대한 검증
- 다양한 대안 가운데에서 최적의 대안 선택
- 새롭게 요구되는 정책, 프로그램이나 서비스 결정
- 프로그램에 대해 지지 확보

(2) 정부개입 활동의 책임성 향상

정책평가는 정책결정자와 집행자로 하여금 정부개입의 목표를 달성하도록 하여 정책에 대한 책임성을 향상한다. 책임성이란 행정기관이나 공무원이 국민의 기대와 희망, 공익 및 행정 관련 법령 등이 규정하는 행동 기준에 따라 행동할 의무를 지는 것을 말한다. 평가는 정책 및 사업을 책임 있게 수행하도록 하는 통제 수단이며, 사업을 책임 있게 수행하고 있다는 것을 설명하는 수단이 된다. 책임성은 합리적이고 적절하게 목표가 설정되었는가와 관련된 목표 책임성, 목표 달성을 위해 합리적이고 적절한 절차가 수립되고 이행되었는가를 다루는 과정 책임성, 결정한 목표의 달성 정도를 의미하는 결과 책임성으로 구분하고 있다(Alkin, 1972).

이러한 정책평가를 통하여 확보할 수 있는 책임성을 다음 네 가지 관점에서 볼 수

있다(Vedung, 1997).

- 정치적 관점: 정책평가는 민주적 책임성을 확보하기 위해 수행된다. 평가를 통해 국민의 대리인에게 위임한 임무가 잘 수행하고 있는지를 살펴보고, 그에 따라 정치적 책임성을 물을 수 있다.
- 기관 관리적 관점: 계층제적 관료제 조직에서 평가는 상위 관리자로 하여금 부하를 감독하기 위한 정보를 제공한다.
- 시민의 관점: 통치 권력의 주권을 가진 시민들은 자신들의 대리인인 정치가에 대한 책임을 묻기 위해 평가정보가 필요하다.
- 고객의 관점: 정책 및 프로그램 평가정보는 국민들의 다양한 의사결정을 할 때 필요한 정보를 제공한다.

(3) 조직학습으로서의 정책평가

조직학습 또는 학습 조직이란 조직이 일상적으로 학습을 계속하여 스스로 발전하고, 환경 변화에 빠르게 적응하는 조직을 의미한다. 정책평가는 학습을 통하여 조직의 정책역량을 향상한다. 조직의 정책학습은 과거의 정책결과나 새로운 정보에 비추어 정책의 목표나 기법 · 수단을 조정하는 의식적 노력을 의미한다. 포괄적 차원의 정책학습은 특정 정부개입 활동의 개선 활동을 포함하여 정책과정에 필요한 지식을 향상하는 역할을 한다. 정책평가에 의한 조직학습은 다음과 같은 것을 통하여 이루어진다(Weiss, 1998).

- 프로그램 역사의 기록: 정책평가는 정책 및 프로그램의 역사를 기록하게 되고, 조직 구성원들은 그러한 역사로부터 교훈을 배울 수 있다.
- 실무자에게 피드백: 평가자는 평가과정에서 프로그램 관리자 이외에 실무자에게 다양한 정보를 제공하여 실무자들의 신념과 그에 따른 관행을 개선할 수 있도록 한다.
- 프로그램 목표의 강조: 평가에 기본이 되는 목표 접근방법은 조직 구성원들에게 목표 지향적인 행동을 하도록 하는 기능을 한다.
- 사회적 개입의 이해: 정책평가는 정부의 사회적 개입에 의한 사회 변화, 환경 조건, 프로그램 이니셔티브에 대한 이론의 개발 이외에 조직 구성원에게 이들에 대한 이해를 높일 수 있도록 한다.

(4) 정책이론 형성의 기능

정부개입 활동은 다양한 이론 및 가설을 바탕으로 추진된다. 평가는 이러한 이론 및 가설을 검증해 다양한 학문 분야의 지식을 창출하는 기능을 한다. 그러나 정책학자를 제외한 실제적 차원의 평가활동에서는 평가의 이론 형성 기능을 강조하지 않고 부수적인 기능으로 논의되는 경향이 크다.

2) 전략적 목적으로 활용

정책은 정치적 과정이고 정책평가 또한 정치적인 속성을 가지기 때문에 평가가 정치 또는 조직의 권력다툼으로 이용되기도 한다. 이러한 정책분석평가에서 권력의 개입은 분석평가의 합리성을 제약하는 최대의 원천이다(이종수, 2018). 이처럼 권력개입을 바탕으로 전략적 목적으로 사용되는 평가는 일반적인 평가의 정의에 부합되지 않는 평가로 프로그램의 실제 가치나 장점과는 무관하게 정책에 대해 긍정적 또는 부정적인 견해를 조장하기 위한 것으로 의사(擬似)평가(pseudo-evaluations) 또는 평가의 잘못된 사용이라고 한다. 알킨과 킹(Alkin & King, 2017)은 평가를 잘 진행하였으나 이를 오용한 유형을 〈표 1-3〉과 같이 정리하고 있다. 정책평가가 부정적인 정치적 전략적 목적으로 사용되는 유형을 보면 다음과 같은 것이 있다(Suchman, 1967; Weiss, 1998; Vedung, 1997; Stufflebeam & Coryn, 2014).

표 1-3 평가 오용의 유형

오용의 범주	오용의 형태
의례	• 사용자가 정치적 쇼나 행위를 지연하기 위해 평가를 의뢰한다(상징적 활용) • 사용자가 이미 결정한 의사결정을 정당화하거나 가능한 변화를 추진하지 않기 위해서 평가를 의뢰한다(합법적 활용).
과정	• 사용자가 평가 자금을 끊거나, 데이터 접근을 제한하는 등 평가과정을 통제한다.
결과	• 사용자가 의도적으로 데이터나 보고서 내용을 수정하거나 자기에게 유리한 것만 선택하여 제공한다. • 사용자가 평가정보를 허위로 공표한다(예: 정보를 변경하거나 불완전한 결과를 배포함). • 사용자가 개인적인 이익을 위해서 의도적으로 평가결과를 무시한다. • 사용자가 부정확하고 타당성이 없는 평가정보를 의도적으로 사용한다.

출처: Alkin & King(2017).

(1) 영합적 평가

영합적 평가(pandering evaluation)는 평가자가 고객이 원하는 대로 평가하는 것을 의미한다. 영합적 평가에서는 평가자가 고객에 포획되어 평가 의뢰자가 원하는 대로 평가의 결론은 내린다. 영합적 평가의 구성체[2]는 고객이 원하는 평가결과이고, 평가자는 영합적 평가를 통하여 고객과 우호적인 관계를 유지하여 평가업무를 계속 수주한다. 영합적 평가는 평가의 무결성과 윤리 기준에 어긋나며, 국민의 알 권리 침해, 국가 자원 낭비 등의 위법한 행위가 될 수 있다. 영합적 평가는 가장(posture)의 방법을 많이 사용한다. 가장에 의한 평가는 평가로 도출되는 결과에는 관심이 없고, 평가가 객관적이고 전문적이라는 모습을 보여주는 것에만 초점을 둔다. 영합적 평가의 평가자는 고객이 원하는 평가를 위해 설문 및 통계조작, 편향된 포커스 그룹의 구성, 실패를 은폐하기 위해 성공한 사례만 평가, 부정적 결과의 누락, 데이터 조작 등의 방법을 활용한다.

영합적 평가의 대표적 사례로 환경영향평가, 교통영향평가, 예비타당성 조사 및 주요 사업의 사업 타당성 조사 등의 사전평가에서 영합적 평가의 개연성을 볼 수 있다. 국가정책사업의 경우, 정치적으로 사업 추진이 결정된 뒤에 이루어지기 때문에 평가가 형식화되고 사업 정당성을 위한 면죄부가 되고 있다(이승원 외, 2018; 최준규 외, 2019). 예비타당성 조사를 관장하는 한국과학기술기획평가원, 한국개발연구원, 한국조세재정연구원의 독립성 결여는 이들 평가가 영합적 평가가 될 수 있다(권성훈, 2020). 특히 민간개발에서의 환경영향평가나 교통영향평가의 경우 사업자는 자기들이 원하는 평가 대행자를 선정하고, 자기들이 원하는 방향으로 보고서를 작성하게 하는 구조를 가진다. 이에 의해 정확한 평가보다는 사업주에게 유리한 방향으로 평가보고서를 작성하게 된다(손봉수 · 정남지, 2000; 조영철, 2009). 이외에 각종 인증제는 해당 분야의 전문가가 중심이 되어 인증함으로써 형식화되거나 낭비적 평가가 되는 경우가 많다(이정현, 2015).

---

2) 구성체는 평가의 논리적 출발점이 어디인가 하는 것이다. 구성체는 평가에서 제기되는 가장 기본적인 질문으로 주로 사전에 결정된 판단의 준거(criteria of merit)가 평가의 구성체가 된다.

사례

"보 해체가 이득" 환경부 보고서, 유리한 자료로 끼워 맞췄다

한강·낙동강 보(洑) 해체에 대한 경제성 분석을 한다며 연구 용역을 발주한 환경부가 보고서 작성에 개입, "보 해체가 수질 및 수생태계 개선에 유리하다." 등 내용을 보고서에 직접 담은 것으로 확인됐다. 해당 용역은 문재인 정부 시절인 2020~2021년 추진됐고, "한강·낙동강 11개 보 가운데 낙동강 강정고령보·창녕함안보를 뺀 9개 보는 해체가 더 경제적"이라고 결론 냈다.

그러나 보고서 작성에 사용된 데이터 중 한강·낙동강 보 개방 전후 실제 수질·생태계 변화를 비교할 수 있는 실측 자료는 전혀 없었던 것으로 나타났다. 수질 평가 검사 때 쓰는 항목들 가운데 보 해체 결론에 유리한 한 가지 항목만 선택적으로 사용하도록 환경부가 연구 용역 업체 측에 요청한 정황도 드러났다. 환경부가 한강·낙동강 보 해체를 밀어붙이려 사실상 '날조 보고서'를 만든 셈이다.

출처: 조선일보(2022.5.27).

(2) 구실에 의한 평가

구실에 의한 평가(evaluation by pretext)는 평가의 공식적 목적과 실질적 목적이 다른 평가를 의미한다. 구실에 의한 평가는 평가 의뢰자가 평가자를 기만하거나 사기를 치는 행태를 보이게 된다. 구실에 의한 평가에 가장 대표적인 방법으로 평가의 지연(postponement)을 들 수 있다. 지연은 정부개입 활동이 중요한 사회적 이슈가 되거나 심각한 논란의 대상이 되는 경우에 이를 가라앉게 하기 위한 수단으로 평가를 활용하는 것을 의미한다. 즉, 문제가 발생할 경우에 평가하여 그 결과에 따라 문제를 해결하겠다고 대중에게 알림으로써 반발을 무마시키고자 한다. 그리고 시간이 지남에 따라서 여론이 잠잠해지기를 기다리는 것이다. 지연을 목적으로 하는 평가는 평가 행위 자체에 의미를 둘 뿐 그 결과를 중요시하지 않는다.

구실에 의한 평가의 대표적 사례로 국정조사가 있다. 주로 정치적 목적으로 국정조사를 하나 결과보고서를 국회에서 채택하는 비율은 절반이 채 되지 않는다(전진영·최진영, 2014). 이러한 평가는 주로 프로그램의 부정적인 측면과 관련한 평가질문에 집중하는 경향이 있다.

(3) 정치적으로 통제된 평가

정치적으로 통제된 평가 또는 기만(eyewash)적 평가는 평가자나 평가의 고객이

ⓐ 평가결과를 공표하거나 볼 수 있는 법적 권리를 가진 사람들에게 평가의 모든 결과를 알리지 않는 것, ⓑ 평가결과를 완전히 공개하겠다는 사전 합의를 지키지 않는 것, ⓒ 평가결과의 일부분만 공개해 평가에 대해 오류를 가져오게 하는 것을 의미한다. 정치적으로 통제된 평가의 목적은 평가를 권력이나 돈을 획득·유지하는 데 목적을 둔다. 이는 일반 대중의 알 권리를 침해하고, 평가결과를 프로그램 개선에 활용하지 않는다는 면에서 의사평가에 속한다. 정치적으로 통제된 평가는 논쟁이나 정치적 상황을 둘러싸고 있는 진실이 무엇인가? 대립 상황에서 유리하게 이용할 수 있는 자료는 무엇인가?와 같은 것을 알기 위해서 비밀스러운 조사, 시뮬레이션, 비공식적 정보 파일, 결과의 비공개나 선택적인 공개 등의 방법을 사용한다.

정치적으로 통제된 평가의 예로서 월성원전 1호기와 4대강 사업 사례를 들 수 있다. 문재인 정부 초기 정권의 원자력 정책에 부응하기 위해 산업통상자원부 공무원들이 월성원전 1호기 조기 폐쇄를 정당화하기 위해 경제성을 불합리하게 낮게 산정하여 발표한 사례가 있다.[3] 이명박 정부 시절에 추진한 4대강 사업에서는 일부 치수 경제성 분석이 생략되고, 환경부가 산하 국책연구원의 4대강 사업에 대한 검토의견을 사전입수하여 보완이 어렵거나 부정적인 의견을 삭제하도록 지시한 사례가 있다.[4]

(4) 책임 회피

정책평가는 책임 회피(ducking responsibility)를 위해 사용되기도 한다. 정부개입이 매우 민감한 경우 의사결정자들은 평가결과를 바탕으로 정책이나 프로그램을 결정함으로써 결정에 대한 비난의 화살을 자신이 아닌 평가보고서에 돌린다. 서로 다른 두 집단이 의사결정에서 갈등을 가지는 경우에 두 집단이 함께 평가위원회를 구성해 객관적 평가보다는 타협으로 평가하는 방법을 사용할 수 있다. 책임 회피 수단으로 평가를 활용할 경우에는 대부분 평가결과를 사전에 결정하고 이를 정당화하기 위해서 평가한다.

(5) 공공관계 접근방법

공공관계 접근방법에 의한 정책평가는 자기 과시를 위해 정책의 성공된 면만을 보여주는 평가이다. 공공관계 접근방법은 이데올로기 마케팅(ideological marketing), 선

---

3) 감사원(2020년 10월). 월성 1호기 조기폐쇄 결정의 타당성 점검(국회감사 요구).
4) 감사원(2018년 7월). 4대강 살리기 사업 추진실태 점검 및 성과분석.

전, 홍보, 정보광고(infomercial)로 불리기도 한다. 공공관계 접근방법의 구성체는 평가결과를 활용하고자 하는 사람의 정보 욕구이고, 평가 목적은 정책 및 프로그램에 대한 긍정적 대중 이미지 형성에 둔다. 기관장은 자신의 정책이 성공했다고 생각할 경우에 평가결과를 선거인이나 이해관계자에게 배포해 자기광고의 욕구를 충족하고자 한다. 특히 공공관계(public relations)에서 여론 호도용(whitewash) 평가는 객관적 평가를 피해 프로그램과 정책의 실패를 은폐하기 위해 시도하게 된다. 이러한 모습은 대통령 퇴임 전의 공약 중심의 추진실적 평가보고서나 자치단체장들이 자기의 공약 사항이나 시책에 대한 성과를 자체평가해 공개하는 것들에서 볼 수 있다.

(6) 고객 피드백 평가

고객 피드백 평가는 웹사이트의 쇼핑몰에서 고객의 상품평에서 볼 수 있다. 이를 의사평가로 분류하는 것에 대하여 다른 시각도 있지만, 상품 공급자가 상품평을 작성하게 되면 평가의 기본을 준수하지 않은 평가라고 할 수 있다. 고객 피드백 평가는 주로 고객에 대한 설문, 인터넷이나 SNS를 통한 피드백 데이터에 대한 질적 · 양적인 분석으로 평가한다.

3) 이해관계자에 따른 평가의 목적

정책과 관련된 이해관계자가 평가로부터 기대하는 바는 서로 다르다(Weiss, 1998).

(1) 정책결정자

최고 정책결정자는 정책의 총괄적 효과에 관심이 있고, 좀 더 광범위한 이슈를 해결하는 데 도움이 되는 정보를 요구한다. 정책결정자가 요구하는 대표적인 정보를 나열하면, 정책이나 프로그램을 계속할지, 중단할지, 시범사업을 정규 사업화해야 할 것인지, 집행전략을 수정해야 하는지, 현재 추진하는 사업에 더 많은 예산을 배정해야 할 것인가, 아니면 다른 사업에 그 예산을 배정할 것인지 등을 들 수 있다. 최고 정책결정자 및 의회의 의원은 정책 및 프로그램의 결정 및 변경을 위한 정보 특히 전체 효과에 관심이 있다. 그러나 실증적 평가결과만으로 성공적이지 않은 정책을 중단하거나, 성공했다고 평가한 정책을 확대하는 경우는 매우 드물다.

(2) 프로그램 관리자

정책결정 및 변경 권한이 없는 정책 및 프로그램 관리자들은 정책의 전체적인 효과성보다는 현 프로그램의 집행과 관련된 평가정보를 요구한다. 정책 목표를 달성하기 위해 어떠한 전략 및 수단이 효과적인가? 집행과정에서 발생하는 장애 요인은 무엇이고 이를 어떻게 극복할 것인가? 이들은 평가결과를 현재 운영하고 있는 프로그램을 개선하기 위한 정보로 사용하기를 기대한다.

(3) 프로그램 집행자

정책 및 프로그램 집행자의 경우에는 일상적이고 기술적인 것에 주로 관심을 가진다. 이에 의해 집행과정에서 발생하는 애로사항을 극복하는 데 필요한 정보를 요구한다. 그러나 이들은 집행에서 자신의 경험과 직관적인 판단에 의존하는 경우가 많아서 평가의 결과에 부정적인 경우가 많다.

(4) 외부의 자금 제공자

외부에서 자금을 제공하고 지시 감독 기능을 하는 기관의 경우에는 관련 분야의 지식을 확대하는 데 관심을 가지기도 한다. 이들은 운영보다는 이론과 방법에 대한 정보를 더 요구하기도 한다. 가난한 가정을 지원하기 위한 노력이 교육이나 직업 측면에 더 집중되어야 하는가? 만약 지역사회 보건 서비스 제공기관 간 협력이 확대된다면 사람들은 더 좋은 보건 서비스를 받을 수 있을 것인가? 이러한 평가에서는 특정 가설을 검증하는 것도 평가의 목적에 추가된다.

4. 정책평가를 등한시하는 이유와 정책평가의 한계

1) 정책평가를 등한시하는 이유

조직에서 평가를 등한시하거나 평가에 저항해 평가에 소극적인 경우가 많다. 그 이유는 앞서 살펴본 정책평가에 대한 잘못된 인식에서 유래한다. 이외에 정책평가를 등한시하는 이유를 보면 다음과 같다(Russ-Eft & Preskill, 2001).

① 조직 구성원들이 평가의 역할과 목적에 대해 잘못 이해하고 있다. 조직의 많은 사람은 평가에 대한 교육 및 훈련을 받은 경험이 없어서 평가가 무엇이고, 그

것이 어떠한 기능을 하는지를 잘 모르는 경우가 많다. 이에 따라 평가에 대해 불완전하고 부정적인 시각을 갖는 경우가 많다.

② 조직 구성원들은 평가결과의 영향에 대해 두려움을 가진다. 어떤 조직의 구성원들은 평가의 결과가 해고나 또 다른 형태의 처벌에 활용되지 않을까 두려워한다. 이러한 두려움은 불신의 문화가 팽배한 조직에서 많이 나타난다.

③ 평가 기술이 부족한 경우가 많다. 많은 조직의 경우 평가에 필요한 지식이나 기술이 부족한 경우가 많다. 그리고 평가에 어떠한 기술이 필요한지를 모르는 경우도 있다.

④ 평가를 부차적인 활동으로 생각한다. 평가에 대한 지식이나 기술이 없거나 체계적인 평가가 이뤄지지 않는 조직에서 구성원들은 평가를 자신들의 일상적 업무에 핵심이 되는 것으로 생각하지 않는다. 이에 의해 평가를 업무의 우선순위에서 뒤로 미룬다.

⑤ 조직 구성원들은 평가결과가 사용될 것이라고 믿지 않는다. 많은 조직의 구성원은 조직의 활동, 문화, 분위기를 조사하고 사업평가를 경험하지만, 이러한 결과가 환류되어 활용되지 않고 있음을 경험한다. 이러한 반복적인 경험은 조직 구성원들에게 평가활동에 대한 참여와 믿음을 떨어뜨리게 한다.

⑥ 조직 구성원들은 평가를 시간을 낭비하고 힘든 작업으로 생각한다. 좋은 평가는 많은 시간과 노력을 요구하기 때문에 그 효용성에 부정적인 경우가 많다.

⑦ 평가비용이 평가를 통해 얻는 이익을 초과한다. 조직은 평가의 장기적 편익을 고려하지 않고 단기적 비용만을 생각하는 경우가 많다. 그러나 평가의 편익은 단기에 실현되지 않는다. 평가의 단기적 비용을 강조하게 되면 평가에 대해 부정적인 시각을 형성하게 된다.

⑧ 조직의 리더는 자신들이 무엇을 하고 무엇을 하지 말아야 할 것인지를 알고 있다고 생각한다. 조직의 리더나 관리자들은 조직을 운영하는 데 필요한 정보와 지식을 다 가지고 있기 때문에 평가를 시간과 비용을 낭비하는 것으로 생각한다.

⑨ 평가를 요구하는 사람이 없다. 종종 조직이 평가하지 않는 이유로 자신들이 추진한 정책이나 활동의 성공, 영향, 효과성에 어떤 증거를 요구하는 사람이 없다는 것을 든다. 그러나 시간은 변화하고 있다. 변화하는 시간이야말로 평가를 수행해야 할 가장 큰 이유다. 변화에 대응하기 위해서도 평가는 필요하다.

2) 정책평가의 한계

현실적으로 올바른 정책평가와 효과적인 평가결과의 활용을 어렵게 하는 요인으로는 평가 참여자, 시스템, 외부 환경이 가지는 비합리성 요소에 기인한다. 특히 평가 참여자들(개인 또는 조직이나 부서들)은 평가 목적이나 원칙, 방법이나 절차를 알고 있는 경우에도 경쟁 환경에서 자신의 이익 극대화를 시도하여 결과의 비합리성을 촉진한다(박흥식, 2018). 이외에 평가와 관련된 제도적 차원과 이론적 차원의 괴리도 평가 활용의 한계로 작용하고 있다(신열, 2019).

(1) 공공정책의 본질적 한계

정부가 실업, 빈곤, 불평등과 같은 공공문제를 해결할 수 있는 능력은 한계가 있다. 특히 재정적 한계는 공공정책의 한계를 규정하는 대표적 요인이다. 정부 능력의 한계는 정책의 한계 이외에 정책평가의 한계를 규정한다. 특히 공공정책이 가지는 정치적 속성은 정책평가에 많은 이해관계자 그룹, 전문가, 의원, 정책 입안자가 평가에 개입하고 영향을 미치게 된다. 이러한 상황에서 우리가 다루는 평가는 유일한 것이 아닌 전체 평가의 한 부분을 구성할 뿐이다(Fitzpatrick et al., 2011).

(2) 관료제 조직의 한계

다음과 같은 관료제 체계의 특성은 평가와 평가의 이용에 장애요인이 된다(Unicef/Clear, 2019).

- 평가결과의 은폐
- 고위관료에 의한 투명한 의사결정 과정에 대한 저항
- 증거기반 의사결정에 대한 존중의 부족
- 강력한 계층 구조 문화에 의하여 공개적으로 성과를 논의하지 않음
- 실패나 실수를 인정하지 않는 문화
- 모니터링과 평가를 직원 통제 방법으로 인식
- 평가를 평가부서의 업무로만 인식
- 평가를 학습 및 개선의 기회로 다루지 않는 조직 관행
- 최고관리자의 평가에 대한 관심 및 평가를 요구하지 않는 행태
- 부정적 평가결과에 대한 두려움

(3) 충돌하는 가치

정책은 다양한 이해관계자 간의 합의와 조정으로 결정되고 집행되며 평가된다. 이는 정책과정에서 불일치의 근거가 되고 정책결정의 핵심이 된다(Hood, 2010). 서로 갈등하는 가치체계가 평가에서 가치판단의 근저가 되면 서로 다른 평가 기준과 판단의 기준으로 작용하여 합의된 평가결과를 가져오기 어렵다.

(4) 지식의 한계

정책은 이론과 인간 지식을 근거로 한다. 그러나 사회문제를 해결하는 데 활용되는 사회과학 이론과 인간 지식이 복잡하고 변화가 심한 사회 현상을 설명하고, 예측하기에는 한계가 있다. 아직도 검증되지 않은 믿음에 근거하여 문제를 보고 해결하는 경우가 많다. 특히 평가 틀을 구성하는 완벽한 변화이론이나 논리모형을 구성할 수 없다는 것은 근본적인 평가의 한계를 가져온다.

(5) 평가자의 문제

평가를 누가 하는가에 따라서 평가결과가 달라진다. 이는 항상 평가의 신뢰성과 타당성의 문제를 가져오고 활용을 제한하게 된다. 제임스 윌슨(James Q. Wilson, 1973)은 정책 영향에 대한 모든 사회과학 연구에 적용되는 다음 두 가지 법칙을 제시하고 있다.

- 윌슨의 제1 법칙: 사회문제에 대한 모든 정부개입은 그 연구가 집행자나 집행자의 친구에 의해서 수행된다면 의도한 효과를 산출한다. 내부평가나 정책에 우호적인 집단은 기관 자체 데이터를 중심으로 평가하고, 원하는 효과를 얻을 수 있는 시간 프레임(길거나 짧거나)을 선택하여 평가하고, 다른 변수는 최대한 억제하여 평가한다.
- 윌슨의 제2 법칙: 사회문제에 대한 정부개입 연구가 독립적인 제삼자, 특히 그 정책에 회의적인 사람에 의해서 수행된다면 의도한 효과를 산출하는 정책은 없다. 제3의 독립적 평가자는 평가기관과 독립적으로 평가 데이터를 수집하고, 기관이 원하는 효과를 보여줄 수 있는 자료는 최소화하고, 시스템이 작동하지 않으리라고 생각하는 시간 프레임을 선정하여 평가한다.

(6) 평가 방법의 문제

진실험 설계는 가장 이상적인 평가 방법으로 제시되지만, 이를 정책평가에 적용하기에는 실현 가능성이 떨어지는 경우가 많다. 차선으로서 비실험 설계에 의존하는 평가도 결과에 대한 신뢰성의 위기를 가지게 된다. 이외에도 평가질문에 답하기 위한 평가지표의 선정 문제의 어려움, 데이터 수집의 법적 제한과 같은 평가과정의 문제가 항상 평가에 대한 오류를 가져온다(GAO, 1991).

(7) 시간과 예산의 문제

평가활동은 충분한 예산과 적시성을 확보하여 수행되어야 하나 올바른 평가를 위한 평가예산의 확보와 충분한 시간을 확보하는 것은 현실 정책체계에서 항상 한계로 작용한다.

(8) 평가 환경의 문제

평가 환경 특히 정치적 요인은 앞서 살펴본 것과 같이 평가를 전략적으로 활용하여 올바른 평가에 장벽을 만들 수 있다. 고객은 평가자의 부정적인 프로그램 피드백에 반대하거나 긍정적인 결과만 발표하도록 기만을 요청할 수 있다(Bamberger et al., 2006). 특히 정책연구나 평가가 재정후원을 받을 경우 평가가 왜곡될 위험이 상존한다.

제 3 절 정책평가의 유형

1. 누가 평가하는가?

1) 내부평가

내부평가(inside evaluation)는 정책결정과 집행을 담당한 사람들이 소속한 기관에서 하는 평가를 의미한다. 내부평가에는 집행을 담당한 사람이나 기관이 스스로 평가하는 자체평가(self evaluation)와 기관에서 평가위원회나 팀을 구성해 평가하는 방법이 있다.

2) 외부평가

외부평가(outside evaluation)는 정책결정 및 집행기관이 아닌 제3의 기관이 행하는 평가를 의미한다. 외부평가는 외부 전문평가기관, 평가 전문가, 민간 컨설팅 회사 등에 의뢰해 추진하는 평가로써 내부평가보다는 전문성과 객관성을 확보할 수 있어서 평가결과가 수용되기 쉽다. 그러나 외부 평가자는 프로그램과 떨어져 있어서 정책이나 프로그램의 맥락이나 기관의 정치적 역학 관계 등을 평가하는 데 한계가 있고, 프로그램에 대해 방관자로서 비판만 한다는 지적을 받기 쉬우며, 평가결과의 활용도가 떨어지는 문제를 가진다.

〈표 1-4〉는 내부평가와 외부평가의 장단점을 비교한 것이다.

표 1-4 내부평가와 외부평가의 장단점

구분	장점	단점
내부평가	• 평가비용이 상대적으로 낮다. • 피평가자들의 노력을 안다. • 주요 이해관계자들 간 조정이 쉽다. • 향후 평가를 수행하기 위한 조직의 역량 구축에 도움이 된다.	• 조직 내 다른 업무로 인해 평가 작업에 필요한 시간이 부족할 수 있다. • 외부 평가자보다 전문성 및 기술력 역량이 부족할 수 있다. • 평가의 객관성이 떨어질 수 있다. • 잠재적인 자금조달자들이 평가의 객관성과 타당성에 대해 의문을 제기할 수 있다. • 고객이 직원을 다시 마주칠 것으로 판단하면 솔직하게 의견을 개진하지 않을 수 있다.
외부평가	• 조직 내에서 사용할 수 없는 기술과 전문지식을 얻을 수 있다. • 특별한 전문가 네트워크를 가질 수 있다. • 평가 경험이 많아서 더 효율적으로 평가를 진행할 수 있다. • 좀 더 객관적인 평가를 할 수 있다. • 잠재적인 자금 제공자가 평가결과를 더 신뢰할 수 있다.	• 외부 평가자들이 피평가자들의 노력이나 평가 맥락에 관한 이해가 부족할 수 있다. • 평가에 소요되는 비용이 더 많이 소요된다. • 평가역량을 내부에서 개발할 기회를 감소시킬 수 있다. • 직원들이 외부인의 감시하에 있다고 느껴서 불안감을 유발할 수 있다. • 평가과정 책임이 외부 평가자에게 있으므로 내부 직원의 참여도가 낮아질 수 있다.

출처: Kellogg Foundation(2017).

3) 절충형 평가

절충형 평가는 내부 평가팀과 외부 전문가가 함께 평가하는 것을 의미한다. 이 방법은 기관 내에 평가를 수행할 수 있는 인력자원은 있지만, 기술적인 면에서 지원이 필요한 경우에 활용될 수 있다. 절충적 방법에서는 내부인이 평가팀장이나 평가관리자 역할을 하는 경우가 많다. 외부 전문가는 평가설계, 데이터 분석, 설문지 개발 등에 대해 지원을 하고, 때로는 평가계획의 수립이나 성과지표의 개발 등에 대해서도 지원하게 된다. 이 방법은 프로그램에 대해 내부 평가자가 가지고 있는 실제적인 지식을 활용할 수 있으며, 평가결과에 대한 활용도를 제고하고, 평가비용을 줄일 수 있는 장점이 있다. 그러나 내부 담당자들이 본연의 업무를 수행하지 못하는 기회비용이 외부평가보다 많을 수도 있다.

우리의 경우, 중앙행정부처나 지방자치단체에서 평가를 담당하는 자체평가위원회는 위원장 1인을 포함하여 10인 이상 30인 이내의 위원으로 구성한다. 이 경우 평가의 공정성과 객관성을 확보하기 위하여 전체 위원의 3분의 2 이상은 민간위원으로 구성하도록 하여 절충형 형태를 취하고 있다.

사례

고용노동부 자체평가위원회

① 위원회는 위원장 1명을 포함한 10명 이상 30명 이내의 위원으로 구성한다.

② 위원은 평가 또는 고용노동부 업무에 관한 전문적인 지식과 경험이 풍부한 자 또는 관계공무원 중에서 장관이 위촉 또는 지명한다. 이 경우 장관은 위원 구성의 다양성을 확보하기 위해 노력하여야 한다.

③ 위원장은 제2항에 따라 위촉 또는 지명된 민간위원 중에서 장관이 지명한다.

④ 위원의 임기는 2년으로 하되, 2회에 한하여 연임할 수 있다. 다만, 공무원인 위원의 임기는 그 직위에 재직하는 기간으로 하고, 제5조에 따라 해촉된 위원의 후임위원의 임기는 전임자의 남은 임기로 한다.

⑤ 위원회의 사무를 처리하기 위하여 간사 1명을 두되, 간사는 정부업무평가 총괄부서의 장이 된다.

출처: 고용노동부 자체평가위원회 운영규정(제4조).

2. 평가가 강제적인가?

평가는 강제성을 기준으로 자율적 평가와 강제적 평가로 구분될 수 있다. 여기에 평가자가 누구인가에 따라서 다음과 같이 네 가지 유형으로 구분할 수 있다.

1) 자율적 내부평가

자율적 내부평가(discretionary internal evaluation)는 기관이나 관리자가 스스로 평가 정보를 이용하기 위해 수행하는 평가를 의미한다. 이 방법은 강제적인 내부평가에서 다루지 못하는 이슈들을 다룰 수 있게 한다. 이는 상부 기관에 보고를 요구하지도 않는다. 평가를 수행할 때 외부의 컨설턴트나 전문가의 도움을 얻을 수도 있지만, 평가설계나 보고서의 질, 활용에 대한 책임이 평가부서나 프로그램 관리자에게 있기 때문에 내부평가다. 자율평가는 조직 및 프로그램의 베스트 프랙티스(best practice)를 구축하거나, 학습하고자 할 때, 그리고 많은 하위 프로그램 간에 중복되는 것을 확인하고자 할 때 유용하다.

2) 강제적 내부평가

강제적 내부평가(mandatory internal evaluation)는 법규 및 지침 등에 의해 내부평가를 의무화는 경우의 평가를 의미한다. 강제적 내부평가의 경우 평가 이외에 결과의 공개가 의무화되어 있는 경우가 대부분이다. 강제적 내부평가는 상급기관 및 자금 제공 기관의 통제나 예산 배분에 활용한다는 목적 이외에 사업관리자에게 프로그램 운영에 대한 정보를 제공하는 기능을 수행한다. 이의 대표적 예로 절충형을 보이나 중앙 및 지방행정기관의 자체평가, 공공기관 평가에서 볼 수 있다.

3) 자율적 외부평가

자율적 외부평가(discretionary external evaluation)는 피평가기관이 외부평가기관의 평가활동에 대해 자율적으로 참여하거나 외부평가기관이 독자적으로 수행하는 평가를 의미한다. 평가기관은 프로그램을 운영하는 기관의 통제나 영향을 받지 않는다.

자율적 외부평가는 평가의 추진체가 누구냐에 따라 조직 내의 최고관리자나 프로그램 관리자의 요구로 외부 컨설팅 업체나 전문가가 평가하는 방법, 외부평가기관이 프로그램 운영기관과는 독립적으로 수행하는 평가로 구분될 수 있다. 어떠한 형태를 취하건 외부 평가자는 평가를 설계 · 관리 · 수행한다. 프로그램 운영기관이 평가의 주체가 되는 자율적 외부평가는 객관적 사정을 기초로 하여 프로그램의 성과를 개선하고자 하는 경우에 주로 이용하게 된다. 이 밖에 의사결정자를 지원하는 데 유용한 정보를 제공한다. 평가의 주체가 외부기관인 경우 공적 차원에서 이해관계자나 일반 국민에게 평가결과를 보고하는 것을 목적으로 추진되게 된다. 이의 대표적인 예로 민간언론기관에서 수행하는 대학평가, 공공기관에서 추진하는 ISO 인증평가 등을 들 수 있다.

4) 강제적 외부평가

강제적 외부평가(mandatory external evaluation)는 평가의 실체가 프로그램의 외부 기관에 의해 이뤄지며, 평가가 법규, 자금을 제공하는 기관 및 상위기관의 지침 등에 따라 의무적으로 수행되는 평가를 의미한다. 강제적 외부평가는 주로 프로그램 활동에 대한 감시 및 책무성 확보가 주목적이지만, 프로그램 관리자에게 유용한 정보를 제공하기도 한다. 이의 예로는 예비타당성 조사, 환경영향평가와 같은 사전평가제도 및 각종 인증이 있다.

3. 언제 평가하는가?

평가는 정책과정의 어느 단계에서 평가가 이뤄지는가에 따라서 [그림 1-3]과 같이 네 가지 유형으로 나눠 볼 수 있다.

그림 1-3 정책과정과 평가의 유형

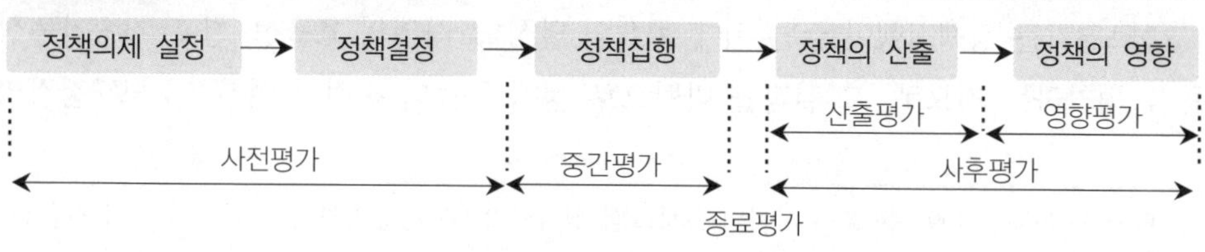

1) 사전평가

사전평가는 정책, 프로그램, 프로젝트를 집행하기 전에 하는 평가다. 사전평가는 평가 대상이 되는 정책이나 프로그램 실시 계획의 적합성 및 필요성을 검토하고, 정책 내용과 예상되는 효과를 좀 더 명확히 하여 집행의 적정성을 종합적으로 검토·평가하는 것을 목적으로 한다. 사전평가 단계의 평가지표는 종종 정책과정 각 단계의 효과를 측정하는 기준으로 활용되고, 프로그램을 시작한 이후 모니터링 체제를 확립하는 데 필요한 정보를 제공한다. 사전평가의 예로 정부가 다양한 재정 지원사업의 대상자를 선정하기 위한 선정평가나 대규모 사업에 대한 예비타당성 조사와 각종 사전영향평가가 이에 해당한다.

2) 중간평가

정책평가에서 가장 많이 행해지고 있는 중간평가[5]는 기한이 정해진 프로그램이건 정해져 있지 않은 프로그램이건 현재 진행 중인 정책이나 프로그램을 평가한다. 중간평가는 관리, 조직의 학습, 기획과 정책결정 및 책임성 확보를 위해 사용된다. 중간평가는 정책집행 중에 정책의 실적과 집행과정을 파악하고, 타당성, 효율성 등의 관점에서 평가해 애초 계획을 재검토하거나 집행의 효율화를 위해 수행한다. 중간평가는 정책에 대한 모니터링 결과를 바탕으로 종합적 관점에서 정책 및 프로그램 전체를 검증해 계획의 수정에 필요한 정보를 제공하게 된다. 집행과정 또는 일정한 단계의 집행이 끝난 뒤에 이뤄지는 중간평가는 집행 결과로부터 어떤 교훈을 도출하거나 집행의 내용을 조정하고자 하는 경우에 이뤄지게 된다. 중간평가에서는 평가 시점까지의 산출이나 일차적인 결과나 영향을 평가하기도 한다.

3) 종료평가

종료평가는 정책집행이 끝난 뒤에 목표의 달성도, 사업의 효율성, 향후 지속가능성 등을 평가하는 것으로, 그 결과를 바탕으로 정책 종료의 적정성 여부와 사후 점검의

5) EC에서 이뤄진 1997~2000년 사이의 프로그램 평가의 2/3가 중간평가이고, 나머지가 사후평가로 보고되고 있다(Summa, 2001).

필요성 여부를 판단하게 된다. 종료평가는 평가 대상 프로그램뿐만 아니라 유사 프로그램의 계획 수립과 프로그램 검토에 유익한 정보를 제공한다.

4) 사후평가

사후평가는 정책이 종료된 후 일정한 기간이 지난 프로그램을 대상으로 주로 정책의 영향과 지속가능성을 검증함으로써 사업 실시계획의 개선과 효과적이고 효율적인 계획과 시행을 위한 교훈 및 제언을 도출할 목적으로 한다. 사후평가도 중간평가와 같이 관리, 조직의 학습, 기획과 정책결정 및 책임성 확보를 위해 사용된다. 사후평가는 프로그램의 성공과 실패 요인을 확인하고, 결과와 영향의 지속가능성 등을 평가해 다른 프로그램에 활용할 수 있는 정보를 얻을 수 있다. 사후평가는 그 초점을 결과 및 영향에 두면서 집행과의 인과성을 확인하고자 한다. 사후평가의 결과는 주로 책무성의 목적을 위해 사용되나 다음 단계의 정부개입을 수정하는 데에도 사용된다. 사후평가는 실제로 많이 이뤄지지는 않고 있으며, 순수한 의미의 사후평가는 단지 학문적인 관심의 영역이 되는 경우가 많다.

4. 평가 목적이 무엇인가?

스크라이븐(Scriven, 1991)은 평가를 평가 목적에 따라 정책형성을 목적으로 하는 형성평가(formative evaluation)와 정책 종료 이후에 정책 목표가 달성되었는지를 판단하는 총괄평가(summative evaluation)로 구분한다. 그는 이를 구분할 때 "요리사가 수프의 맛을 보는 것은 형성평가이고, 손님이 맛을 보는 것은 총괄평가다."라고 차이점을 설명한다. 예를 들어, 수능을 준비하기 위해 모의고사를 보는 것은 형성평가, 대학수학능력평가 시험을 보는 것은 총괄평가이다. 켈로그 재단(Kellogg Foundation, 2017)은 목적에 따라서 성과 모니터링(performance monitoring)을 추가하기도 한다.

우리의 주요 평가 유형을 보면 〈표 1-5〉와 같다.

표 1-5 주요 평가의 평가지표체계

<table>
<tr><th colspan="2">평가명</th><th>평가지표체계(평가모형)</th><th>평가 유형</th></tr>
<tr><td colspan="2">국정과제평가</td><td>노력도, 목표 달성, 정책효과</td><td>형성, 총괄평가</td></tr>
<tr><td rowspan="5">중앙행정기관 자체평가</td><td>주요 정책</td><td>관리과제의 계획 수립과 집행의 적절성, 성과 달성도, 환류 노력</td><td>총괄평가</td></tr>
<tr><td>재정사업</td><td>사업계획 적정성, 성과계획 적정성, 사업관리 적정성, 성과 달성 및 평가결과의 환류(PART)</td><td>총괄평가</td></tr>
<tr><td rowspan="3">행정관리 역량</td><td>조직인력의 효율적 운영, 정책품질</td><td>과정, 산출 중심 총괄평가</td></tr>
<tr><td>효율적 정부인사의 운영</td><td>과정, 산출 중심 총괄평가</td></tr>
<tr><td>유능한 전자정부 구현, 사이버 안전수준</td><td>과정, 산출, 결과 중심 총괄 평가</td></tr>
<tr><td colspan="2">공공기관 경영평가</td><td>리더십, 경영관리, 경영성과, 고객만족(MB 모형, PDCA 사이클)</td><td>총괄평가, 종합평가</td></tr>
<tr><td colspan="2">재정사업평가 심층평가</td><td>효과성, 효율성, 정책적 타당성(프로그램 평가 모형)</td><td>산출, 결과평가, 총괄평가</td></tr>
</table>

출처: 라영재(2020).

1) 형성평가

형성평가는 프로그램 개선을 목적으로 하는 평가로 프로그램 활동을 구성하거나 추진하는 동안에 프로그램의 가치를 판단하는 평가다. 형성평가는 그 초점을 과정에 두기 때문에 과정평가(process evaluation), 집행평가(implementation evaluation), 중간평가(interim evaluation)로도 불린다. 형성평가는 정책 및 프로그램이 어떻게, 왜, 어떠한 조건에서 운영이 잘되는지를 알고자 한다. 이들 정보는 정책 및 프로그램의 개발, 집행, 전달 문제에 대한 의사결정에서 중요한 역할을 하고, 정책의 성공과 실패와 관련된 맥락적 요인, 메커니즘 및 과정에 대한 정보를 제공한다. 형성평가는 법적 요구, 다른 종합평가의 한 부분이나 고객의 불만이 심한 경우에 수행할 수도 있지만, 대부분 관리자나 프로그램의 지원자가 직접 요구해서 내부평가 방식으로 수행된다(Scriven, 1991).

2) 총괄평가

총괄평가는 프로그램의 지속·중단·확대를 결정하는 데 필요한 정보를 제공한다. 총괄평가는 일정 기준에 따라 프로그램 전체의 가치나 장점에 대해 평가한다. 총괄평가는 정책이 집행되고 난 뒤에 정책이 대상집단에 미친 영향을 판단한다. 영향평가(impact evaluation)라고도 부르는 총괄평가는 정책이 정책 대상집단에 가치가 있었는지, 유용했는지를 최종적으로 판단하고자 한다. 총괄평가는 종종 외부 평가자가 수행한다.

다음과 같은 유형의 평가는 총괄평가에 속한다(총괄평가 사례: 한인섭·김상윤, 2017).

- 산출평가(output evaluations): 정책 대상집단에 영향을 주기 위해 프로그램이나 프로젝트에 의해 수행된 직접 산출을 대상으로 하는 평가다.
- 결과평가(outcome evaluations): 정책 대상의 지식, 태도, 가치, 기술, 행태, 조건, 지위에서의 편익과 변화를 대상으로 한 평가다. 프로그램이 사전에 결정한 성과 및 결과(의도하지 않은 결과 포함)를 가져오는 데 효과가 있었는지를 조사한다.
- 영향평가(impact evaluation): 결과평가의 한 유형인 영향평가는 프로그램의 총효과나 순효과(의도한 것과 의도하지 않은 것 포함)를 사정한다. 프로그램 운영 효과를 운영하지 않았을 경우와 비교하는 방법을 주로 사용한다.
- 비용-효과(cost-effectiveness)와 비용-편익(cost-benefit) 분석: 화폐 가치나 기타 기준으로 프로그램의 비용과 결과를 비교 분석한다.
- 2차 분석(secondary analysis): 이전에 사용하지 않았던 문제를 새로운 방법으로 분석하거나 새로운 문제를 해결하기 위해 기존의 자료를 재검토하는 것이다.
- 메타분석(meta-analysis): 평가에 대한 평가로 평가 문제에 대해 좀 더 일반적이고 총괄적인 결과를 도출하기 위한 평가다.

3) 형성평가와 총괄평가의 비교

형성평가와 총괄평가는 〈표 1-6〉과 같이 구분될 수 있으나, 이 둘을 명확히 구분할 수 없는 경우도 많다. 프로그램이 다양한 구성요소로 이뤄져 있는 경우, 총괄평가가 형성평가의 역할을 하기도 한다(Scriven, 1986). 형성평가와 총괄평가는 상호 보완적이다. 총괄평가에서 정책이나 프로그램이 왜 성공하고 실패했는지를 알기 위해서는 왜 그러한 효과가 발생했는지(형성평가)를 알 필요가 있다. 또한 총괄평가 결과만을 갖고 프로그램을 유지·종결·확대해선 안 된다. 프로그램이 합리적으로 결정되었지만, 집행이 제대로 되지 않아서 부정적 결과를 낳았다면, 단순히 총괄평가만으로 정책을 중단하는 것은 바람직하지 않다. 평가의 빈도에서 보면 형성평가가 총괄평가보다 더 많이 이뤄지고 있다(Preskill & Caracelli, 1997). 프로그램 주기를 기준으로 보면, 형성평가는 초기 단계에, 프로그램의 말기 단계에서는 총괄평가의 효용성과 빈도가 높다.

표 1-6 형성평가와 총괄평가의 비교

구분	형성평가	총괄평가
이용	프로그램 개선을 위해	프로그램의 미래나 프로그램 선택에 대한 의사결정을 위해
주요 이용자	프로그램 관리자와 담당자	관리자, 정책결정자, 잠재적 소비자 또는 자금 지원기관
평가자	주로 외부 평가자의 지원을 받아서 내부 평가자가 수행	주로 내부 평가자의 지원을 받아서 외부 평가자가 수행
주요 특성	프로그램 담당자가 프로그램 개선을 할 수 있도록 피드백 제공	프로그램을 계속할 것인지 또는 소비자가 프로그램을 채택할 것인지를 결정할 수 있도록 정보를 제공
설계제약	어떤 정보가 필요한가? 언제 필요한가?	어떤 표준이나 기준을 의사결정에 사용할 것인가?
데이터 수집 목적	진단	판단
데이터 수집 빈도	자주 함	드물게 함
표본 크기	주로 작은 표본	일반적으로 큰 표본
질문	• 무엇이 작동하고 있는가? • 개선해야 할 필요가 있는 것은 무엇인가? • 어떻게 개선할 것인가?	• 어떤 결과가 발생할 것인가? • 누구와 함께, 어떤 조건에서, 어떤 훈련으로? • 어느 정도의 비용이 드는가?

출처: Fitzpatrick, Sanders, & Worthen(2011).

제 4 절 우리나라의 평가제도

우리나라의 정부업무 평가제도의 변화는 〈표 1-7〉과 같이 크게 5단계(도입, 과도, 재정비, 개편, 통합)로 구분할 수 있다. 이를 다시 3단계로 구분하여 설명하면 다음과 같다.

표 1-7 정부업무 평가제도의 변천 개요

내용 \ 단계	도입	과도		재정비	개편	통합
담당기관	기획조정실	경제기획원	행정조정실	행정조정실	국무조정실	국무조정실
시기	'61.9~ '81.10	'81.11~ '90.3	'90.4~ '94.12	'94.12~ '98.2	'98.3~ '06.3	'06.4~ 현재
평가제도	심사분석		정책평가	심사평가	기관평가	통합평가
내용	5·16 직후 1961년 정부 부문에 최초로 심사분석제도를 도입하여 기획조정실에서 정부정책의 평가 기능을 수행	1981년에 심사분석 업무를 경제기획원 심사평가국으로 이관	행정조정실에 정책평가 기능 신설	정부조직 개편에 따라 경제기획의 심사분석업무와 행정조정실의 정책평가업무를 통합하여 심사평가 기능 수행 – 정부투자기관 평가는 경제기획원에서 계속 수행	국민의 정부 출범과 함께 심사평가제도를 대폭 개편하여 '기관평가제도' 도입	참여정부 출범 이후 통합적 정부업무평가 제도 및 성과관리제도 도입 추진
근거	정부의 기획 및 심사분석에 관한 규정(대통령령 제6143호 '72.4)	정부기획 및 심사분석에 관한 규정(대통령령 제10821호 '82.5)	정부 주요 정책 평가 및 조정에 관한 규정(총리령 제364호 '90.4)	정부업무의 심사평가 및 조정에 관한 규정(대통령령 제14531호 '95.2)	정부업무 등의 평가에 관한 기본법(법률 제6347호 '01.1.8)	정부업무평가 기본법(법률 제7928호 '06.4.1)

출처: 국무조정실(2022a).

1. 심사분석 및 심사평가 시기(1961년~1998년 2월까지)

우리나라 정책평가는 1961년 심사분석제도로 '정부의 기획 및 심사분석에 관한 규정'(대통령령 제947호)에 근거하여 최초로 도입되었다. 심사분석제도는 부족한 자원으로 경제발전을 효율적으로 추진하기 위한 수단으로 도입하였다. 중앙행정기관에 대한 평가 담당기관은 국무총리 기획조정실이고, 평가를 위해 평가교수단이 구성되어 매년 정부시책 및 사업 영역별로 평가하였다. 각 부처에서 차관 직속의 감사관이 평가를 주관하였다.

1981년 정부조직 개편과 함께 국무총리 기획조정실에서 담당하던 업무가 경제기획원으로 이관되면서 평가결과를 예산편성과 배정에 반영하였다. 1990년 총리령으로 '정부 주요 정책평가 및 조정에 관한 규정'이 제정되면서 정책평가 기능을 신설하고 국무총리 행정조정실이 관장하였다. 이때 심사분석은 경제기획원, 정책평가는 국무총리실이 관장하는 이원화 체제였다. 1983년부터는 경제기획원에서 정부투자기관 경영평가를 실시하였다.

1994년 대통령령으로 '정부업무의 심사평가 및 조정에 관한 규정'이 제정되면서 심사분석과 정책평가를 통합하여 국무총리 행정조정실에서 관장하였다. 평가는 주로 효과성 평가(반기별로 국무회의에 보고)를 기반으로 하는 정기 심사평가와 국무총리가 국정운영과 관련하여 필요한 사항을 평가하는 수시평가로 구분하여 실시하였다. 이 시기 평가는 예산사업 중심으로 진도분석 및 추진상 문제점과 대책 중심의 과정평가를 했다.

2. 평가의 발전 단계(1998년 3월~2004년 말까지)

1998년 중앙행정기관을 대상으로 한 기관평가제도가 도입되었고, 2001년 '정부업무 등의 평가에 관한 기본법'이 제정되었다. 2003년에 처음 시행한 기관평가는 주요 정책, 관리역량, 고객만족도를 평가하였고, 업무계획 등에 대하여는 자체평가 제도를 시행하였다. 중앙행정기관의 평가로 중앙인사위원회의 직무성과제(1999), 행정자치부의 목표관리제도(1999), 기획예산처의 성과주의 예산제도 시범 실시(1999), 국무조정실의 정부업무평가제도(1998), 감사원의 개별사업에 대한 성과감사(1995) 등이 시행되었다.

3. 프로그램 및 기관평가 시기(2005년 이후)

2006년에 제정된 정부업무평가 기본법에 따라 우리나라의 평가체계는 성과 중심으로 제도화되었다. 정부업무평가 기본법은 평가를 "일정한 기관·법인 또는 단체가 수행하는 정책·사업·업무 등에 관하여 그 계획의 수립과 집행과정 및 결과 등을 점검·분석·평정하는 것"으로 규정하고 있다. 평가의 목적으로서 국정 운영의 능률성·효과성 및 책임성 확보를 제시하고, 평가의 유형으로 자체평가, 특정평가, 재평가제도를 도입하였다.

2000년 이후 신공공관리에 의한 성과 중심의 행정관리와 사조에 따라 중앙행정기관이 운영하는 주요 프로그램에 대한 중앙행정기관의 개별평가가 평가 이외에 점검·분석·평정·조사·점검 등의 이름으로 운영되고 있다.

행정기관의 평가 이외에 국회가 2003년 '국회예산정책처법'을 제정하면서 국회예산정책처 사업평가국이 국가의 주요 사업에 대한 분석·평가를 하고 있다. 이외에 '공공감사기준'에 의한 감사원의 성과감사는 "경제성·능률성·효과성에 대한 검토와 평가를 위주로 특정 사업이나 정책에 대하여 수행하는 감사"이다. 이들을 정책평가로 이해해도 무방하다.

4. 현행 정책평가 체계

1) 개관

정부업무를 대상으로 하는 평가는 정부업무평가 기본법의 적용을 받는 통합평가와 개별법에 의해서 부처 단위에서 이루어지는 개별평가로 구분할 수 있다. 통합평가의 제도적 근거가 되는 '정부업무평가 기본법'에서 정부업무평가는 2022년 현재 〈표 1-8〉과 같다. 정부업무평가는 법률과 대통령령에 근거하여 평가하도록 하고 있다. 평가의 대상은 중앙행정기관, 지방자치단체, 중앙행정기관 또는 지방자치단체의 소속기관 및 공공기관이다. 법은 정부업무평가의 실시와 평가기반의 구축을 체계적·효율적으로 추진하기 위하여 국무총리 소속 하에 정부업무평가위원회를 두고 있다.

표 1-8 정부업무평가체계도

중앙행정기관

평가유형	평가부문		근거법률	평가주관
특정평가 (45개)	일자리·국정과제		정부업무평가법	국무조정실 등
	규제혁신			
	정부혁신			
	정책소통			
	적극행정			
자체평가 (46개)	주요정책		정부업무평가법	국무조정실
	재정사업	일반재정사업	국가재정법	기획재정부
		R&D	연구성과평가법	과학기술정보통신부
		재난안전	재난안전법	행정안전부
		균형발전	국가균형발전법	국가균형발전위원회
	행정관리역량	조직	정부업무평가법	행정안전부
		인사		인사혁신처
		정보화		행정안전부
개별평가			개별근거법률	주관부처

지방자치단체

평가유형	평가부문	근거법률	평가주관
합동평가	25개 기관, 116개 지표	정부업무 평가 기본법	행정안전부 등
자체평가	중앙행정기관과 동일	정부업무 평가 기본법	지자체장
개별평가		개별근거법률	주관부처
공공기관			
공기업(36개)		공공기관운영법	기획재정부
준정부기관(96개)			
기금(존치평가 24개, 자산운용평가 45개)		국가재정법	기획재정부
과학기술 분야 연구기관 (47개)	국가과학기술연구회 소관(25개)	• 과학기술기본법 • 과기출연기관법 • 연구성과평가법	국가과학기술연구회
	과학기술정보통신부 산하(16개)		과학기술정보통신부
	해양수산부 산하(3개)		해양수산부
	원자력안전위원회 산하 (2개)		원자력안전위원회
	방위사업청 산하(1개)		방위사업청
경제·인문사회 분야 연구기관(26개)		정부출연기관법	경제·인문사회연구회
지방공기업(241개)		지방공기업법	행정안전부

출처: 국무조정실(2022b).

2) 중앙행정기관 평가

중앙행정기관을 대상으로 하는 평가는 자체평가, 특정평가, 개별평가가 있다.

(1) 자체평가

중앙행정기관의 자체평가는 소관 정책 등을 스스로 평가하는 것을 말한다. 2022년 현재 자체평가는 46개 중앙행정기관을 대상으로 기관장 책임으로 소관 정책 등을 스스로 평가하고, 그 결과를 정책 · 조직 · 인사 · 보수 등에 반영하여 국정운영의 성과 및 책임성을 제고하기 위해서 시행한다.

평가부문은 ⓐ 주요 정책, ⓑ 재정사업(일반재정, R&D, 재난안전, 균형발전), ⓒ 행정관리역량(조직 · 인사 · 정보화 분야 행정관리역량)에 대하여 평가를 한다. 평가는 중앙행정기관별로 자체평가계획을 수립하고, 민간전문가 중심으로 자체평가위원회를 구성하여 실시한다. 평가지표는 주요 정책부문은 주로 성과 달성도 및 정책 효과성을 평가하고, 재정사업부문과 행정관리역량부문은 평가 총괄기관이 평가지표를 제시하고 있다. 평가방식은 평가의 관대화를 방지하기 위해 상대평가를 하고 자체평가 결과에 대하여 부문별로 평가 총괄기관이 점검하고 있다. 평가결과는 정부업무평가 포털(www.evaluation.go.kr), 중앙행정기관 홈페이지 등을 통하여 공개되고, 국회 소관 상임위원회 보고되고 있다.

(2) 특정평가

특정평가는 “국무총리가 중앙행정기관을 대상으로 국정을 통합적으로 관리하는 데 필요한 정책 등을 평가하는 것을 말한다.”(정부업무평가 기본법 제2조) 2022년에는 주요 정책, 규제혁신, 정부혁신, 정책소통의 네 개 부문에 가점 영역으로 적극 행정 부문을 평가하고 있다. 이 가운데 100점 만점에 65점을 차지하는 주요 정책 부문은 각 기관이 역점을 두고 추진하는 정책을 중심으로 이행노력, 목표 달성도, 정책효과, 국민만족도를 평가한다. 특정평가는 정책별 정책효과 및 만족도에 대해서는 전문평가단이, 국민만족도는 일반 국민이 평가한다. 평가를 통해 기관 점수를 산출하고 평가 등급을 부여한다.

(3) 정책분석

정책분석 또는 정책 현안과제 분석·평가는 통합적 국정관리 관점에서 국민적 관심도가 높은 정책 및 사회적 현안을 대상으로 국무조정실이 선정하여 수시로 평가한다. 이는 정부업무평가 기본법에 근거하여 이루어지는 특정평가의 한 유형으로, 정책문제에 대해 전문가 진단 및 현장 확인·조사 등을 거쳐 최종적으로 개선방안을 도출한다. 정책분석 보고서에는 정책문제에 대한 심층 분석을 토대로 한 개선방안이 제시된다. 개선방안은 관계기관과의 실무 협의를 거쳐 국정현안점검조정회의, 국무회의 등에서 확정되며, 언론브리핑이나 보도자료를 통해 공개된다. 이러한 정책분석·평가는 국회예산정책처에서도 '사업평가현안분석'이란 이름으로도 이루어진다.

3) 지방행정기관 평가

(1) 자체평가

지방자치단체의 자체평가는 정부업무평가 기본법(제18조)에 의한 강제적 내부평가로 지방자치단체가 소관 고유사무(전략사업 등) 등을 스스로 평가하고 자율적으로 개선하도록 유도하는 제도이다. 지방자치단체는 자체평가를 위해 관련 조례나 규정을 제정하여 운영하고 있다. 지방자치단체의 평가는 정기평가와 자치단체장이 필요하다고 인정하는 경우에 실시하는 수시평가가 있다. 평가 대상은 지방자치단체 소속기관의 정책 등을 포함하여 주요 업무, 중점시책 등 업무 전반을 평가 대상으로 선정한다. 평가는 자치단체의 주요 업무성과관리시행계획을 기반으로 평가 항목을 자치단체장이 결정한다. 정부 차원에서 지방자치단체 자체평가에 대한 총괄기관은 행정안전부이다. 평가 방법은 자체평가조직 및 자체평가위원회를 구성하여 평가한다. 평가위원회에는 민간위원이 2/3 이상 참여하도록 하고 있다. 필요하면 평가업무를 전문연구기관에 위탁도 가능하다. 자체평가 결과는 인터넷 홈페이지 등에 공개하고, 차년도 성과관리계획, 예산·인사 등에 반영한다.

(2) 합동평가

합동평가는 국정 주요시책 등에 대한 지방자치단체의 추진상황을 평가·환류하여 국정의 통합성, 효율성, 책임성 및 지방자치단체의 평가에 대한 부담을 완화하기 위해서 종합적으로 실시하는 평가이다. 합동평가는 17개 시·도를 대상으로 행정안전부가 주관하여 중앙부처가 참여하는 '지방자치단체 합동평가위원회'의 합동평가단이 평가한다. 평가지표는 3년 주기로 개발하여 시행하고, 평가결과는 정부업무평가위원회에 보고하고, 공개하고 있다. 평가결과는 부진한 분야에 대한 행정 컨설팅, 우수사례 및 결과보고서 발간, 정책환류 실태 점검, 우수 자치단체에 대한 재정 인센티브 지급 및 기관 표창과 유공자 포상 등에 활용하고 있다. 2021년에는 27개 중앙부처가 참여하여 108개 지표(정량 87개, 정성 21개)에 대하여 평가하였고, 국민평가를 통해 우수사례를 선정하였다. 합동평가 결과는 공공데이터 포털(www.data.go.kr) 등에서 이용할 수 있다.

4) 공공기관 평가

공공기관 평가는 공공기관의 경영책임 강화, 투명성 제고와 공공 서비스 증진을 위해 경영 실적 등을 평가한다. 평가의 근거는 '공공기관의 운영에 관한 법률'에 의한 공기업 및 준정부기관 평가, '지방공기업법'에 의한 지방공기업 평가, '과학기술기본법', '과기출연기관법', '연구성과평가법'에 의한 과학기술 분야 연구기관 평가, '정부출연기관법'에 의한 경제·인문사회 분야 연구기관 평가와 '국가재정법'에 의한 기금평가가 있다. 평가결과는 기관장 성과연봉 및 기관운영예산 차등지급, 포상 등의 인센티브 제공, 경영실적 부진 기관장 해임 건의 등의 인사에 활용, 우수사례 공유 확산, 부진기관 대상 컨설팅 등의 환류 활동에 활용하고 있다. 공기업 및 준정부기관과 지방공기업 평가는 평가의 전문성, 공정성 확보를 위해 교수, 회계사 등의 민간 전문가로 구성된 경영평가단이 시행한다. 과학기술 분야 연구기관 평가는 연구기관의 기관운영 및 연구사업계획서 수립 → 중간컨설팅 → 주관기관 평가(부처·연구회) → 상위평가(과학기술정보통신부)의 과정으로 이루어진다. 이들은 주로 산학연 관계 전문가로 평가위원회를 구성하여 평가한다. 경제인문사회 분야 연구기관 평가는 연구 분야와 경영 분야로 구분하여 관련 전문가 등을 포함하여 서면평가와 실사평가를 한다.

5) 개별평가

개별평가는 중앙행정기관이 '정부업무평가 기본법'에 의하지 않고 타 중앙행정기관 또는 지방자치단체, 공공기관 등을 대상으로 개별적으로 실시하는 평가제도(동법 제3조 제3항)이다. 중앙행정기관이 수행하는 개별평가에 대하여는 정부업무평가위원회와 사전에 협의하여 평가하도록 하고 있지만, 연계성이 거의 없는 상황이다. 중앙행정기관의 개별 법률에 의한 평가는 점검, 분석, 평가, 평정, 조사 등의 이름으로 이루어지고 있다. 이러한 개별평가 현황을 보면 〈표 1-9〉와 같다.[6] 그러나 정책이나 프로그램 평가 이외에 정부에서 개입하고 있는 광의의 평가활동은 몇 배 이상 될 것으로 예상된다.

표 1-9 개별평가제도 현황

평가주관 기관	평가제도	평가 대상	평가단위
고용부	① 지역노사민정 협력 활성화 지원사업 추진 실적평가, ② 지역일자리 목표공시제 평가	지자체	프로그램 평가/기관단위
국토부	① 지자체 건축행정 평가, ② 교통물류체계의 지속가능성 조사평가, ③ 교통약자 이동 편의 실태조사, ④ 도로시설물 정비사업평가	지자체	프로그램 평가/기관단위
과기정통부	① 국가지식재산 시행계획 점검평가	중앙부처, 지자체	프로그램 평가
국민권익위	① 부패방지시책평가, ② 공공기관 청렴도 측정	중앙부처, 지자체, 공직유관기관	프로그램 평가/기관단위
농진청	① 지역전략 작목 산학연협력 광역화 사업평가, ② 농촌지도사업 우수기관평가	산학협력단 도농업기술원	프로그램 평가/기관단위
문체부	① 전국도서관 운영평가, ② 지역기반형 콘텐츠 코이라랩 평가	전국도서관, 지자체	프로그램 평가/기관단위
복지부	① 취약계층 아동통합서비스 지원사업평가, ② 지역복지 사업평가, ③ 지역자율형 사회서비스 투자사업 시도성과평가, ④ 자살예방 시행계획 추진실적평가, ⑤ 노인일자리 성과진단(시장형, 인력파견형), ⑥ 노인일자리 성과진단(공익형)	지자체	프로그램 평가/기관단위
산업부	① 지자체 에너지 이용 합리화 시행결과평가, ② 지방투자촉진사업 우수지자체평가	지자체	프로그램 평가/기관단위
식약처	식품안전관리 우수기관 평가	지자체	프로그램 평가/기관단위

6) 2022년 국무조정실은 중앙행정기관이 운영하고 있는 개별평가를 87개로 발표하였다. 이 가운데 유사·중복, 타당성 등을 검토한 결과 12개 제도를 통·폐합하였다(국무조정실, 2022.4.12. 보도자료). 한편 국무조정실의 정부업무평가백서(2017~2021)에서는 2018년 중앙행정기관이 실시하는 개별평가로 52개를 제시하고 있다.

소방청	국민행복 소방정책 종합평가	지자체	프로그램 평가/기관단위
여가부	① 청소년정책분석평가, ② 성희롱방지조치 점검, ③ 성폭력예방 교육점검, ④ 성매매 예방교육점검, ⑤ 가정폭력 예방교육점검	중앙부처, 지자체, 공공기관	프로그램 평가/기관단위
인사처	중앙행정 적극행정 종합평가	중앙부처	정책평가/기관단위
조달청	정부물품관리 종합평가	중앙부처	프로그램 평가/기관단위
해수부	해수욕장 평가	지자체	프로그램 평가/기관단위
행안부	① 재난관리평가, ② 지방세외수입 운영실적 분석평가, ③ 지방자치단체 재정분석, ④ 지방재정 신속집행, ⑤ 민원서비스 종합평가, ⑥ 기록관리평가, ⑦ 특수상황지역 개발사업 점검, ⑧ 지방혁신평가	중앙부처, 지자체, 교육청, 국공립대 등	프로그램 평가/기관단위
환경부	① 폐기물처리시설 설치운영실태평가, ② 공공부문 온실가스에너지 목표관리제 이행결과 평가, ③ 일반수도사업 및 공공하수도 운영실태평가, ④ 지자체 배출업소 환경관리실태평가	중앙부처, 지자체	프로그램 평가/기관단위

출처: 라영재(2020) 재인용; 국무조정실(2020.9.25). 개별평가제도연구 중간보고서 참조.

자치단체를 대상으로 중앙정부가 수행하는 평가의 사례를 종합적으로 보면 〈표 1-10〉과 같다.

표 1-10 지방자치단체 대상 정부 평가제도 개요(서울시 기준)

연번	평가명	주관부처 및 기관명	평가 대상
1	자체감사 활동 심사	감사원(공공감사운영단)	공감법 적용 대상기관
2	공공기관 청렴도 측정	국민권익위원회 청렴조사평가과	17개 광역시·도
3	공공기관 부패방지 시책평가	국민권익위원회 청렴조사평가과	17개 광역시·도
4	정부업무 합동평가	행정안전부	17개 광역시·도
5	지방재정 조기집행 추진실적 평가	행정안전부	243개 전체 지방자치단체
6	지역발전사업평가	지역발전위원회	17개 광역시·도
7	기금운용 성과분석	행정안전부	17개 광역시·도
8	지방재정분석	행정안전부	243개 전 지방자치단체

9	민원서비스종합평가	행정안전부	17개 광역시・도
10	열린혁신평가 (구)정부3.0평가	행정안전부(혁신기획과)	243개 전체 지방자치단체
11	공공 부문 EA 성숙도 측정	행정안전부	EA 도입 대상기관(중앙행정 기관 및 그 소속기관, 지방자치단체, 공공기관) 428개 기관
12	2018년 드림스타트 사업 점검	보건복지부	17개 광역시・도 내 131개 시・군・구 드림스타트(서울시 25개 자치구)
13	다문화가족지원 시행계획 추진실적	여성가족부	17개 광역시・도
14	외국인정책 시행계획 추진실적 점검 및 평가	법무부	19개 중앙행정기관, 17개 광역지방자치단체
15	지역자율형 사회서비스투자사업 성과평가	보건복지부(한국보건사회연구원)	17개 광역시・도
16	지역사회보장계획평가	보건복지부	17개 광역시・도 및 시・군・구(시, 자치구 개별평가)
17	노인 사회활동 지원사업 평가	보건복지부(한국노인인력개발원)	시장형 사업단 중 국비지원 사업
18	식품안전 및 식중독 예방관리 추진 실적평가	식품의약품안전처	17개 광역시・도, 시・군・구 보건 환경연구원
19	자살예방 시행계획	보건복지부	17개 광역시・도
20	대중교통시책평가	국토교통부	전국 161개 시・군, 서울시: A그룹
21	지속가능 교통도시 평가	국토교통부	전국 76개 도시
22	대중교통 운영자 경영 및 서비스 평가	국토교통부	14개 철도/도시철도기관
23	지역일자리 목표 공시제	고용노동부	광역 및 기초자치단체
24	지역노사민정 협력활성화 사업	고용노동부	국고보조사업(지역노사민정 활성화사업) 수행자치단체
25	전국 도서관 운영평가	문화체육관광부	전국 공공도서관
26	지방세외수입 운영실적 진단・공개	행정안전부	전 실・국(세외수입관리부서 106개 부서)
27	공공 부문 온실가스 에너지 목표관리제 이행결과 평가	환경부(한국환경공단)	243개 전체 지방자치단체
28	지자체 에너지이용 합리화 시행결과 평가	산업통상자원부	'공공기관 에너지이용합리화 추진에 관한 규정' 제2조에 명시된 공공기관
29	폐기물처리시설 설치 운영실태 평가	환경부	전국 생활폐기물 공공처리시설 운영 시설

30	지역안전지수	행정안전부	광역 및 기초자치단체
31	재난관리평가	행정안전부	326개 재난관리책임기관(지자체, 중앙, 공공)
32	재난대응 안전한국 훈련 평가	행정안전부	17개 광역시 · 도
33	건축행정 건실화 평가	국토교통부	17개 광역시 · 도
34	국민행복 소방정책	소방청	17개 광역시 · 도
35	수도사업운영 및 관리실태 평가	환경부	1~6그룹 전국 168개(특 · 광역시, 시 · 군, 수자원공사)
36	2017 우수농업기술센터 시상	농촌진흥청	전국 시군농업기술센터
37	방송평가	방송통신위원회	전국 지상파 라디오 방송매체

출처: 신문철 · 박성문(2019).

C·H·A·P·T·E·R 2

평가이론 및 접근방법

제 1 절 평가연구의 전개과정

1. 평가연구와 학문적 속성

스크라이븐(Scriven, 1994)은 평가를 전체론적 접근방법을 만들기 위해 여러 학문 분야의 경계를 넘나드는 초학문(transdisciplines)적 속성을 강조하고, 패튼(Patton, 2018)은 평가 과학(Evaluation Science)의 가능성과 효용성을 강조하고 있다. 그러나 어떤 연구 활동이 하나의 분과학으로 존재하기 위해서는 쿤(Kuhn, 1977)이 이야기하는 패러다임이나 학문적 정체성을 가지고 있어야 한다. 학문 정체성은 어떤 연구 분야나 영역이 전공으로 인정받아 독자적인 위상을 갖춘 학문으로 존재하는 상태로 정의할 수 있다. 이러한 정체성이나 정상과학으로 어떤 분야가 존재하기 위해서는 다른 학문과 구별될 수 있는 고유한 연구 대상, 이론과 방법론, 연구집단이 존재해야 한다.

평가연구가 하나의 분과학문으로 존재하는가를 살펴보면 첫째, 연구 대상과 관련하여 평가의 Big Six라고 할 수 있는 분야로 프로그램 평가(program evaluation), 인사평가(personnel evaluation), 성과평가(performance evaluation), 제품평가(product evaluation), 제안서 평가(proposal evaluation), 정책평가(policy evaluation)가 있다. 그러나 이러한 평가는 문학비평, 개별 학문에서 평가, 병원이나 교육 분야의 평가, 회계감사, 경영 컨설팅 등 우리 삶의 모든 분야와 학문에 존재한다. 즉, 평가의 대상이 되는 고유한 영역을 명확하게 할 수 없다.

둘째, 분과학문으로 존재하기 위해서는 평가 분야의 고유한 이론과 방법이 존재하는가를 살펴볼 필요가 있다. 평가이론과 관련하여 다양한 모든 분야에 적용될 수 있는 고유한 이론이나 방법론이 존재하는가와 관련하여 평가의 이상적 접근방법인 실험설계는 자연과학 방법론에 기초한다. 이외에 평가의 인식론, 가치론 및 방법론은 대부분 다른 학문적 뿌리를 가진 것으로 평가연구에서는 이들을 응용하고 있다. 즉, 평가연구는 그 자체 고유한 이론과 방법이 없는 응용학문의 영역에 속한다.

셋째, 어떤 분야가 분과학문으로 존재하기 위해서는 관련된 분야의 연구 집단이 형성되어 있어야 한다. 2000년 이후 전 세계적으로 평가학회들이 활발하게 구성되었다. IOCE(International Organization for Cooperation in Evaluation)에 의하면 2022년 현재 전 세계에 156개의 평가학회가 구성되어 있다.[1] 그러나 우리의 경우 교육학, 심리학, 평가 전문가, 통계학, 사회학, 경제 및 정치학, 조직 발전 등의 다학문적 연구집단으로 구성된 미국평가학회(American Evaluation Association: AEA)나 다른 나라와 같이 범학문적 평가연구 집단이 구성되어 있지 않고 학문 분야별로 평가연구 집단이 구성되어 있는 실정이다. 예로, 정책분석평가학회, 한국교육평가학회, 한국환경영향평가학회, 한국심리측정평가학회, 한국감정평가학회, 한국환경보건안전평가학회, 한국역량진단평가학회, 한국상담평가학회, 한국영어평가학회, 한국보건의료기술평가학회 등이 있다.

우리의 경우, 21세기 들어 공공 분야의 평가활동은 평가 공화국이라고 할 정도로 거의 모든 분야에서 평가가 중요한 영역을 차지하고 있다. 그러나 평가연구라는 차원에서 보면 평가는 개별 학문의 하위 분과학으로 존재하고 있을 뿐이다. 그리고 선진국에서는 평가가 하나의 전문직업(professional)으로 성장하고 있지만, 우리의 경우 평가가 하나의 전문직업화 단계에 이르지는 못한 실정이다.

2. 정책평가의 역사와 미래

1) 20세기 이전의 평가

평가는 역사적으로 고대 이집트, 중국, 그리스 시대에도 존재하였다(Morra Imas & Rist, 2009). 그러나 체계적인 정책평가 활동과 연구는 그 역사가 매우 짧다. 현대적 의미의 체계적 평가의 시작은 학생들의 시험 점수를 매기기 위해 정량적 방법이 발명된 해인 1792년으로 볼 수 있다(Stufflebeam et al., 2000). 이 당시 학생들의 학업성취도에 대한 정성적 평가를 "정답" 표시로 대체함으로써 응시자의 순위와 점수의 평균화 및 집계가 이루어졌고, 이는 오늘날까지 평가 역사에 있어 획기적인 역할을 한 평가 기술(technology)의 변화라 할 수 있다. 이후 19세기 영국에서 학교, 법원, 병원, 보육원, 공중보건 시스템을 개혁하기 위해 기관과 기관의 기능에 대한 평가가 진행되었다. 20세기에 들어서는 "과학적 관리의 아버지"로 불리는 프레데릭 테일러(Frederick Taylor)가 조직 내 과업에 대한 객관적 분석과 능률향상을 위한 업무성과를 측정하였데, 이는 단순한 프로세스 설명하기에 그쳤던 평가의 역할을 프로세스 개선으로 확장했다는 의의가 있다.

1) https://ioce.net 우리의 경우는 IOCE에 가입한 학회가 없다.

공공 부문에서 평가활동이 활성화되게 된 것은 입법국가에서 행정국가로 전환되면서 입법부의 행정부 활동에 대한 통제가 어려워지자, 이를 보완하기 위해서 등장하였다. 이러한 통치체제의 변화 이외에 실제적인 측면에서 1930년대 대공황을 극복하기 위해 대규모 뉴딜정책 프로그램이 시작되면서 정책평가가 더욱 확대되었다. 한편 교육평가의 아버지라 불리는 랄프 타일러(Ralph Tyler)가 고등학교 프로그램을 대상으로 한 8년(1932~1940)에 걸친 연구가 평가연구에 지대한 공헌을 하였다. 그는 프로그램의 개별 목표는 그 목표를 달성하기 위한 과정을 개발하는 것에 도움이 되는 활동으로 명확히 정의되어야 하고, 평가란 개개 목표와 결과를 연계하여 비교해야 한다고 결론지었다. 이는 투입(input) 대신 결과(result)에 집중하는 접근법으로 평가의 지나친 전문성 요구나 주관적 개입을 줄일 수 있는 장점이 있다. 그의 이러한 주장은 현대 평가활동의 기초이자 평가활동을 개념화하는 데 결정적으로 기여하였다.

1940년대 들어서 평가 기법에 있어 상당한 발전이 있었는데, 가장 중요한 것은 표준화된 테스트의 발전이었다. 1940년대 들어 다양한 분야에서 새로운 국가 표준 평가법이 개발되었고, 프랭클린 린퀴스트(Franklin Lindquist) 등이 실험 설계와 통계적 원리에 기반한 프로그램 평가 기법을 발전시켰다. 제2차 세계대전 이후 미국에서는 국방이나 우주항공 분야와 같이 대규모 공공투자 사업이 추진되면서 정부정책에 대한 경제학적 기반의 평가 필요성이 증대하기 시작하였다. 특히 러시아가 1957년에 스푸트니크 1호(Sputnik I)를 발사한 것을 계기로 국방과 안보를 강화하기 위한 국방교육법(National Defense Education Act: NDEA)이 제정되고 교육 프로그램에 대규모 투자가 이루어졌는데, 이들 프로그램의 성공을 측정하기 위한 평가수요가 급증하였다.

1960년대 초, 평가발전의 또 다른 중요한 변화는 절대평가(criterion-referenced test)의 등장이라 할 수 있다. 그전까지는 상대평가에 따라 개인의 성과를 식별하였으나, 절대평가 체제에서는 다른 사람들의 성과와 상관없이 개인의 성과를 식별하게 된다(Reiser, 2001). 1960년대 존슨(Lyndon Johnson) 대통령의 '위대한 사회건설'을 기치로 추진한 빈곤과의 전쟁은 각종 사회 프로그램을 적극적으로 추진하였으나 그 효과성에 의문을 가지면서 평가에 관심을 두었고, 이에 대응하여 미국 회계검사원(General Accounting Office: GAO)은 1967년 경제기획법을 제정하여 사회 프로그램의 유효성, 목표 달성도를 평가하여 정부의 책무성을 확보하고자 하였다. 이처럼 미국에서 정치환경의 변화는 정책과학 연구에서 평가에 대한 연구를 확대하는 데 기여하였다.

제2차 세계대전 이후 사회과학의 주류인 인식론으로 행태주의적 접근과 합리적 · 경제적 정책결정에 대한 사고로 평가에서도 체계적, 객관적, 합리적 측정수단으로 프로그램의 성공과 실패를 판단하는 실증주의적 사고가 지배적이었다. 평가연구들은 평가를 사회문제 해결에서 프로그램이 얼마나 효과적이었는가를 판단하기 위한 도구로 인식을 하면서, 지식 구성과 방법론으로 실험 설계와 이의 대안인 준실험 설계를 강조하였다(Campbell & Stanley, 1966).

한편 1960년대 도입된 미국의 PPBS(planning programming budgeting system)는 기존의 프로그램을 장기적인 기획의 시각에서 평가하여 다음 단계의 예산에 반영하고자 하였다. 그러나 실제 운영에서 PPBS는 프로그램 평가보다는 기획을 강조하여 프로그램 평가발전에 크게 이바지하지는 못했다. 정책평가에서 2단계로의 발전은 관리에서 찾을 수 있다. 1970년대부터 1980년대 중반까지 프로그램 평가는 지속해서 늘어나는 정부의 재정적자를 관리하기 위한 중요한 수단으로 인식되었다. 즉, 프로그램 평가는 재정적자를 감축하기 위하여 서비스 비용의 삭감과 감축관리(cutback management)의 수단으로, 그리고 프로그램으로 제공하는 서비스의 품질관리 개선이라는 관점에서 모니터링이 강조되었다. 그리고 캐나다, 독일 등의 선진국이 중심이 되어 기존의 회계감사 이외에 다양한 형태의 국가평가기구들이 설치되어 운영되기 시작하였다(김준한, 1999).

1970년대에 이르러 미국과 유럽에서 정책평가에 대한 전문가 집단이 결성되고 평가 핸드북 및 표준평가 방법이 개발되면서 평가가 하나의 직업군으로 형성되기 시작하였다. 평가 관련 저널이 출판되었고, 대학에서 평가방법론 강의가 개설되는 등 평가의 중요성을 인식하기 시작하였다. 1980년대 들어와서 레이건(Ronald Reagan) 행정부에서 평가를 위한 지출이 삭감되고 비용절감을 강조하면서 평가활동은 전반적으로 어려움을 겪었다. 특히 이 당시 새로운 사회적 이니셔티브를 위한 자금이 대폭 삭감되었다(Weiss, 1988). 평가자들은 기존의 특정한 연구 방법이나 연구설계 중심의 지식구성 이론들이 프로그램을 개선하는 데 필요한 지식을 제공하지 못했다는 비판과 함께 정책결정자가 필요로 하는 정보를 어떻게 만들어 낼 것인가에 더 많은 관심을 가지게 되었다(Madey, 1982). 이에 따라 사회 프로그램 이론과 활용에 초점을 두는 접근방법과 평가 기준 등이 강조되고 평가 분야가 확장되었다. 당시 평가 기준을 개발하는 각 분야의 전문협회가 성장한 것도 눈여겨볼 만하다.

1980년대 중반 이후 신자유주의와 신공공관리의 등장과 함께 투입보다는 산출과 결과 중심의 정책 및 프로그램 운영을 강조하면서 평가의 초점은 정부정책 및 프로그램의 성과에 두었다. 성과 중심의 평가활동은 1993년 미국의 정부 성과 및 결과에 관한 법(The Government Performance and Result Act), 2002년에 행정부에서 도입한 PART(Program Assessment Rating Tool), 캐나다의 IMAA(Increased Ministerial Authority and Accountability) 등에 의하여 제도화되었다.

또한 평가연구는 단순한 경제적 분석을 넘어서 더욱 다양화되기 시작하였다. 이는 새로운 형태의 의회에 의한 행정통제의 강화라는 정치적인 환경변화에서 그 원인을 찾을 수 있다. 또한 제도적으로 행정부 내의 내부평가가 내부 관리와 운영의 개선을 위하여 확대되었고, 의회와 같은 외부 통제기구도 기존의 합법성 중심의 회계감사에서 정책 및 프로그램 감사 기능을 확대하는 방향으로 전환되었다.

방법론적으로 기존의 합리모형에 의한 실증적 평가가 약화하고, 단순한 효과성 평가에서 정당성, 참여, 수용성, 대표성과 같은 정치적 평가 기준과 참여적 접근방법에 관심을 두게 되었다. 그러나 신공공관리론의 등장과 함께 이해관계자의 참여나 심의민주적 평가는 성과에 대한 민간 부문의 평가 기법이 강조되면서 활성화되지 못하고, 실증주의적 방법론이 다시 강조되기도 하였다.

2) 21세기의 정책평가와 미래

21세기에 들어서 시작된 제4차 산업혁명 등 행정환경 변화의 특징인 공동생산, 최적화, 초연결성, 지능화의 특성은 정책평가 연구와 평가 실행에 다양한 영향을 미치고 있다(오철호, 2017; 최진욱, 2017). 이외에 증거기반 정책결정(evidence-based policy-making: EBP) 경향은 평가에 더 많은 관심을 가지게 하였다. 증거기반 정책결정은 다양한 정보를 연결 또는 통합하여 새로운 형태의 정보를 생성하여 이를 정책결정의 근거로 활용한다는 개념이다(정성호, 2019). 증거에 의한 정책은 정책결정의 정당성을 제공하고, 집행과정에서 집단 간 갈등을 해소할 수 있으며, 평가결과의 활용도를 제고한다. 그러나 과거와 같이 정책이 가지는 정치적 속성과 증거 간의 관계에 대한 논란은 해결되지 않고 남아 있다.

정책평가는 아직도 선진국의 맥락에서 논의되고 있으며, 발전도상국에서는 합법성 중심의 감사활동에 초점을 두고 있다. 발전도상국이 국제기구 등의 권고로 결과 기반의 정책평가나 프로그램 평가를 도입하고 있지만, 평가를 위한 데이터의 부족과 기술의 부족에 의하여 정책평가가 추구하는 목표를 달성하고 있지 못하고 있다.

21세기에 들어서 평가연구와 관련한 변화를 보면 다음과 같은 경향을 살펴볼 수 있다(Fitzpatrick et al., 2011).

- 내부평가의 우선순위와 정당성이 중요해지고 있다.
- 평가 방법 측면에서 이론을 기초로 한 평가 및 질적 평가 방법의 이용이 늘고 있다.
- 평가질문을 더욱 완전하고 적절하게 다루기 위하여 프로그램 평가에서 다양한 방법(양적, 질적)을 절충하여 이용하는 방향으로 변화하고 있다.
- 프로그램 평가에서의 윤리적 문제에 대한 관심이 증가하고 있다.
- 비영리 부문에서 프로그램 평가에 대한 관심이 증가하고 있다.
- 평가에서 이해관계자의 교육과 참여가 증대되고, 이해관계자가 평가할 수 있도록 하거나 조직에 대하여 새로운 학습을 할 수 있도록 권한을 부여하기도 한다.
- 권력이 없는 이해관계자의 관점을 평가에 반영하는 것에 관한 관심이 지속하고 있다.
- 평가자가 이용할 수 있는 기술이 진보함에 따라서 이에 수반되는 커뮤니케이션과 윤리적인 문제가 나타나고 있다.
- 성과를 추적하기 위한 수단으로 정부와 비영리 조직의 성과측정과 교육에서 기준을 기초로 한 사정이 확대되고 있다.
- 평가와 관련된 국제적 협력 등이 증대하고 있다.

뉴커머(K. E. Newcomer)와 그의 동료들은 오늘날 평가와 관련된 도전으로 평가과정의 질 통제 문제, 평가자의 선발과 훈련, 평가 기준과 윤리 확보, 평가결과의 프로그램 개선에 활용 문제, 성과 모니터링과 평가의 관계 정립을 들면서 평가와 관련된 경향을 주요한 논쟁점을 중심으로 다음을 들고 있다(Newcomer et al., 2015).

- 정보기술: 신기술의 등장으로 사용 가능한 데이터가 더 풍부해지고 대용량 데이터를 실용적인 방식으로 처리하는 능력이 향상되었다. 문헌 검토, 온라인 설문조사, 평가결과의 보급 및 평가 관련 연구의 식별을 목적으로 한 인터넷 사용은 더욱 증가할 것이고, 데이터 수집 및 분석에 필요한 비용은 줄고 작업 속도는 빨라지고 있다.

- 빅데이터: 정보기술이 발전함에 따라 빅데이터를 평가에 활용하는 사례가 증대할 것이다. 민간 부문은 소비자의 선택 및 습관에 대한 일련의 데이터 세트를 신속하게 마이닝하고 있지만, 공공 부문의 데이터 연결 및 마이닝 능력은 시험대에 올라 있다. 시민 또는 정책 및 프로그램 대상자의 특성 및 서비스 수신에 대한 정보는 지금보다 더 많은 결과 데이터와 연결될 수 있다. 공공기관을 둘러싼 고객 및 이벤트를 추적하는 데 많은 관심이 쏠리고 있다. 그러나 개인정보 보호 문제와 개인이 개인정보를 보호해야 할 필요성은 빅데이터 기술을 적용하는 과정에서 주요 관심사가 될 것이다.
- 데이터 시각화: 프로그램 평가에서 공간적 속성을 가진 데이터를 분석하기 위해 지리정보 시스템(GIS)을 사용하는 것은 아직 상대적으로 낯설지만 데이터 수집을 강화하고 프로그램 평가결과의 소통, 사용 및 정확성을 높일 가능성을 보여준다. 데이터 시각화의 고도화는 최근 평가 작업의 결과를 효과적으로 전달하고자 하는 평가자들에게 인기가 있다.
- 복잡 적응시스템: 복잡한 프로그램을 더 잘 분석하기 위해 시스템 이론과 복잡성 이론의 원리를 어떻게 적용할지에 관한 관심이 지속해서 증가할 것이다. 대부분 프로그램은 상호작용하는 반자율적인 행위자로 구성되어 있고, 시간이 지남에 따라 새로운 행동 패턴을 자체 조직하는 경우가 많아서 복잡 적응시스템의 특성을 보인다. 이러한 복잡한 프로그램의 확대는 평가에서 여러 요소를 유용한 방법으로 설명하기 위해 복잡성 이론의 활용성을 키울 것이다.
- 평가에 대한 강제적 요구: 오늘날 프로그램에 자금을 제공하는 재단이나 정부는 일정 주기별로 프로그램 평가를 요구하고 있다. 이는 최근에 등장한 성공 지급금(Pay for Success: PFS) 프로그램과 연계하여 평가에 관한 관심이 증대하고 있다. PFS는 결과를 기반으로 자원을 배분하여 직접적이고 측정 가능하게 삶을 개선하기 위한 결과기반의 자금 배분 도구이다. PFS는 명확한 성과, 데이터 기반의 의사결정, 성과기반의 자원 배분, 강력한 거버넌스와 책무성을 특징으로 하는 관리방법이다.[2)]
- 엄밀한 증거에 대한 수요: 21세기에 유행하기 시작한 실험 설계 용어는 무작위 대조 실험(Random Control Trials: RCTs)이다. 증거기반 정책을 지지하는 사람

2) What is pay for Success?; https://socialfinance.org/what-is-pfs/

들 대다수가 RCT를 평가연구를 설계하기 위한 최적의 기준으로 본다. 그러나 RCT가 갖는 현실적인 어려움도 상존한다. 오늘날 성과평가를 통하여 정부 지출이 정당성을 확보해야 한다고 요구받지만, 평가비용과 올바른 평가를 할 수 있는 공공과 민간의 평가역량에 대한 의심 등으로 평가비용 지출에 대한 억제 경향도 상존한다. 이러한 상황에서 올바른 평가를 하기 위한 평가역량을 확대하는 것이 지속적인 관심사이다.

로시(D. H. Rossi)와 그의 동료들은 다음과 같은 요인으로 평가가 지속해서 확대될 것을 전망하고 있다(Rossi et al., 2018).

- 정책 입안자와 시민 모두의 관점에서 조직이 개입해야 하는 사회적 문제가 지속해서 증대하고 있다. 자원의 불평등한 분배, 빈곤, 범죄, 교육 격차, 식량 불안정, 약물 및 알코올 남용 및 기타 무수히 많은 사회문제가 당장 해결이 어려운 것으로 나타났다. 여기에 더하여 기후 변화, 인구 증가, 기술이 주도하는 사회경제적 혼란과 같은 문제가 추가로 나타나게 되었다.
- 이에 따라 지역, 국가 및 국제 수준에서 이러한 문제를 해결하기 위한 프로그램 및 정책 이니셔티브가 전 세계적으로 매우 많다. 이들 프로그램의 효율성과 효과성을 높이기 위한 성과에 관한 질문은 사라지지는 않을 것이며, 오히려 긍정적인 성과를 내는 것으로 평가된 프로그램을 좀 더 광범위한 영역에 적용하기 위해 그 잠재력을 평가하는 것에 관한 관심이 높다. 증거기반 정책결정은 기존에 잠재력 증거가 없는 프로그램을 잠재력의 증거를 갖는 프로그램으로 대체하고자 한다. 신뢰할 만한 증거를 갖는 프로그램 모델을 축적한 행동과학에서 시행한 영향평가와 프로그램의 긍정적 효과의 범위를 지지하는 메타평가가 결합하면서 증거기반 정책결정의 경향이 커지고 있다.
- 현재의 예방 및 개입 분야, 즉 공중 보건, 정신 건강, 형사 사법, 약물 남용 치료, 교육, 사회사업 및 기타 인간 서비스 분야에서 증거기반 실천에 관한 기사가 넘쳐나고 있다. 또한 각 분야의 핵심이 되는 지원 프로그램들을 권위 있는 단체나 제3의 기관이 인증함으로써 근거기반 프로그램을 식별하는 평가체계 구축이 증가하고 있다.
- 끝으로, 정부의 성과를 개선하기 위한 프로그램 평가의 가치에 대한 국가 감독기관 차원의 논의가 점차 확대될 것이다. 예를 들어, 미국의 경우 2014년 대통

령 경제보고서와 경제자문위원회 연례보고서에 "연방 프로그램을 개선하기 위한 도구로서의 평가"라는 제목의 장이 존재한다. 유럽 위원회의 지역정책 이사회는 2014년부터 2020년까지의 프로그래밍 기간에 대한 모니터링 및 평가에 관한 지침 문서를 소개하면서 "시민들은 공적 자금으로 무엇을 달성했는지를 알고 싶어 하며 우리가 최선의 정책을 실행하기를 원한다. 모니터링 및 평가는 이러한 기대에 부응하기 위해 수행해야 할 역할이 있다."고 기술하고 있다. 따라서 정책입안자와 주요 이해관계자가 사회적 프로그램이 효과적이라는 것을 증명할 수 있기를 점점 더 기대하고 있고, 평가 접근법과 방법은 그러한 책임을 확립하기 위한 수단으로 간주한다. 이에 평가 접근법과 평가 전문가들은 사회 프로그램의 효과를 개선하기 위한 증거 지향적인 운동에 이바지할 것으로 예상한다.

3. 평가 패러다임

평가와 관련된 현상 또는 현상들을 설명하는 일반적 원칙을 의미하는 평가이론은 다학문적 배경을 가지고 다양한 이론과 접근방법을 사용한다. 평가자들은 심리학, 사회학, 정책분석, 교육학, 정치학, 철학 등의 다양한 분야에서 자기 분야의 지적인 배경과 이론을 가지고 평가를 수행하고 있다. 이들 연구 집단이 가지고 있는 평가 과정, 평가의 역할, 평가에서 가치 있게 여기는 당연한 가정과 기대인 패러다임 또한 다양하다.

구바와 링컨(Guba & Lincoln, 1989)은 평가연구를 다음과 같이 4세대로 분류해 설명하고 있다.

- 제1세대(측정): 제1차 세계대전 이전의 평가는 주로 현상을 정확하게 측정하는 데 관심을 두었고, 평가자는 이를 위한 전문기술자로서 역할을 강조한 시대다.
- 제2세대(서술): 제1차 세계대전 이후의 평가는 프로그램의 장단점을 정확히 기술하는 데 초점을 두었다. 즉, 프로그램에 대한 서술자로서의 평가자 역할을 강조했다.
- 제3세대(판단): 1960년대 이후의 평가는 프로그램의 성과 여부를 판단하는 것에 초점을 두었다. 즉, 평가자가 일정한 기준에 따라 성과를 판단하는 역할을 강조했다.

• 제4세대(반응적, 구성주의자 평가): 1990년대 이후의 평가는 후기행태주의 등의 방법론을 바탕으로 고객에 대한 반응 및 평가결과의 판단에 있어 인간 정신의 구성에 초점을 둔 시기다. 여기서는 평가자가 이해관계자 및 고객과의 협상자, 협력자, 평가의 촉진자로서 역할을 강조한다.

이러한 평가연구에서 볼 수 있는 패러다임은 〈표 2-1〉과 같이 요약될 수 있다. 이들은 가치론, 존재론, 인식론과 방법론적 차원에서 서로 차이를 가진다.

표 2-1 평가에서 주요 패러다임

패러다임	초점 분야	설명
후기 실증주의	방법	주로 정량적 설계와 데이터에 초점을 둔다. 양과 질적 방법을 사용할 수 있지만, 정량적 방법이 지배적이다.
실용주의	이용	주로 이해관계자에게 유용한 것으로 생각하는 데이터에 초점을 둔다. 혼합적인 방법을 지지한다.
구성주의	가치	질적 방법을 통하여 다양한 가치와 관점을 확인하는 데 초점을 둔다. 혼합 방법을 사용하나 질적 방법이 지배적이다.
변혁적	사회적 정의	주로 소외된 집단의 견해에 초점을 맞추고, 혼합 방법을 통해 체계적인 권력 구조에 관심을 둔다.

출처: Mertens & Wilson(2019).

1) 후기 실증주의 패러다임(Postpositivist Paradigm)

후기 실증주의 패러다임은 모든 인간 행위와 행동은 맥락이나 개인으로부터 독립된 하나의 현실에 의해서 지배된다는 존재론적 신념에 기초한다. 이에 의해 후기 실증주의는 우리의 객관적 참된 지식은 연구자나 평가자의 편견이나 외부의 맥락에 의해서 영향을 받지 않는 경우에만 만들어질 수 있다고 본다. 이들 입장의 평가는 평가자 개인의 가치와 신념이 평가에 반영되는 것을 최소화하고자 한다. 후기 실증주의 패러다임의 평가는 방법 중심의 평가 접근방법으로 양적 설계와 데이터 수집에서 편견을 줄이는 실험방법을 이상적 방법으로 주장한다. 후기 실증주의 접근방법은 지적 정직성, 개인적 편견의 최소화, 경험적 증거와 입증을 강조한다. 이들은 세계는 객관적 실재로서 평가자와 독립적으로 존재하는 것으로서 일정한 확률 내에서 알 수 있다고 본다. 따라서 과학적 방법, 통계적 가설검정, 양적 방법론 등 객관적이고 가치

중립적인 기법을 통해 정보를 수집하고 분석하는 것에 치중한다. 후기 실증주의 패러다임은 목표 접근방법, 비용-편익 분석 등의 경제적 접근방법, 메타평가 등에서 볼 수 있다.

2) 실용주의 패러다임(Pragmatic Paradigm)

실용주의는 존재론적으로 현실을 중시하면서 지식과 행동 간의 상호작용에 초점을 두고 경험, 신념, 지식 및 활동을 형성하는 사람들의 고유한 사회 문화적, 정치적 맥락을 강조한다. 이들은 지식 그 자체보다는 지식의 활용을 강조한다. 활용 중심의 평가를 강조하는 실용주의 패러다임은 평가결과를 활용하는 이해관계자가 유용하다고 생각하는 정보의 창출을 강조하면서 방법론적으로 양적 방법과 질적 방법의 혼합 방법(mixed methods)의 유용성을 따른다. 실용주의자들은 과학적 방법만으로 진실을 발견하기에 충분하지 않다고 보고, 상식과 실천적 사고에 의한 평가를 강조한다. 가치 측면에서 실용주의적 평가란 평가자의 가치와 이해관계자가 만드는 정치의 영향을 받아서 원하는 목적을 추구하는 지식을 얻는 것을 말한다. 실용주의자가 실재를 보는 관점은, 실재는 단일하나 평가자에 따라 실재를 각자의 방식대로 해석한다는 해석학적 인식론을 따른다. 실용주의에 기반을 둔 평가는 특정 질문이나 연구목적에 적합한 방법론을 채택하는 경향이 있으므로 여러 방법을 혼합한 방법론을 사용한다. 이들 패러다임을 추구하는 평가 접근방법은 활용 중심의 평가 접근방법, CIPP 모형 접근방법 등에서 볼 수 있다.

3) 구성주의 패러다임(Constructivist Paradigm)

구성주의 패러다임은 평가활동을 둘러싼 가치(value)가 주된 관심사이고, 주로 질적 방법을 통해 여러 가치와 관점을 식별하는 데 중점을 둔다. 구성주의 패러다임은 가치론적으로 연구자나 평가자의 가치체계가 그들의 현실에 영향을 줄 뿐만 아니라 이러한 가치는 다른 사람과의 역동적인 대화와 참여라는 상호작용 과정에 의해서 형성되는 것으로 본다. 구성주의 세계에서의 실재란 사회적으로 구성된 여러 개의 실재이고, 의미 있는 대화와 이를 반영하는 과정을 통해 만들어지는 것으로 본다. 구성주의 평가자들은 공리적으로 그들의 가치체계가 그들의 현실에 영향을 미친다고 생각한다. 구성주의 평가에서는 이해관계자 경험의 다양성과 그러한 경험에 담긴 가치의 의미를 포착하기 위한 질적 방법이 주로 사용된다. 평가자는 평가 상황(context)의 복잡성을 파악하고, 여러 이해관계자의 관점을 제시하는 데 중점을 둔다. 구성주의 패러다임은 목표 배제 평가, 참여적 접근방법, 사례연구, 대응적 평가 접근방법 등에서 볼 수 있다.

4) 변혁적 패러다임(Transformative Paradigm)

변혁적 패러다임은 사회 정의(social justice)와 인권 증진을 위해 주로 소외된 집단의 관점과 혼합 방법을 통해 조직의 권력 구조에 중점을 둔다. 변혁적 패러다임은 몇 가지의 주요 윤리원칙에 기초하는데, 이는 문화적 존중, 사회 정의 촉진, 인권 개선, 불평등 고려, 호혜성(reciprocity), 커뮤니티의 강점과 회복력 등이 있다. 이러한 원칙에 따라 평가자가 지역사회에 만연한 차별과 억압, 사회적 과정에 도전하기 위해 자신이 일하는 지역사회를 이해하는 도덕적 책임을 인식할 것을 강조한다(Mertens, 2009). 변혁적 패러다임이 다면적 실재(multifaceted reality)를 가정한다는 점은 구성주의적 패러다임과 유사하지만, 실재와 지식이 권력과 특권의 맥락에 따라 구성된다고 봄으로써 실재와 지식의 상대성과 절대성을 모두 부정한다는 점에서 차이가 있다. 변혁적 패러다임에서는 사회적이고 역사적인 맥락에 위치한 평가자와 참가자 간의 대화를 통해 지식을 연결하고, 특히 권력과 신뢰의 문제를 해결하고 의미 있는 관계를 구축하는 것을 평가의 주요 목적으로 한다. 변혁적 패러다임에서는 정성적이지만 정량적 방법과 혼합한 방법론을 사용할 수 있다. 특히 억압과 관련한 역사적 요인에 대한 맥락적이고 주기적인 특성을 고려한다. 이들 접근방법은 옹호적 평가 접근방법 등에서 볼 수 있다.

4. 평가이론 나무

카든과 앨킨(Carden & Alkin, 2012)은 평가이론을 평가연구자들이 바람직하다고 여기는 평가 수행 방식으로 정의하면서 다양한 규범적 성격의 평가이론 간 관계를 평가이론 나무를 사용하여 설명하고 있다. 평가이론 나무는 다양한 규범적 평가이론을 이론에서 사용하는 방법론, 데이터를 판단하고 평가하는 방식, 평가 이용자가 평가활동에서 기울여야 하는 노력에 따라 분류한다. 이들은 [그림 2-1]과 〈표 2-2〉와 같이 평가이론 나무를 사회적 책임성(social accountability), 체계적인 사회 탐구(social inquiry), 인식론(epistemology)을 뿌리로 보고, 여기에 기반하여 평가이론이 방법(methods), 활용(use), 가치탐구(valuing) 차원을 중심으로 발전하였다고 설명하고 있다. 평가이론 나무는 학자들이 평가에서 중시하는 차원을 가지(branch)로 묘사하고 있고, 학자들을 나무의 각 가지에 분류하여 놓고 있다.

평가이론 나무에서 뿌리 부분은 다양하게 발전해온 평가이론의 원동력을 설명하고 있다. 예를 들어, 사회적 책임성은 정부기관에서 자금을 지원하는 프로그램을 평가하기 위한 중요한 동기가 된다고 할 수 있다. 즉, 사회적 책임성은 활동에 제약을 주는 개념보다는 프로그램과 사회를 개선하는 방법을 의미한다. 체계적 탐구는 사회적 책임성을 결정하기 위해 체계적이고 정당한 절차를 사용하는 것을 뜻한다. 책임성이 평가에 대한 근거를 제공하는 것이라면, 평가모형을 도출하는 것은 주로 사회적 탐구로부터 나온다고 할 수 있다. 끝으로, 세 번째 근간인 인식론은 지식의 본질과 타당성

그림 2-1 평가이론 나무(evaluation theory tree)

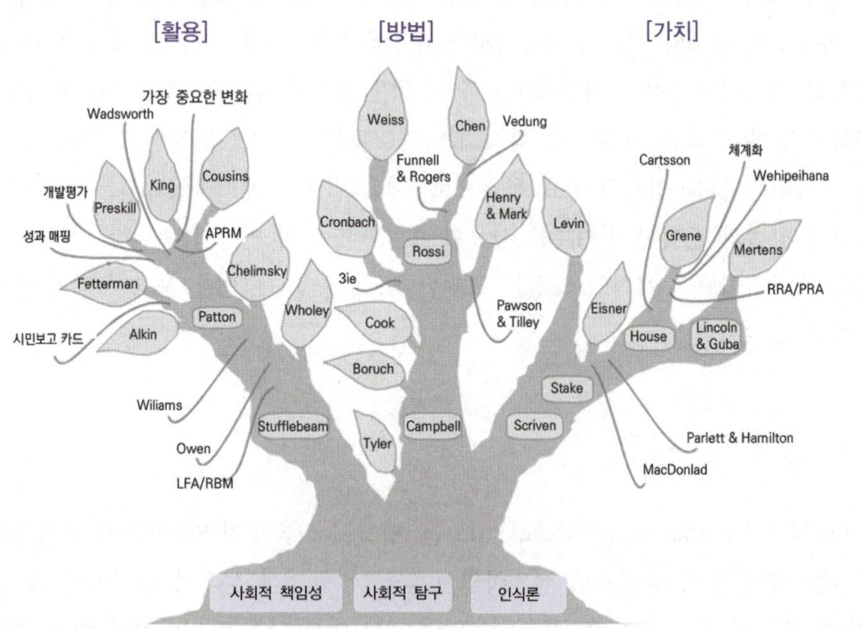

출처: Carden & Alkin(2012).

표 2-2 평가이론 나무(evaluation theory tree)

구분	이용 중심이론	방법 중심이론	가치 중심이론
뿌리	• 사회적 책임성	• 사회적 탐구	• 가치
목적	• 의사결정자에게 정보 제공	• 객관적 측정	• 판단이 이뤄지는 과정
모형	• 이용에 초점을 둔 평가 • CIPP 모형 • 프로그램 성과 및 결과를 향상하기 위해 평가를 사용 • 상황에 맞는 평가 • 평가성 사정 • 참여적 평가 • 변혁적 평가 • 임파워먼트 평가	• 실험 설계 • 준실험 설계 • 이론주도적 평가	• 민주적 평가 • 자연주의적(naturalistic) 조사 • 논리모형
학자	• Michael Patton • Daniel Stufflebeam • Joseph Wholey • Bradley Cousins • David Fetterman	• Campbell & Stanley • Carol Weiss • Peter Rossi • Thomas Cook • Huey-Tsyh Chen • Lee Cronbach	• Robert Stake • Earnest House • Egon Guba • Yvonna Lincoln

출처: Christe & Alkin(2013)에서 정리.

(또는 한계)을 다루는 철학의 영역이라 할 수 있다. 인식론적 주장에 기반을 둔 평가적 관심사란 우리가 만들어 내는 가치 주장의 정당성, 보편적 주장의 본질, 진실 등을 포함한다.

1) 이용 중심의 이론

이용(use) 중심의 평가이론은 사회적 책임성을 뿌리로 하여 성장하였다. 이용 중심의 이론은 평가 및 의사결정에 중점을 두어 정책과 관련된 주요 이해관계자의 의사결정 과정에 필요한 정보 제공을 목적으로 한다. 이용 중심의 평가이론에 포함시킬 수 있는 평가모형으로는 CIPP 모형, 평가성 사정, 성과 향상을 위한 평가, 임파워먼트(empowerment) 평가, 참여적 평가, 변혁적 평가 등이 있다.

이용에 초점을 두는 평가라는 용어를 처음 사용한 패튼(Patton, 2008)은 평가결과의 이용을 제고하기 위해 평가자는 평가의 모든 시점에서 이용자를 마음에 두고, 이용자의 상황에 적합한 틀을 선택할 것을 주장하고 있다. 스터플빔(Stufflebeam, 1983)

의 CIPP 모형은 프로그램의 과정뿐만 아니라 프로그램의 결과를 해석하고 이해할 수 있도록 하는 시스템 접근방법을 강조하고 있다. 홀리(Wholey, 1983)는 평가성 사정의 중요성을 강조하면서 평가성 사정은 평가자나 프로젝트의 이해관계자들이 이용에 적합한 평가설계를 하는 데 도움을 준다고 한다. 커진스(Cousins, 1992)의 참여적 평가는 평가과정에 주요 이해관계자와 정책참여자를 포함하는 접근방법이다. 페터만(Fetterman, 1996)의 임파워먼트 평가는 이해관계자들이 자신들의 프로그램을 평가하고 개선하는 데 스스로 도움을 얻을 수 있게 하는 평가 방법으로 자기평가와 반성의 의미를 가지며, 평가자는 이들 과정에서 촉진자, 교육자, 전문가로 기여하게 된다. 이러한 이론가들이 수행한 작업은 평가정보가 사용되는 방식을 명시적으로 고려하고, 특히 평가정보 이용자에 초점을 맞추고 있다.

2) 방법론 중심의 이론

방법론(methods) 중심의 이론은 사회적 탐구에 뿌리를 두고 성장하여 주로 연구방법론을 통해 평가를 진행하는 부류가 여기에 속한다. 여기서 평가는 객관성과 체계성 확보에 초점을 둔다. 방법론 중심의 이론은 평가자에게 이론에 의한 평가정보를 제공하며, 최선의 평가 방법을 찾고자 한다. 이는 조사방법론에서 이야기하는 가능한 가장 엄격하게 지식을 얻기 위해 사용하는 방법이라기보다는 평가연구 수행에 있어 사용하는 기법(technique)을 지칭한다. 대표적인 학자로 과학적 평가의 아버지라 할 수 있는 캠벨(Donald T. Campbell)을 들 수 있고, 캠벨과 스탠리(Campbell & Stanley, 1966)의 진실험과 준실험 방법은 과학으로서의 평가에 큰 전환점을 제공한 것으로 평가받는다.

3) 가치 중심의 이론

가치를 중시하는 이론은 평가에서 가치를 부여하는 판단 과정에 초점을 둔다. 이 분야의 이론가들은 평가자가 분석 결과에 대해 가치를 부여하는 것을 가장 중요시한다. 대표적으로 스크라이븐(M. Scriven) 등이 가치를 부여하는 과학이 평가라는 견해를 갖고 있다. 가치를 부여하는 관점은 주관주의와 객관주의로 나누어볼 수 있다. 주관주의자들은 가치판단은 공개적으로 관찰 가능한 사실에 근거해야 한다고 주장한다.

주관적인 요인이 인간의 행동을 지배하기 때문에 인간 행동의 독특한 특성인 주관적 의미와 목적을 무시하는 과학은 사회과학이 아니라고 주장도 한다. 반면에, 객관주의적 측면은 방법론 중심의 이론에 가장 가까운데, 객관주의적 사고는 대체로 방법론 중심의 이론에 정보를 제공하는 후기 실증주의의 철학적 아이디어와 양립 가능한 특징을 지닌다.

이러한 관점을 옹호하는 학자들은 평가과정 및 평가에서 좋은 판단을 할 수 있도록 민주적 평가, 자연주의적(naturalistic) 조사 및 현상학적 접근 등의 도구에 의존한다. 가치 중심의 이론을 추구하는 학자들은 서로 다른 평가모형을 사용하고 있지만, 기존의 논리실증주의에 대한 비판과 함께 평가자에 의해 이뤄지는 가치판단 활동과 평가자가 다른 사람의 가치판단을 어떻게 지원해야 하는가에 초점을 두고 있다.

민주적 평가는 사회공동체에 정보를 제공하는 것을 강조하면서 정책 및 프로그램과 관련된 이해관계자의 다양하고 광범위한 의견을 수렴하여 이들 의견을 공평하게 반영할 수 있도록 하는 데 관심을 가진다. 자연주의적 또는 구성주의자(constructivist) 이론은 사회적으로 구성된 환경에 초점을 둔다. 이들의 주요 관심은 이해관계자들이 프로그램과 프로그램의 활동에 대해 어떻게 생각하고 있는가?에 초점을 두고 있다. 자연주의나 구성주의 평가에서 평가자는 프로그램 이해관계자들이 자신들과 관련이 있는 이슈를 확인할 수 있도록 훈련하는 학습과정을 강조한다(Guba & Lincoln, 1989).

제 2 절 평가 접근방법

1. 평가 접근방법 분류

20세기 평가연구는 방법론적으로 가장 광범위한 특징을 가지는 분야 중 하나로 성장하면서 많은 평가 접근방법을 개발하고 있다. BetterEvaluation에서 소개하고 있는 평가를 위해 사용할 수 있는 접근방법을 보면 〈표 2-3〉과 같이 매우 다양하다.

표 2-3 **평가 접근방법**

접근방법	설명
우수사례 연구 (Appreciative Inquiry)	강점기반 접근방법으로서 우수사례와 그 사용빈도를 증대하기 위해 외부 사례를 조사하여 지속적인 학습과 채택을 지원하기 위해서 설계된 방법이다.
수혜자 사정 (Beneficiary Assessment)	(의도한) 수혜자가 인식하는 개입의 가치를 사정하는 것에 초점을 두는 접근방법으로, 우선순위와 관심사항에 대하여 의견을 수집하는 것을 목표로 한다.
사례연구 (Case Study)	특정 맥락 속에서 한 부분(사람, 지역, 프로젝트)을 이해하는 데 초점을 두는 연구설계로 질적 자료와 양적 자료를 혼합하여 사용한다.
인과관계 모니터링 (Causal Link Monitoring)	지속적 학습과 적응활동을 지원하기 위해 설계된 접근방법으로서, 바람직한 결과를 달성하는 데 필요한 과정을 확인하고, 그러한 과정이 준수되었는지와 과정이 어떻게 진행되었는가를 확인하는 접근방법이다.
협력적 성과 보고 (Collaborative Outcomes Reporting)	기여도 분석에 기초한 영향평가 접근방법으로 증거와 결과에 대한 전문가 검토와 커뮤니티 검토를 위한 과정을 추가하여 수행한다.
기여도 분석 (Contribution Analysis)	변화이론을 입증하는 데 이용할 수 있는 증거를 반복적으로 매핑하여, 이론의 인과적 추론에 대한 도전을 확인하고 해결하는 영향평가 접근방법이다.
비판적 시스템 휴리스틱 (Critical System Heuristics)	(사람/집단이 평가하고자 하는 것과 어떠한 관계가 있는지를 알고자 하는 방법인) 경계 판단(boundary judgments)의 옵션과 의미를 표면화하고 정교화하고 비판적으로 생각하기 위해 사용되는 접근방법이다. (참고) 이 접근방법은 실용적인 철학과 시스템 사고에 기반한 성찰적 실천을 위한 프레임워크이다.
민주적 평가 (Democratic Evaluation)	민주적 의사결정, 책임성과 역량을 바탕으로 평가하는 다양한 접근방법을 의미한다.
발전적 평가 (Developmental Evaluation)	반복적인 내적 평가를 통하여 지속적 학습과 적응을 제고하기 위해 설계된 접근방법이다.
임파워먼트 평가 (Empowerment Evaluation)	집단에 평가도구와 지식을 제공함으로써 집단 스스로 성과를 모니터링하고 평가할 수 있게끔 설계된 참여적 접근방법이다.
수평적 평가 (Horizontal Evaluation)	현지 참여자에 의한 자체평가와 외부 동료 검토를 결합하여 학습과 개선을 도모하는 접근방법이다.
혁신 역사 (Innovation History)	사례연구의 한 유형으로 미래의 혁신에 필요한 정보를 제공하는 것이 목적이다. 혁신이 어떻게 발생하고 혁신에 기여자와 기여 과정이 어떠했는지를 묶어서 이야기 형태로 개발하는 방법이다.
제도 역사 (Institutional Histories)	기관의 활동이 시대별로 어떻게 전개되고, 프로젝트나 프로그램의 목표를 달성하기 위해 좀 더 효과적인 방법을 어떻게 창출하여 운영했는지를 이야기하는 사례연구의 한 유형이다.
가장 중요한 변화 (Most Significant Change)	개별 변화를 수집하고 이를 종합적으로 분석하여 이해관계자들 간의 가치관 차이를 명확하게 하고자 하는 접근방법이다.

결과 산출 (Outcome Harvesting)	변화 결과에 대한 증거를 수집한 다음에 역으로 그러한 변화가 무엇에 의하여 어떻게 나타나는지를 밝히고자 하는 데 적합한 영향평가 접근방법이다.
결과 맴핑 (Outcome Mapping)	이 접근방법은 계획(initiative)에 대한 변화이론을 분석하기 위하여, 프로그램에서 관찰된 변화 중 좀 더 오랫동안 더 변혁적인 결과를 가져온 변화가 무엇인지를 파악하기 위한 자료 수집의 틀(frame)을 제공한다. 프로그램이 직접 상호 작용하고 프로그램의 영향을 받을 것으로 예상하는 개인, 집단, 조직인 경계 파트너들(boundary partners)을 통하여 계획이 결과에 기여한 것을 그럴듯하게 사정하는 영향평가 접근방법이다.
참여평가 (Participatory Evaluation)	평가 수행과 평가와 관련된 의사결정에 이해관계자(수혜자 포함)를 참여시키는 다양한 접근방법을 지칭한다.
참여적 농촌 사정/ 참여적 학습 실천 (Participatory Rural Appraisal : PRA)/Participatory Learning for Action: PLA)	농부들이 자신의 상황을 분석하고, 마을 수준에서 자연자원 관리와 농업에 대한 공통의 관점을 개발할 수 있도록 하는 참여적 접근방법이다.
긍정적 일탈 (Positive Deviance)	의도한 평가 활용자 가운데에서 예외적으로 우수한 성과를 낸 사람들로부터 그들이 어떻게 좋은 목표를 달성하게 되었는가를 학습하여 개선하기 위한 강점기반의 평가 접근방법이다
정성적 영향사정 프로토콜 (Qualitative Impact Assessment Protocol: QUIP)	통제집단을 사용하지 않은 채 프로젝트에서 의도한 프로그램 수혜자로부터 직접 프로젝트의 인과관계에 대한 이야기를 수집하여 분석하는 영향평가 접근방법이다.
무작위적 통제 실험 (Randomised Controlled Trials: RCT)	개입의 평균적인 순 영향을 추정하기 위해 무작위로 할당된 통제집단과 실험집단 간의 결과를 비교하는 영향평가 접근방법이다.
사실주의 평가 (Realist Evaluation)	참여자가 자원의 변화를 추론함으로써 어떤 인과관계 메커니즘을 통하여 어떤 환경에서 누구를 위해 어떠한 일을 하였는가를 조사하는 영향평가 접근법이다.
사회적 투자 수익률 (Social Return on Investment: SROI)	개입이 의도한 수혜자에 직접 영향을 미친 성과 이외에 광범위하게 사회적 성과까지도 확인하는 투자 대비 가치를 평가하는 참여적 접근방법이다.
성공사례 방법 (Success Case Method)	가장 성공적인 사례를 선택하여 조사하고 그 결과가 개입(예: 훈련과정)의 비용을 정당화할 수 있는지를 살펴보는 영향평가 접근방법이다.
활용에 초점을 둔 평가 (Utilisation-Focused Evaluation)	평가에서 일차적으로 의도한 평가 이용자가 평가를 의도대로 활용할 수 있도록 평가 수행 방법에 대한 의사결정에 지침을 주기 위해서 제안된 접근방법이다.

출처: BetterEvaluation: https://www.betterevaluation.org/en/approaches

이처럼 다양한 접근방법을 이해하기 쉽게 학자들은 다양한 기준으로 평가 접근방법을 분류하고 있다. 예로, 베덩(Vedung, 1997)은 정책평가의 논리적 출발점이 어디인가?라는 구성체를 기초로 하여 평가 접근방법을 효과성모형, 경제성모형, 전문가모형, 의사결정모형으로 분류하고 있다. 한편 피츠패트릭 외(Fitzpatrick et al., 2011)는 접근방법을 다음과 같이 분류하고 있다.

- 프로그램 또는 제품의 품질을 종합적으로 판단하는 데 중점을 두는 접근방식: 이는 공식적인 평가 접근법이 개발되기 전에 많은 사람이 사용한 가장 오래된 평가 접근법이기도 하다. 대표적으로 감정과 비평, 인증 및 기타 유형의 전문가 지향 평가, 스크라이븐(M. Scriven)의 소비자 지향 접근법(consumer-oriented approach)이 있다.
- 프로그램 특성을 중심으로 한 접근방식: 이러한 접근방식에는 목표기반, 표준기반 및 이론기반 평가가 포함된다.
- 프로그램 의사결정을 지향하는 접근방식: 이러한 접근방법은 프로그램 의사결정을 개선하는 데 초점을 두는 것으로 스터플빔(D. L. Stufflebeam)의 CIPP 모형, 패튼(Michael Patton)의 활용에 초점을 둔 평가(utilization-focused evaluation) 등이 이에 해당한다.
- 이해관계자의 참여 지향의 접근방식: 이에는 대응적 평가, 실무적 참여적 평가, 발전적 평가(developmental evaluation), 권한부여 평가(empowerment evaluation) 및 민주적·지향적 접근방식(democratically oriented approaches)이 포함된다.

스터플빔과 코린(Stufflebeam & Coryn, 2014)은 23개의 평가 접근방법을 의사평가,[3] 준평가 접근방법, 개선과 책무성 지향 접근방법, 사회적 의제와 옹호 접근방법, 절충적 접근방법으로 구분하고 있다. 이 책에서는 스터플빔과 코린의 분류를 기초로 베덩의 접근방법을 추가하여 설명하고자 한다.

2. 준평가 접근방법

준평가(quasi-evaluation) 접근방법은 매우 좁은 범위의 평가질문에 치중하는 평가

3) 스터플빔과 코린(Stufflebeam & Coryn)의 의사평가는 제1장 제2절 정책평가의 목적에서 설명한 전략적 목적에의 활용에서 제시한 평가에 해당한다.

방법을 의미한다. 비용-편익 분석, 목표 달성의 효과성 평가, 프로그램 이론 평가, 표준화된 체크리스트 평가 등 방법(method) 중심의 평가 접근방법이 이에 분류된다. 준평가 접근방법은 정책이나 프로그램의 가치와 장점을 광범위하게 사정하기보다는 제시된 평가질문에 적합한 평가 방법이 무엇인가에 집중한다. 방법 중심의 준평가 접근방법은 인식론적으로 후기 실증주의를 바탕으로 정량적, 객관적, 체계적 측정을 강조한다. 그리고 이해관계자의 참여를 제한하고, 주로 외부의 평가 전문가에 의해서 평가가 이루어진다.

준평가의 구성체는 주로 정책과 프로그램의 목표에서 출발한다. 준평가 접근방법은 평가의 효율성, 유용성, 신뢰성, 즉각적 활용 등의 장점을 가진다. 그러나 정책이나 프로그램에 대한 광범위하고 총체적인 평가를 할 수 없다는 한계를 가진다. 이에 준평가를 할 경우에 평가자는 평가의 한계를 명확하게 하여야 한다.

1) 목표 접근방법

(1) 의의

목표 접근방법은 가장 전통적이고 기본적인 평가 방법으로 사전에 설정한 목표의 달성 여부를 판단하는 접근방법이다. 이 접근방법의 선구자인 타일러(Ralph Tyler)는 "교육평가 과정이란 교육과정 및 수업 프로그램으로 교육 목표가 어느 정도 실현돼는지를 밝히는 과정이다."라고 정의하고 있다. 목표 접근방법은 정책과 프로그램의 산출과 결과만 관심을 가질 뿐 프로그램 결과의 형평성, 과정의 적정성, 프로그램의 비용 등은 관심을 가지지 않는다. 목표모형에 의하면 1년 간 이용객 10만 명을 목표로 조성한 공원의 1년 간 이용자를 조사한 결과가 11만 명이면 이 사업은 성공한 것으로 판단한다. 목표 접근방법의 평가 기준은 효과성이고 판단 기준은 목표의 달성 여부이다. 목표 접근방법의 주요 이용자는 프로그램 개발자, 자금 지원자, 관리자 등이고, 목표가 명확하고 이해관계자가 목표에 동의하는 경우에 유용한 접근방법이다.

목표 접근방법은 평가가 단순하고, 이해하기 쉬운 장점을 가지고 있어서 널리 활용된다. 목표 접근방법은 결과지향의 행정관리에 기초를 제공한다. 목표 접근방법은 민주정치 체제에서 행정부는 의회가 결정한 목표를 효율적으로 달성해야 하는 책임을 지고 있다는 면에서 행정부의 책임성을 확보하기 위한 유용한 수단이다(Vedung, 1997). 그러나 목표 접근방법은 방법지향이고 결과지향으로 목표를 달성하지 못한 경우에 그 원인에 대한 정보를 제공하지 못하여 프로그램 개선에 제한적으로만 활용할 수 있다. 또한 목표가 계량적이지 않고, 다수의 목표를 가지고 있으며, 합의되어 있지 않은 경우에는 평가하기가 어려운 한계를 가진다.

(2) 방법

프로버스(Provus, 1971)는 프로그램 달성 목표나 기준을 합의로 설정하고, 프로그램의 수행에 의한 성과를 이들 기준과 비교해 불일치 사항을 파악하는 불일치 평가 모형으로 '불일치(discrepancy: D)＝기준(standards: S)－성과(performance: P)'의 관계를 규명하는 것을 평가로 이해한다.

(3) 사례

목표 접근방법의 예는 아래의 공기업에 대한 경영평가의 사례에서 볼 수 있다.

사례

한국조폐공사 영업 이익률 평가

㉯ 영업이익률[평가방식: 목표부여(편차), 가중치: 1점]	
정의	기관의 매출액 대비 영업 이익 향상 실적을 평가한다(상향지표).
기준치	전년도 실적과 직전 3개년 평균 실적 중 높은 실적
목표	최고목표: 기준치＋1×표준편차(과거 5개년) 최저목표: 기준치－2×표준편차(과거 5개년)
측정산식 및 변수	① 영업이익률 $=\frac{\text{영업이익}}{\text{매출액}}$ ② 영업이익, 매출액의 정의는 평가 기준·방법이 정한 바에 따름

출처: 기획재정부(2021). 『2021년도 공공기관 경영평가편람』.

2) 부수 효과 접근방법

(1) 의의

부수 효과 평가모형(side-effects evaluation model)은 목표 달성 모형이 사전에 설정한 목표, 즉 의도한 중심 효과만을 평가하기 때문에 프로그램의 부수 효과를 고려하지 못한다는 비판으로 제시된 모형이다. 인도를 목표로 한 콜럼버스의 항해는 인도에 도착하지 못해서 목표 접근방법의 평가에서는 실패로 평가되나, 대신 아메리카 대륙 항로를 발견하여 더 큰 성과를 가져왔다. 부수 효과 모형은 정책의 실질적인 효과를 평가하고자 한다. 부수 효과 평가 접근방법은 사전에 의도한 중심 효과 이외에 의도하지 않고, 예측하지 못한 효과까지도 평가에 포함하는 접근방법이다. 부수 효과 접근방법은 프로그램의 장점과 가치를 종합적으로 판단할 수 있도록 하여 정부개입 활동에 대한 포괄적인 의사결정을 하는 데 중요한 정보를 제공해 준다. 그러나 목표 접근방법이 가지는 문제점을 극복하지는 못한다.

프로그램의 운영 결과는 [그림 2-2]와 같이 다양한 효과로 구성된다.

- 중심 효과: 중심적이고 실질적인 영향으로 정책추진자가 의도적으로 달성하고자 하는 목표, 정책추진자가 긍정적인 가치를 부여한 효과이다.
- 부수 효과: 프로그램 대상 영역 이외에서 발생하는 영향으로 이는 긍정적일 수도, 부정적일 수도 있다.
- 역효과: 처음 의도한 효과와 정면으로 배치되는 방향으로 나타나는 효과로 상처뿐인 영광인 피루스 왕의 승리, 부메랑 효과, 양날을 가진 칼, 프로메테우스의 역설 등과 연계되는 현상이다.
- 무효과: 처음에 정책추진자가 의도한 효과가 나타나지 않는 결과를 의미한다.

(2) 방법

부수 효과 평가는 앞의 목표 접근방법을 사용하게 된다.

그림 2-2 공공개입에서 중심 효과, 무효과, 역효과, 부수 효과

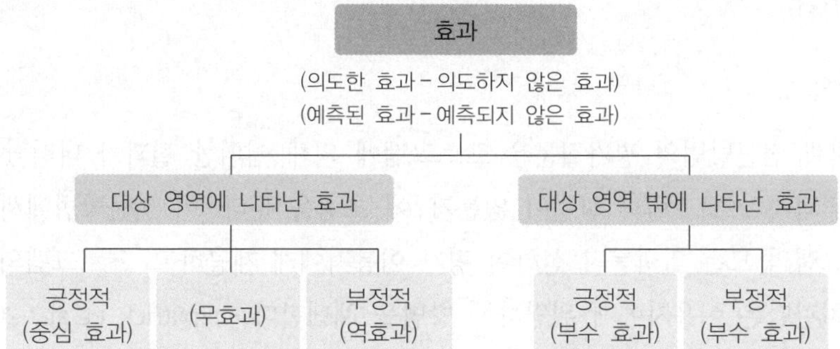

출처: Vedung(1997).

(3) 사례

군사적 갈등을 해결하기 위해 설정한 남북한 비무장지대(DMZ)는 모든 야생동물의 천국으로 만들어 세계에서 유례없는 생태계의 보고를 만들어 놓았다. 이는 군사적 갈등 해소라는 중심 목적 이외의 긍정적 부수 효과라 할 수 있다. 한일 월드컵대회에서 4강의 신화를 얻는 과정에서 전 국민이 붉은 물결의 감동을 연출하고 대한민국을 외쳐서 국민적 동일체감을 가져온 것은 월드컵을 유치할 때는 예측하지 못한 긍정적인 부수 효과다.

3) 목표배제 접근방법

(1) 의의

스크라이븐(Scriven, 1974; 1991)은 사전에 설정한 목표에 지나치게 집착하는 것을 비판하면서 평가를 사전에 설정한 목표가 아닌 프로그램의 결과에서부터 평가할 것을 주장한다. 목표배제 평가(goal-free evaluation)는 정부 프로그램의 장점과 가치를 좀 더 개방적인 시각에서 판단할 것을 주장한다. 평가에서 사전에 설정한 목표만을 기준으로 평가하면 정책집행자들은 목표 달성에만 집중하여 집행과정, 비용, 부수 효과 등에 관심을 두지 않을 수도 있다는 데에서 그 필요성을 인정한다. 목표배제 접근방법은 사전에 설정한 목표가 아닌 정책과 프로그램이 실제 대상집단에 미친 성과에 초점을 두고 평가한다. 목표배제 접근방법은 정책 환경의 변화로 목표가 가변적이고, 평가가 집행과정을 방해하지 않도록 하고, 예측하지 않은 부수 효과를 파악할 수 있도록 하는 장점을 가진다. 그러나 평가의 범위가 넓고 많은 시간 및 비용이 든다는 단점이 있다.

(2) 방법

목표배제 접근방법의 평가질문은 프로그램에 의해 어떠한 결과가 나타났는가?와 그러한 결과가 프로그램과 관련이 있는가?에 초점을 둔다. 이 접근방법에서 평가자는 프로그램의 모든 결과를 분석하여 평가 이용자에게 제공하고, 프로그램의 효과에 대한 가치판단은 이용자에게 위임하는 방법을 채택한다(Fitzpatrick et al., 2011). 목표배제 접근방법은 프로그램의 성과와 결과를 포괄적으로 인식하고자 한다.

(3) 사례

실제 정부 평가에서 명확한 정책 목표나 평가지침이 없이 평가를 의뢰할 경우 평가기관은 다양한 성과를 추적할 수 있는 종합적 평가를 하는 경향이 있다. 이 경우 목표배제 접근방법으로 접근한다고 할 수 있다.

4) 부가가치 사정으로 결과 모니터링

(1) 의의

부가가치 평가는 프로그램이나 정책의 효과를 평가하기 위해 표준화된 검사를 이용한다. 이 접근방법은 표준화된 지표를 기준으로 매년 같은 검사를 해서 변화의 추세와 효과를 바탕으로 조직을 평가한다. 부가가치 접근방법의 구성체는 기대하는 결과 지표와 정책 이슈를 해결하기 위해 채택한 프로그램 계획이 된다. 부가가치 접근방법의 주요 평가질문은 프로그램이 수혜자의 편익에 어느 정도 이바지했는가? 성과가 연도별로 어떻게 변화되고 있는가?이다. 이 접근방법은 주로 결과에 초점을 두어 과정에 대한 평가를 등한시할 위험이 있고, 많은 경우 정량지표 중심으로 평가가 이루어지는 한계를 가진다.

(2) 방법

평가를 위해 표준화된 부가가치 지표를 설정하고, 지표 정보의 성과를 데이터베이스화하여 기대치와 결과를 비교하여 점수화한다.

(3) 사례

부가가치 접근방법의 대표적 사례로 교육부의 '대학기본역량진단'을 들 수 있다. 대학 정원 감축을 목적으로 이루어지는 대학 기관평가는 대학 알리미(https://www.academyinfo.go.kr/index.do)에 공시된 대학발전계획 등의 정성지표와 교육비 환원률, 전임교원 확보율, 학생 충원율, 졸업생 취업률 등의 정량지표를 대상으로 표준교육조건을 설정 · 평가하고, 재정 배분을 하는 포뮬러 펀딩(Formula Funding) 방식을 취한다(김병주 외, 2009).

5) 실험과 준실험 연구

(1) 의의

실험연구는 캠벨과 스탠리(Campbell & Stanley, 1963) 등이 프로그램 평가의 유일한 수단으로 진실험에 의해 평가를 주장한 이후 1960년대 말과 1970년대에 초에 프로그램 평가에서 가장 유행했던 접근방법이다. 그러나 사회 부문의 평가에서 인기가 줄면서 1990년대 이후에는 거의 사용되지 않았다(Nave et al., 2000). 이러한 쇠퇴의 이유는 평가자들이 실험 조건과 가정을 충족할 수 없고, 평가결과가 의사결정자에게 필요한 정보를 제공해 주지 못하기 때문이다. 정책평가에서 실험연구 방법의 가치에 대해서는 긍정적인 주장과 부정적인 주장이 공존한다. 연구자들은 정책평가에서 실험 방법을 전적으로 배제되는 것을 반대하면서도 바람직한 평가로 주장하지는 않는다(Vedung, 1997). 그러나 최근 증거를 바탕으로 한 평가를 강조하면서 여기에 대한 관심이 다시 증가하고 있다.

실험연구는 평가에서 자연과학적 실험 방법을 활용해 정책 및 프로그램을 실시한 집단과 실시하지 않은 집단을 비교해 정책의 효과성을 밝히고자 한다. 실험연구는 주로 영향평가를 위해 실시된다. 실험연구에 의한 평가는 프로그램의 장점과 가치를 평가할 때 단지 제한된 평가질문만을 다루기 때문에 평가질문 지향 또는 준평가라 한다.

실험연구의 구성체는 문제의 진술, 경쟁적 처치, 가설, 평가질문 선정, 무작위적 처치와 비교 등에서 출발한다. 통제된 실험의 일반적인 목적은 정책이란 독립변수와 산출 및 결과라는 종속변수 간의 인과관계를 결정하는 것이다.

(2) 방법

대표적인 평가질문은 '특정한 결과변수에 개입활동이 어떠한 효과가 있는가?'다. 실험연구의 방법으로는 실험집단과 통제집단의 동질성을 확보하는 진실험 방법과 진실험의 현실적 문제를 고려하여 짝짓기로 실험집단과 통제집단을 구성하는 준실험 방법이 있다.

(3) 사례

우리의 경우, 진실험이나 엄격한 의미에서 준실험에 의한 정책평가의 사례는 거의 없고, 단지 임상실험이나 소규모 집단에 대한 연구가 주류를 이룬다.

사례

핀란드 기본소득 실험

핀란드는 2017년 1월 1일부터 2018년 12월 31일까지 기본소득의 효과를 전 국민을 대상으로 무작위 통제실험을 실시하였다. 실험을 위해 기본소득을 지급 받는 17만 5천 명 가운데 무작위로 2,000명을 실험집단으로, 5,000명을 통제집단으로 실험하였다. 2년간의 실험 결과 기본소득 수령자들의 고용률이 통제집단보다 약간 개선되는 등 고용과 노동의욕 증진에 효과가 있었고, 기본소득 지급으로 웰빙, 건강, 신뢰, 자신감, 태도에 대한 효과는 명확히 나타났다고 평가하고 있다.

출처: 이건민(2020).

6) 사례연구

(1) 의의

사례연구, 또는 성공사례연구는 정책 및 프로그램의 사례를 찾아서 분석하여 정책과 프로그램의 유지, 확장, 개선 방안을 모색하는 방법이다. 여기에서 실패사례에 대한 분석도 함께할 수 있다. 성공연구는 총괄평가에 사용될 수 있지만 주로 프로그램 개선을 목표로 하는 형성평가에 사용한다. 사례연구는 어떻게 또는 왜라는 질문이 제기될 때, 연구자가 사건을 거의 통제할 수 없을 때, 연구 초점이 실제 생활의 맥락 내에서 제기되는 현상일 때 선호하는 방법이다(오연천, 2006). 사례연구의 구성체는 프로그램의 정의, 프로그램 및 조직환경의 특성, 프로그램 수혜자와 욕구, 프로그램이 중시하는 운영과 생산성의 논리 등이 포함된다. 사례연구의 주요 목적은 프로그램 이해관계자와 평가에 관심이 있는 사람들에게 프로그램에 대해 정확한 실체를 심층적으로 설명하는 데 있다.

(2) 방법

사례연구를 사용하는 평가자는 프로그램을 통제하지 않고, 현재 추진되고 있거나 과거에 발생한 것을 조사한다. 사례연구에 의한 프로그램 평가는 특정 프로그램이나 평가 대상에 대한 배경 및 집행과 결과에 대한 자료를 수집하고 기술하며, 정책과정과 결과에 작용하고 있는 성공 및 실패 요인의 상호관계를 밝히고자 한다. 이를 바탕으로 결론과 권고안을 작성한다.

(3) 사례

우리나라의 많은 평가보고서는 해외사례를 분석하여 제시하고 있다. 예로, 저출산 대응사업 분석·평가(김우림, 2021). 복지전달체계 개편 시범사업 평가 및 모형개발 연구(김회성 외, 2020) 등에서 볼 수 있다. 그러나 해외사례분석은 평가보다는 권고안 작성 등에 주로 활용하고 있다. 정책 및 프로그램 평가에 대한 사례연구로는 한국행정연구원(2016)의 공공부문 정책사례(2016), 한국정책학회(2014)의 정책사례연구, 한국행정학회 신진학자연구회(2021)의 정책사례연구 등이 있다. 이외에 정부의 각종 평가활동과 관련하여 우수사례를 선정하여 평가하고 표창을 하고 있다. 예로, 교육부의 교원 행정업무경감 우수사례집, 행정안전부의 협업 우수사례집과 지방규제혁신 우수사례집, 중소벤처기업부의 각종 창업 우수사례집 등이 있다.

7) 전문가 지향 접근방법

(1) 의의

전문가 지향 접근방법(expertise-oriented approaches)은 예술이나 문학 비평(criticism)에 그 뿌리를 둔다. 예로, 골동품 감정사가 골동품을 감정하는 것과 같은 논리로 정책과 프로그램을 평가하는 것이다. 이 접근방법은 평가 내용보다는 누가 평가하는가와 관련이 있다. 전문가 지향 접근방법은 전문가는 다른 방법으로 할 수 없는 심층적인 분석과 평가를 할 수 있는 개인적 능력을 바탕으로 평가한다. 전문가를 기초로 한 접근방법의 구성체는 평가자의 전문성과 감성이다. 이 평가의 목적은 특정한 프로그램의 장점을 기술하고, 비판적으로 사정하고 설명하는 데 있다. 전문가 지향 평가는 주로 평가 대상이 복잡하거나 기술적으로 어려워서 공무원 등의 평가 담당자들이 판단할 수 없는 영역을 대상으로 한다. 평가에서 전문가적 판단은 전문가의 직관을 유효한 형태의 지식으로 간주하는 평가이다. 다양한 연구들이 다양한 분야에서 전문가적 직관의 판단과 의사결정의 효과를 입증하고 있다. 이러한 직관은 주로 전문가의 전문성과 경험을 통하여 개발된다(Hurteau et al., 2020).

(2) 방법

전문가 지향 평가의 평가질문은 평가를 수행하는 전문가가 결정하게 된다. 중요한 질문으로는 프로그램의 핵심과 특징은 무엇인가? 다른 프로그램과 구별되는 장단점은 무엇인가? 등이 있다. 전문가 지향 평가는 전문가의 지식, 과거 경험, 지각적 감각 등을 사용하고, 전반적으로 질적 판단을 하게 된다. 평가에서 판단의 준거 및 업무 성과의 표준 등을 설정하고 적용하는 일은 전문가에게 맡겨지게 된다.

(3) 사례

우리나라 평가의 대부분이 평가 전문기관이나 전문가 집단을 활용한 전문가 지향 접근방법을 중심으로 이루어지고 있다. 정부업무평가 기본법에 따라 성과평가는 기본적으로 전문가로 구성된 평가단에 의해서 평가를 한다. 정부의 사업 공모에서 사업자 선정을 위한 사전평가도 주로 관련 분야의 전문가가 중심이 되어 평가한다. 이외에 한국대학교육협의회의 대학기관평가인증, 환경영향평가, 교통영향평가와 각종 인증에 따른 평가도 전문가 지향 접근방법에 속한다.

8) 프로그램 이론에 기초한 평가

(1) 의의

프로그램 이론이란 프로그램과 프로그램의 성과 간의 인과적 관계에 대한 체계적인 이론을 의미한다. 변화이론, 프로그램 논리모형 등으로도 불리는 프로그램 이론에 기초한 평가(program theory-based evaluation)는 정부개입과 성과 간의 인과 메커니즘에 초점을 두는 평가 방법이다. 이론기반의 평가는 관찰된 성과가 정책에 의한 것인지, 즉 효과의 원인(cause of effects)으로서 정책의 적절성을 검토하고자 한다는 점에서 정책에 의한 효과(effects of cause)를 파악하려는 기존의 평가방식과 차별화된다(금현섭, 2020).

타당한 프로그램 이론은 프로그램을 평가하고자 할 경우에 평가자에게 평가 물음, 지표, 프로그램 요소 간의 관계를 결정하는 데 도움을 주게 된다. 예로, 경제학의 수요와 공급이론, 조직관리에서 제시하는 성공적인 조직이론이나 변화단계이론과 같은 것은 프로그램의 효과성 제고, 프로그램의 성공을 위한 조직화 등을 위해 사용될 수 있다. 이론을 기초로 한 접근방법의 구성체는 이론 개발 또는 이론 선택에서 출발한다. 이 접근방법은 관련된 이론이 어느 정도 타당한지, 프로그램의 성공과 실패 요인이 무엇인지, 그리고 프로그램의 개선 방향을 제시하는 것을 목적으로 한다. 그러나 동적인 환경과 다수의 이해관계자가 개입하는 정책에 대하여 모호성 없이 프로그램 이론은 개발하는 것은 매우 어려운 일이다(Dahler-Larsen, 2017; 오철호, 2020).

(2) 방법

프로그램 이론에 의한 평가의 주요 질문으로는 프로그램이 이론적으로 타당한가?, 이론에 따라서 운영되었는가?, 프로그램이 기대한 결과를 산출했는가?, 가설적 인과관계가 확인되었는가?, 프로그램 수정에 필요한 것은 무엇인가?, 프로그램의 성공에 영향을 준 프로그램의 특징은 무엇인가? 등이 있다.

(3) 사례

프로그램 이론에 기초한 평가와 연구는 특히 2000년 이후 매우 활발하게 연구되고 활용되고 있다. 예로, 이석민(2010)은 논리모형을 중심으로 한 프로그램 이론 주도 평가모형을 활용해 맞춤형 방문건강관리사업을 평가하고 있다. 안선회(2010)는 참여정부가 사교육비 경감을 위해 추진한 프로그램의 인과모형을 검증하고자 했다. 김민길 외(2018)는 논리모형으로 민간 분야 노인 일자리사업에 대한 질적 정책평가를 하고 있다.

3. 프로그램 개선/책임성 지향 평가 접근방법

프로그램 개선 또는 책임성 지향의 접근방법은 평가의 활용에 초점을 둔다. 이들 접근방법은 초점을 미래에 두고, 평가의 목적은 앞으로의 정책 활동에 유용한 지식을 제공하는 것이다. 평가자는 평가 대상 프로그램의 목표에 대한 정보보다는 앞으로 어떤 의사결정이 내려질지, 누가 그 의사결정을 내릴지, 그 시간적인 계획은 어떠한지, 그리고 어떤 기준을 적용할 것인지 등에 대한 정보를 산출하고자 한다(Guba & Lincoln, 1985).

이들 접근방법은 프로그램의 가치와 장점을 사정하고 개선하는 것에 초점을 두고 프로그램의 가치를 사정하는 데 필요한 모든 평가질문과 기준을 고려해 포괄적으로 평가하고자 한다. 방법론적으로 이 접근방법은 프로그램의 장점, 가치, 영향, 타당성, 실행 가능성, 비용 등을 준평가 접근방법에서 제시한 다양한 접근방법을 혼합하여 평가한다. 프로그램 개선 및 책임성 지향의 평가는 평가에 대한 일반적인 정의에 가장 부합하는 접근방법이다(Stufflebeam & Coryn, 2014).

1) 의사결정 지향 평가

(1) 의의

의사결정 지향 접근방법(decision-oriented approach)은 평가는 회고적으로는 프로그램의 장점과 가치를 판단하고, 미래 지향적으로는 프로그램의 개선에 이용할 것을 강조한다. 이 접근방법의 철학적인 지지는 평가 물음에 최선의 해답을 발견하고자 하는 객관주의 원리와 인간의 권리, 형평성, 책임성과 같은 민주사회의 원리 등에서 발견될 수 있다. 그리고 평가결과를 활용하게 될 이해관계자에게 초점을 두면서, 이해관계자의 문제 해결에 도움을 줄 수 있는 정보를 적시에 제공하고 책임성을 확보할 수 있는 정보를 창출하고자 한다. 이 접근방법의 구성체는 의사결정자와 이해관계자, 예측되는 의사결정 상황, 프로그램 책임성 및 프로그램의 가치를 판단하는 데 필요한 기준(프로그램의 장점, 가치, 가능성, 안전, 형평성, 중요성 등) 등으로 구성된다. 즉, 의사결정을 평가의 구성체로 삼는 평가자는 앞으로 어떤 의사결정이 필요하고, 누가 결정하며, 그의 시간적인 계획과 적용하게 될 기준 등에 대한 정보를 산출하고자 한다.

이 접근방법의 대표적 학자로는 UTOS 모형을 제시한 크론바흐(Cronbach, 1982)가 있다. 그는 평가자는 프로그램 서비스를 받는 단위(U: units), 서비스 전달을 위한 프로그램 처치(T: treatments), 평가자료 수집을 위한 관찰(O: observations)과 고려해야 할 상황(S: setting)을 확인하기 위해 평가를 구조화할 것을 요구한다. 크론바흐의 모형을 확대한 평가모형으로 스터플빔(Stufflebeam, 1983)의 CIPP 모형과 앨킨(Alkin, 1991)의 UCLA 모형이 있다.

스터플빔(Stufflebeam, 2007)은 “평가란 의사결정의 대안을 판단하기 위해 유용한 정보를 확인하고, 획득하며, 제공하는 과정”으로 정의하고 있다. 그는 프로그램의 개선과 책임성에 초점을 두면서 [그림 2-3]과 같이 핵심 구성요소들의 상호관계를 가지고 있는 네 가지의 평가모형을 제시하고, 머리글자를 따서 CIPP 모형으로 부르고 있다. CIPP 모형은 정책 및 프로그램의 결과에 대한 입증보다는 개선에 목적을 둔다. 그리고 이해관계자의 평가과정에 참여를 강조하고, 전문적 집단의 평가 기준을 충족할 것을 요구한다. CIPP 모형은 인식론적으로 현실주의자(realist)가 아닌 객관주의자

그림 2-3 CIPP 모형

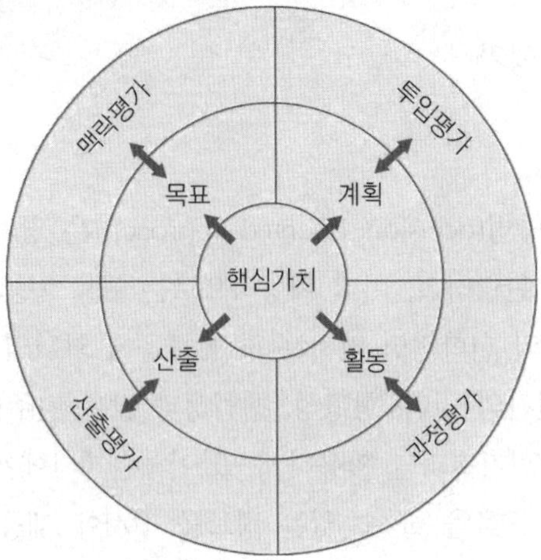

출처: Stufflebeam(2007).

(objectivist)를 지향한다.

- 맥락평가(context evaluation): 기획을 위한 평가로 프로그램으로 해결하고자 하는 욕구가 무엇인가를 결정하거나 기존 프로그램의 목표를 확인하는 데 도움을 준다. 맥락평가에서는 프로그램의 일반 상황 진단, 결점 및 장점의 확인, 문제점 규명 등을 한다. 맥락평가의 결과는 목적 및 우선순위의 조정과 프로그램의 변화를 위한 기초 정보를 제공한다. 맥락평가에서는 면담 방법, 면담을 기초로 한 설문조사 방법, 델파이 기법, 포커스 그룹의 운영 등이 활용되고 있다.
- 투입평가(input evaluation): 구조화된 의사결정에 기여하는 평가로 어떤 자원을 이용할 수 있는가? 프로그램을 위한 대안적인 전략으로 어떤 것이 있는가?를 다루게 된다. 투입평가는 프로그램 개선을 위한 처방, 특히 프로그램 운영의 실패 및 자원 낭비의 위험을 방지하는 데 관심을 가진다. 투입평가는 문헌분석, 담당자의 면담, 운영상의 모니터링 정보분석 등이 활용된다.
- 과정평가(process evaluation): 집행상의 의사결정을 위한 것으로 계획이 얼마나 잘 집행되고 있는가? 어떠한 장애 요인이 있는가? 수정이 필요한 것은 무엇인가? 등을 다루게 된다. 과정평가에서는 계획의 준수 여부, 자원의 효과적 활용 방안, 원활한 집행을 위한 정보를 제공하는 데 주 관심을 둔다. 과정평가에서는

현장 방문, 프로그램 문서 검토, 직원회의에 참석, 집행자 및 이해관계자와의 면담 등의 방법으로 평가정보를 수집하여 평가한다.

- **산출평가**(product evaluation): 재순환을 위한 의사결정 정보를 제공하는 평가로 어떤 결과를 달성했는가? 어느 정도 욕구가 감소했는가? 프로그램이 일련의 과정을 마무리한 뒤에 무엇을 해야 할 것인가? 등을 다루게 된다. 산출평가는 프로그램의 효과성을 측정, 해석, 판단하는 것을 주목적으로 한다. 산출평가에서도 다양한 방법을 사용해 산출물을 확인하게 된다.

(2) 방법

이 접근방법에서 중점적으로 다루는 평가질문은 평가를 활용하고자 하는 이해관계자에게서 나온다. 평가질문은 형성평가 및 총괄평가와 관련된 모두를 다루게 된다. 사용되는 평가 방법으로는 설문조사, 욕구 평가, 사례연구, 관찰, 면접, 준실험 설계 등의 다양한 방법이 활용된다. 특히 평가과정에서 평가자와 이해관계자 대표 간에 지속적이고 정기적인 커뮤니케이션과 이해관계자의 각종 자문위원회 등의 참여가 강조된다.

(3) 사례

우리의 중앙행정기관 자체평가에서 주요 정책 부문의 평가를 위해서 제시하고 있는 〈표 2-4〉의 평가 항목은 CIPP 모형의 기본논리를 취하고 있다고 볼 수 있다. 맥락평가는 기관 가점 분야의 실행계획 수립의 적정성 항목, 이행노력은 투입과 과정평가, 목표 달성도, 정책효과, 국민만족도는 산출평가에 해당한다(국무조정실, 2022). 공공기관 경영평가에서 전체 평가 점수의 50%를 차지하는 주요 사업평가에서 주요 사업 성과관리의 적정성에서 〈표 2-5〉의 세부평가내용도 CIPP 모형의 기본논리를 구성한다(기획재정부, 2021).

미국의 프로그램 성과를 평가하기 위한 진단 도구인 PART(Program Assessment Rating Tool)는 〈표 2-6〉과 같이 과정평가와 총괄평가를 혼합해 네 개의 범주를 평가하였다. 이에서 프로그램 목적과 설계는 맥락평가, 전략적 기획은 투입평가, 프로그램 관리는 과정평가, 프로그램 결과와 책임성은 산출평가와 연계된다.

이외에 CIPP 모형에 의한 평가연구는 교육 및 인력개발 분야에서 많이 활용되고 있다(이원석, 2019; 한국직업교육학회, 2018). 정책 분야에서 정세희 · 문영규(2013)의

CIPP 모형을 적용한 사회서비스 평가지표개발 등이 있다.

표 2-4 주요 정책 부문 평가 항목별 평가지표

평가 항목	평가지표	평정	비중
이행노력	• 과제 이행을 위한 투입 노력, 절차 · 시한 준수 등 - 기관장 노력, 분기 점검결과, 입법 노력, 갈등관리 등	정량/정성	25%
목표 달성도	• 사전에 설정된 연간 목표치 달성 여부 - 성과지표로 표시된 목표치 또는 완수해야 할 세부목표 달성 여부 등	정량/정성	25%
정책효과	• 국민에게 체감되는 실질적 효과 - 당초 의도한 효과, 장기적 효과 등	정성	35%
국민만족도	• 기관 소관 주요 정책에 대한 국민만족도 조사 (전문리서치 기관 조사)	정성	15%

※ 기관 가점(5점): 국정현안 대응(주요 정책 과제 외에 발생한 정책현안에 대한 기관의 대응노력과 성과 등).
출처: 국무조정실(2022b).

표 2-5 주요 사업 성과관리의 적정성

평가지표	세부평가내용	
주요 사업 성과관리의 적정성	지표정의	• 추진계획 수립 · 집행 · 성과 · 환류 및 사회적 가치 실현 등 주요 사업의 전반적인 추진 성과를 평가
	적용 대상 (배점)	• 공기업: 비계량 17점, 준정부기관: 비계량 19점
	세부평가내용	① 주요 사업별 추진계획은 구체적이고 적정하게 수립되었는가? ② 주요 사업별 추진계획이 적절하게 집행되었는가? ③ 주요 사업별 성과는 적정한 수준인가? ④ 주요 사업별 환류활동은 적절하게 수행되었는가? * 주요 사업 추진계획 수립 집행 성과 환류과정에서의 근로자와 국민의 안전 등 사회적 가치를 위한 노력과 성과를 감안하여 평가

출처: 기획재정부(2021). 『2021년도 공공기관 경영평가편람』.

표 2-6 미국 PART 평가 범주

평가 부문	비중	내용
프로그램 목적과 설계	20%	프로그램의 목적과 설계가 분명하고 명확한가를 평가
전략적 기획	10%	프로그램은 타당한 장기와 연차별 성과측정 방법과 성과목표를 가지고 있는가를 평가

프로그램 관리	20%	재정활동 감시와 프로그램 개선 노력을 포함한 프로그램 관리를 등급화함
프로그램 결과와 책임성	50%	전략적 기획에서 제시된 성과목표와 다른 평가를 통해 프로그램의 성과를 평가

출처: OMB(2007).

2) 책임성 접근방법: 평가결과에 대한 보상 중심

(1) 의의

책임성 접근방법은 평가결과를 추진기관이나 집행자의 책임성 향상 및 인센티브나 통제를 목적으로 수행하는 평가를 의미한다. 책임성 접근방법의 목적 및 구성체는 선거권자들에게 정책 및 프로그램의 결과에 대한 정확한 정보를 제공하거나 결과를 바탕으로 정책을 수립·집행한 기관에 인센티브나 불이익을 주기 위한 정보를 창출하는 데 있다. 평가결과의 보상을 강조하는 책임성 접근방법은 공적 위임사항, 공공 서비스 전달, 특별 자금으로 운영되는 프로그램 집행의 책임 있는 개인이나 조직에 적용할 수 있다. 책임성과 관련된 인센티브로는 분권화와 권한의 위임, 결과에 의한 보상과 처벌, 감시기관에 의한 감시 통제의 완화, 재정지원, 성과급, 인사 등의 방법이 활용된다. 그러나 평가를 프로그램 개선이라는 적극적 목적이 아닌 인센티브나 처벌의 소극적 수단으로 활용할 경우에는 과도한 경쟁, 서비스 전달 과정을 등한시할 위험 등이 있다.

(2) 방법

납세자, 후견집단, 지방·국가 등의 자금 제공기관과 회계감사기관 등이 책임성 평가에서 다루는 평가질문을 제시한다. 이들 집단이 평가를 통해 해답을 얻고자 하는 평가질문은 개인이나 기관에 위임사항으로 주어진 목표나 기준의 준수 등이 된다. 책임성 접근방법으로는 성과계약, 계획예산제도(PPBS), 목표관리제(MBO), 영기준예산제도(ZBB), 동료 검토, 강제적 검증 프로그램, 자기평가, 전문가의 현장조사 등이 활용된다.

(3) 사례

책임성 확보를 위한 평가의 대표적인 사례는 박근혜 정부에서 평가결과를 바탕으로 대학 정원 조정을 목표로 한 '대학구조개혁평가', 재정지원과 재정지원제한을 목표로 하는 '대학기본역량진단'을 들 수 있다. 이들 진단 결과 정부 재정지원제한 대학에 선정되면 대학에 대한 정부 지원을 제한하고, 한국장학재단에서 실시하는 학자금대출이나, 국가장학금 수혜금액이 줄어들거나 아예 수혜받을 수 없는 불이익을 주고 있다. 교육부의 '대학의 평생교육체제 지원사업'의 경우 연차평가로 사업비를 차등 지원하고, 사업 종료 후 평가결과를 바탕으로 다음 사업의 지원 여부를 결정한다(교육부 평생미래교육국, 2021). 정부업무평가 기본법의 적용을 받는 평가에서는 평가결과를 바탕으로 표창, 순위 공개, 기관장 인사 및 성과급, 직원 성과급 등의 인센티브를 제공을 위해서 활용되고 있다. 공공기관 경영평가 결과는 성과급 지급, 우수기관 기획재정부장관 표창, 평가 부진 기관에 대한 경영개선계획 제출, 기관장 해임건의, 우수지표 평가 면제 조치, 실적 부진기관 맞춤형 경영컨설팅 실시 등을 하고 있다(기획재정부, 2021).

3) 소비자 지향 접근방법

(1) 의의

소비자 지향 접근방법(consumer-oriented approach)은 소비자가 재화나 서비스를 선택할 때 필요한 정보를 제공하는 것을 목적으로 한다. 평가자는 소비자의 위임자로 재화나 서비스를 제공하는 프로그램의 장점과 가치를 평가하여 정보를 제공한다. 이를 통하여 소비자들 보호하고자 한다. 소비자 지향 접근방법의 대표적인 학자인 스크라이븐(Scriven, 1991)은 소비자가 아닌 공급자의 목적에 초점을 두는 평가 이데올로기를 비판하면서 평가가 프로그램의 장점, 비교 가치와 전체적인 가치를 판단하여 소비자에게 정보를 제공하는 실용주의적 평가를 지향할 것을 주장한다. 소비자 지향 접근방법의 구성체는 재화의 사회적 가치, 소비자 욕구, 비용, 관련 부문에서의 최고의 기준 등을 포함한다.

(2) 방법

주요 평가질문으로 다양한 재화나 서비스 가운데 가장 최선의 것은 무엇인가?에 초점을 둔다. 평가질문에 답하기 위해 사용하는 대표적 방법으로 가격, 성능, A/S 등의 항목별로 평가하여 순위를 정하는 체크리스트 방법 등이 있다. 이외에 욕구평가,

목표배제 평가, 실험과 준실험 설계, 작업방법 분석, 행위의 윤리 기준 판단, 비용분석 등이 사용된다(Scriven, 1974). 이 접근방법은 독립적인 외부 평가자가 평가를 수행하고 결과를 등급화, 점수화, 순위화, 최종 종합평가하여 프로그램 간 비교를 가능하게 한다.

(3) 사례

소비자 지향 접근방법의 대표적인 사례는 한국소비자원이 발간하는 『소비자시대』는 소비자에게 서비스와 제품에 대한 정보를 제공(https://www.kca.go.kr/webzine)한다. 한국생산성본부에서 측정하는 '국가고객만족도(National Customer Satisfaction Index: NCSI)', 한국능률협회 주관의 '한국산업고객만족도(Korea Customer Satisfaction Index: KCSI)', 교육부의 대학 기관평가인증 등의 인증평가에서 볼 수 있다(김흥주 · 박상철, 2018). 이들은 소비자 및 고객이 제품이나 대학 선택 등에 필요한 정보를 제공한다.

4) 고객 중심 접근방법

(1) 의의

고객 지향 행정을 추구하는 고객 중심 평가(client-centered evaluation)는 평가의 구성체를 프로그램의 대상이 되는 고객의 목표, 기대, 관심사, 필요 등에서 출발한다. 고객 중심 모형은 신자유주의를 이념으로 공공조직은 고객인 국민이나 주민의 욕구를 충족시켜야 그 존재 가치가 있다고 생각한다. 고객 중심 평가는 민주적 참여적 성격의 평가로 정책과 프로그램 서비스의 수혜자가 자신들이 받는 재화와 서비스를 평가한다. 이에 제삼자가 평가하는 소비자 지향 접근방법과는 차이가 있다. 고객 중심 접근방법은 가치 다원주의를 받아들이기 때문에 결과에 대해 고객은 서로 다른 견해를 가지고 평가를 하게 된다. 고객 중심 평가는 그 자체가 가지는 한계에 의해 독자적으로 사용되기보다는 다른 평가를 보완하는 차원에서 사용할 것을 요구한다(Vedung, 1997).

(2) 방법

고객 중심 접근방법의 가장 대표적 방법은 고객만족도 평가이다. 고객만족도 평가의 대표적 모형에는 파라수라만 외(Parasuraman et al., 1985)가 서비스 품질 측정모형으로 개발한 SERVQUAL 모형이 있다. 이 모형은 유형성(tangibles), 신뢰성(reliability), 응답성(responsiveness), 확신성(assurances), 공감성(empathy)의 다섯 개 차원에서 고객들이 지각하고 있는 서비스의 품질을 측정한다. 고객 중심 평가의 평가질문은 프로그램의 어떠한 요인이 결과에 영향을 주었는가와 같은 인과관계보다는 정책 및 프로그램의 운영 및 결과에 대한 고객의 만족도가 그 핵심을 구성한다. 평가방법은 양적인 설문조사나 질적인 포커스 그룹 면접, 개별 면접 등의 방법이 활용되고 있다.

(3) 사례

고객 중심 평가는 최근 공공조직에서 상대적으로 많이 사용되고 있는 평가 기법 가운데 하나다. 정부업무평가 기본법에 의한 중앙행정기관의 정부업무평가에서 주요 정책 부문의 평가 항목으로 국민만족도, 그 외에 규제혁신부문, 정부혁신부문, 정책소통부문 등의 평가 항목으로 국민 체감도 평가, 공공기관 경영평가의 국민소통 지표에서 고객만족도를 평가한다. 만족도를 활용한 정책평가 연구로는 양연조·윤성옥(2005)의 "행정서비스 품질 측정에 있어서 SERVQUAL 모형과 SERVPERF 모형 비교연구", 이경복 외(2016)의 "SERVQUAL 기법을 이용한 국가 개인정보보호 정책에 대한 국민 인식의 분석" 등이 있다. 이 외에도 대학생이 참여하는 강의평가제도, 프로그램 수혜자를 대상으로 하는 관련 부처의 각종 설문조사가 여기에 속한다.

5) 인증/공인 접근방법

(1) 의의

광의의 인증이란 일종의 적합성 평가(conformity assessment)를 말한다. 이는 제품, 프로세스, 시스템, 사람, 프로그램 또는 기관 등이 일정한 요구사항을 충족하고 있는지를 평가하는 것이다. 대표적으로 KS 제품 인증, 자동차 검사 및 대학 인증과 같은 경영시스템 인증 등이 있다. 이 접근방법은 사전에 설정된 공인 조건을 기관, 기관의 프로그램 또는 개인이 충족하면 이를 인증하여 이해관계자들의 의사결정에 도움을 준다. 인증 및 공인 평가의 구성체는 인증이나 공인기관이 설정한 지침이나 기준이 된다. 평가의 목적은 기관, 기관의 프로그램, 개인이 특정 기능을 수행할 수 있는 자격 여부를 결정하는 데 있다. 예를 들어, 어린이집 인증을 받은 어린이집에 대해 학부모는 안심하고 자녀를 맡긴다.

(2) 방법

인증의 주된 평가질문은 인증기관이나 공인기관에서 제시하는 기준을 충족하는지 여부이다. 인증평가는 먼저 정책 및 프로그램을 운영하는 기관이 자체평가보고서를 작성하고, 인증기관은 전문가 패널을 구성해 자체평가보고서를 검토하며, 현장 방문 등을 통하여 정보를 수집 · 평가한다. 인증의 경우, 결과지표보다는 투입과 형성지표 중심으로 평가한다.

(3) 사례

인증평가제도는 거의 모든 정부부처가 다양하게 활용되고 있다. 교육부의 위임을 받은 한국대학평가원의 대학기관평가 인증, '국가연구개발사업의 관리 등에 관한 규정'에 의한 연구관리 우수기관 인증, '기술개발촉진법'에 의한 신기술 인증, '농산물품질관리법'의 농산물 우수관리 인증, 고용노동부의 안전보건경영시스템 인증(KOSHA 18001), '영육아보육법'에 의한 보육시설 인증, '의료법'에 의한 의료기관 인증제도, 산업통상자원부 산하 법인인 한국인정원(KAB)의 ISO 인증 등이 있다.

4. 사회적 어젠다/옹호 접근방법

사회적 어젠다/옹호 접근방법(social agenda/advocacy approaches)은 프로그램 평가를 통해 사회의 차별 제거, 정의 실현과 같이 평가의 가치에 초점을 둔다. 이 접근방법은 가치중립적 평가를 비판하면서 평가에서 특정 집단에 대한 옹호를 불가피한 현상으로 본다(Greene, 1997). 특히 이들은 정의와 관련해 평가가 혜택받지 못하는 사람들의 이익에 이바지할 것을 강조하여 평가결과를 도출하고 해석할 때 이해관계자의 민주적 개입의 중요성을 강조한다. 그래서 이 접근방법은 참여 지향적 평가 접근방법으로도 불린다(Bakken, 2018). 그러나 지나치게 평가의 사회적 사명을 강조하여 평가 타당성 확보에 필요한 독립적이고 공평한 기준을 위태롭게 할 수도 있다. 이 접근방법의 주요 평가질문으로는 민주적 다원주의를 위해 누구의 이익이 평가에서 확보되어야 하는가? 어떠한 가치를 평가가 대변해야 하는가? 등이 있다.

이 접근방법을 옹호하는 학자들은 평가과정 및 평가에 대해 좋은 판단을 할 수 있도록 도와주는 민주적 평가, 구성주의적 평가 또는 자연주의적 조사 등을 선호하고, 평가 전문가 이외에 프로그램 이해관계자의 관점을 평가에 반영할 것을 강조한다. 이들은 서로 다른 평가모형을 사용하고 있지만, 모두 평가자에 의해 이뤄지는 가치판단 활동과 평가자가 다른 사람의 가치판단을 지원하는 활동에 초점을 둔다(Alkin & Christie, 2006). 방법론적으로는 평가에서 최선의 해답을 발견하기보다는 포스트모더니즘의 철학적 시각을 받아들여서 다양한 이해관계자들의 문화적 다원주의, 도덕적 상대성 및 다양한 현실을 평가에 반영시키고자 노력한다. 이들 접근방법은 전형적으로 질적 방법을 선호한다.

1) 반응적 접근방법(Responsive Approach) 또는 이해관계자 접근방법

(1) 의의

스테이크(Stake, 1983)가 이야기하는 반응적 접근방법은 기존의 접근방법에 대한 대안으로 제시된 이론이다. 이들은 기존의 목표 중심의 사회실험 방법은 과학이라는 이름 아래 편협하게 평가하기 때문에 다양한 이해관계자의 다양한 주장을 평가에 반영하지 못한다고 비판을 한다. 반응적이란 관찰이나 면담의 방법을 통해서 어떤 정책이나 프로그램과 관련된 집단이나 개인들이 보이는 관심과 쟁점을 있는 그대로 포착하여 평가한다는 것이다. 반응적 접근방법은 있는 그대로 현상을 보고 평가한다는 면에서 자연주의적 평가 접근방법을 취한다. 반응적 접근방법에서 평가자는 다양한 고객 및 이해관계자와 지속적 상호작용을 통하여 고객의 반응을 평가에 반영하고, 이들이 필요로 하는 정보를 창출하고자 한다.

반응적 접근방법은 평가과정에서 이해관계자의 참여를 강조한다는 면에서 이해관계자 접근방법과 같은 맥락으로 이해된다. 이에 프로그램이 다양한 이해관계자를 가지고 있고, 이들이 서로 다른 시각으로 프로그램을 보는 복잡하고 갈등을 가지는 정책 상황의 평가에 유용하다(Hansen & Vedung, 2010). 반응적 이해관계자 접근방법의 평가 구성체는 이해관계자의 관심사와 프로그램 자체의 이슈, 또는 프로그램의 정당성, 배경, 결과, 기준, 판단 등이 된다. 이 접근방법은 고객과 다양한 집단이 프로그램, 프로그램의 문제, 장단점 등을 좀 더 폭넓게 이해하도록 돕는 것을 목적으로 한다.

(2) 방법

반응적 접근방법은 방법 중심의 평가와 대조적으로 평가의 다원성, 상호작용적, 전체론적, 주관적, 구성주의적, 서비스 지향의 특성을 가진다. 반응적 접근방법에서 평가자는 프로그램 이해관계자의 욕구를 충족하기 위한 봉사자의 역할을 한다. 반응적 접근방법의 평가질문은 공동체, 실무자, 수혜집단 및 외부의 프로그램 전문가 등에 의해 구성된다. 이들 집단은 프로그램이 무엇을 달성했는지, 그것이 어떻게 작용했는지, 그리고 프로그램에 대해 다양한 이해관계자들은 어떻게 판단하는지에 대해 알고 싶어 한다. 좀 더 구체적인 평가질문은 이해관계자와의 지속적인 상호작용을 통해 도출된다. 이 접근방법은 수렴적이기보다는 분산적이다. 평가 방법의 설계는 자연주의 평가모형을 선호하여 자유응답식(open-ended), 임기응변, 서술적 이야기 형식을 선호하고 평가를 시작할 때 예측하지 못한 것이라도 정보를 제공하고자 노력한다. 평가방법은 주로 질적 분석의 다양한 방법을 활용하게 되는데 대표적인 방법으로는 사례연구, 목적에 합치되는 표본추출, 관찰, 대립적인 보고서, 스토리텔링(storytelling), 소시오드라마(sociodramas), 이야기 형식의 보고서 등을 이용한다.

(3) 사례

순수한 의미의 반응적 접근방법은 공공기관의 평가에서 널리 활용되지는 못하고 있다. 이에 대한 연구로는 이원석(2010)의 입학사정관제에 대한 평가 등이 있다. 그러나 정책평가에서 이해관계자의 관심이나 관점을 반영해야 한다는 참여적 평가 논리와 함께 이해관계자 접근은 오늘날 모든 평가의 핵심과정으로 강조하고 있다. 이를 반영하여 평가에 대한 실무 매뉴얼은 평가과정에 이해관계자의 참여를 거의 필수적인 과정으로 제시하고 있다. 대표적으로 미국의 교육평가기준 합동위원회(JCSEE)의 프로그램 평가 기준(Program Evaluation Standards)이나 켈로그 재단(Kellogg Foundation, 2004b), UN, OECD, ILO 등 국제기구의 평가지침이나 매뉴얼은 모두 평가계획 단계 및 집행 단계에서 이해관계자를 확인하고 이를 평가에 반영할 것을 요구한다.

2) 구성주의 접근방법

(1) 의의

구성주의 접근방법은 실증주의 중심 평가이론에 대한 반발로서 제시되었다. 인간의 모든 지식은 사회에서 만들어지고, 전달되며, 유지되기 때문에 사회과학은 사회적으로 형성된 것으로서의 실제를 다뤄야 한다고 주장한다. 구바와 링컨(Guba & Lincoln, 1985; 1989), 쉬반트(Schwandt, 2007) 등의 이론에서 볼 수 있는 구성주의 접근방법 패러다임은 어떤 궁극적인 현실의 존재를 거부하고 주관주의자의 인식론을 채택한다. 구성주의는 정책평가를 통해 정책의 효과성이나 능률성을 발견할 수 있다고 가정해서는 안 된다고 한다. 효과성과 능률성은 단순한 주장, 정당화 및 합리적 근거일 뿐이며 사회적 구성물로서 맥락에 따라 다르게 적용될 수 있기 때문이다.

구성주의 접근방법은 평가자와 프로그램 이해관계자를 조사 과정의 중심에 놓고, 이들 모두를 평가의 도구로 삼는다. 평가자는 평가활동의 모든 측면에서 참여하는 이해관계자의 자유를 존중하고, 그들이 선호하는 방법으로 평가활동을 구성하고 통제하기 위해 이들에게 권한을 부여한다. 구성주의 접근방법은 목표로부터 자유롭게 이뤄지고, 성과 이외에 이해관계자의 지식 구성 과정에 대해서도 평가하며, 이해관계자들의 다양한 관점을 존중하는 평가 틀을 바탕으로 프로그램이 사회적으로 구성된 의미를 파악할 것을 주장한다.

구성주의 접근방법은 협력적이고 개방적인 탐구 및 철학적 구속을 주요 구성체로 갖는다. 이 접근방법은 이해관계자들 간에 존재하는 구성의 다양성을 이해하고, 이를 이해하기 위해 이해관계자와 지속적 의사전달을 통하여 자료를 수집, 분석, 종합하는 것을 목적으로 한다. 평가자는 정확한 측정이나 통계보다 깊이 있는 심층적인 탐구기술을 선호한다. 평가결과를 얻고 분석할 때 상대주의 관점을 채택하며 일반화된 정보보다는 부분적 정보를 더 강조한다. 평가에 정확한 결론을 내리기보다 개방적이고 지속적인 연구를 추구한다.

(2) 방법

구성주의 접근방법에서 평가질문은 참여자의 상호작용으로 만들어지게 된다. 평가질문은 정책의 형성, 평가의 정당성 논의, 기관 내 구성원의 다양한 견해를 수집하는 과정에서 만들어지게 된다. 평가질문은 고정되지 않고 변증법적으로 변화한다. 구성주의 접근방법은 해석학적, 주관적 기준에 의해 평가를 수행하고, 실험과 같은 인위적 상황이 아닌 있는 그대로의 자연적 상황에 대해 프로그램의 모든 과정에 대해 평가하고자 한다. 이에서는 측정하고자 하는 것을 정확하게 측정하는 것보다는 측정하고자 하는 것을 측정했는가 하는 타당도를 중시하고 전체적으로 질적 평가를 선호하게 된다. 그러나 명확한 평가결과의 도출이 어렵고, 많은 시간과 비용이 수반되는 등 대규모 평가에서 활용되기엔 어려운 점이 있다.

(3) 사례

구성주의에 의한 정책과 프로그램 평가는 구성주의 접근방법이 가지는 한계로 거의 사용되지는 않고 있고, 주로 교육학 분야에서 많이 연구되고 있다(김형미, 2019). 이외에 안문석(2021)의 문재인 정부의 대북정책평가 등에서 볼 수 있다.

3) 심의 민주주의 접근방법(Deliberative Democracy Approach)

(1) 의의

심의 민주주의란 시민 간의 대화, 토론, 의사소통을 통해 개인들이 자신의 선호를 계속 변화시키면서 집단적 의사를 형성하고 도출하려는 민주주의를 의미한다(김호기, 2006). 즉, 자유롭고 평등한 시민들이 충분한 정보와 지식을 갖고 심사숙고와 의사소통을 통해 자신의 선호를 변화시키고 공익을 창출해내는 심의 과정 자체에 정치적 의사결정의 정당성을 부여하는 체제이다(김도윤, 2009; 김희강, 2010).

하우스와 하우(House & Howe, 2000)는 심의 민주주의 이념을 평가에 반영하기 위해서 민주주의 틀 속에서 평가를 수행하고, 평가자가 민주적 원리에 따라 평가결과를 도출하는 책임을 강조하는 심의 민주주의 접근방법을 제시하였다. 이 접근방법은 민주적 참여를 통해 올바른 평가를 수행하는 것을 목적으로 하고, 민주적 참여, 이해관계자의 투입을 조사하고 입증하기 위한 대화, 프로그램의 장점과 가치를 올바로 사정하기 위한 심의로 구성되어 있다. 대화 차원에서 평가자는 평가결과를 도출하기 위해 이해관계자와 청중들을 끌어들인다. 심의 차원에서는 타당한 평가결과를 도출하기 위해 모든 투입 내용을 검토하고, 이해관계자와 논의하여 결론을 도출한다. 심의 민주주의는 공익을 단순한 개별 선호의 집합이 아니라 개별 선호를 심의하는 과정에서 형성되는 것으로 본다.

(2) 방법

주로 평가자가 평가질문을 정하지만 관련된 이해관계자들과의 협의도 중시한다. 방법론적으로 계획에서 결론 도출에 이르기까지 평가의 전 과정에서 참여자 및 이해관계자와의 토의, 설문조사 등의 방법을 사용하여 많은 시간과 비용이 수반된다는 단점이 있다.

(3) 사례

2017년 신고리 5 · 6호기 건설 문제를 판단하기 위해 '공론화위원회'를 구성하여 공론조사를 진행한 사례가 있다. 공론화위원회는 약 3개월간의 공론화 과정을 진행했고, 시민참여단의 과반수가 건설재개를 선택하여 공사 재개가 결정되었다(하승수, 2017).

4) 변혁적 접근방법(Transformative Approach)

(1) 의의

변혁적 접근방법은 주류 평가 접근방법이 미국 사회에서 주로 백인 남성을 기반으로 하는 것을 비판하면서 페미니스트 등의 주장을 반영하기 위해서 등장하였다. 즉, 정책과 프로그램의 정치적 속성을 평가에 반영하는데 평가를 사회 불평등 해소의 수단으로 본다. 이러한 접근방법은 평가자와 프로그램 참가자 간의 상호작용을 통하여 평가하고, 프로그램 참가자에게 평가 권한을 부여하며, 참가자에게 이익이 되는 방식으로 평가하고자 한다.

변혁적 접근방법은 평가에서 문화적 존중, 사회 정의 탐구, 인권 증진, 불평등 해결 등의 가치를 추구하고자 한다(Mertens & Wilson, 2012). 이러한 가치를 추구하기 위해 소외집단을 참여시킨다. 이 평가에서는 평가자의 문화적 역량, 다양한 집단과의 협력과 소통 역량이 중요하다. 이 평가는 '존재론적으로 사회적 현실은 다양성을 전제로 누가 더 많은 특권을 가지고, 누가 소외되고 있는가?'라는 질문에 답하고자 한다.

광의의 변혁적 접근방법에는 심의 민주주의 평가(House & Howe, 2000), 임파워먼트 평가(Fetterman & Wandersman, 2005), 비판적 인종이론(Mertens & Wilson, 2019), 문화적으로 대응하는 평가(Hood, 2000), 변혁적 참여 평가(Mertens, 2009) 등이 있다. 이들 접근방법은 참여의 방법, 평가자의 참여에 대한 통제 수준 등에서 차이를 보인다. 이 중 임파워먼트(Empowerment) 평가는 이해관계자가 프로그램을 평가하게끔 도구와 기술을 제공하고 평가가 프로그램 계획 및 관리의 일부임을 보장함으로써 프로그램의 성공을 보장하는 접근방식이다. 임파워먼트 평가의 주요 목표는 평가 활동을 외부 평가자에서 이해관계자로 평가활동을 이전하는 것이라 할 수 있다.

(2) 방법

평가질문을 사전에 설정하지 않고, 소외집단이 이를 결정한다. 평가의 계획과 과정 전반에 프로그램 참여자를 필수적으로 포함하기 때문에 평가자의 문화적 다양성이 필요하다. 방법론적으로 참여관찰, 면담, 문헌조사, 양적 · 질적 혼합 방법 등을 혼합하여 사용한다(홍문숙 · 박채원 · 변수진, 2019).

(3) 사례

변혁적 접근방법에 대한 연구사례로서 해외의 연구로는 쿠퍼(Cooper, 2016), 볼린슨과 메르텐스(Bolinson & Mertens, 2019)의 연구를 참고할 수 있다. 국내에서는 이석민(2010)의 정무업무평가에 임파워먼트 평가의 적용 가능성 탐색연구가 있다.

5. 활용에 초점을 두는 실용주의적 평가 접근방법

1) 의의

실용적 평가 또는 절충적 평가접근방법(eclectic evaluation approaches)은 특정 평가 방법론, 이념, 가치 등을 중시하지 않고 평가 고객의 욕구, 평가질문, 평가 상황에 따라서 다양한 접근방법을 혼합하여 사용한다(오철호, 2019). 활용에 초점을 둔 평가(utilization-focused evaluation)는 활용 기준으로 판단해야 한다는 전제에서 시작한다. 이러한 평가는 개별적이고 상황 적응적이다(Patton, 2012). 평가정보를 우선적으로 활용할 이해관계자 집단과 협력해 평가를 수행하는 것이 일반적이다. 이러한 접근방법은 평가의 정교성이나 기술적 우월성보다는 의사결정에서 보고서의 활용과 책임성 확보 등을 통한 프로그램을 개선하는 데 더 많은 관심을 가진다. 또한 사회적 어젠다나 옹호 접근방법과 달리 특정 집단의 이익을 옹호하지 않는다.

활용에 초점을 두는 평가의 구성체는 평가결과를 이용하게 될 이용자와 결과의 이용에 두고 있다. 활용을 강조함으로써 평가자는 처음부터 평가결과의 실제 이용자를 확인하여 프로그램 평가의 목적과 활용에 대해 신중하게 논의한다. 활용에 초점을 두는 평가에서는 평가 이용자가 평가 대상, 필요 정보, 보고 방법, 시기와 활용 방법을 결정한다. 활용에 초점을 둔 평가에서 평가자는 평가 이용자에 대한 봉사자이고, 이해관계자의 의사결정을 촉진하는 사람이다. 활용에 초점을 둔 평가는 참여자 지향의 접근방법이면서 광범위한 프로그램 평가 기준을 준수하고자 한다. 이는 매우 상황적 응적이고 역동적인 접근법으로서 평가자가 상황에 따라서 훈련자, 기획자, 협상 촉진자, 측정 전문가, 동료, 분석가 등의 역할을 한다. 활용에 초점을 두는 평가의 특성은 〈표 2-7〉과 같이 요약된다.

표 2-7 활용 중심 평가 요약

활용 중심 평가란?	평가에 활용하는 틀과 과정이 프로그램의 개선과 의사결정의 향상에 유용하고 영향을 줄 수 있는 결과물을 창출하는 데 초점
평가를 하는 이유는?	보다 공정하고 지속가능한 세상을 향하도록 평가 활용을 제고하고 심화
활용에 초점을 두는 평가는 어떻게 하는가?	평가자가 평가 사용자와 협력하여 관련 질문을 식별하고, 적절한 방법을 선택하고, 결과를 이해하고, 평가결과에 따라 행동하도록 함
누구를 위한 것인가?	평가 활용자는 자신의 의사결정을 향상해서 바람직한 결과를 달성하기 위해 평가정보를 활용하는 데 관심을 가지는 의도적 1차 사용자
평가는 언제 사용하는가?	평가이 모든 단계(평가의 시작부터 평가결과의 활용 및 후속조치까지)
평가를 어디에 활용할 수 있는가?	개선을 위해 노력하는 사람들이 희망하는 것과 실제 달성된 것을 조사하고자 할 때, 달성하고자 하는 것과 달성한 것 간의 차이를 줄이고자 할 때

출처: Patton & Campbell-Patton(2022).

2) 방법

활용에 초점을 둔 평가질문은 평가 이용자와 함께 협의로 결정하고, 핵심적 질문을 집행과정, 성과, 영향, 비용 등에 둔다. 평가 방법으로는 질적 방법과 양적 방법, 형성평가와 총괄평가, 자연주의 방법과 실험연구 등 평가질문에 적합한 방법을 다양하게 사용한다. 평가 방법의 선택에서도 이용자 집단의 결정을 중시하고, 이용자 집단의 관심사에 초점을 두며, 올바른 정보 수집, 이용자인 고객 입장에서 결과의 해석, 활용 촉진, 평가자의 신뢰성과 정확성에 대한 이해관계자의 확신을 확보하고자 노력한다. 평가 전 과정에서 평가자는 평가의 활용과 타당성 확보 및 비용-효과 문제를 적절하게 조화시키는 데 관심을 둔다.

3) 사례

실무 지향의 평가를 지향하는 국가 평가기관, UN과 OECD 등 국제기구의 평가 매뉴얼, 켈로그 재단(Kellogg Foundation) 등 평가 전문기관에서 채택 중이다. 패튼(Michael Patten)의 활용 중심 평가, 커진스(J. Cousins)의 참여형 평가, 스터플빔(D. L. Stufflebeam)의 CIPP 모형 등이 이에 속한다. 우리의 정부업무평가도 이 접근방법을 취한다고 볼 수 있다.

6. 바람직한 평가 접근방법의 선택

평가에 최선의 접근방법은 없으며, 평가 문제 및 평가 상황에 따라서 그 접근방법의 가치가 결정된다. 팝햄(Popham, 1971)은 최선의 접근방법을 선택하기 위해서는 각 접근방법의 유사점과 차이점을 비교하기보다는, 평가 상황에 가장 적합한 접근방법을 선택하는 것이 더 낫다고 본다. 그리고 다양한 접근방법의 유용성을 발췌하여 조합하는 절충적 활용 중심의 접근방법을 강조한다.

네보(Nevo, 1981)는 평가 접근방법을 선택 시 다음을 고려할 것을 제시하고 있다.

- 평가를 어떻게 정의하고, 평가의 기능은 무엇이며, 평가의 대상은 무엇인가?
- 평가 대상과 관련해 수집해야 할 정보는 무엇인가?
- 평가하는 대상의 장점과 가치를 판단하는 데 사용할 기준은 무엇인가?
- 평가로 도움을 받아야 할 사람은 누구인가?
- 평가를 어떻게 수행할 것이고, 평가에 사용되어야 할 조사 방법은 무엇인가?
- 누가 평가를 수행할 것이고, 어떠한 기준에 의해 평가가 판단되어야 하는가?

스터플빔과 코린(Stufflebeam & Corynd, 2014)은 평가 접근방법의 상대적 가치와 중요성에 따라서 21세기에 요구되는 대표적 평가 접근방법을 〈표 2-8〉과 같이 비교하고 있다. 〈표 2-8〉에 의하면 전체적으로 CIPP 모형이 가장 적합하고, 다음으로 활용에 초점을 두는 평가, 구성주의 평가 순으로 제시하고 있다.

표 2-8 프로그램 평가 기준에 따른 가장 강력한 평가 접근방법

종류	총점	유용성	실현 가능성	적정성	정확성	평가 책임성
성공사례 방법	G(57.92)	G(62.50)	VG(81.25)	G(50.00)	G(62.50)	F(33.33)
사례연구	G(54.91)	F(40.63)	G(62.50)	VG(71.43)	VG(75.00)	F(25.00)
실험과 준실험	G(51.34)	F(28.13)	G(50.00)	G(53.57)	VG(75.00)	G(50.00)
목표에 기초한 방법	G(43.13)	G(50.00)	G(62.50)	F(25.00)	G(53.13)	F(25.00)
CIPP 모형	VG(85.68)	E(100.00)	E(93.75)	VG(85.71)	VG(90.63)	G(58.33)
소비자 지향	G(65.86)	VG(68.75)	G(62.50)	VG(67.86)	VG(71.88)	G(58.33)
구성주의	VG(71.28)	VG(84.38)	VG(81.25)	VG(67.86)	VG(81.25)	F(41.67)
대응/이해관계자 중심	G(66.28)	VG(81.25)	VG(68.75)	G(57.14)	VG(71.88)	F(41.67)
활용에 초점 두는 평가	VG(71.64)	VG(81.25)	VG(87.50)	G(57.14)	G(65.63)	G(66.67)

* 주: P = Poor, F = Fair, G = Good, VG = Very Good, E = Excellent.
출처: Stufflebeam & Corynd(2014).

제 3 절 주요 평가 방법

1. 평가성 사정

1) 의의

평가성 사정(evaluability)은 평가하기 전에 평가가 바람직하고 실행 가능한지를 판단하는 것이다. 평가성 사정이란 용어를 처음 사용한 홀리(Wholey, 2010)는 평가성 사정은 "다양한 평가로부터 얻을 수 있는 정보의 수요를 사정하고, 평가의 실행 가능성과 적합하고 유용한 평가설계를 선택하도록 도와주는 활동"이라고 정의한다. 평가성 사정을 통해 프로그램 평가를 하는 것이 좋은지, 한다면 어떻게 하는 것이 바람직한지를 결정하는 데 필요한 정보를 얻을 수 있다. 평가를 수행하기 전에 평가성 사정을 하게 되면 평가의 질을 확보하고, 평가자원을 꼭 필요한 평가에 투자하도록 하여 평가자원을 절약하게 한다.

평가성 사정은 1960년대 미국의 국가정책 프로그램에 대한 다양한 평가들이 정책 결정자들에게 유용한 정보를 제공하지 못하고 있다는 비판과 함께 제시되었다. 이후

21세기에 들어와서 평가성 사정에 대한 관심이 다시 제고되고 있다(Lam & Skinnet, 2022). 홀리(Wholey, 1983)는 평가의 유용성을 저해하는 요인으로 다음과 같은 것을 제시하면서 이를 극복하기 위한 수단으로 평가성 사정의 필요성을 강조하였다.

- 프로그램의 목표와 우선순위에 대한 합의의 부족
- 프로그램 목표의 실현 가능성 결여
- 프로그램 성과에 대한 정보의 부족
- 관리자들의 평가결과를 활용하고자 하는 의지의 부족
- 관리자들의 프로그램 가치를 전달하는 능력의 부족

정책평가는 평가하고자 하는 목적이나 의도가 명확하고, 합리적인 비용으로 평가를 위한 데이터를 이용할 수 있으며, 공정한 평가과정을 방해할 만한 요인이 없는 경우에 수행되어야 한다. 그렇지 않은 상황에서의 평가는 자원만 낭비할 뿐이다(UNEG, 2016). 평가성 사정을 근거로 평가를 위한 준비가 되어 있지 않으면 평가를 연기하는 것이 바람직하고, 평가의 편익이 없으면 평가하지 않는 것이 바람직하다.

2) 평가성 사정의 목적

정책 및 정부개입 활동에 대한 평가가 법률에 의한 강제적 평가의 경우 평가성 사정을 통하여 평가할 것인지를 결정할 수는 없다. 강제적 의무적 평가에서 평가성 사정은 평가를 어떻게 할 것인지에 초점을 두게 된다.

평가성 사정은 다음과 같은 목적으로 수행된다(Voorihis & Brown, 1996).

- 바람직하지 않은 평가를 억제함으로써 기관의 자원 절감
- 프로그램 목적과 목표의 명확화
- 목표에 대한 이해관계자 간의 불일치 진단과 담당자, 자금 제공자들 간의 서로 다른 목표 추구 활동을 방지
- 프로그램 목적과 목표 달성 가능성을 사정하여 가장 높은 순위의 목표를 결정
- 프로그램 우선순위의 확인, 즉 어떤 목표가 가장 중요한가?
- 프로그램의 강점과 약점의 진단
- 프로그램 구성요소 간의 논리적 일관성 조사
- 프로그램이 관련 분야의 지식에 어느 정도 적합하게 설계되었는가에 대한 사정

- 성과평가가 가능한 경우에 평가를 확대할 것에 대해 권고안을 작성하고, 평가 여부를 결정
- 이해관계자가 요구하는 정보를 결정하고, 이를 바탕으로 이해관계자들이 요구하는 정보를 제공하기 위해 평가를 요구
- 학습조직 촉진

3) 평가성 사정의 주요 평가질문

평가성 사정에서 평가하게 되는 평가질문은 바람직한 평가 기준이 질문 내용을 구성하게 된다. 대표적인 평가성 사정의 질문에는 다음과 같은 것이 있다(UNEG, 2016; Public Health England, 2018; UNDP, 2021).

- 개입이 개발이나 집행 단계에 있지 않은가? 정부개입이 개발 단계나 실행 단계에 있으면 평가가 의미가 없다.
- 평가의 결과가 정책이나 시책에 변화를 가져올 가능성이 있는가? 평가결과에 의해 정부개입에 변화를 가져올 가능성이 없으면 평가할 의미가 없다.
- 개입의 영향이 얼마나 널리 그리고 크게 퍼질 가능성이 있는가? 정부개입이 많은 국민에게 상당한 영향을 미칠 가능성이 있는 경우, 평가의 필요성이 커지게 된다.
- 평가로 발견할 것이 기존의 증거 자료에 추가될 수 있는가? 평가로 정부개입에 대하여 새로운 증거를 발견할 가능성이 없으면 평가의 필요성은 줄어들게 된다.
- 평가가 주어진 시간과 자원으로 의미 있게 진행될 수 있을 것인가? 평가예산, 시간 및 평가를 위한 데이터가 충분하게 확보할 수 없다면 평가의 효용성은 줄어든다.
- 평가와 관련하여 정치적, 사회적, 경제적 요인이 계획대로 평가를 시행하도록 하는가? 평가환경을 검토하여 평가에 우호적이지 않으면 평가 실효성은 떨어진다.
- 평가 대상이 되는 정책이나 프로그램의 목표가 명확하고, 대상과 관련된 변화이론이나 논리모형 등에 대한 공통의 이해가 있는가? 정부개입 활동을 명확하게 이해할 수 없으면 평가가 어렵게 된다.

4) 평가성 사정의 과정

평가성 사정의 과정은 다음과 같이 7단계로 살펴볼 수 있다(Public Health Ontario, 2018).

(1) 평가성 사정을 위한 계획

평가성 사정을 위해서는 사정을 위한 작업단을 구성하고, 평가성 사정을 위한 일정과 자원 등에 대한 계획을 수립하여야 한다. 작업단은 계획 수립을 위해 평가 대상 프로그램, 평가 사용자와 사용자 요구사항을 확인하여야 한다. 이를 위해 프로젝트 관리, 주요 정보 제공자 인터뷰 및 관련 문서 등을 활용하여 진행한다.

(2) 프로그램 모델의 개발과 명확화

이 단계는 프로그램에 대한 이해관계자의 가정, 프로그램의 맥락을 포함하여 프로그램을 심층적으로 이해하는 단계로, 프로그램의 목적, 목표, 활동에 대한 합의 등이 이루어져야 한다. 이는 관련 문서 검토, 인터뷰 및 이해관계자 소규모 토론, 논리모형 또는 변화이론 개발, 성과지표 확인 등을 통하여 이루어진다.

(3) 프로그램 모델 확정

이 단계에서는 앞 단계에서 검토한 프로그램 모델이 실제 프로그램의 운영과 일치되는지를 확인하는 것이다. 이는 현장 방문, 관찰, 관리 데이터 검토, 프로그램 집행 직원 및 대상집단과의 인터뷰 등의 방법을 통하여 이루어질 수 있다.

(4) 프로그램 모델이 현실적인지를 결정

이 단계에서는 프로그램 활동과 가용 자원이 프로그램이 의도한 목표와 연계하여 달성할 가능성이 있는지를 평가하는 것이다. 이는 현장방문 및 관찰, 문헌 검토, 전문가와 인터뷰 등을 통하여 이루어질 수 있다.

(5) 평가성 사정

이 단계에서는 프로그램의 어떠한 요소와 성과목표를 평가할 수 있는지를 결정하여 프로그램 평가계획을 수립하게 된다. 이를 위해 사용 가능한 데이터 소스 검토, 문헌 검토, 전문가와 인터뷰 등이 필요하다.

(6) 사정 결과 요약 및 권고안 작성과 보고

이 단계는 평가성 사정 결과를 요약하고, 프로그램과 평가에 대한 권고안을 작성하여 이해관계자에게 전달하는 과정이다. 이를 위해 관련자와 회의, 보고 등이 요구된다.

(7) 평가성 사정 결과의 활용

이 단계에서는 평가성 사정 결과를 바탕으로 프로그램 및 평가설계의 변경 등을 통하여 프로그램과 평가의 효과성을 제고하는 단계이다. 이를 위해 관계자 회의, 평가 우선순위 조정, 평가계획의 수정 등이 요구된다.

5) 평가성 사정의 장단점

(1) 장점

평가성 사정을 정당화하는 가장 일반적인 논리는 영향 사정, 프로그램 개발과 형성평가에 대한 준비라는 차원에서 찾을 수 있다(Trevisan, 2007). 성공적인 평가성 사정은 적절하고 현실성 있는 성과, 안정된 프로그램 집행과 실행 가능한 평가를 할 수 있도록 한다. 이 밖에 평가성 사정은 다음과 같은 장점을 가진다(Smith, 1989; Wholey, 1979).

- 프로그램에 대한 이해 증진(프로그램 목적과 목표 확인, 이해관계자 간의 목적 차이 확인, 프로그램 우선순위 확인 등)
- 프로그램 실패와 평가 실패를 구별할 수 있도록 함
- 프로그램의 장기적 결과를 정확하게 예측
- 이해관계자의 프로그램에 대한 관심의 증대
- 프로그램 성과의 개선
- 담당자의 프로그램 개발과 평가 기술의 개선
- 프로그램의 가시성(visibility)과 책무성의 증진
- 관리적 차원에서 프로그램에 대한 명확한 이해
- 지속적인 지원 확보

(2) 단점

평가성 사정은 평가의 목적 및 성과 기준이 명확하지 않거나 합의되지 않은 경우, 정책 및 프로그램이 자원이나 활동의 차원에서 비현실적인 경우, 평가를 위한 정보 수집이 어렵거나 불가능한 경우, 정책이 정치적으로 결정된 경우 등에는 이용이 제한된다. 평가성 사정을 수행할 때 두 가지의 이슈가 발생할 수 있다. 하나는 이상적인 평가성 사정팀은 이해관계자, 집행자, 관리자로 구성해 프로그램과 관련된 사람들의 대표성을 확보해야 하는데, 그러하지 않은 경우 평가성 사정의 성실성이 침해되고 운영 비용이 많이 들 수 있다. 다른 하나는 평가성 사정은 많은 시간이 필요하고, 일정상의 갈등, 핵심적인 이해관계자의 적극적 참여 확보의 어려움과 프로그램 문서 확보의 어려움 등이 발생할 수 있다.

6) 평가성 사정의 사례

정부업무평가 기본법에 의해 법의 직접 적용을 받지 않는 개별평가의 경우 정부업무평가위원회와 미리 협의하여 평가할 수 있다(동법 제3조 제3항). 이를 광의로 해석하면 중앙부처의 개별평가 활동에 대하여 정부업무평가위원회가 평가성 사정을 할 수 있다는 것으로 이해된다. 이는 평가가 법률에 규정된 것이기 때문에 평가 여부를 판단할 수는 없고, 평가의 효율성을 개선하기 위한 것으로 이해할 수 있다. 그러나 이 활동은 현재 활성화되어 있지는 않다. 그러나 정부개입 활동에서 평가를 위해 평가 방법, 지표 등을 사전에 개발하기 위한 활동을 많이 하고 있다. 이는 평가를 전제로 좀 더 합리적 평가를 위한 평가성 사정 활동으로 볼 수 있다.

사례

평가성 사정의 예

- 김갑순(2020). 『2020년도 교육부 소관 기타공공기관 경영실적 평가지표 개발』. 교육부.
- 이윤식(2016). 『지자체 민원서비스 종합평가 지표개발 연구』. 한국정책학회.
- 김경희 외(2016). 『중앙행정기관의 성인지 정책 평가지표 개발 연구』. 여성가족부.
- 한국문화관광연구원(2018). 『문화 다양성 정책 평가지표 개발 및 시범평가 연구』. 문화체육관광부.

2. 욕구사정

1) 의의

정책은 공공문제와 관련하여 현재의 상태를 바람직한 상태로 변화시키는 활동이다. 이 현재의 상태와 바람직한 상태의 차이를 정책 욕구(needs)라 한다. 욕구는 있는 것과 있어야 할 것 간의 차이를 말한다. 예로, 성인의 비타민 C 일일 권장량을 100mg으로 식품의약품안전처가 제시하고 있는데, 특정 지역 성인 섭취량이 80mg이라면 20mg이 불일치된다. 욕구사정은 해당 욕구 충족을 목적으로 하는 정책, 프로그램 및 서비스에 정보를 제공하기 위해 정책 대상집단의 요구를 확인하고 우선순위를 설정하는 체계적인 과정이다. 욕구사정은 욕구평가, 욕구진단, 정책 수요 파악이라는 이름으로 널리 활용되고 있고, 최근에 증거를 기반으로 한 정책에서 그 필요성이 더욱 커지고 있다. 욕구사정은 정책이나 프로그램을 입안할 때 공식 및 비공식적으로 다양하게 이루어진다.

사전적으로 욕구는 무엇을 얻거나 무슨 일을 하고자 바라는 것으로 정책에서는 개인의 삶의 질을 높이기 위해 정책 대상집단이 생각하는 수준을 의미한다. 욕구는 개인에 따라서 다른 주관적이고 가치판단적인 속성을 가진다. 욕구는 그 기준을 무엇으로 하는가에 따라서 로스(Roth, 1990)는 다음과 같이 다섯 가지 차원의 불일치로 살펴볼 수 있다고 한다.

- **이상적 수준과 실제와 불일치:** 관련 분야에서 가장 이상적 상태를 기준으로 실제와 불일치로 사회 서비스 정책에서는 거의 논의되지는 않는다.
- **규범적 수준과 실제와의 불일치:** 의식주 등과 같이 인간다운 삶을 영유하는 데 필요한 것, 예로 깨끗한 물, 성인 일일 칼로리 섭취량과 같은 기준과 불일치를 의미한다.
- **최소 수준과 실제와의 불일치:** 정부가 최저임금제를 시행할 경우 최저임금과 실제임금과 불일치가 이에 해당한다.
- **원하는 상태와 실제와의 불일치:** 정책 대상집단이 만족하는 수준과 실제와의 불일치로 사이먼(H. A. Simon)의 만족모형에 의한 의사결정의 기준이 불일치 결정 기준이 된다.
- **예상 상태와 실제와의 불일치:** 정책 대상 예상집단과 실제 수혜 규모와 불일치로

주로 자기의 노력이나 상황과 비교하여 예상하게 된다.

한편 정책에서 욕구는 정책결정자 입장에서 정책 대상집단이 필요하다고 생각하는 관점에서 정의되는 규범적 욕구(normative needs)와 정책 대상집단들이 필요하다고 생각하는 욕구인 요구하는 욕구(felt needs)로 구분할 수 있다(Rubin, 2020). 브래드쇼(Bradshaw, 1972)는 〈표 2-9〉와 같이 네 개의 차원으로 욕구를 개념화하고 있다. 욕구사정에서 어떠한 기준을 사용하는 것이 바람직한지는 정책 주제 및 정책결정자의

표 2-9 욕구의 개념화

욕구	정의	예	강점과 한계
규범적 욕구	규범적 욕구는 승인된 표준, 연구 또는 전문가의 의견에 따라 측정할 수 있다.	건강한 아기의 출생 시 몸무게에는 허용 범위가 있다. 이 범위 밖으로 태어난 아이가 많다면, 이것은 공동체 욕구의 영역이다.	욕구에 대한 규범적 정의는 절대적인 것이 아니며, 욕구는 새로운 지식이나 사회적 기대치의 변화 등을 통해 시간이 지남에 따라 변할 수 있다.
인지한 욕구	인지한 욕구는 사람들이 필요하다고 느끼는 것이고, 종종 결핍과 동일시된다.	인지된 욕구는, 특히 공동체 개발 계획 또는 공동체 참여도가 높은 프로젝트에서 중요하다.	인지한 욕구는 주관적이고, 개인의 의식이 욕구 인지를 제한한다. 사람들은 궁핍하거나 결핍된 것으로 보여지기를 원하지 않을 수 있고, 이용할 수 있고 얻을 수 있는 것에 대한 지식을 제한적으로 가지고 있을 수도 있다.
표현된 욕구	표현된 욕구는 사람들의 행동으로 보여주는 요구이다.	은행에 금융상담을 받고자 하는 대기자들이 많아졌다면 이는 대출에 대한 공동체의 욕구가 커졌다고 판단할 수 있다.	인간의 행동은 요구로만 행동하는 것이 아니기 때문에 행동으로 나타난 것만으로 요구를 판단하는 데는 어려움이 있다.
상대적 욕구	상대적 욕구는 모집단의 데이터를 조사하고 모집단 데이터를 서비스 가용성 및 서비스 접근성에 대한 데이터와 비교하여 욕구를 파악한다.	장애인의 수에 대한 데이터와 장애인을 대상으로 한 서비스 수에 대한 데이터를 비교한다. 상이한 영역 간의 데이터도 비교할 수 있다. 예를 들어, 아동학대 및 방치 위험이 있는 것으로 간주되는 가족의 특성을 정의한 다음, 서비스를 통해 해결하지 못하는 가족의 수에 대한 데이터를 수집할 수 있다.	서비스의 존재 또는 서비스에 접근 가능하다는 이유만으로 욕구가 충족되는 것은 아니다.

출처: Bradshaw(1972).

가치판단에 의하게 된다. 많은 사회적 욕구는 형평성과 같은 상대적 성격을 가지기 때문에 정치적으로 결정하게 된다. 욕구사정에서 욕구를 어떻게 정의하는 것이 바람직한지에 대한 기준은 없지만, 정책의 적실성을 확보하기 위해 만족스러운 상태에서 불일치를 사회적 맥락에서 찾는 것이 필요할 것이다.

2) 욕구사정의 필요성

정책과정에서 욕구사정은 정책의 효과성과 능률성을 제고하기 위한 가장 중요한 과정이다. 욕구사정은 프로그램 및 정부개입 활동의 품질을 개선하기 위한 활동이다. 정책 대상집단의 욕구를 이해하지 못하면 프로그램을 적절하게 설계할 수 없고, 프로그램 목표를 적실성 있게 개발할 수 없게 된다. 목표가 명확하지 않으면 정책문제를 해결할 수 없고, 프로그램이 원하는 것을 달성할 수 없다. 또한 프로그램과 프로그램의 맥락을 명확하게 하지 못하면 프로그램의 효율성을 확보할 수 없게 된다(Linfield & Posavac, 2018). 정확한 욕구사정 없이 정책을 형성하고 집행한다면 때로 불필요한 정책을 시행하여 낭비를 가져올 수 있다. 정책 욕구사정은 정책문제를 잘못 인지해서 발생하는 메타오류 또는 3종 오류를 극복하는 데 필요하다.

욕구사정은 정책과정에서 다음과 같은 이점을 제공한다(Smart, 2019).

- 욕구사정은 정책의 적실성, 신뢰성과 적절성을 확보하도록 하여 프로그램, 정책 및 서비스의 질과 효과성에 기여한다.
- 욕구사정은 정책의 욕구에 대한 근거를 제공하기 때문에 증거에 기반한 정책에 있어 중요한 구성요소이다.
- 욕구사정은 반응이 낮은 서비스, 정책 및 프로그램에 대하여 좀 더 예방적인 개입을 촉진한다.
- 욕구사정은 서비스와 프로그램을 정확하고 체계적으로 수집된 정보를 기반으로 운영할 수 있도록 한다.
- 욕구사정 과정은 이해관계자 간에 관계를 구축하여 프로그램 활동을 지원할 수 있도록 한다.
- 욕구사정은 커뮤니티 욕구에 대한 이해를 확보하고, 이러한 욕구가 프로그램을 통하여 충족되었는지를 평가할 수 있도록 하여 평가를 지원할 수 있다.

- 커뮤니티 구성원이 욕구사정 프로세스를 통해 자신의 욕구를 정의하도록 하면 시민 권한부여에 기여할 수 있다.

3) 욕구사정의 평가질문

정책 욕구사정은 사회적 조건과 정책 및 프로그램의 필요성을 확인하는 과정이다. 욕구사정의 평가질문은 정부개입을 통하여 해결하고자 하는 문제를 확인하는 것을 목적으로 한다. 욕구사정에서는 문제의 중요성, 우선순위, 욕구의 정도 등이 다루어진다. 욕구사정의 대표적인 평가질문으로는 다음과 같은 것이 있다.

- 정책 대상집단은 어떠한 특성이 있는가?
- 그들이 필요로 하는 욕구와 서비스는 무엇인가?
- 그러한 서비스를 어떻게 제공할 수 있는가?

4) 욕구사정 방법

욕구사정을 위해서는 정책 대상집단을 명확하게 선별하고, 충족하고자 하는 욕구의 수준을 정의하여야 할 것이다. 그리고 다양한 욕구 가운데 욕구의 우선순위 및 서비스 전달 방법 등의 조사가 함께 이루어져야 한다. 욕구사정을 어떤 하나의 정보원을 바탕으로 사정하기보다는 다양한 정보원을 활용할 필요가 있다. 정책 수요조사로 욕구사정에 활용할 수 있는 방법으로는 다음과 같은 것이 있다(Linfield & Posavac, 2018).

(1) 사회조사 방법

주로 여론조사 등의 설문지 방법에 의한 사회조사 방법은 가장 널리 활용되고 있는 방법이다. 사회조사 방법은 정책 대상집단에 대한 직접적 수요조사로 대상자의 욕구와 관련된 다양한 의견과 정보를 수집할 수 있다. 그러나 다른 조사와 같이 설문조사의 경우 표본추출의 대표성을 확보하는 것이 매우 어렵고 중요하다.

(2) 사회지표 활용

사회지표는 사회의 주요 국면의 상태를 나타내는 지표로 경제지표와는 달리 사회복지 수준을 나타낸다. 사회지표는 사회 발전 정도를 평가하는 직접적인 기준으로 사회 발전 상태, 특히 복지 수준을 나타내는 규범적 총체로서 경제 · 사회 · 환경 및 생활의 질(quality of life) 등을 포괄하는 지표이다. 사회지표는 경제지표와 달리 양적 측면 이외에 질적 차원까지도 측정한다. 우리의 경우 사회지표는 통계청의 국가통계포털(KOSIS)에서 종합 관리하고 있다. 욕구사정으로 사회지표는 신체적 증상과 같은 것으로, 그 원인과 사회문제를 해결하기 위해서 무엇을 해야 하는지를 보여주지는 못하기 때문에 사회지표만으로 사회서비스 정책의 욕구를 사정할 수 없다. 그러나 문제가 존재하고 가장 시급한 곳이 어떠한 곳인지 등에 대한 정보를 알려 준다.

(3) 포커스 그룹 면접

정책문제와 관련된 다양한 이해관계자로 구성된 포커스 그룹 면접은 질적 연구의 한 방법으로 정책 대상자 및 주요 이해관계자를 대상으로 구조화된 면접이나 비구조화된 면접을 통하여 정책 수요를 파악하는 방법이다. 포커스 그룹 면접은 개별면접보다는 동종집단의 의견을 심층적으로 파악할 수 있는 장점이 있다. 이외에 실제 상황을 포착할 수 있고, 융통성, 빠른 결과, 비용 등의 측면에서 장점을 가진다. 그러나 선발된 사람의 대표성 문제, 진행자에 따른 차이, 집단 간 차이 분석의 어려움과 같은 한계가 있다.

(4) 전문정보 제공자

관련 분야의 정책 대상집단과 가장 밀접하게 접촉하는 사람들로부터 욕구사정에 필요한 정보를 얻는 방법이다. 예로, 지역사회의 건강문제에 대하여는 지역 의사, 보건소 관리자, 학교 간호사 및 사회복지사와 같은 관련 분야의 전문가나 서비스 제공자로부터 지역주민의 건강과 관련된 정보를 얻을 수 있다. 정보를 얻는 방법은 설문조사나 직접 인터뷰를 하는 방법 등을 사용하게 된다. 이들은 정책 대상집단과 가장 밀접하게 접촉하는 사람들로 전문적인 차원에서 욕구를 사정할 수 있다. 그러나 관련 분야의 전문가들은 종종 정책 수요를 과대평가하는 가용성 편향을 가진다(Posavac, Sanbonmatsu, & Ho, 2002).

(5) 공공 포럼

공청회 등의 공공 포럼은 특정한 사업을 추진할 때 법적으로 의무화하기도 한다.

예로, '간척지의 농어업적 이용 및 관리에 관한 법률'에 의하면 농림축산식품부장관은 간척지활용사업구역을 지정하는 경우에는 대통령령으로 정하는 바에 따라 미리 간척지활용사업계획안을 작성하여 30일 이상 공고하고, 공청회를 열어 해당 지역주민의 의견을 들어야 한다고 하고 있다(동법 제9조). 공공 포럼에 의한 욕구사정은 모든 사람이 무제한으로 참여할 수 있고, 비용이 저렴하고 종종 좋은 아이디어를 얻을 수 있는 장점이 있다. 그러나 참여자가 정책 대상자의 대표성을 확보하는 것이 어렵다는 문제를 가진다.

5) 사례

욕구사정의 사례는 정부 및 공공기관에서 정책 수요조사라는 이름으로 다양하게 이루어지고 있다. 정책 수요조사 등의 욕구사정은 정부업무평가에서 계획 부문의 평가지표로 활용되기도 한다.

사례

정책 욕구사정의 사례

① 박세경 외(2019). 『2019년 사회서비스 수요 · 공급 실태조사』. 한국보건사회연구원.
성인돌봄, 아동돌봄, 건강, 고용 및 취업, 사회참여, 문화 및 여가, 주거 및 환경 8개 분야의 사회 서비스 이용 실태뿐만 아니라 잠재된 다양한 욕구와 앞으로 이용 의향을 조사하고 있다.

② 여성정책연구원(2016). 여성가족부 주요 정책 수요조사. 『KWDI Brief』, No. 41.
전국 20세 이상 65세 이하 성인 남녀를 대상으로 여성가족부에서 실시 중인 주요 정책을 대상으로 정책에 대한 인지도 및 평가, 중요도 등을 분석하고 있다.

③ 배귀희 · 김권식 · 이광훈(2016). 진입규제의 제3종 오류 분석: 항만용역업 등록규제 사례를 중심으로, 『분쟁해결연구』, 14(2): 137-157.
이 연구에서는 정확한 욕구조사가 없이 규제문제 정의를 잘못해서 불필요한 규제에 의한 파생적 외부효과를 가져왔다고 분석하고 있다.

3. 사전평가

1) 의의

사전평가(ex ante evaluation)는 프로그램을 집행하기 이전에 하는 평가를 의미한다. 사전평가는 새로운 활동을 결정하거나 기존 활동을 수정하고자 할 경우에 준비활동을 지원하는 과정이다. 사정(appraisal), 실행 가능성 연구(feasibility study), 욕구평가(needs assessment) 등이 사전평가의 속성을 가지는 평가들이다. 사전평가는 어떠한 대안이 사업이 추구하는 목표를 극대화할 수 있는지를 식별하기 위하여 수행하는 광범위한 사업 초기 및 준비 단계의 평가이다. 사전평가는 프로그램의 대상집단, 목표, 전달 메커니즘과 이에 따른 후속 방법들을 분석하고 확인함으로써 신규 프로그램의 계획이나 기존 프로그램의 수정활동을 지원하는 데 사용된다. 그리고 사전평가는 기대하는 결과나 영향을 확보하는 데 필요한 자금과 자원의 수준이 적절한지를 평가하기도 한다.

2) 사전평가의 목적

사전평가의 주요 목적은 정책, 프로그램을 추진할 것인지 말 것인지를 판단하기 위한 것보다는 정책이나 프로그램을 어떻게 수행해야 하고, 설정한 목표를 달성하기 위해 어떻게 관리되어야 하며, 바람직한 영향을 달성할 수 있는 적정한 비용은 어느 정도인지에 대한 정보를 얻는 데 있다. 이에 많은 국가가 사전평가 결과를 예산 요구자료로 첨부하도록 제도화하고 있다. 사전평가는 사업 목표 달성을 위한 최적의 대안을 식별하고, 효율적으로 목표를 달성할 수 있는 대안을 선정하기 위한 예측 정보를 제공하기도 한다.

이러한 사전평가의 주요 기능을 보면 다음과 같은 것들이 있다(DeGEval, 2008).

- 프로그램 시작 상황의 결정 또는 문제 상황 사정
- 측정이나 제도 수립의 정당성 확보
- 목표, 대상집단과 목푯값 또는 사명 등의 결정에 대한 권고안 제공
- 프로그램 도구와 도구의 활용, 조직 구조와 집행과정 등에 대한 권고안 제공
- 평가성 사정에 대한 보완으로 목표 달성을 어떻게 이룰 것인가? 필요한 데이터

를 어떻게 확보할 것인가?에 대한 정보 제공

- 프로그램의 부작용 평가

3) 사전평가의 평가질문

사전평가는 사업 담당부서가 평가 담당부서나 외부의 지원을 받아서 실시하게 된다. 사전평가에서 알고자 하는 평가질문은 다음과 같은 것이 있다(DG BUDGET, 2004, 감사원 평가연구원, 2006a).

- 공공개입의 근거는 무엇인가?
- 공공개입으로 의도하는 효과는 무엇이고 그것은 적실성이 있는가?
- 어떻게 개입이 목표 달성을 가져오고, 목표 달성 정도를 어떻게 평가할 것인가?
- 가장 적절한 전달 메커니즘은 무엇인가?
- 개입이 어떠한 부가가치를 창출할 수 있는가?
- 개입은 어느 정도의 비용-편익이 있을 것인가?
- 어떻게 개입의 집행을 모니터링하고 평가할 것인가?

4) 사례

(1) 사업자나 사업 선정평가

선정평가는 정부의 주요 개입활동과 관련된 주요 사업자 선정이나 연구과제를 선정하기 위해서 이루어지는 평가로 대부분 제출된 계획서를 검토 · 사정하여 지원 여부를 결정한다. 선정평가는 평가기관이 사전에 제시한 평가 항목과 배점을 기준으로 평가한다. 오늘날 국가 및 지방자치단체의 각종 보조금의 사업자 선정은 사업 시행 전에 선정평가 과정을 거쳐서 사업자 및 지원금액을 결정하게 된다. 선정평가에서는 지정사업 및 과제의 부합성, 신청 자격, 계획서, 현장 실사 등의 방법으로 적격심사를 하게 된다. 예로, 한국연구재단의 각종 사업자 선정, 산업단지 조성에 대한 심의 등이 이에 해당한다(조강주 외, 2019). 이외에 공항에서 이루어지는 출입국 심사, 다문화 가정 한국어 프로그램에서 사전 한국어 실력을 평가하여 수준별로 교육하는 것, 기초생활수급자 선정에서 지원 자격을 조사하는 것 등도 광의의 사전평가에 포함된다.

(2) 예비타당성 조사

예비타당성 조사제도는 '국가재정법' 제38조에 의해 제도화된 평가이다. 이는 대규모 개발사업에 대해 개략적인 조사를 통해 경제성 분석, 투자 우선순위, 적정 투자 시기, 재원 조달 방법 등 타당성을 검증함으로써 대형 신규사업의 신중한 착수와 재정투자의 효율성을 높이기 위한 제도다. 1999년부터 도입되었으며 총사업비 500억원 이상 공공건설사업은 예비타당성 조사를 통해 타당성이 검증된 경우에 예산에 반영하여 사업을 추진하도록 하고 있다. 현재 예비타당성 조사의 주관기관은 한국개발연구원(KDI) 공공투자관리센터와 한국조세재정연구원, 국가연구개발사업은 한국과학기술기획평가원에서 수행한다.

(3) 규제영향분석

'행정규제기본법' 제7조에 의해 제도화된 것으로 행정규제를 신설 또는 강화하는 경우 규제영향분석을 하도록 하고 있다. 이때 규제라 함은 국가 또는 지방자치단체가 특정한 행정 목적을 실현하기 위해 국민의 권리를 제한하거나 의무를 부과하는 것으로서, 법령 또는 조례·규칙에 규정되는 사항을 말한다. 규제영향분석은 각 부처에서 작성한 것을 한국개발연구원(KDI) 규제연구센터에서 규제영향분석서를 검토하고 있다.

(4) 성별영향분석

'성별영향분석평가법'에 의해 국가 및 지방자치단체가 소관 정책을 수립·시행하는 과정에서 당해 정책이 여성의 권익과 사회 참여 등에 미칠 영향을 미리 분석·평가하도록 하는 제도다. 성별영향분석의 주요 평가지표는 정책기획 및 입안 단계에서 정부의 양성평등 시책 방향 고려 여부, 성별 수혜도 등 성별 분리 통계의 생산 혹은 사용, 집행 단계에서 공공 재화 또는 서비스의 균등한 전달, 정책집행 후 단계에서 성별에 따른 정책 만족도 차이, 성 역할 고정 관념 해소에 미치는 영향, 성별 격차 해소를 위한 대안(예산 투입 등) 마련 등이 있다. 성별영향분석은 중앙행정기관과 지방자치단체가 작성하고 여성가족부가 종합 검토한다.

(5) 부패영향평가

'부패방지 및 국민권익위원회의 설치와 운영에 관한 법률'에 의해 제도화된 것으로 법령 · 제도의 시행과정에서 부패 개연성이 높은 요인을 분석하고, 이에 대한 제거 대책을 강구하는 제도적 장치로서, 부패문제를 개인적 차원이 아닌 제도와 시스템 차원에서 해결하고자 하는 제도다. 이에서는 재량의 적정성, 준수의 용이성, 행정 절차의 투명성 등을 평가하게 된다. 부패영향평가의 소관 부처는 국민권익위원회이다.

(6) 환경영향평가

'환경정책기본법' 제28조와 '환경영향평가법'에 의해 제도화된 것으로 환경에 영향을 미치는 개발 사업을 시행할 때 해당 사업이 환경에 미칠 영향을 미리 평가 · 검토하여, 환경에 미치는 해로운 영향을 최소화하기 위한 저감 방안 등을 마련하기 위해 환경영향평가를 하도록 하고 있다. '환경영향평가법'에서는 환경영향평가는 전략환경영향평가, 환경영향평가, 소규모 환경영향평가의 세 가지 제도를 운용하고 있다. 환경영향평가의 주관기관은 한국환경연구원이 담당하고 있다.

(7) 교통영향평가

'도시교통정비촉진법'으로 제도화된 교통영향평가란 해당 사업의 시행에 따라 발생하는 교통량 · 교통 흐름의 변화 및 교통안전에 미치는 영향을 조사 · 예측 · 평가하고, 그와 관련된 각종 문제점을 최소화할 방안을 마련하는 행위를 말한다. 교통영향평가의 소관 부처는 국토교통부이고, 사업자가 평가하고 한국교통연구원 등이 교통영향평가서를 심의한다.

(8) 재해영향평가

자연재해의 예방 · 복구 및 그 밖의 대책에 관해 필요한 사항을 규정하고 있는 '자연재해대책법'에 의해 제도화된 재해영향평가란 자연재해에 영향을 미치는 개발사업으로 인한 재해 유발 요인을 조사 · 예측 · 평가하고 이에 대한 대책을 마련하는 것을 말한다. 재해영향평가의 주관부처는 행정안전부이다.

4. 형성평가/과정평가

1) 의의

형성평가(formative evaluation) 또는 과정평가는 프로그램을 운영하는 과정이나 종료 이후에 프로그램의 목표, 내용, 방법 등을 개선하기 위해서 이루어지는 평가이다.[4] 이상적인 과정평가는 프로그램이 처음 의도했던 효과, 무효과, 역효과, 그리고 긍정적 부정적인 부수 효과까지 결과를 추적하는 과정이다(Vedung, 1997). 즉, 과정평가는 이들 결과에 초점을 두면서 집행이 결과지향적으로 이루어지고 있는가? 그렇지 않으면 그 원인은 무엇인가를 밝히고자 한다. 이에 과정평가는 진단적 성격을 많이 가진다.

전통적인 합리모형에 의한 정책이론에서는 합리적으로 만들어진 정책은 계획대로 집행하면 계획한 결과를 가져온다고 생각하여 과정에 관심을 두지 않았다. 반면에, 현대적 정책이론 및 집행이론에 의하면 정책은 처음 계획한 것과 실제 나타나는 결과 간에는 다양한 변수에 의하여 달라질 수 있다고 본다. 정책 환경의 변화, 정책이 기반을 두는 프로그램 이론의 불명확성, 집행과 관련된 집행자의 능력, 조직의 구조, 재원의 변화, 정책 대상집단의 변화 등 다양한 요인에 의하여 계획한 목표와 실제 목표 간에 차이를 가져온다. 과정평가는 이들 변화를 고려하여 집행의 효율성과 효과성을 제고하기 위해서 필요한 정보를 창출하는 데 목적을 둔다(Vedung, 1997).

2) 과정평가의 평가질문

과정평가에서 가장 기초가 되는 핵심 평가질문은 정부의 개입 또는 프로그램이 제대로 작동하고 있는가, 아니면 작동하고 있지 않은가, 그 이유는 무엇인가?이다. 이 질문을 통하여 운영과정의 효율성과 능률성을 개선하고, 프로그램의 운영 메커니즘이 목표 달성에 이바지하는지와 그 이유에 대한 정보를 제공한다. 그리고 개입활동, 산출물 및 결과, 자원 사용 및 인과관계를 살펴보게 된다. 과정평가의 구체적 평가질문을 보면 다음과 같다.

- 개입이 의도한 대로 잘 작동하게 하는 방법은 무엇인가?

---

4) 형성평가에 대한 설명과 총괄평가와의 비교는 제1장 제3절의 4를 참고할 것.

- 개입을 위한 계획이 실제로 어떻게 작동하는가?
- 개입을 집행하는 기관에 따라서 집행의 효과가 다른가? 그 이유는?
- 개입의 실행 방법에 영향을 주는 요인은 무엇인가?
- 개입에 따른 비용은 얼마인가?
- 개입활동의 강점과 약점에 대하여 직원, 고객, 전문가들은 어떻게 생각하는가?
- 개입활동을 어떻게 강화하고 확대하고 다른 곳에 적용할 수 있는가?

3) 과정평가 방법

과정평가는 프로그램을 집행한 뒤에 언제나 할 수 있다. 과정평가는 독자적으로 할 수도 있고, 총괄평가와 함께하여 인과관계를 밝히는 데 사용될 수도 있다. 프로그램 과정평가에 주로 사용되는 평가 기준은 프로그램 활동의 적실성, 효과성, 효율성 및 지속가능성이다. 과정평가는 평가 대상의 맥락에 초점을 맞추어 진행되고, 평가 위탁자나 사용자와의 상호관계 속에서 평가가 이루어진다. 방법론적으로 과정평가는 이해관계자 인터뷰, 문헌분석, 예산과 지출 자료 검토, 현장 방문, 모니터링 결과 보고서, 현장 관찰과 같은 정성적인 자료 이외에 설문조사, 통계 자료 등의 정량적 분석도 함께 사용될 수 있다. 많은 경우 사례연구들은 과정평가를 중심으로 논의된다. 과정평가는 기존의 모니터링 등의 자료를 활용하여 신속하게 할 수도 있고, 심층적으로 인과관계를 분석하여 평가할 수도 있다.

4) 사례

과정평가의 사례는 혼합평가를 하는 정부업무평가에서 효과성과 영향평가를 제외한 평가 영역이 대부분 과정평가와 관련되어 있다. 예로, 특정평가의 주요 정책평가에서 이행노력 항목에 대한 평가지표로 과제 이행을 위한 투입노력, 절차 · 시한 준수, 기관장 노력, 분기 점검결과, 입법노력, 갈등관리 등을 평가하는 이행노력 평가, 정책소통 부문의 평가는 과정평가에 해당한다(국무조정실, 2022b). 〈표 2-10〉은 교육부의 주요 업무에 대한 평가지표이다. 이 가운데 계획 수립의 적절성과 집행과정의 충실성은 과정평가에 해당한다. 이외에 정책에 대한 사례연구는 대부분 과정평가를 중심으로 이루어지고 있다(한국행정연구원, 2016: 한국정책학회, 2014: 한국행정학회

신진학자연구회, 2021).

표 2-10 교육부 주요 정책 부문 평가지표 및 배점

평가지표(배점)	평가 기준
계획 수립의 적절성 (10점)	• 관리과제의 국정기조(국정과제, 부처업무계획 등) 또는 전략·성과목표와의 연관성 • 관리과제 설정 시 내부토론, 전문가 의견수렴 반영 정도 • 추진계획의 과제 목표 달성과 관련한 적절성 • 과제 목표 달성을 위한 예산·법령·인력·조직의 적절성 • 기대효과의 적절성
집행과정의 충실성 (20점)	• 과제 추진계획 정상추진 정도 • 미완수 과제에 대한 조치방안의 적절성 • 전년도 자체평가 결과(개선·보완 필요사항) 환류 정도 • 외부 지적(언론, 국회, 감사원 등)에 대한 정책개선 노력 • 과제 추진과정에 국민참여, 의견수렴, 현장소통 정도 • 과제 추진 시 관련 부처·부서와의 협업노력
성과목표 달성도 (30점)	• 성과지표의 관리과제 전체 내용 포괄 정도 • 성과지표의 대국민(또는 정책수혜자) 체감 정도 • 사회적 가치 실현 관련 성과지표(가점+0.5) • 성과지표 목표치의 적극성 • 성과지표 달성 여부 및 정도
정책효과 (40점)	• 관리과제가 의도한 당초 정책효과 발생 정도 • 간접적으로 발생한 부가적인 정책효과 • 장기적으로 기대되는 정책효과 • 과제 추진과정서 발생한 어려움(갈등, 부정언론 등), 대내외적 불리한 여건 극복노력
정책체감도 (+3점)	• 정책체감도 조사를 실시하였는지 여부 • 조사내용이 정책수혜자의 체감 정도를 확인하기에 적절한지 • 정책수혜자의 정책효과 등에 대한 만족도 보통 이상

출처: 교육부(2021). 『2020년 자체평가 결과보고서』(주요 정책 부문).

5. 성과평가

1) 의의

성과평가는 1980년대 이후 신공공관리론(New Public Management: NPM)을 이론적 기반으로 하는 국정관리의 조류를 형성하고 있다. 성과평가의 기본이 되는 성과관리는 2000년 이후 결과지향의 국가 체제를 구축하기 위한 가장 보편적이고 공통적인 방법으로 활용되고 있다(OECD, 2004). 성과관리는 전략적 계획과 조직의 관리 시스템을 연결해 조직의 전략적 임무와 비전에 대한 성과를 확인, 개발, 전달, 수집, 평가, 이용하는 과정이다. 성과관리는 장기적인 전략적 계획과 단기적인 운영계획의 효율적 집행을 위한 관리 도구다. 특히 결과 중심의 성과관리는 투입물이나 산출물이 아니라 활동을 통해 성취된 목적의 달성 정도, 즉 효과 내지는 영향 등 결과 측면을 강조하는 관리 및 운영을 의미한다.

성과관리의 핵심이 되는 성과평가는 프로그램 평가(program evaluation)와는 밀접하게 연결되어 있고, 모두 평가라는 관점에서 두 개념이 혼재되어 사용되고 있다(홍형득, 2019). 그러나 성과평가는 프로그램의 목표 달성 특히 사전에 설정한 목표 달성의 진행과정을 모니터링하고 보고하는 것이다. 성과평가는 전형적으로 프로그램이나 기관의 관리자들에 의해 수행한다. 성과평가는 프로그램의 유형과 수준에 따라서 활동과정, 산출, 결과에 대해 이뤄질 수 있다. 성과측정은 프로그램이 목표를 달성했는지를 사전에 설정한 기준으로 판단한다. 반면에, 프로그램 평가는 프로그램이 얼마나 잘 추진되고 있는가를 평가하기 위해 주기적 또는 임시적으로 수행하는 개별적 체계적인 연구다. 이러한 프로그램 평가는 기관의 관리자뿐만 아니라 외부의 전문가들에 의해서도 수행된다. 프로그램 평가는 성과평가와 달리 의도하지 않은 결과 등을 평가할 수도 있다. 추가적으로 프로그램 평가는 동일한 목표를 달성하기 위해 추진하고 있는 다른 프로그램의 효과를 체계적으로 비교할 수도 있다.

성과평가와 프로그램 평가는 모두 자원 배분, 서비스 전달 및 프로그램의 효과성을 개선하는 것을 목적으로 한다. 그러나 성과평가는 그 속성상 관리에 대한 초기 경고 시스템으로서, 그리고 일반 국민에 대한 책임성을 증진하기 위한 수단으로 사용된다. 프로그램 평가는 프로그램의 성과를 좀 더 심층적으로 조사해 프로그램의 결과를 개선하기 위한 정보를 창출하는 데 더 많은 관심을 가진다. 성과평가의 평가질문은 사전에 설정한 성과목표를 달성하였는가?가 핵심적 질문을 구성한다. 우리의 정부업무평가 기본법에 의한 평가는 성과평가를 기본으로 하는 평가체계이다.

2) 성과평가의 목적과 한계

(1) 목적

성과평가 및 측정은 성과관리 시스템의 하위 시스템으로 국가에 따라서 그 도입의 목적과 접근방법에서 차이를 보이고 있다. 공공 부문에서 전략적 기획을 도입하고 이를 바탕으로 성과관리 및 성과를 측정하는 이유 및 목적을 보면 다음과 같은 것을 들 수 있다(OECD, 1997; PBM SIG, 2001; OECD, 2004).

- 성과평가는 공공조직의 책임성을 확보하기 위한 유용한 수단이 된다. 성과관리는 전략적 목표 달성에 대한 책임을 명확하게 배분하고 평가해 결과에 대한 책임성을 확보할 수 있도록 한다.
- 성과를 측정하는 것은 훌륭한 관리 방법이다. 모든 시스템은 그것이 제대로 작동되도록 일정한 형태의 통제가 요구된다. 성과를 측정하는 것은 바로 이러한 통제의 중요한 수단이 된다.
- 성과를 측정하는 것은 고객에 대한 서비스의 질을 제고시킬 수 있다. 성과측정 활동은 프로그램의 관리자에게 고객의 욕구와 만족의 수준을 알려 주고 어떠한 활동이 질을 개선하고 비용을 감소시킬 수 있는가를 알려 준다.
- 성과측정은 구성원의 자기평가를 위한 수단이 된다. 이에 의해 조직을 학습조직화할 수 있도록 한다.
- 성과관리는 성과와 예산을 연계하는 메커니즘을 제공한다. 성과관리는 처음부터 달성할 목표, 목표 달성에 필요한 자원이 무엇인지를 보여주는 틀을 제공한다.
- 성과측정은 조직의 계획을 모니터하고, 계획이 실패했을 경우에 이를 어떻게 개선할 것인가에 대한 정보를 제공한다.
- 성과관리는 업무 수행에 대한 합리적인 방법을 제시한다. 예산 배분, 작업 배분, 인센티브 배분 등을 주관이 아닌 객관적인 성과계획과 결과를 바탕으로 수행할 수 있도록 한다.
- 성과평가는 조직의 축소, 사업의 축소, 예산 감축 등을 위한 정보를 제공한다.

(2) 한계

성과관리에 의한 성과평가제도는 다음과 같은 한계와 부정적 효과를 가져올 수 있다(이인섭 · 금재덕, 2007).

- **터널 효과**(tunnel vision): 성과의 계량화된 부분만 고려하고 계량화되지 않는 성과를 강조하지 않는 경향이 있을 수 있다.
- **지엽적 목적과 차선추구**(suboptimization): 관리자가 조직 전체 목적보다 협소하고 지엽적 목적만을 강조하는 현상 또는 최선보다는 차선책을 고려하는 현상을

의미한다.

- 근시안적 관리(myopia): 공공 부문의 성과는 대부분 오랜 시간이 지난 뒤에 나타나게 되는데, 성과지표는 조직의 활동으로 인한 단기적인 결과에 치중하여 장기적 정부개입을 등한시할 위험이 있다.
- 특정 성과지표에 고착(measure fixation): 성과지표가 정책 목표의 모든 차원을 포괄하지 못하는 경우, 측정하고자 하는 지표만 집중적으로 추구할 위험이 있다.
- 왜곡된 보고(misrepresentation): 자체평가에서 성과자료를 의도적으로 조작하여 공개 보고함으로써 실제 성과와 다르게 보여줄 위험이 있다.
- 왜곡된 해석(misinterpretation): 성과평가에서 관리자가 제한된 합리성으로 인해 성과자료들을 체계적으로 왜곡하여 수집된 자료들을 해석함으로써 잘못된 정책을 제안하게 만들 위험이 있다.
- 게임(gaming): 성과결과를 바탕으로 인센티브를 제공할 경우 평가결과를 좋게 받기 위해 목표치를 의도적으로 낮게 설정할 위험이 있다.
- 조직 경직화(ossification): 조직 경직화는 성과측정체계가 혁신을 막고 조직의 경직화를 가속하는 것을 의미한다. 즉, 과도하게 엄격한 성과평가체계에 의하여 조직이 마비되는 현상을 의미한다.

3) 성과관리 시스템의 구성요소

OECD의 국가들이 채택하고 있는 성과관리 시스템의 공통적인 구성요소를 보면 전략적 기획(strategic planning), 운영계획(operational plans), 성과측정(performance measurement), 성과정보 공개(reporting)의 네 가지로 구성되어 있다(OECD, 1998). 이와 비슷하게 미국의 GPRA(Government Performance Results Act)에서도 구성요소로 전략적 기획, 성과기획(performance planning), 성과측정 및 성과정보 공개를 제시하였다(박홍윤, 2014). 한편 우리의 성과관리 시스템은 성과관리의 구성요소로 임무, 비전, 전략목표, 성과목표, 성과지표를 제시하고 있다(국무조정실, 2022c).

- 전략적 기획: 성과관리는 기본적으로 전략적 기획이 추구하는 조직의 위임사항, 임무, 비전, 목적을 달성하기 위한 수단이다. 성과관리 시스템은 조직의 전략적 계획의 기본 틀 속에서 작동하게 된다.

- **행동계획**: 성과계획 또는 운영계획으로도 불리는 행동계획은 전략적 계획을 집행하기 위한 수단이며 성과관리의 기초를 구성한다. 행동계획에서는 장기적인 전략목표를 달성하기 위한 구체적인 성과목표가 설정되고 연차별 중간 목표가 제시된다.
- **성과측정**: 성과관리는 성과에 대한 측정을 바탕으로 조직을 관리한다. 성과측정은 행동계획에서 제시한 목표와 실제 달성한 성과 간의 차이를 확인하는 것이다. 이에 따라 사전에 결정한 목표를 어느 정도 달성했는지를 평가하게 된다.
- **성과정보 보고**: 보고는 최고관리자, 상위기관, 고객, 이해관계자에게 조직의 성과를 공개해 책임성을 확보하기 위한 활동이다. 이외에도 인센티브와 연계, 다음 연도 행동계획의 수정 등을 위한 환류 정보 산출을 주요 목적으로 한다.

4) 성과관리 및 성과평가가 성공하기 위한 조건

OECD(1997)에서는 성과관리 시스템이 성공하기 위한 조건으로 다음과 같은 것을 제시한다.

- **리더십**(leadership): 성과관리 시스템이 성공하기 위해서는 강력한 리더십이 없이는 불가능하다. 즉, 성과관리가 성공하려면 성과관리에 헌신하는 리더십이 필요하다.
- **실질적 참여**(commitment): 모든 구성원(특히 리더십의 지위에 있는 사람)이 프로그램에 헌신적으로 참여해야 한다. 프로그램에 대한 참여의 정도가 성과관리 시스템의 성공 정도를 결정한다.
- **포용**(involvement): 성과관리는 포용적이어야지 배타적이어서는 안 된다. 가능한 모든 관련자가 과정에 포함되도록 해야 한다. 특히 이해관계자, 고객 및 직원을 과정의 처음부터 참여하도록 해야 한다.
- **커뮤니케이션**(communication): 커뮤니케이션은 관련된 사람들을 포함시키는 데 필수적인 사항이다. 성과관리에서 커뮤니케이션은 일시적으로 이뤄져서는 안 되고 지속적인 과정이 되어야 한다.
- **환류**(feedback): 지속적인 환류는 성과관리가 효율적으로 운영될 수 있도록 하는 데 도움을 주게 된다. 또한 과정에 개입한 이해관계자, 고객과 직원으로부터

다양한 의견을 수렴하는 것도 필요하다.

- 자원(resources): 명확한 성과관리는 적절한 자원(사람, 돈, 장비 등)의 지원이 있어야 한다. 그렇지 않으면 시스템이 제대로 작동하지 않게 된다.
- 고객 확인(customer identification): 성과관리에서 고객 확인은 매우 중요하다. 고객의 욕구를 확인하고 욕구를 충족시켜 주지 못하면 실패할 수밖에 없다. 성과관리에서는 고객을 항상 마음속에 두어야 한다.
- 학습과 성장(learning and growth): 성과관리는 정체된 과정이 아니다. 성과관리는 학습과 성장을 요구하므로, 조직은 신기술과 변화에 보조를 맞춰야 한다.
- 환경 감시(environmental scanning): 성과관리는 정체된 환경에서 작용하지 않는다. 조직은 내외적 환경과 위협과 기회 요인을 계속 모니터링해야 한다.
- 목적의식(sense of purpose): 성과관리가 성공하기 위해서는 이것이 일상적이고 기계적인 활동이 되어서는 아니 된다. 항상 명확한 목적의식을 유지하는 것이 무엇보다 중요하다.
- 조직 능력(organizational capacity): 조직의 이념에 대해 조직 구성원들이 헌신적으로 참여할 수 있는 능력은 성공의 중요한 요소가 된다.

5) 우리나라의 성과관리 및 성과평가

(1) 개요

우리나라의 성과관리제도는 정부업무평가 기본법과 국가재정법을 기본으로 한다. 정부업무평가 기본법은 “중앙행정기관 · 지방자치단체 · 공공기관 등의 통합적인 성과관리 체제의 구축과 자율적인 평가역량의 강화를 통해 국정 운영의 능률성 · 효과성 및 책임성을 향상시키는 것”(동법 제1조)을 목적으로 하고, 성과관리를 “정부업무를 추진함에 있어서 기관의 임무, 중 · 장기 목표, 연도별 목표 및 성과지표를 수립하고, 그 집행과정 및 결과를 경제성 · 능률성 · 효과성 등의 관점에서 관리하는 일련의 활동”으로 정의한다(동법 제2조).

(2) 성과관리 체계

우리나라 성과관리의 기본 체계는 [그림 2-4]와 같다. 이를 기반으로 우리의 성과관리에 의한 성과평가는 매년 [그림 2-5]의 과정을 거쳐서 운영되고 있다.

그림 2-4 성과관리 · 자체평가 세부 운영 체계

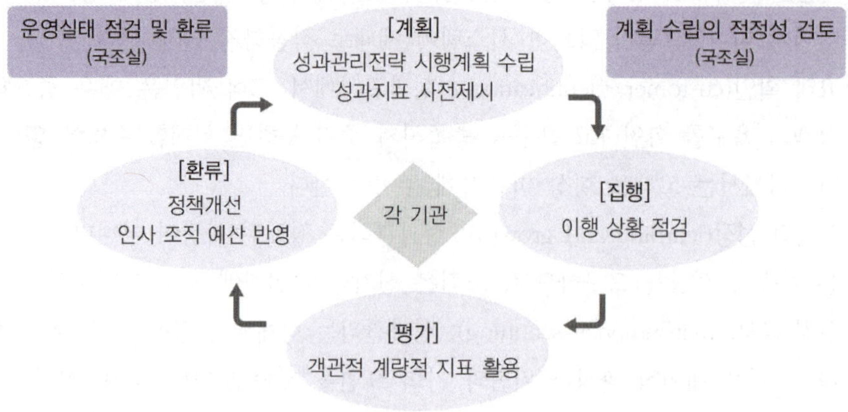

출처: 국무조정실(2022c).

그림 2-5 성과관리체계

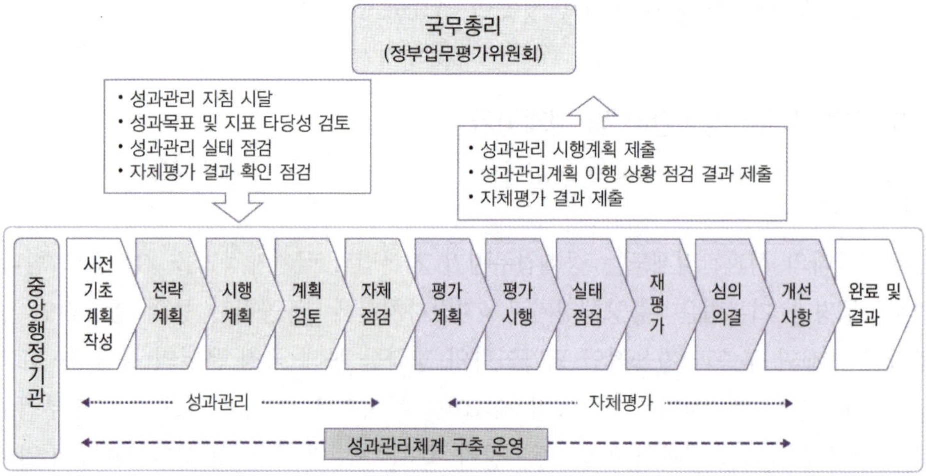

① 계획 수립: 정부업무평가 기본법은 중앙행정기관의 장은 소속기관을 포함한 당해 기관의 전략목표를 달성하기 위한 성과관리전략계획을 수립하도록 하고 있다. 성과관리전략계획에 당해 기관의 임무 · 전략목표 등을 포함하여야 하고, 최소한 3년마다 그 계획의 타당성을 검토하여 수정 · 보완 등의 조치를 하여야 한다. 성과관리전략

계획은 국회 소관 상임위원회에 보고하여야 한다. 지방자치단체의 장 및 공공기관의 장도 똑같이 성과관리전략계획을 수립할 수 있도록 하고 있다.

중앙행정기관의 장은 성과관리전략계획에 기초하여 당해연도의 성과목표를 달성하기 위한 연도별로 성과관리시행계획을 수립·시행하여야 한다. 성과관리시행계획에는 당해 기관의 임무·전략목표, 당해연도의 성과목표·성과지표 및 재정 부문에 관한 과거 3년간의 성과결과 등이 포함되어야 한다. 이 경우 성과지표는 객관적·정량적(定量的)으로 성과목표를 측정할 수 있도록 설정하되, 객관적·정량적으로 설정하기가 어려운 경우에는 다른 형태로 작성하여야 한다.

국가재정법(제4장의2)은 성과 중심의 재정운용을 위하여 성과목표관리 및 성과평가를 내용으로 하는 재정사업 성과관리를 시행하도록 하고 있다. 이에서 성과평가는 재정사업의 계획 수립, 집행과정 및 결과 등에 대한 점검·분석·평가를 의미한다. 기획재정부장관은 재정사업 성과관리를 효율적으로 실시하기 위하여 5년마다 재정사업 성과관리 기본계획을 수립하도록 하고 있다. 그리고 각 중앙관서의 장 및 기금관리주체는 재정사업 성과목표관리를 위하여 매년 예산 및 기금에 관한 성과목표·성과지표가 포함된 성과계획서 및 성과보고서를 작성하여야 한다.

성과목표는 기관의 임무 및 상위·하위 목표와 연계되어야 하며, 성과지표를 통하여 성과목표의 달성 여부를 측정할 수 있도록 구체적이고 결과지향적으로 설정되어야 한다. 성과지표는 명확하고 구체적으로 설정되어야 하며, 성과목표의 달성을 객관적으로 제때에 측정할 수 있도록 하여야 한다. 이를 기반으로 기획재정부장관은 재정사업에 대한 성과평가를 할 수 있도록 하고 있다.

② **집행·점검**: 중앙행정기관의 장은 성과관리시행계획에 대한 이행 상황을 반기별로 점검하고, 성과관리 실태 및 그 결과가 자체평가 및 특정평가에 반영되도록 하고 있다.

③ **평가(자체평가)**: 중앙행정기관은 매년 평가계획을 수립하고, 연말실적을 기준으로 다음 해 1월 사체평가를 한다. 이때 성과관리시행계획의 관리과제와 과제별 성과지표는 중앙행정기관 자체평가의 대상과제 및 성과지표로 활용한다.

④ **운영실태 점검**: 국무조정실은 중앙행정기관의 성과관리·자체평가 운영에 대한 점검을 통해 정부 내 성과관리 발전을 지원·유도한다.

⑤ **평가결과의 환류**: 기관 차원에서는 정책개선 또는 예산편성에 반영하거나 조직관리에 활용하고, 개인 차원에서는 개인성과 및 인사와 연계하고, 성과급 지급에 반

영한다.

(3) 사례

중앙행정기관의 성과관리전략계획은 각 부처의 홈페이지를 통하여 공개하고 있고, 이들에 대한 자체평가계획은 매년 수립하여 시행하도록 하고 있다. 이들 자료는 정부업무평가포털(https://www.evaluation.go.kr)에서 얻을 수 있다. [부록 1] 고용노동부 성과평가에서 성과평가의 사례를 제시하였다.

6. 영향평가

1) 영향평가의 의의

(1) 영향평가의 특성과 목적

총괄평가의 하나인 영향평가(impact evaluation)는 정책 및 정부개입이 추구하는 최종 목표로 대상집단에 미치는 영향을 평가한다. 오늘날 영향평가는 증거기반의 정책 운동의 핵심을 구성하면서 관심이 확대하고 있다. 영향평가는 프로그램 운영을 보다 투명하게 하여 책임성 확보에 기여한다. 영향평가의 목적은 프로그램이 궁극적으로 정책 대상집단의 복지나 삶의 질의 변화를 측정하는 것이다. 예를 들어, 양육비 보조금 정책이 아이들의 교육 수준과 영양 상태에 지속적인 영향을 주는지를 평가할 수 있다.

정부개입의 영향은 다차원적으로 분석하여야 한다. 프로그램 영향은 반사실적(counterfactual) 정의에 의하면 프로그램을 집행한 뒤에 발생한 것과 프로그램을 집행하지 않았으면 발생했을 것과의 차이를 의미한다(Reichardt, 2022). 이러한 영향에는 경제적 영향(거시 경제적 영향, 미시 경제적 영향, 무역에 미치는 영향, 관리 및 생산성 등), 환경적 영향(공기 질, 기후 변화, 재난, 에너지 재활용 등)과 사회적 영향(삶과 건강, 형평성과 공평성, 사회적 연계, 안전, 사회적 의식 등) 등이 있다.

영향평가는 다음과 같은 네 가지 목적을 가지고 행하게 된다(Jones et al., 2015).

- 옹호(advocacy): 특정 프로그램이나 포트폴리오에 대한 투자 가치를 입증
- 배분(allocation): 사전평가와 사후평가 결과로 잠재적인 프로그램 간에 자금을 어떻게 배분할 것인지에 대한 정보를 제공

- 분석(analysis): 프로그램을 어떻게 지속하고 확대할 것인가에 대한 정보를 포함하여 프로그램 개선에 대한 정보를 바탕으로 학습을 촉진
- 책임성(accountability): 효과적 리스크 관리에 대한 정보 제공

실제에서 영향평가와 목표의 달성도를 평가하는 결과 또는 성과(outcome) 평가와 명확하게 구분하지 않는 경우가 많다. 그러나 결과평가나 성과평가가 사전에 설정한 목표의 달성 여부에 초점을 두나 영향평가는 다음과 같은 면에서 더 확대된 효과 및 영향을 사정한다(Stern, 2015).

- 의도한 효과 이외에 발생 가능한 모든 효과를 탐색
- 효과가 긍정적일 수도 있고, 부정적일 수도 있다는 것을 인식
- 관심을 두는 효과는 개입으로 발생한 효과라는 것을 인식
- 모든 종류의 개입(프로젝트, 프로그램, 정책)과 효과 사이에는 다양한 종류의 인과관계가 있을 수 있다는 것을 제시
- 개입을 좀 더 발전시키는 경우 발생할 장기적 효과에 초점

(2) 평가질문

영향평가의 핵심 질문은 개입이 정책 대상집단에 영향이 있는가? 그 요인은 무엇인가?이다. 영향평가는 프로그램의 효과가 프로그램에 의한 것이라는 것을 입증하는데 초점을 둔다. 영향평가의 평가 기준은 적실성, 효과성, 영향 및 지속가능성이 주로 사용된다. 이외에 영향평가에서는 비용-편익 등의 경제성 분석이 추가될 수도 있다. 영향평가를 통해 답하고자 하는 평가질문은 다음과 같은 것이 있다.

- 프로그램이 대상집단에 미친 의도한 영향과 의도하지 않은 영향은 무엇인가?
- 대상집단의 변화가 프로그램으로 발생한 것인가? 아니면 다른 요인 때문인가?
- 집행 방법의 차이가 영향에 어떠한 차이를 가져왔는가?
- 프로그램이 다른 대상집단보다 특정 집단에 더 큰 영향을 미치지는 않았는가?
- 같은 영향을 미치는 다른 프로그램과 비교하여 어떠한 차이를 가지는가?
- 프로그램의 영향이 지속가능한가?

(3) 언제 평가하는가?

이상적인 영향평가는 집행 이전부터 시작되어야 한다. 집행 이전의 정책 대상집단

상태가 평가의 비교 기준이 되기 때문이다. 학생들의 체력 향상을 위해 집단급식을 하는 프로그램의 경우 급식을 하기 전의 상태와 급식한 뒤의 상태를 비교하여 프로그램의 영향을 평가하는 것이 영향평가이다. 대부분은 공공개입에 의한 영향을 집행 이후 5~10년 정도의 시차를 두고 비교하여 평가하는 것이 바람직하다.

(4) 방법

영향평가 방법은 크게 양적인 방법과 질적인 접근방법으로 구분된다.[5] 참여적 평가, 사례연구 등의 질적 접근방법은 양적인 영향평가를 보완하는 기능을 한다. 영향평가에 활용되는 평가 방법은 과학적 방법론의 엄격성에 의하여 증거에 기반하는 정책에서는 진실험 방법과 준실험 방법에 의한 증거를 요구한다. 한편 통제집단이 없는 비실험적인 방법에 의한 결과는 활용에서 매우 조심스럽게 해석하거나 사용하지 않는 것이 바람직하다고 한다(What Works Centre for Local Economic Growth, 2016). 그러나 엄격한 과학적 방법을 실제 영향평가에서 사용하는 경우는 많지 않다.

(5) 사례

영향평가의 사례는 제5장 제1절의 양적 평가설계와 질적 평가설계에서 제시하고 있다.

7. 경제성 평가

1) 의의

경제성 평가는 목표 접근방법이 비용을 고려하지 않는 것에 비해 프로그램 비용에 관심을 두는 접근방법이다. 경제성 평가 접근방법은 생산성을 측정하는 방법, 비용-편익 분석, 비용-효과 분석 등의 방법이 활용된다. 경제성 평가의 구성체는 프로그램의 산출과 산출에 들어가는 비용에서 출발한다. 특히 프로그램의 편익이 비슷한 비용의 다른 프로그램보다 더 많은 편익을 가져왔는가에 관심을 가진다. 이 접근방법은 프로그램의 목표가 명확하고 서비스와 재화의 단위를 명확하게 할 수 있는 프로그램을 평가할 때 적합하다. 경제성 평가에서는 평가지표로 효과성, 능률성, 영향 등이 검

5) 양적 평가 방법과 질적 평가 방법에 관해서는 제5장 제1절의 3과 4를 참고할 것.

토된다.

경제성 평가의 핵심평가 질문은 정부개입의 편익과 비용이 어떻게 비교되는가? 이다. 이외에 경제성 평가에서 제시되는 평가질문에는 다음과 같은 것이 있다.

- 정부개입의 결과와 영향은 무엇인가? 결과는 의도한 것인가, 의도하지 않은 것인가?
- 정부개입 및 프로그램을 실행하는 데 드는 비용은 얼마인가?
- 각 프로그램의 비용-효과는 어느 정도인가?
- 각 대안을 확장하거나 다른 대안을 선택하였을 때의 비용-효과는 어떠한가?

오늘날 증거를 기반으로 한 정책에서 경제성 분석은 그것이 정량적 분석이고 논리적이라는 차원에서 사회적 투자의 영향과 가치를 결정하는 효과적이고 신뢰할 방법으로 생각한다. 그러나 경제성 분석은 평가를 향상할 수는 있지만, 평가질문에 완전히 답하기에는 충분하지 않다(King, 2017).

2) 목적

경제성 평가는 프로그램 등의 정부개입 활동을 계속할 것인지와 개입활동의 수정이 필요한지에 대한 정보를 정책 및 의사결정자에게 제공하는 것이 기본적인 목적이다. 예로, 우리의 예비타당성 조사는 비용-편익의 경제성 분석 결과 일정 수준 이하의 사업은 사업을 추진할 수 없도록 하고 있다. 또한 여러 대안 가운데 가장 효율적인 대안이 어떠한 대안인지에 대한 정보를 제공한다.

정책과정에서 경제성 평가는 정책과정의 모든 단계에서 수행될 수 있다. 예를 들어, 정책을 계획할 경우 대안의 비교, 정책집행 중에는 서비스 제공의 비용-편익 비교, 정책이 마무리된 뒤에는 개입활동의 경제적 영향을 평가하기 위해서 사용될 수 있다.

3) 방법

(1) 생산성 평가

생산성(productivity)이란 생산의 효율을 나타내는 지표로 일정한 양의 재화 생산과 투입 요소량의 비 또는 산출물을 생산 요소로 나눈 값(생산성=산출÷투입)으로 표시한다. 생산성 측정지표로 비용 생산성은 산출을 화폐적으로 측정하는 물적 산출량으로 '대출된 책의 권 수÷프로그램 비용'의 형식으로, 작업 생산성은 '대출된 책의 권수÷직원 수'의 형식으로 표현된다. 한편 물적 생산성 측정이 곤란한 경우에는 '부가가치 생산성=부가가치÷종업원 수'와 같이 표현되기도 한다.

(2) 비용-편익 분석

프로그램 평가에 사용되는 비용-편익 분석 접근방법은 프로그램의 모든 비용을 분석하고, 이에 따라 발생한 편익을 양적으로 분석한다. 즉, 프로그램의 투입과 관련된 비용과 프로그램의 결과를 화폐적 가치로 환산해 비용-편익의 비율을 결정한다. 프로그램의 사전평가 또는 프로그램의 타당성 분석의 방법으로 비용-편익 분석은 미국에서 하천과 항만의 투자계획평가에 사용되었다. 일반적으로 비용-편익 분석을 위해서는 비용과 편익을 다양한 형태로 추계하게 된다. 이를 위해 편익은 주요 편익과 부차 편익, 직접 편익과 간접 편익 등으로 분류된다. 한편 비용도 프로그램 비용·부대비용·외부비용 등으로 분류된다. 공공정책 및 프로그램의 비용과 편익은 장기간에 걸쳐서 투자되고 회수하게 된다. 이에 비용-편익 분석에서는 장기간에 걸쳐서 발생하는 비용과 편익을 현재가치로 환산해 평가하게 된다. 이의 환산을 위해 할인율이 사용된다.

비용-편익을 위한 경제성 분석은 크게 편익/비용 비율, 순현재가치(Net Present Value: NPV) 및 내부수익률(Internal Rate of Return: IRR)을 계산해 프로그램의 타당성을 평가하게 된다. 이들의 기본적인 공식은 다음과 같다. 이에서 편익/비용의 비율≥1이거나, NPV≥0, 또는 IRR이 예정하는 할인율(R)보다 크면 프로그램은 타당한 것으로 판단하게 된다.

■ 편익/비용 비율(B/C) $= \sum_{i=0}^{n} \frac{B_t}{(1+r)^t} \Big/ \sum_{t=0}^{n} \frac{C_t}{(1+t)^t}$

여기에서, B_t: t 시점의 편익, C_t: t 시점의 비용, r: 할인율

n=사업의 내구연한(분석 기간)

■ 순현재가치(NPV) $= \sum_{i=0}^{n} \frac{B_t}{(1+r)^t} - \sum_{t=0}^{n} \frac{C_t}{(1+t)^t}$

■ 내부수익률(IRR): $\sum_{i=0}^{n} \frac{B_t}{(1+r)^t} = \sum_{t=0}^{n} \frac{C_t}{(1+t)^t}$

이들 세 가지 방법의 장단점을 보면 〈표 2-11〉과 같다.

표 2-11 경제성 분석기법의 비교

분석기법	판단	장점	단점
편익/비용 비율 (B/C)	B/C≥1	• 이해 용이, 사업 규모 고려 가능	• 상호 배타적 대안 선택의 오류 발생 가능
순현재가치 (NPV)	B/C≥0	• 대안 선택 시 명확한 기준 제시 • 장래 발생 편익의 현재 가치 제시 • 한계 순현재 가치 고려 • 다른 분석에 이용 가능	• 이해의 어려움 • 대안 우선순위 결정 시 오류 발생 가능
내부수익률 (IRR)	IRR≥r	• 사업의 수익성 측정 가능 • 다른 대안과 비교가 용이 • 평가과정과 이해가 용이	• 사업의 절대적 규모를 고려하지 않음 • 몇 개의 내부수익률이 동시 도출될 가능성 내재

출처: 한국개발연구원(2021).

(3) 비용-효과 분석

프로그램의 모든 비용과 편익을 화폐 단위로 분석하는 비용-편익 분석 이외에 사회 프로그램의 경우에는 화폐 단위로 환산이 어려운 문제를 해결하기 위해 편익을 화폐가 아닌 수량으로 분석하는 비용-효과 분석의 방법이 이용되기도 한다.

4) 사례

생산성 평가의 사례로 공기업경영평가에서 업무 효율성 평가를 위한 지표로 노동생산성(부가가치/평균 인원), 자본 생산성(부가가치/총자산)을 공통지표로 사용하고 있다(기획재정부, 2021). 정부는 사전평가로 도로 및 철도 등의 대규모 투자사업에 대한 예비타당성 조사에서 경제적 타당성을 분석하기 위해 비용-편익 분석을 실시하고 있다. 이와 함께 불확실성을 고려해 민감도 분석(sensitivity analysis)을 실시해 투자비나 경제성에 영향을 미칠 수 있는 중요한 변수, 예를 들어 초기 공사비, 운영비, 교통 수요, 할인율 등에 대해 각 변수가 일정량만큼 변화되었을 경우 경제성이 어떻게 변화하는지 평가한다. 예비타당성조사 보고서는 KDI 공공투자관리센터(https://pimac.kdi.re.kr/)에서 볼 수 있다.

사례

2021년도 예비타당성조사 보고서: 서울-양평 고속도로 건설사업

경제성 분석 결과 요약

(단위: 억 원)

구분	시나리오 1	시나리오 2
총 편익	31,935.7	25,512.8
총 비용	19,815.3	19,382.9
편익의 현재가치	9,790.2	7,826.4
비용의 현재가치	11,963.8	11,643.0
B/C	0.82	0.67
NPV	−2,173.6	−3,816.6

경제성 분석 결과 시나리오 1의 경우 B/C는 0.82, NPV는 −2,173.6억 원으로 분석되었으며, 시나리오 2의 경우 B/C는 0.67, NPV는 −3,816.6억 원으로 분석되어 본 사업 시행에 따른 경제적 타당성은 두 시나리오 모두 확보되지 않는 것으로 분석되었다.

출처: KDI 공공투자관리센터(2021).

8. 기관평가

1) 의의

기관평가는 정부기관을 평가 대상으로 하는 평가로 정부기관이 추진하는 프로그램 및 업무의 성과와 그 추진 역량 및 기관이 제공하는 행정 서비스에 대한 국민만족도 등을 종합적으로 평가하는 것이다(김명수, 2003). 기관평가는 기관종합평가와 단일 프로그램 기관 비교평가로 구별할 수 있다. 기관종합평가는 중앙행정기관평가, 공공기관 경영실적평가, 시도 교육청 평가, 대학평가인증제, 의료기관평가와 같이 기관의 운영과 관리에 관해 총체적으로 평가하는 것을 의미한다. 단일 프로그램 기관 비교평가에는 정부업무평가 기본법에 의한 특정평가, 행정기관 홈페이지 평가, 공공기관 청렴도 평가, 행정 서비스 만족도 평가와 같이 특정 주제를 평가해 기관별로 비교하는 평가다. 여기에서는 기관종합평가를 대상으로 논의하고자 한다.

2) 기관평가의 목적

기관평가는 일반적인 평가의 목적으로 기관의 정책이나 업무 수행 능력을 강화하고, 책임성을 제고하기 위해 수행한다. 우리의 기관평가로 자체평가를 하는 목적은 "기관장 책임 하에 소관 정책 등을 스스로 평가하고, 그 결과를 정책 · 조직 · 예산 · 인사 · 보수 등에 반영하여 국정운영의 성과 및 책임성 제고"에 두고 있다(국무조정실, 2022).

기관평가는 평가의 기본 단위를 프로그램에서 기관으로 확대해 행정기관의 주요 정책 및 프로그램, 관리 역량, 국민만족도, 기관장의 리더십 등을 종합적으로 평가함으로써 평가 대상 조직의 성과 개선, 벤치마킹, 고객 지향적 자기평가 노력 향상, 변화 대응 능력 제고 등을 목적으로 도입 · 운영되고 있다. 일반적으로 기관평가는 사전평가보다는 사후평가의 형태를 취하게 된다. 평가 내용은 종합평가로 총괄평가 이외에 형성평가도 포함하게 된다.

3) 기관평가의 평가질문 및 평가 내용

기관평가의 평가질문은 평가의 초점을 무엇에 두는가에 따라서 매우 다양하게 제시될 수 있다. EU의 지역 공동체 기관평가에서 제시하고 있는 공통적인 평가질문을 보면 다음과 같다(DG BUDGET, 2004).

- 적실성: 기관활동의 수혜자 및 기관이 해결해야 할 사회 · 경제 · 환경적 문제에 대한 기관의 목표를 어느 정도 달성했는가?
- 부가가치: 기관이 정책을 직접 집행하는 것이 아웃소싱하는 것과 비교해 볼 때 어느 정도로 부가가치를 창출했는가?
- 일관성, 상보성, 협력: 개입의 요소가 기관 내의 활동 및 다른 기관의 활동과 논리적으로 상호보완적이고, 상호협력적이며, 서로 모순되지 않게 추진되었는가?

• 효율성과 효과성: 설정한 프로그램의 목표를 어느 정도 달성했는가? 산출이나 결과를 재정 및 인적 자원의 측면에서 적정 비용으로 달성했는가? 기관의 조직 구성, 관리 시스템, 과정이 기관 운영의 효과성 · 효율성에 어느 정도 기여했는가?
• 유용성: 기관활동의 결과와 영향은 기관의 고객, 수혜자의 욕구 및 기관이 해결해야 하는 사회적 · 경제적 · 환경적인 문제를 해결하는 데 어느 정도 대응성이 있었는가? 기관의 활동은 의도하지 않거나 계획하지 않은 결과와 영향(바람직한 것과 바람직하지 않은 것)을 어느 정도 가져왔는가?

우리의 경우, 기관평가에서 자체평가 항목을 보면 〈표 2-12〉와 같이 정책 이외에 행정관리역량도 평가하고 있다.

표 2-12 정부업무평가 자체평가 항목

부문		평가 대상	총괄기관
주요 정책		• 성과관리 시행계획의 관리과제	국무조정실
재정사업	일반재정	• 예산, 기금이 투입되는 모든 성과관리 대상 재정사업 * R&D, 재난안전, 균형발전 사업은 제외	기획재정부
	R&D	• 전체 정부연구개발 사업 중 3년 평가주기가 도래한 사업	과학기술정보통신부
	재난안전	• 재난안전사업	행정안전부
	균형발전	• 균형발전세부사업	균형발전위원회
행정관리역량		• 조직 · 인사 · 정보화 분야 행정관리역량	행정안전부 인사혁신처

출처: 국무조정실(2022b), 『2022년도 정부업무평가 시행계획』.

미국의 말콤 볼드리지 국가품질관리 대상(The Malcolm Baldrige National Quality Award)은 1988년 TQM을 활성화하기 위해 제정된 것으로 질 통제 시스템 모형을 평가 기준으로 선정해 기관을 평가하고 있다. 평가 기준은 기업 및 비영리기관, 교육, 보건 세 개의 영역으로 구분하고 있다. 이 기준에 의하여 기관은 자체평가를 하고, 자체평가를 바탕으로 위원회에서 평가하여 상을 수여하고 있다. 평가 기준은 [그림 2-6]과 같이 시스템적으로 상호 연계되어 있는 조직 프로필을 제외하고 일곱 개 영역에 대하여 평가한다.[6] 각 분야의 핵심 평가질문은 다음과 같다. 미국의 볼드리지

그림 2-6 2021~2022 Baldrige Excellence Framework

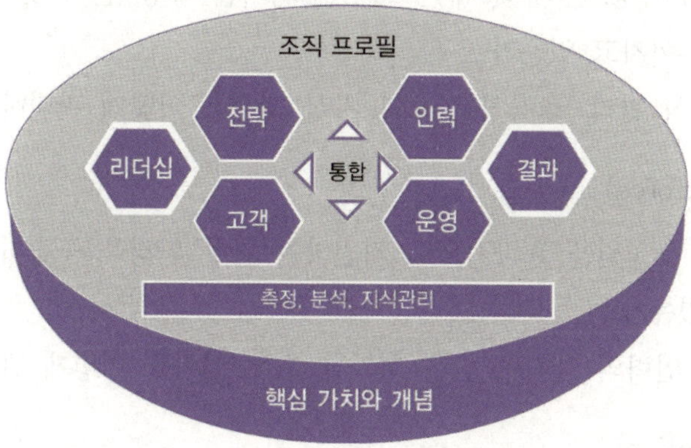

출처: www.nist.gov/baldrige

모형에 대응하여 질 관리에 의한 조직변화와 성과관리 개선을 위한 유럽의 기관 평가모형으로 유럽품질경영재단은 EFQM 모형을 제시하고 있다(EFQM, 2021).

① **조직 프로필**(organizational profile)

- 조직의 주요 특성은 무엇이고, 조직이 처한 전략적 상황은 무엇인가?

② **리더십**(leadership)

- 고위 리더십: 고위 리더십이 조직을 어떻게 이끌고 있는가?
- 거버넌스 및 사회적 기여: 조직관리와 사회적 기여는 어떻게 이루어지고 있는가?

③ **전략**(strategy)

- 전략을 어떻게 개발하고 어떻게 실행하고 있는가?

④ **고객**(customers)

- 고객의 기대: 고객의 의견을 어떻게 경청하고, 고객의 요구에 맞는 제품과 서비스를 어떻게 결정하는가?
- 고객 참여: 고객과 관계를 어떻게 구축하고, 고객 만족도 및 고객 참여를 어떻게 결정하는가?

6) www.nist.gov/baldrige

⑤ **측정, 분석, 지식 관리**(measurement, analysis, and knowledge management)

- 조직 성과의 측정, 분석 및 개선: 조직의 성과를 측정, 분석 및 개선하는 활동이 어떻게 이루어지고 있는가?
- 정보 및 지식 관리: 조직의 정보와 지식 재산을 어떻게 관리하고 있는가?

⑥ **인력**(workforce)

- 근무 환경: 구성원을 효과적으로 지원하는 근무 환경을 구축하기 위해 어떻게 노력하고 있는가?
- 인력 참여: 인력의 유지와 높은 성과를 위해 인력을 어떻게 관리하고 있는가?

⑦ **운영**(operations)

- 업무 프로세스: 주력 제품 및 업무 프로세스를 설계, 관리 및 개선을 위해 어떤 활동을 하고 있는가?
- 운영 효과성: 효과적인 운영 관리를 위해 어떤 활동을 하고 있는가?

⑧ **결과**(results)

- 제품 및 프로세스의 결과: 무엇이 제품의 성과이고, 과정 효과성의 결과는 무엇인가?
- 고객의 결과: 무엇을 고객 중심의 성과로 보는가?
- 인력의 결과: 무엇을 인력 중심의 성과로 보는가?
- 리더십 및 거버넌스의 결과: 무엇을 고위 리더십과 거버넌스 결과로 보는가?
- 재무, 시장 및 전략의 결과: 무엇을 재무적 실행 가능성 및 전략 구현의 결과로 볼 것인가?

4) 기관 자체평가

(1) 의의

우리의 대부분 평가는 법령에 근거하여 정부 사업을 집행하는 기관이 먼저 자체평가를 하고, 이를 평가기관이 검증하여 판단하는 형태를 취한다. 이에 의하여 정책평가의 제안은 정책 주관부서인 외부이고, 평가 실시자는 내부가 되고, 평가를 검증하는 기관은 제안부서가 중심이 되어서 수행하고 있다. 예로, 공기업인 한국마사회에 대한 경영실적평가는 '공공기관의 운영에 관한 법률'에 의한 의무적 평가로 기획재정부에서 주관하고, 마사회는 평가편람에 의하여 자체평가를 한 뒤에 기획재정부가 평가단을 구성하여 자체평가 결과를 검증하여 최종 실적을 심의 확정한다.

자체평가는 평가의 유형 가운데 누가 평가하는가를 기준으로 분류하는 내부평가에 속한다. 자체평가가 이상적인 평가라는 주장(Wildavsky, 1985)도 있지만, 평가의 목적에 따라서 판단할 문제라 할 수 있다. 이는 자체평가인 내부평가와 외부평가가 상반된 장단점을 갖기 때문이다.7)

(2) 자체평가에서 고려할 사항

영국평가협회(UK Evaluation Society, 2019)는 바람직한 자체평가에서 고려할 것으로 다음을 이야기하고 있다.

① 참여에 대한 고려사항

- 평가 및 결과 전달과정에서 참여하는 모든 구성원을 동등하게 대우
- 평가 시작 전 기관 구성원 모두의 합의와 이해 확보
- 구성원에게 평가 및 윤리 교육을 하는 팀에 대한 훈련 방법 수립
- 기관 모든 구성원에게 평가의 목적, 목표를 명확하게 인식하도록 함
- 평가과정이 기관의 구조와 기능에 포함되도록 함
- 데이터 수집 및 분석에 모든 관점이 포함되도록 함
- 평가의 수행과 협상에서 행동의 일관성과 예측 가능성을 확보하도록 함
- 평가에 필요한 예산 등에 대한 기관장의 후원과 지지
- 모든 직원이 평가과정이 어떻게 수행되고 어떻게 사용되는지 인식하도록 함
- 평가과정 전반에 걸쳐 참여자와 함께 평가에 참여 및 공동 협력

② 참가자와 관련하여 고려할 사항

- 직원의 평가역량 개발을 위한 전문 프로그램 운영
- 기관의 모든 구성원이 평가의 가치를 이해하고 평가에 대한 책임성을 가지도록 제도적 조치를 함
- 평가와 관련된 모든 사람이 처음부터 참여와 참여의 이유를 알 수 있도록 함
- 기관의 시간 일정과 운영을 고려한 참여 방법을 수립

7) 내부평가와 외부평가에 관해서는 제1장 제3절의 1을 참고할 것.

- 참여과정은 방법론적으로 건전하고 유효한 결과를 도출할 수 있도록 함
- 평가가 방법론적으로 엄격하고 공정하게 이루어지는가에 대한 과정 감시를 위해 자문가나 비판을 할 수 있는 사람을 확보
- 평가의 수행과 보고에서 기관이 직면할 수 있는 모든 위험을 고려

③ 평가결과의 보고, 활용 및 소통을 위한 고려사항

- 구성원이 평가결과가 프로그램 개발에 피드백할 뿐만 아니라 책임성 확보에 활용되고 있다는 것을 확인시켜줌
- 기관 내부와 외부에 평가자료를 적절하게 공유하기 위한 명확한 절차를 수립
- 구성원의 동의 없이는 자체평가를 위해 수집된 데이터가 다른 목적으로 사용하지 않을 것임을 구성원에게 보장하도록 함
- 기관 내의 지식 공유에 대한 불안감을 줄이는 조치를 하도록 함. 이는 종종 기관 외부의 사람들과 지식을 공유하는 것보다 더 위협적이기 때문
- 공정한 윤리적 절차를 일관되게 유지하면서 동료와 정직한 의사소통을 함
- 이해 가능한 언어로 소통하며 평가의 증거와 결과의 유용성에 대하여 논의할 때 동료를 참여시키도록 함

5) 기관 합동평가

(1) 의의

합동평가(joint evaluation)는 상호 관심의 주제 또는 공동 자금을 부담하는 프로그램 등의 정부개입에 대하여 둘 이상의 기관이 함께 평가하는 것을 의미한다(UNDO, 2021). 우리의 경우, 정부업무평가 기본법에 의한 평가는 합동평가를 기본으로 한다. 법은 중앙행정기관 및 그 소속기관에 대한 평가는 이 법의 규정에 의하여 통합하여 실시해야 한다(동법 제3조)고 규정하여 합동평가를 규정하고 있다. 그리고 지방자치단체 또는 그 장이 위임받아 처리하는 국가사무, 국고보조사업 그 밖에 대통령령이 정하는 국가의 주요시책 등에 대하여 국정의 효율적인 수행을 위하여 평가가 필요한 경우에는 행정안전부장관이 관계 중앙행정기관의 장과 합동으로 평가를 실시할 수 있다(동법 제21조 제1항). 이러한 합동평가를 위해 전자통합평가시스템(e-IPSES)를 구축하여 운영하고 있다.

표 2-13 합동평가의 편익과 가능한 도전

편익	가능한 도전
• 객관성 및 정당성 향상	• 용어사용의 차이
• 평가 상황의 범위를 더 넓게 그릴 수 있음	• 평가작업서(TOR) 개발의 어려움
• 상호 역량 개발 및 학습	• 조정의 복잡성
• 집단적 책임의식을 함양하도록 지원	• 파트너 간 권력의 차이
• 평가 단위 간 비용 분담 및 파트너십 촉진	• 더 길어진 평가시간
• 일관된 정책 메시지 개발에 유용	• 평가를 통해 발견하는 사항이 개별 기관의 책임성 확보를 위한 요건을 다루지 않을 수 있음
• 평가결과 및 권고사항에 대한 신뢰성 향상 및 광범위한 소유권 확보	• 후속 조치에 대한 책임 분산이 평가의 영향력을 약화시킬 수 있음
• 조정 및 협업 구축	• 다중 섹터로부터 나오는 데이터는 해석하기가 더 복잡할 수 있음
• 종종 더 높은 품질의 평가를 제공	
• 수행하는 평가 수를 줄여주고, 평가의 거래비용과 행정요구를 줄일 수 있음	

출처: UNDP(2021).

우리의 합동평가는 평가의 난립, 평가에 대한 피 평가기관의 부담 완화 등을 목적으로 도입하였다. 이러한 합동평가는 〈표 2-13〉과 같은 편익과 문제점을 가진다.

지방자치단체 합동평가는 [그림 2-7]과 같이 평가년도 전년도에 행정안전부 지표개발추진단이 중심이 되어 평가지표를 확정하고, 평가 당해연도에 평가계획을 수립하여 제시한 다음에 당해연도 다음해에 합동평가위원회 중심이 되어 평가한다. 평가결과는 정부업무평가위원회에 보고하고 제출하여 객관성, 공정성 검증을 하고 평가결과를 정책개선 및 중앙정부 예산지원 등과 연계하여 환류기능을 강화한다. 평가결과는 다음의 평가계획에 반영하고 후속조치로 우수기관 인센티브 제공, 우수사례집 제작 등에 활용하고 있다. 이 합동평가를 효율화하기 위해서 온라인 합동평가시스템(VPS)를 구축하여 운영하고 있다(국무조정실, 2021).

그림 2-7 합동평가 흐름도(2018년 이후부터)

평가지표 개발(N-1) (지표개발계획 수립)	행정안전부 지표개발추진단 행정안전부 지자체 합동평가위원회 · 정부업무평가위원회
⬇	
지자체 합동평가 실시계획 수립 · 확정(N)	행정안전부 지자체 합동평가위원회 · 정부업무평가위원회
⬇	
평가실시(N+1) 평가결과 심의 · 확정(N+1)	행정안전부 합동평가단 행정안전부 지자체 합동평가위원회 · 정부업무평가위원회
⬇	
후속조치(N+1)	결과보고서 · 우수사례집 제작, 재정인센티브 및 포상 행정컨설팅 실시

출처: 국무조정실(2022a). 『정부업무평가백서(2017~2021)』.

(2) 합동평가에서 고려할 사항

효과적으로 합동평가를 하고자 할 때 합동평가는 모든 파트너가 가지고 있는 공통적인 관심사와 개별 파트너들이 관심을 가지는 특정한 평가질문 모두를 다뤄야 한다. 그리고 다음과 같은 것을 고려하여야 한다(UNDP, 2021).

- 단순하고 가벼운 관리 구조 유지
- 초기에 4~5개(또는 그 이하) 기관으로 구성된 핵심 집단이 참여하는 것이 중요
- 역할, 책임, 사용할 평가지침을 명확히 설명할 것
- 자금제공자나 상위 기관의 평가 요구사항 및 프로세스를 파악
- 공동평가에는 상시 조정, 행정, 연구 지원이 필요하므로 적절한 자원을 확보할 것
- 기관의 참여를 유지하기 위한 좋은 의사소통과 참여를 위한 전략개발과 적용
- 평가팀에 한목소리를 내는 것에 동의할 것
- 평가결과 파급 및 후속 조치가 선행 자금 지원이 되지 않는 등의 경우에 대비하여, 비상시 예산을 포함하여 적절한 자금 지원을 보장받을 것
- 가능한 한 초기에 평가작업계획서(TOR) 작성을 시작할 것
- TOR에서 평가의 목적과 목표에 대해 가능한 구체적으로 설명할 것

• 모든 파트너 조직이 평가팀을 위해 관련 정보 수집을 조기에 했는지 확인
• TOR 초안 작성, 평가자 선정, 킥오프 미팅, 초안 작성 및 최종보고서 검토에 필요한 충분한 시간을 확보할 것

6) 기관평가의 사례

'정부업무평가 기본법'은 기본적으로 기관평가를 취한다. 현 수준에서 우리나라의 기관평가가 어느 정도인지에 대한 정확한 통계는 없지만, 2006년의 감사원 평가연구원(2006b)의 '공공 부문 평가제도 실태보고서'에 의하면, 229개 공공 부문 평가 가운데 33.8%인 73개를 기관평가로 분류한 바 있다.

표 2-14 공기업 기관평가의 경영평가 지표

범주	평가지표	점수 배점
경영관리(55)	1. 경영전략 및 리더십 • 전략기획 • 경영개선 • 리더십	6
	2. 사회적 가치 구현 • 일자리 창출 • 균등한 기회와 사회통합 • 안전 및 환경 • 상생 · 협력 및 지역발전 • 윤리경영	25
	3. 업무효율	5
	4. 조직 · 인사 · 재무관리 • 조직 · 인사 일반(삶의 질 제고) • 재무예산 운영 · 성과(중장기 재무관리계획)	7
	5. 보수 및 복리후생관리 • 보수 및 복리후생 • 총인건비관리 • 노사관계	8.5
	6. 혁신과 소통 • 혁신노력 및 성과 • 국민소통	3.5
주요사업(45)	주요사업 계획, 활동, 성과를 종합평가	45

출처: 기획재정부(2021). 『2021년도 공공기관 경영평가편람』..

공공기관평가 가운데 공기업 평가를 보면 〈표 2-14〉와 같이 경영관리 부문이 55점, 주요사업이 45점으로 프로그램 평가보다는 경영관리에 더 많은 점수가 부여되어 있다.

9. 진단 검토

1) 의의

진단 검토(diagnostic review)는 사회적으로 문제가 되는 주제에 대하여 수시로, 그리고 신속하게 문제를 진단하고 원인을 규명하여 대안을 탐색하는 활동을 말한다. 진단 검토는 주제별 평가(thematic evaluations)로 특정 주제나 기관의 주요 기능에 초점을 두어 심층 분석을 통하여 문제 해결 방안을 모색한다(WHO, 2013). 진단 검토는 특정한 분야나 지역 등이 직면하고 있는 문제와 이를 해결하기 위해 어떤 개입이 필요한지를 이해하는 데 주요 목적이 있다. 예로, 재난지역에 대한 지원대책을 수립하기 위해 재난 현장을 방문하여 실태를 분석 평가하여 대안을 모색하는 것을 들 수 있다. 진단 검토는 정부가 새로운 개입을 하고자 할 때나 개입활동 뒤 일정한 기간이 지난 다음에 주로 이뤄진다.

진단 검토는 1998년부터 특정과제평가, 특정시책평가, 수시현안평가, 심층분석, 정책현안과제 분석·평가 등의 이름으로 실시되었고, 지금은 정책분석(policy analysis)이라는 이름으로 정부업무평가위원회에서 수행하고 있다. 정부업무평가위원회가 수행하는 정책분석은 사회적 파급효과가 큰 현안 정책을 현장점검, 전문가 의견수렴 등을 통해 사전적으로 심층 분석·평가하고 적시에 개선방안을 마련하는 활동을 의미한다.

2) 평가 기준과 질문

진단 검토에서는 적실성, 효과성, 효율성, 영향 및 지속가능성 등의 평가 기준이 검토되게 된다. 이와 관련하여 진단 검토에서 밝히고자 하는 평가질문에는 다음과 같은 것이 있다.

- 문제가 얼마나 심각하고 중요한가? 문제의 근본 원인은 무엇인가?

- 문제를 다루기 위해서 수행하고 있는 프로그램은 어떤 것이 있는가?
- 기존의 문제 해결 방안은 어느 정도 효과가 있습니까?
- 문제 해결에 벤치마킹할 자료나 모범사례(해외사례 등)로는 어떤 것이 있는가?
- 문제를 해결하기 위해서 고려하여야 할 점과 권장되는 개입방법은 무엇인가?

3) 방법

진단 검토는 사례연구와 같은 질적 연구 이외에 상황 분석을 위한 양적인 접근방법 등 다양한 방법이 활용되게 된다. 진단 검토에서는 특히 문제와 관련된 이해관계자의 참여를 통하여 문제를 확인하고 대안을 모색하는 것이 중요하다. 이에 활용될 수 있는 도구로는 다음과 같은 것들이 있다.

- 상황과 다른 국가나 지역 등과의 비교를 위한 문서나 문헌 검토
- 문제 트리(problems trees) 구성과 같은 방법으로 근본 원인을 분석하는 방법
- 이해관계자의 참여, 워크숍, 인터뷰, 포커스 그룹에 의한 자료 수집
- 대안 분석

4) 사례

정책 현안과제 분석·평가는 정부업무평가의 한 분야로서 주로 개별사업에 대해 사후적으로 이루어지는 사업평가와 차별화하여 다수부처가 관련되고 사회적 파급효과가 큰 정책을 대상으로 현장중심의 문제점 분석과 대안제시를 통해 문제를 예방하는 것을 의미한다(국무조정실, 2022). 정책분석 결과는 과제 규모 등 사안에 따라 관계차관회의 등에 상정하여 이행실태를 점검한다. 국무조정실은 이에 대한 사례집을 내고 있다(국무조정실, 2021).

진단평가에 속하는 우리의 정책분석 절차는 [그림 2-8]과 같다.

그림 2-8 분석 절차

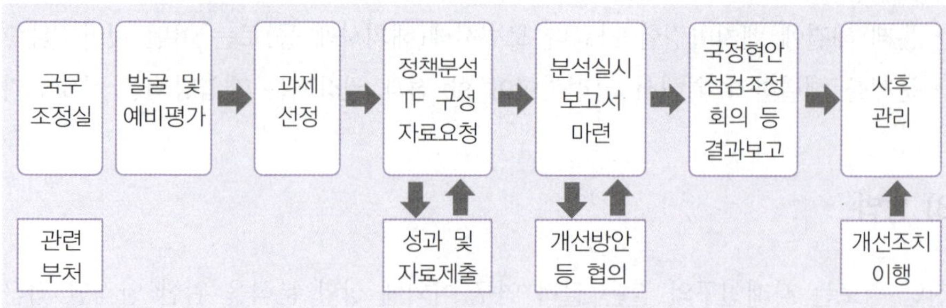

출처: 국무조정실(2021).

① 과제 발굴 및 선정

- 개선 필요성을 인지한 과제에 대해 정책분석의 필요성, 타당성, 효과성에 대한 예비 검토를 거쳐 대상과제로 선정

② 정책분석 TF 구성 및 자료수집

- 정부업무평가실 담당 과장 및 사무관(2~4명)을 중심으로 민간전문가 · 부처 관계자 · 연구원 등을 포함한 TF 구성, 이후 평가에 착수
- 분석 과제의 현황 및 문제점을 파악하기 위해 다양한 방법으로 관련 자료를 수집하고, 개선방안의 실행 가능성 제고를 위해 현장점검 병행, 이에는 면접, 설문지법, 관찰법, 전문가 자문법, 문헌탐색법, 세미나 · 공청회 참여 등을 활용

③ 분석보고서 마련

- 수집된 자료에 대한 심층분석과 현장의견 수렴 결과를 토대로 실현 가능한 개선방안 도출, 보고서 작성한다. 보고서의 일반적인 작성방식은 ⓐ 분석배경, ⓑ 관련 법 · 정책 등 현황, ⓒ 분석평가 결과, ⓓ 향후 조치계획임

④ 최종보고서 확정 · 발표

- 보고서(안)을 관계부처에 송부하여 개선방안의 이행 가능 여부에 대해 실무협의를 실시하고 이견이 있는 경우 관계부처 협의를 통해 조율
- 실무협의가 완료되면, 국정현안점검조정회의 등 주요 국정회의체에 보고서를 상정하여 평가결과를 확정

• 언론브리핑 또는 보도자료 배포 등을 통해 개선방안을 공개 · 홍보

⑤ 사후관리

• 관계부처에 분석 · 평가결과를 정식 통보하고, 각 개선방안에 대한 구체적인 이행계획 수립을 요구
• 국무조정실 주관으로 부처별 소관 과제 이행 상황을 점검하고, 점검결과는 필요시 정부업무 평가에 반영
• 정책분석 기여도가 높은 기관은 성과관리 · 자체평가 실태 점검 시 가점을 부여

이외에도 국회입법조사처에서 발간하고 있는 'NARS 현안분석' 자료도 진단 검토라 할 수 있다(https://www.nars.go.kr).

10. 모니터링

1) 모니터링의 의의

평가와 관련해 모니터링(monitoring)이란 용어는 매우 혼란스럽게 사용되고 있다. 모니터링을 평가와 명확하게 구분하기도 하고(DG BUDGET, 2004), 모니터링을 과정평가로 설명하기도 한다(Vedung, 1997; Rossi et al., 1999). 베덩(Vedung, 1997)은 평가 가운데 가장 중요한 것으로 모니터링과 영향평가라고 하면서 모니터링을 평가의 한 형태로 논의하고 있다. 그러나 평가의 개념을 엄격하게 판단하는 입장에서는 모니터링을 평가로 논의하지 않는다. 한편 평가와 모니터링을 구분하면서도 상호 보완적인 차원에서 같이 논의하는 경우도 있다(UNDP, 2002; Kusek & Rist, 2004). 오늘날 대부분 성과평가는 이들 모니터링 자료를 기반으로 하고 있다.

『웹스터 사전』에 의하면 모니터링은 "특별한 목적을 위하여 감시하고, 대조하고(check), 관측하는 것"으로 설명한다. 모니터링은 프로젝트나 프로그램에서 시행한 활동을 정기적으로 관찰하고 기록하는 것이다. 모니터링은 프로그램의 모든 차원의 정보를 일상적으로 수집하는 과정으로 프로그램을 집행한 이후에 프로그램이 계획대로 진행되고 있는지, 계획대로 산출이 나오는지를 점검해 필요에 따라 궤도를 수정한다.

예로, 실시간 수질 자동 모니터링 시스템은 하천수를 실시간으로 측정해 사전에 설정한 기준에 의해 수질의 오염 정도를 판단한다. 매시간 발표하는 지역의 초미세먼

지, 미세먼지 실태에 대한 공표도 이의 한 유형이 된다. 이처럼 모니터하는 것은 프로그램 활동이 어떻게 진행되고 있는가?를 점검하는 것이다.

모니터링의 특징을 평가와 비교하면 〈표 2-15〉와 같다. 모니터링은 정책, 프로그램 또는 프로젝트가 개개의 목표와 관련해 특정 시점에서 어디에 있는지에 대한 정보를 제공해 준다. 모니터링은 사실을 기술하는 행위이나 평가는 가치 판단을 하는 행위이다. 평가는 모니터링 시스템이 프로그램이 계획대로 운영되지 않고 있다는 신호를 보낼 경우에 모니터링을 보완하는 기능을 한다. 좋은 평가정보는 모니터링 시스템이 지적하는 실제와 변화를 좀 더 명확하게 해 준다. 모니터링 시스템은 변화의 방향, 변화의 폭 및 정도에 대한 지속적인 정보를 제공한다. 또한 모니터링은 예측하지 않은 변화를 확인할 수 있다.

표 2-15 모니터링과 평가의 특성

	모니터링	평가
목적	진행과정 추적, 감독, 과정분석과 문서화	심층분석, 계획과 실제 달성의 비교, 어떠한 결과가 달성되었는가를 확인하고, 왜 목표를 달성했고, 달성하지 못했는가를 분석
시기	프로그램 관리자, 프로젝트 집행자 및 주요 파트너에 의해 지속적이고 체계적으로 수행	일시적: 집행 전, 프로그램 집행의 중간 시점 중요한 시점: 프로그램의 종료 시점 등
초점	투입, 활동, 산출, 집행과정, 계속적인 적정성, 성과 수준에서의 가능한 결과에 초점, 파트너십 및 소프트한 지원활동	투입과 관련된 산출, 비용과 관련된 결과, 결과를 달성하는 데 사용한 과정, 전체적인 적정성, 영향, 지속가능성에 초점
물음	어떠한 활동이 이뤄졌고, 달성한 결과는 무엇인가에 응답 인과적 평가질문이 필수적이지 않음	왜, 그리고 어떻게 결과를 달성했는가에 응답, 변화를 위한 이론과 모형 구성에 기여 인과적 질문과 변화이론(논리모형)을 분석하고 질문을 함
활용	관리자에게 문제점을 제시하고 활동을 수정하기 위한 방법을 제시	관리자에게 전략과 정책적 대안을 제시
평가자	프로그램 관리자, 감독자, 공동체의 이해관계자와 자금 제공자에 의한 자기평가	프로그램 관리자, 감독자 등에 의한 내부평가, 공동체의 이해관계자, 자금제공자 및 외부평가자에 의한 외부평가, 절충적 평가
독립성	내부평가 중심으로 독립성이 없음	외부평가로 독립성을 추구
데이터	일상적 데이터 수집	모니터링 자료 활용, 다양한 자료원에서 데이터 수집

출처: UNICEF(1991); UNDP(2021) 참조.

그러나 모니터링은 변화의 인과관계에 대한 정보 및 변화가 어떻게 일어나는지에 대한 증거를 제공해 주지는 않는다. 모니터링 자료만으로 프로젝트, 프로그램 및 정책의 설계가 가지는 장점과 약점을 알기 어렵다. 결과평가를 통해 이러한 문제를 해결하고자 한다.

모니터링과 평가는 다음과 같은 면에서 상호 보완성을 가진다.

- 순차적 보완성(sequential complementarity): 모니터링 정보로 평가를 통해 답을 얻을 질문을 도출하고, 평가정보를 통해 새롭게 모니터할 영역을 도출한다.
- 정보 보완성(information complementarity): 모니터링과 평가는 같은 자료를 사용할 수 있다. 그러나 서로 다른 질문을 하고 서로 다른 분석을 하게 된다.
- 상호작용적 보완성(interactional complementarity): 관리자는 자신들의 업무를 관리하기 위해 모니터링과 평가 모두를 활용한다.

2) 모니터링의 목적과 질문

조직관리에서 모니터링은 다양한 목적으로 이용될 수 있다. 모니터링이 사용될 수 있는 목적을 보면 다음과 같다.

- 프로그램 개선을 위한 조치가 적시에 수행되어 의도한 목표를 달성할 수 있도록 사전에 문제점을 확인하기 위하여
- 프로그램의 맥락과 집행 환경의 변화와 관련하여 전체 사업과 사업 구성요소들의 진행 상황 변화를 확인하기 위하여
- 신속한 문제 확인 시스템의 구현과 다양한 이해관계자와의 내적 커뮤니케이션 시스템을 구축하기 위하여
- 특정 지표에 대한 정의를 통하여 활동 중이나 활동이 끝난 뒤 평가활동을 용이하게 하기 위하여
- 기획자가 새로운 프로그램을 시작하기 위한 도구로 사용하기 위하여
- 기존 개입활동을 강화할 것인지 아니면 중단해야 할 것인지를 결정하기 위하여
- 프로그램에 대한 지속적 개선을 촉진하기 위하여
- 정부개입의 전반적인 효과성과 효율성을 개입의 산출물, 결과 및 영향 측면에서 사정하기 위하여, 그리고 필요할 때 프로그램의 촉매 효과와 지속가능성을 결정

하기 위하여
- 정부개입 활동의 투명성과 책임성을 확보하기 위하여
- 프로그램 운영에 대한 관리 통제를 확보하기 위하여

모니터링은 다음과 같은 질문을 통하여 프로그램의 개선을 위한 정보를 얻고자 한다(UNDP, 2009).

- 사전에 파악한 산출을 계획대로 효율적으로 생산하고 있는가?
- 결과 달성을 위해 현재 또는 미래에 예상되는 문제, 위험 및 과제는 무엇인가?
- 이미 계획된 작업의 후속 단계를 변경하고자 한다면 어떤 결정이 필요한가?
- 계획 및 전달된 산출물이 계획된 결과의 달성과 계속 관련성이 있을 것인가?
- 우리가 예상한 결과가 우선순위, 목표 및 영향을 달성하는 데 전반적으로 적절하고 효과적인가?
- 모니터링을 통해 배우고 있는 것은 무엇인가?

3) 모니터링의 유형

모니터링은 그 초점을 어디에 두는가에 따라서 결과 모니터링과 집행 모니터링으로 구분할 수 있다. 최근에는 집행과정에 대한 모니터링보다는 결과에 초점을 두는 모니터링을 더 강조한다. 이 둘의 차이를 보면 다음과 같다(Fukuda-Parr et al., 2002).

(1) 집행 모니터링

집행 모니터링은 전통적으로 사용되어 온 모니터링 방법으로 다음을 통하여 집행과정을 모니터링한다.

- 개입 전에 문제와 상황을 기술, 활동과 중간 결과를 벤치마크
- 투입활동 및 중간 결과에 대한 데이터 수집/투입량, 산출 결과에 대한 보고
- 개입에 직접적으로 연계
- 효과성 문제보다는 행정, 집행, 관리문제에 대한 정보 제공

(2) 결과 모니터링

개입 및 전략을 위해 주로 사용되는 결과지향 모니터링의 특징을 보면 다음과 같다.

- 개입 전의 문제와 상황을 기술하기 위해 기준점 제시/결과를 위한 지표 구성
- 산출에 대한 데이터 수집과 이들이 결과에 어떻게 기여했는지를 제시
- 이해관계자 간의 변화에 대한 인지에 더 많은 관심을 둠
- 목표 달성을 위한 과정에 더 많은 질적·양적인 정보를 체계적으로 보고
- 전략적 파트너와 연계 수행
- 바람직한 결과를 달성하는 과정에서 파트너십 전략의 실패와 성공에 대한 정보 제공

4) 모니터링 원리

좋은 모니터링을 위해서는 다음과 같은 최소의 기준 및 원리를 준수할 필요가 있다(UNDP, 2002; OMB, 2018).

- 좋은 모니터링은 결과와 그 후속 조치에 초점을 둔다. 좋은 모니터링은 의도한 결과를 달성하고자 할 때 무엇이 잘 진행되고 무엇이 잘 진행되지 않고 있는가?를 밝히고, 이를 바탕으로 개선을 위한 의사결정을 한다.
- 좋은 모니터링은 참여적 모니터링 방법에 의해 성과에 대한 책임감, 소유 의식, 모니터링에 의한 수정 활동 및 환류 등의 이익을 얻을 수 있도록 해야 한다.
- 좋은 모니터링 활동은 모니터링 결과에 의해 좋은 교훈을 얻어서 모니터링 과정 이외에 성과를 제고하기 위한 활동의 개선에 활용하여야 한다.
- 좋은 모니터링 활동은 협력자와의 파트너십 형성과 협조적 관계를 구성해야 한다.
- 모니터링은 명확하고 일차원적인 지표로 표현되는 목표가 있어야 한다.
- 모니터링은 데이터의 질 기준을 충족하는 데이터와 정보를 기반으로 운영되어야 한다.
- 모니터링은 논리적으로 프로그램 활동과 연계되고 프로그램으로 발생하는 변화를 측정하여야 한다.
- 모니터링은 프로그램 집행 중에 집행과정을 수정하는 데 유용하여야 한다.

5) 모니터링 설계과정과 도구

(1) 모니터링 설계과정

다른 평가나 사정과정과 같이 모니터링도 합리적으로 운영되기 위해서는 프로그램의 설계 단계부터 모니터링 계획이 수립되어야 한다. 결과지향의 모니터링을 계획할 때 참고가 될 수 있는 과정을 보면 다음과 같다(UNDP, 2009).

- **필요 평가**: 모니터링의 필요는 결과의 특성과 결과에 기여할 것으로 기대하는 프로그램이나 프로젝트의 특성을 평가함으로써 확인할 수 있다. 결과를 평가하는 데 어떠한 정보가 필요한가? 계속해서 알아내야 할 가장 중요한 요소는 무엇인가? 무엇으로 과정이나 성공을 이야기할 수 있을 것인가?
- **현재의 모니터링 활동에 대한 평가**: 현재 이뤄지고 있는 모니터링을 평가하기 위해서는 현재 사용되고 있는 모든 모니터링 도구를 조사해야 한다. 이러한 도구들이 필요한 정보를 제공해 주고 있는가? 주요 협력자들이 포함되어 있는가? 모니터링은 능률성에 핵심이 되는 이슈에 초점을 두고 있는가? 좀 더 능률적이고 협력적으로 할 가능성은 없는가?
- **모니터링의 범위와 도구에 대한 검토**: 프로그램이나 프로젝트에 맞도록 추가되거나 보완되어야 할 모니터링의 범위나 도구는 없는가?
- **모니터링 메커니즘의 채택과 설계**: 모니터링은 결과를 충분히 분석하고, 필요정보와 제공정보 간 격차를 줄이는 방식으로 이루어져야 한다.

(2) 모니터링 도구

모니터링을 위한 도구는 〈표 2-16〉의 도구들을 혼합해 사용하게 된다.

- **보고/분석**: 진행과정에 대한 정보를 제공해 주는 문서를 획득해 분석하는 방법이다.
- **확인**: 주로 보고 결과가 정확한지를 확인하기 위해 사용된다.
- **참여**: 진행과정과 제시된 활동에 대해 협력자나 프로그램의 대상집단으로부터 의견을 수렴해 판단하기 위해 사용된다.

표 2-16 모니터링 도구

보고와 분석	확인	참여
• 연차별 프로젝트 보고서 • 월별 분기별 보고서 • 작업계획 • 프로젝트와 프로그램 전달 기록 보고서 • 기타 프로젝트 문서	• 현장방문 • 현지 체크리스트 방문 • 외부 사정/모니터링 • 고객 여론조사 • 평가	• 성과 그룹 • 조정위원회/조정 기구 • 이해관계자 회의 • 포커스 그룹 회의 • 연차별 감사

6) 모니터링의 사례

(1) 성과관리 시행계획 이행 상황 자체 점검

[그림 2-4]의 중앙행정기관의 자체평가 체계에서 이행 상황 점검 단계는 모니터링 활동에 속한다. 중앙행정기관의 성과평가와 관련하여 중앙행정기관장은 '성과관리 시행계획'의 이행 상황에 대한 반기별 자체 점검을 하도록 하고 있다(정부업무평가 기본법 제6조 제4항). 대상은 평가 대상이 되는 관리과제이고, 모니터링 방법은 관리과제별 추진계획 대비 추진실적을 점검하여 부진 사용 및 개선 · 보완 필요사항을 확인하여 조치하도록 하고 있다. 점검 결과는 전자통합평가시스템(e-IPSES)에 등록하도록 하고 있다. 모니터링 결과는 성과관리 시행계획의 수정에 활용하고, 중앙행정기관 성과평가에 활용한다(국무조정실, 2022b).

(2) 기타 공공기관의 모니터링

공공기관에서 월별, 분기별, 연차별로 사업 실적을 상급기관에 보고하는 활동이나 상급기관에서 현장 방문을 하거나, 여론조사를 하는 것, 주요 사업을 집행하는 과정에서 주민간담회나 전문가 집단회의를 하는 활동은 기본적으로 모니터링의 속성을 가지는 활동이다. 이 밖에 모니터링의 예는 CCTV 운영, 치안 모니터, 홈페이지 모니터, 방송 모니터 등도 기본적으로 모니터링 활동에 포함된다.

11. 메타평가

1) 의의

메타평가(metaevaluation)는 평가를 평가한다(evaluation of evaluation)는 면에서 상위평가로 부르기도 한다. 메타평가는 평가의 과정과 결과의 질적 측면을 판단하기 위해 평가를 체계적으로 다시 조망하는 일련의 과정(Cooksy & Caracelli, 2005)으로, 평가계획·집행 및 완료된 평가를 다시 평가하는 것을 말한다. 정부업무평가 기본법(제2조)에서는 메타평가를 재평가로 규정하고 재평가를 '이미 실시된 평가의 결과·방법 및 절차에 관해 그 평가를 실시한 기관 외의 기관이 다시 평가하는 것'으로 정의하고 있다. 오늘날 메타평가는 내부평가가 확대되면서 평가의 질을 확보하기 위해서 그 필요성이 커지고 있다(Sturges & Howley, 2016).

메타평가란 용어를 처음 사용한 스크라이븐(Scriven, 1969)은 메타평가의 필요성을 평가 활용도가 낮다는 점에서 찾고 있다. 즉, 평가의 활용도를 제고하기 위해서는 평가 자체에 대한 체계적인 분석과 평가자와 평가 이해관계자 간의 의사소통이 원활해야 한다.

메타평가도 일반적인 평가와 같이 다음과 같은 전제를 가진다(Stufflebeam, 1971).

- 메타평가는 평가활동의 가치를 사정하는 것이다.
- 메타평가는 사전적으로 의사결정을 지원하는 정보를 제공하고, 평가자의 과거 평가에 대한 책임성과 관련된 회고적인 정보도 제공해야 한다.
- 메타평가는 평가 목적, 평가설계의 적정성, 집행의 적합성, 평가결과의 질과 중요성을 사정해야 한다.
- 메타평가는 평가활동을 기술하고 판단하여 평가활동을 개선하도록 권고해야 한다.
- 메타평가는 내부에 의한 형성평가와 외적 판단을 위한 총괄평가가 이뤄져야 한다.
- 메타평가는 평가에서 다루게 될 평가질문의 형성과 질문에 답을 얻는 데 필요한 정보를 수집·분석하는 활동, 그리고 적절한 의사결정과 책임성을 확보하는 데 활용할 수 있는 정보를 제공하는 과정이 필요하다.
- 메타평가도 일반적인 평가처럼 기술적 적합성, 유용성 및 비용-효과를 고려한다.

2) 메타평가의 목적

메타평가 또는 분석은 일련의 연구 결과를 체계화하고 일반화해 지식을 축적하는 것을 목적으로 한다. 이에 의해 불필요한 연구의 반복을 피하게 하고 향후의 연구에서 오류를 줄이는 등의 기능을 한다. 메타평가를 수행하는 주요 목적은 평가 자체의 실제를 이해하고 평가의 질을 향상하는 것이다. 궁극적으로 메타평가도 기관의 의사결정과 책임성 향상과 같은 평가의 목적을 가진다. 메타평가는 평가자로 하여금 자기평가 및 자기계발의 목적도 가진다. 이는 메타평가가 평가에 사용된 방법론의 특성, 평가의 명료성, 사실에 대한 충실성 및 평가와 관련된 기타 여러 가지 특징을 살펴보기 위한 것이기 때문이다(Vedung, 1997). 그리고 미시적인 차원에서 메타평가는 특정 평가에서 사용된 방법의 적정성, 자료의 오류 여부, 도출된 결과의 타당성 등을 검토할 수 있다.

메타평가는 평가의 책임성을 확보하기 위한 중요한 수단이 된다. 평가자의 평가에 대한 책임성을 결여하게 되면 평가의 신뢰성 및 평가의 질을 확보하는 것을 어렵게 한다. 평가자의 책임성은 평가에 대한 문서화, 메타평가 등의 방법에 의해 확보될 수 있다. 평가에서 책임성에 대한 관심은 프로그램의 개선에 대한 지침 제공, 프로그램 의사결정의 개선 및 좀 더 실제적인 평가를 수행하도록 하는 기능을 한다.

3) 메타평가의 기준과 유형

메타평가의 기준은 제3장에서 논의하는 바람직한 평가 기준들이 그대로 사용될 수 있다. 우리의 정부업무평가에서 2005년까지 한시적으로 사용되었던 상위 평가의 기준을 보면 〈표 2-17〉과 같다.

메타평가는 총괄적 메타평가와 형성적 메타평가로 구분할 수 있다. 총괄적 메타평가는 평가가 종료된 후 평가보고서를 공개적으로 검토함으로써 평가자의 책무성을 확보하고 평가 이용자들에게 평가결과의 이용에 도움을 주고자 하는 평가다. 형성적 메타평가는 평가 진행과 해석에 대한 의사결정을 도와주고, 평가의 진행 상황을 점검해 환류시킴으로써 평가활동의 질을 제고하기 위한 평가다.

표 2-17 **자체평가 상위평가 기준**

평가 항목	평가 기준	평가지표	평정 기준
평가 계획	평가계획의 적정성	평가계획의 구체성 및 명확성	연초에 수립된 당해연도 평가계획이 구체적이고 명확한가?
		평가 기준 및 성과지표의 적정성	평가 기준 및 성과지표가 평가 목적에 부합하도록 적절하게 마련되었는가?
평가 체계	평가 수행 체계의 적합성	자체평가 추진 체계의 적합성	자체평가 추진 체계가 적합하게 마련되어 있는가?
		평가업무 지원의 노력도	평가업무 지원 노력은 어느 수준인가?
평가 수행	평가 수행의 적정성	평가 수행의 충실성	평가계획대로 평가가 충실하게 수행되었는가?
		평가 의견의 적합성	평가 수행에 따른 평가 의견은 적합한 내용으로 제시되고 있는가?
평가 결과	평가결과의 활용 노력	평가 의견의 반영 노력도	제시된 평가 의견 반영은 적절하게 이뤄지고 있는가?
		성과관리제도와의 연계 노력	평가결과의 기타 성과관리제도와의 연계를 위한 활용 노력이 어느 수준인가?

출처: 국무총리실 정책평가위원회(2005).

(1) 내부 메타평가

평가에 대한 책임성을 확보하기 위한 중요한 수단으로서 내부 메타평가는 기존의 문서에 기초한다고 해서 책상에서 이뤄지는 감사로 불리기도 한다. 다른 접근방법처럼 내부 메타평가도 형성적인 목적과 총괄적인 목적을 가진다. 내부 메타평가를 수행하는 평가자는 구성원, 고객, 기타 평가이용자에게 평가의 장점, 한계, 평가자의 책임을 알려야 한다.

평가의 책임성을 확보하기 위한 내부 메타평가에서 고려해야 할 것으로는 다음을 제시하고 있다(Yarbrough et al., 2011).

- 내부 메타평가는 평가에 대한 반성활동으로 평가의 이용자에게 가치를 창출하는 것임을 기억해야 한다.
- 메타평가의 논리에 의해 평가 초기부터 유용성, 실현 가능성, 적정성 및 정확성에 대한 내부 메타평가를 계획해야 한다.
- 내부 메타평가를 위해 적절한 자원을 확보해야 한다.
- 평가 전반에 걸쳐서 내부 메타평가를 관리할 전문가를 최소한 1명 이상을 선발

한다.

- 내부 메타평가와 그것이 평가의 질과 가치에 기여하는 것을 정기적으로 검토한다.
- 어떻게 프로그램 평가가 진행되었고, 다른 관련된 이해관계자들이 경험했는지에 대한 정보와 문서를 보완적으로 수집한다.

그러나 다음과 같은 위험적 요인은 배제되어야 한다.

- 조사되거나 확증되지 않고 발생한 사실에만 의존하는 것
- 평가에 대한 메타평가를 실제 수행하고, 경험하며, 다른 사람에 의해 사용되는 것이라기보다는 개념적이고 의도적인 것으로 생각하는 것
- 단지 내부적인 지식에만 의존해 메타평가를 수행하는 것
- 평가자원을 내부 메타평가에 사용해 본래의 평가를 손상하는 것
- 내부 메타평가에 너무 적은 관심을 두어서 메타평가에 의한 평가의 개선이나 평가의 질을 확보하지 못하도록 하는 것

(2) 외부 메타평가

평가를 개선하고 평가에 대한 책임성을 제고하기 위해서는 프로그램 평가의 지원자, 고객, 평가자 및 기타 이해관계자들로 하여금 평가 기준을 사용해 외부평가를 하도록 장려할 필요가 있다. 외부 메타평가도 형성적 목적과 총괄적 목적을 가진다. 외부 메타평가는 내부 메타평가보다 좀 더 객관적이다. 그러나 독립적으로 수행되는 외부 메타평가가 평가의 질을 항상 확보하는 것은 아니다. 일반적인 외부평가와 같이 외부 메타평가자의 문화적 관점, 믿음과 가치, 인력, 재정, 과거의 평가 경험들이 평가결과에 영향을 준다.

이러한 외부 메타평가가 그의 기본적인 목적을 달성하기 위해서는 다음과 같은 조건을 확보하는 것이 필요하다(Yarbrough et al., 2011).

- 외부 메타평가가 추구하는 욕구와 목적을 명확하게 해야 한다.
- 내 · 외부 메타평가의 장단점을 확인하여 어떠한 평가를 실시할 것인지를 선택한다.
- 기존에 만들어진 문서를 포함해 외부평가에 필요한 자원을 목록으로 작성한다.
- 자원, 문서 및 추가로 필요한 자료 수집을 검토한다.

- 자금 지원을 받아서 실시하는 외부 메타평가를 실시할 경우에 1명 이상의 신뢰할 수 있는 평가자를 충원 또는 선발해 참여시키도록 한다.
- 선발된 이해관계자와 협력해 메타평가의 목적을 재검토하고 확인한다.
- 메타평가의 질을 판정하기 위한 가치, 기준 및 기타 조건을 확인한다.
- 메타평가를 위해 설정한 기준에 의해 검토하고 사정한다.
- 메타평가 활용을 촉진하기 위해 평가 이용자, 목적, 필요, 증거, 결과, 판단 등에 대해 소통한다.
- 메타평가도 구체적인 하나의 평가이기 때문에 평가과정과 결과를 모니터한다.

4) 메타평가에서 고려할 사항

메타평가를 효과적으로 수행하기 위해서는 평가의 신뢰성과 객관성을 확보해야 하고, 이를 위해 엄격한 방법과 기법을 사용해야 한다. 분석 결과의 일반화를 위한 논리적인 판단과 추리도 필요하다. 메타평가에서는 평가의 평가로 평가문제나 가설에 대한 연구가 많을수록 유용한 결과를 도출할 수 있다. 메타평가는 평가자 자신이 할 수도 있고, 제삼자에 의해 수행될 수도 있으며, 평가 대상자가 수행할 수도 있는데 가장 바람직한 것은 평가 대상자가 수행하는 방법이다(Vedung, 1997). 메타평가 결과를 주기적으로 활용하여 기관의 평가체계를 개선하도록 하는 것도 필요하다(Stufflebeam, 2020).

5) 메타평가의 사례

국가연구개발사업 상위평가는 1차 적절성 점검에서 이루어진다. 적절성 점검의 점검 항목 및 기준은 〈표 2-18〉과 같다. 이를 기준으로 평가과정, 평가근거, 평가결과 등 3개 항목 6개 세부 기준별로 등급을 부여하여 전체 평균등급이 '대체로 적절(15점) 이상일 경우 '적절', 미만일 경우 '부적절 판정을 하고, 부적절 사업은 부처에서 재평가를 수행하도록 하고 있다. 2차 적절성 점검은 부처의 재평가를 타당하게 하였는지를 점검하게 된다(과학기술정보통신부 · KISTEP, 2022).

표 2-18 국가연구개발사업 적절성 점검 항목 및 지표

구분	항목	평가지표
적절성 점검	Ⅰ. 자체평가 과정	Ⅰ-1. 자체평가위원회 구성·운영의 적절성
		Ⅰ-2. 자체평가 형식요건 준수 여부
		Ⅰ-3. 사업별 종합분석을 통한 평가의 객관성 확보
	3개 평가지표·기준을 모두 충족하면 '적절'	
	Ⅱ. 자체평가 근거	Ⅱ-1. 근거자료의 양적·질적 충실성
		Ⅱ-2. 자체평가 의견의 구체성·명확성
		Ⅱ-3. 평가의견과 등급 부여와의 부합성
	3개 평가지표 평균 15점 이상일 경우 '적절'	
	Ⅲ. 자체평가 결과	Ⅲ-1. 자체평가 결과의 적절성
		Ⅲ-2. 자체평가 결과의 변별력·신뢰성
	2개 평가지표 평균 15점 이상일 경우 '적절'	

※ 적절성 판단: 1. 자체평가 과정(적절)과 2. 자체평가 근거 및 3. 자체평가 결과가 평균 15점 이상(대체로 적절)일 경우, 2단계 적절성 점검 미실시.

※ 평가등급: 매우 적절(20), 대체로 적절(15), 보통(10), 대체로 부적절(5), 매우 부적절(0).

출처: 과학기술정보통신부·KISTEP(2022). 『2021년 국가개발사업 상위평가 보고서』(중간평가).

사례

메타평가 사례

- 오영민·이광희·오윤섭·이삼열(2017). 『우리나라 정부성과평가제도에 대한 메타평가 연구』. 한국조세재정연구원.
- 곽채기·박현식(2021). 공공기관 경영평가 지표체계에 대한 형성적 메타평가. 『사회과학연구』, 28(4): 89-112.
- 류영수(2020). 국가연구개발사업 자체평가의 메타평가. 『정책분석평가학회보』, 30(3): 79-108.
- 주희진·조경훈(2020). 지방자치단체 재정사업평가에 대한 메타평가 연구: 2016~2019년 평가의견을 중심으로. 『국정관리연구』, 15(2): 35-63.
- 안채명·강근복(2018). 중앙부처 자체평가에 대한 메타평가 연구: (구)행정자치부와 국민안전처 자체평가를 중심으로. 『한국행정논집』, 30(1): 29-59.

C·H·A·P·T·E·R 3

정책평가 과정과 기준

제 1 절 정책평가 과정

1. 정책평가 시스템

정책평가는 다양한 구성요소의 상호작용을 통하여 수행되게 된다. 평가 시스템의 구성요소로 모니터링과 평가 시스템이 효과적이고 효율적으로 바람직한 목적을 달성하기 위해서는 [그림 3-1]과 같은 구성요소를 요구한다(UNAIDS, MERG, 2009).

- **평가 기능을 수행하는 조직**: 조직의 모든 수준에서 평가를 적절하게 수행하기 위해서는 조직의 모든 평가 기능을 조정하고 수행하는 조직 단위가 있어야 한다.
- **평가를 위한 인적 역량**: 효과적으로 평가를 수행하기 위해서는 평가조직 내에 평가를 수행할 수 있는 역량을 가진 인력이 있어야 한다. 그리고 조직은 이들의 역량을 지속해서 개발하고 지원하는 활동을 해야 한다.
- **평가를 기획, 조정, 관리하기 위한 파트너십**: 조직이나 국가가 평가 시스템을 성공적으로 운용하기 위해서는 평가 파트너십이 전제되어야 한다. 파트너십은 조직의 평가활동을 보완하고, 조직의 평가활동이 의도한 목적을 달성하도록 돕는다.

그림 3-1 평가 시스템 구성요소

출처: UNAIDS(2009).

- 평가 틀/논리적 틀: 평가 틀은 프로그램의 목표, 투입, 산출, 결과와 이를 측정하기 위한 지표를 개략적으로 설명한다. 또한 평가 시스템이 가지고 있는 가정을 설명하고, 목표와 과정을 연결하며 무엇을 어떻게 측정할 것인지를 제시하여 준다.
- 평가 작업 계획과 비용: 평가 작업 계획은 평가 틀을 바탕으로 평가 기능에 할당된 자원이 평가 목표를 달성하기 위해 어떻게 사용할 것인지를 결정한다.
- 평가를 위한 문화, 커뮤니케이션, 지지: 조직의 평가 기능을 촉진하기 위한 정책과 전략이 있어야 하고, 이를 뒷받침하고 지지하는 조직문화가 있어야 한다. 이를 위해 평가 커뮤니케이션 채널이 확보되어야 한다.
- 정기적 프로그램 모니터링: 모니터링을 통하여 조직의 프로그램에 대한 지속적이고 일상적인 데이터 수집, 보고하고, 이를 평가와 통합해야 한다.
- 조사와 감시: 국가 차원의 정책과 프로그램에 대한 조사와 감시가 자주 시행되어 프로그램 평가에 활용될 수 있도록 한다.
- 국가 및 하위 수준의 데이터베이스 구축: 오늘날 공공 데이터는 오픈소스 형태로 발전하고 있다. (하위)정부의 정책과 프로그램 관련 데이터베이스를 구축해야 한다.
- 지원적 감독과 데이터 감사: 조직 단위의 평가활동을 지원적으로 감독하는 체제를 구축하고, 데이터 신뢰성을 확보하기 위해 정기적으로 데이터 감사가 이루어져야 한다.
- 평가와 연구: 평가의 한 측면은 연구이고, 프로그램 개선 이외에 조직학습과 성공과 실패 경험을 다른 이해관계자와 공유하도록 해야 한다.
- 데이터 배포와 활용: 프로그램 집행과정의 모든 정보를 수집하여 향후 활동에 사용해야 한다. 모니터링과 평가결과를 책임성 확보 차원에서 이해관계자와 공유한다.

우리는 정책평가 시스템을 [그림 3-2]와 같이 여섯 개의 구성요소로 살펴보고자 한다.

그림 3-2 정책평가의 구성요소

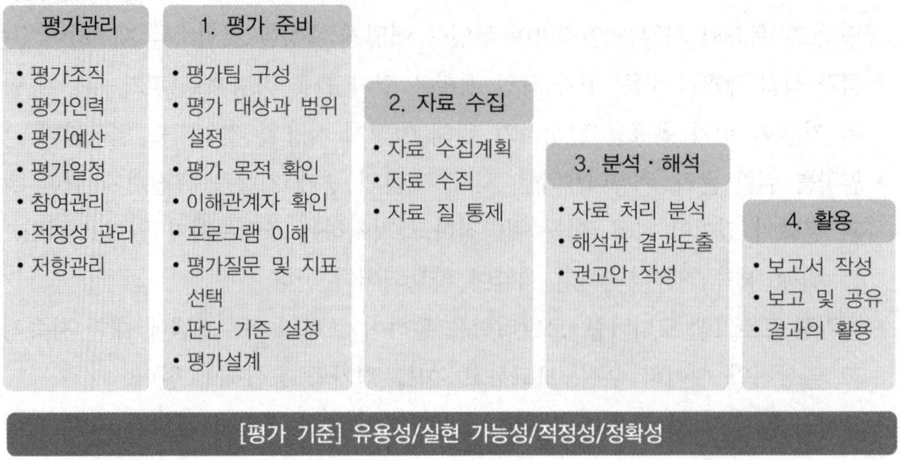

1) 평가 기준

평가 기준은 평가체계가 효과적이고 합리적으로 운영되기 위하여 평가 시스템이 준수하여야 할 기본적이고 규범적인 기준을 의미한다. 이 기준은 평가의 전 과정에 영향을 준다.

2) 평가관리

평가관리에는 평가를 관리하는 조직, 평가를 수행하는 평가자 및 조직의 평가 담당자 등의 인력관리, 평가 예산관리, 평가 일정관리 및 평가의 책임성, 공정성, 투명성 확보를 위한 활동 등이 포함된다. 이러한 평가관리는 평가의 모든 과정에 영향을 미치게 된다.

3) 평가 준비

모든 합리적 활동은 계획을 필요로 한다. 평가를 위한 첫 번째 단계인 준비 단계에서는 평가 대상 확인, 먼저 왜 평가를 하는가 하는 평가의 목적을 확인하고, 평가에 대한 이해관계자를 확인하여 평가활동에 대한 합의할 필요가 있다. 다음으로 평가하고자 하는 정책이나 프로그램을 이해하는 과정이 필요하다. 정책이나 프로그램을 알지 못하고 평가를 할 수는 없다. 평가하고자 하는 정책이나 프로그램에 대한 이해를 바탕으로 평가로부터 알고자 하는 평가질문을 선택하고 평가결과를 바탕으로 판단하게 되는 기준을 설정해야 한다. 평가질문에 대한 답을 어떻게 얻을 것인가 하는 방법을 위한 계획을 평가설계(evaluation design)라 한다. 평가설계는 평가를 위한 청사진으로 평가질문에 답을 얻는 방법을 결정하는 과정이다.

4) 자료 수집

평가설계가 완성되면 다음으로 자료 수집계획을 수립해야 한다. 자료 수집계획에서는 평가질문에 답을 얻기 위한 자료, 이를 어디에서 수집할 것인가 하는 자료원의 확인과 자료 수집 방법 등이 결정된다.

5) 자료분석 및 해석

자료분석 및 해석 단계는 수집된 자료를 정리하고, 목표 달성도, 정책 및 프로그램과 효과 및 성과 간의 인과적 관계 등을 분석하게 된다. 자료의 분석은 양적 자료와 질적 자료에 따라서 다양한 분석 방법이 활용될 수 있다. 분석된 결과는 평가의 판단기준과 정책 및 프로그램의 여건 등을 고려해 해석하고, 해석을 바탕으로 평가에 대한 결론을 도출하게 된다. 자료의 분석은 객관적인 신뢰성을 확보하기 위한 사실판단에 따라, 해석은 평가자의 주관적 판단에 따라 이뤄지게 된다. 평가의 결과와 해석은 정책 및 프로그램의 개선을 위한 권고안이나 교훈을 도출하는 데 활용하게 된다.

6) 평가결과의 활용

평가가 마무리되면 평가보고서를 작성해야 한다. 그리고 합리적인 평가활동에서는 평가결과를 정책 및 프로그램의 개선 등의 의사결정에 활용하도록 한다. 이를 위해 다양한 형태의 보고활동이 있어야 한다.

2. 정책평가 과정

정책평가에 대한 대부분 접근방법은 순환 과정적 접근방법을 취한다. 평가의 과정은 단계를 어느 정도 세분화하느냐에 따라서 다양하게 구분되고 있다. 예를 들어, 켈로그 재단(Kellogg Foundation, 2017)은 A(평가 준비)－B(이해관계자 확인과 참여방법 결정)－C(정책 가정 확인과 변화 또는 논리모형 작성)－D(평가계획 수립)－E(데이터 수집 및 분석)－F(평가결과 전달 및 이해)－G(정보에 의한 의사결정)의 7단계로 구분하고 있다. UNEG(2013)는 ⓐ 평가 핵심 질문－ⓑ 평가성 사정－ⓒ 설계－ⓓ 데이터 수집－ⓔ 데이터 분석－ⓕ 보고－ⓖ 학습－ⓗ 활용의 8단계로 구분하고 있다. 활용에 초점을 두는 평가를 주장하는 페이튼(Patton, 2012)은 17단계로 세분하여 설명하고 있다.

우리는 이들을 종합하여 [그림 3-3]과 같이 크게 준비－실시－활용의 세 개 범주에 10단계로 구분하여 논의하고자 한다. 이들 과정은 순차적으로 제시되었으나 실제로는 순환적 과정이며, 각 단계 간의 상호작용에 의한 반복적 과정으로 이해하여야 한다. 예로, 이해관계자 확인과 평가 목적 확인은 참여적 평가에서 같은 차원에서 이뤄져야 한다.

- 준비 단계: 평가의 준비 단계에서는 왜(why), 무엇(what)을, 누가(who), 언제(when), 어떻게(how), 무엇으로(resources) 평가할 것인가를 결정한다. 평가를 위해서는 평가조직, 예산, 인력이 있어야 하고, 이를 위해 평가관리에 대한 계획이 수립될 필요가 있다. 평가조직으로 가장 핵심적인 평가팀이 구성되어야 하고, 평가팀은 평가의 목적을 확인하고, 평가의 대상이 되는 정책 및 프로그램에 대한 이해가 있어야 한다. 준비 단계에서 꼭 필요한 활동으로 평가 대상 정책 및 프로그램에 대한 이해관계자를 확인하고, 이들의 평가에 대한 인식 등을 명확하게 하는 것이 필요하다. 준비 과정에서 가장 실제적인 것은 무엇을 어떻게 평가할 것인가 하는 평가 방법에 대한 설계가 있어야 한다.
- 실시 단계: 평가의 실시 단계에서는 평가계획에 따라서 평가를 위한 자료 및 정보를 수집하는 단계다. 이어서 수집된 자료에 대한 분석과 분석 결과에 따른 해석이 있게 된다. 이를 바탕으로 정책 및 프로그램이 계획대로 집행되었는지, 집행되지 않았으면 그 이유는 무엇인가와 같은 것을 밝혀내게 된다. 또한 평가결

과를 바탕으로 평가의 중요한 목적인 정책과 프로그램 개선을 위한 권고안과 교훈을 도출하게 된다.

- 활용 단계: 평가의 활용 단계는 평가의 목적을 실현하는 단계로 평가결과를 바탕으로 정책 및 프로그램의 개선을 추진하도록 하는 단계다. 활용을 위해 평가결과에 대한 보고와 다양한 이해관계자들 간의 평가결과에 대한 공유가 있어야 한다.

그림 3-3 정책평가 과정

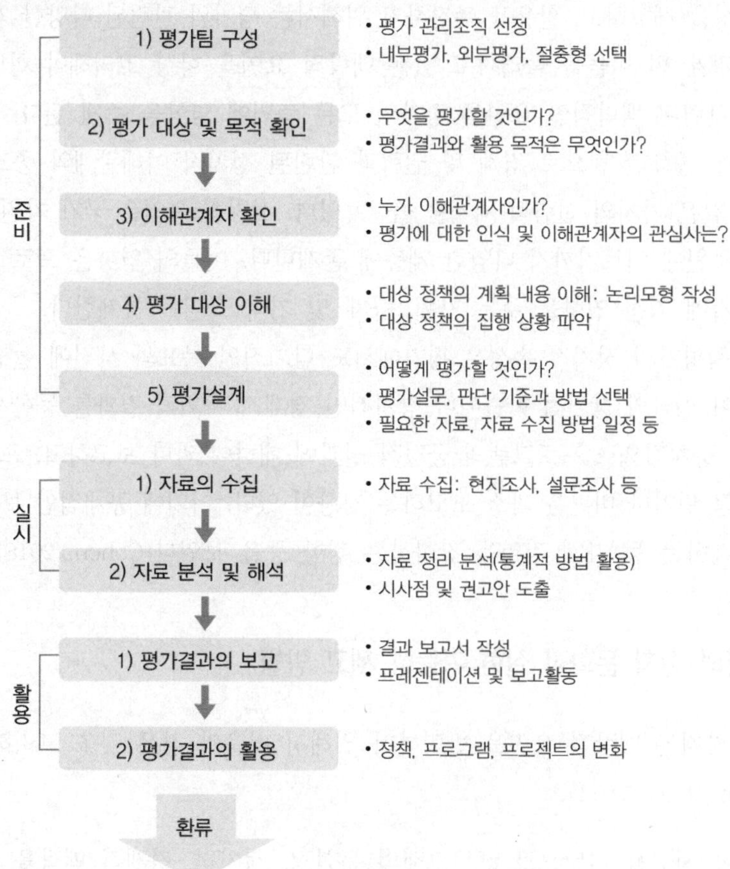

3. 정책평가 과정의 정치성

1) 의의

정책평가를 포함한 정책과정은 정치적 속성을 가진다(Varone et al., 2005). 정책과정의 정치적 속성으로 평가를 단순히 과학적 실증주의적 접근방법으로 접근하게 되면 평가의 사회적, 정치적, 그리고 가치 지향적 속성을 고려하지 못하게 된다(Gubba & Lincoln, 1989). 정책평가는 정책과정에 개입하는 개인과 집단의 욕구와 문화적·정치적 이해관계를 이해하고, 모니터하며, 이들을 균형 있게 해야 한다. 특히 평가의 실현 가능성을 제고하고, 활용을 촉진하기 위해서는 평가와 관련된 다양한 개인과 집단의 이해관계 및 이들을 둘러싸고 있는 맥락적 요인을 항상 고려해야 한다.

평가와 관련된 맥락적인 요인은 평가의 모든 측면에 영향을 주게 된다. 맥락적인 요인 가운데 중요한 것으로 경제 및 권력과 관련된 정치적 이해관계와 종교나 문화적 가치와 같은 가치의 선험적 체계를 들 수 있다. 정치적 요인은 국가 차원에서부터 프로그램 차원에 이르기까지 다양한 계층에 존재한다. 이들의 영향은 프로그램과 프로그램 평가에 직접 영향을 주는 자원, 규제 및 기타 요인을 통제한다.

한편 정책평가의 정치적 속성은 평가에서도 단기적인 목표와 사전에 설정한 목표를 강조하여 평가의 장기적 학습이나 장기적인 경제적 사회적 결과를 등한시하는 속성이 있다. 정치적으로 프로그램의 긍정적 결과에 대하여 과다 보고하고, 프로그램에 대한 부정적 평가나 비판은 과소 보고하는 경향이 있다. 이외에 공개적인 보고활동에 대하여 억제하는 등 자체 검열을 강화하는 경향 등을 보인다(Cohen, 2018).

2) 평가의 정치 문화적 실현 가능성 제고 방법

평가가 가지는 맥락적 요인을 반영하기 위해서 다음과 같은 것을 고려해야 한다(Yarbrough et al., 2011).

- 다양한 자료를 바탕으로 프로그램의 문화적, 정치적, 경제적 맥락을 이해해야 한다.
- 프로그램과 프로그램의 평가에 대해 개인과 집단이 서로 다른 의견을 가질 수 있다는 것을 인식해야 한다. 이를 위해 프로그램 담당자, 기타 이해관계자와의

면접, 과거 보고서 및 프로그램과 관련된 문서의 검토가 요구된다.

- 프로그램과 평가의 목적, 편익 및 한계에 대해 좀 더 균형된 이해를 위해 주요 이해관계자와 지속적인 커뮤니케이션이 요구된다.
- 현재 참여하지 않은 이해관계자를 확인하고 필요한 정보를 제공해 평가에 적극적인 영향을 행사하도록 한다.
- 균형된 방법으로 주요 이해관계자의 욕구를 반영한다. 문화적·정치적으로 실현 가능한 평가는 이해관계자들의 욕구를 반영하고 이들에 반응해야 한다.
- 자문집단을 활용하여 평가의 실현 가능성에 영향을 줄 수 있는 요인을 확인한다.
- 이해관계자들이 요구하는 자료에의 접근을 확보하도록 해야 한다.
- 평가와 관련한 웹사이트를 개발해 이해관계자와의 의사전달을 촉진하도록 한다.

제 2 절 평가 기준

좋은 평가를 정의하기 위한 정해진 기준은 없다. 이는 평가 환경이나 대상이 매우 다양하기 때문이다. 좋은 평가는 유용하고 평가하고자 하는 사람과 조직의 요구 또는 평가의 목적에 맞는 평가가 좋은 평가이다. 또한 평가정보를 관리하고 사용하는 조직의 능력에 적합하여야 한다. 많은 학자와 기관들이 바람직한 평가를 수행하기 위해 준수해야 규범적 평가 기준을 제시하고 있다. 이러한 기준들은 각국의 제도와 문화적인 배경을 바탕으로 제시되고 있기 때문에 이를 적용할 경우 적절한 수정이 필요하다.

1. 교육평가기준 합동위원회의 기준

미국 교육평가기준 합동위원회(Joint Committee on Standards for Educational Evaluation: JCSEE)의 프로그램 평가 기준(Program Evaluation Standards)은 가장 널리 사용되는 기준 가운데 하나로 2011년 세 번째 수정안이 제시되었다. 이 기준은 유용성, 실현 가능성, 적합성, 정확성 및 책임성의 다섯 개의 부문에 30개의 기준으로 구성되어 있다. 이들 기준을 요약하면 아래와 같다(Yarbrough et al., 2011).

1) 유용성 기준

유용성 기준(utility standards)은 프로그램 이해관계자가 그들의 욕구를 충족시키기 위해 가치 있는 평가과정과 결과를 제시하는 것을 목적으로 한다.

- U1 평가자의 신뢰성: 신뢰할 만한 평가자가 평가를 수행해야 한다.
- U2 이해관계자에 관한 관심: 평가는 프로그램에 투자하고 프로그램 평가에 영향을 받는 모든 개인과 집단에 관심을 가져야 한다.
- U3 합의된 목적: 이해관계자의 욕구와 지속적인 협의를 통해 평가 목적을 결정한다.
- U4 명확한 가치: 평가는 목적, 과정 및 판단에 기반이 되는 개인 및 문화적 가치를 명확하게 하고 구체화해야 한다.
- U5 적절한 정보: 평가정보는 이해관계자의 욕구를 만족시켜야 한다.
- U6 의미 있는 과정과 결과: 평가는 참여자들이 프로그램에 대한 이해와 행위를 재발견, 재해석 또는 수정할 수 있도록 활동, 서술 및 판단을 구성해야 한다.
- U7 적시 적절한 소통: 평가는 청중의 정보 요구에 계속 대응해야 한다.
- U8 결과와 영향에 관한 관심: 평가는 책임성 있고 적합한 활용을 조장할 뿐 아니라 의도하지 않는 부정적인 결과나 남용을 방지해야 한다.

2) 실현 가능성 기준

실현 가능성 기준(feasibility standards)은 평가의 효과성과 효율성 증진을 목적으로 한다.

- F1 프로젝트 관리: 평가는 효과적인 프로젝트 관리전략을 이용해 수행되어야 한다.
- F2 실질적 절차: 평가 절차는 프로그램 운영방법에 비춰 실질적 · 대응적이어야 한다.
- F3 상황적 실현 가능성: 평가는 개인과 집단의 문화적 정치적 이해관계와 욕구를 파악하고, 검토해 이들을 균형 있게 고려해야 한다.
- F4 자원 이용: 평가자원은 효과적이고 효율적으로 활용해야 한다.

3) 적정성 기준

적정성 기준(propriety standards)은 평가에서 무엇이 타당하고, 공평하고, 합법적이고, 올바르며 공정한 것인가를 지원한다.

- P1 대응적이고 포괄적인 적응: 평가는 다양한 이해관계자에 대응적이어야 한다.
- P2 공식적 협약: 평가에 대한 협약은 책임을 명확하게 하고 고객 및 기타 이해관계자의 욕구, 기대 및 문화적 상황을 고려해 결정해야 한다.
- P3 인간의 권리와 존중: 평가는 인간적 권리와 법적 권리를 보호하고, 참여자와 기타 이해관계자의 존엄성을 유지할 수 있도록 계획하고 수행해야 한다.
- P4 명료성과 공평성: 평가가 이해관계자의 욕구와 목적을 다루고 공평해야 한다.
- P5 투명성과 공개: 평가는 법적의무와 공정성의 의무를 위배하지 않는 한, 평가의 결과, 한계 및 결론에 대한 모든 사항을 모든 이해관계자에게 공개해야 한다.
- P6 이해의 갈등: 평가는 평가의 신뢰성을 위태롭게 할 수 있는 실제적 또는 인지된 이해의 갈등을 공개적이고 정직하게 확인하고 제시해야 한다.
- P7 회계 책임: 평가에 지출한 모든 자원을 보고하고, 회계 절차를 준수해야 한다.

4) 정확성 기준

정확성 기준(accuracy standards)은 평가의 진술, 제안 및 결과, 특히 평가의 질에 대한 해석과 판단을 뒷받침할 수 있는 확실성과 진실성 제고를 목적으로 한다.

- A1 정당한 결론과 결정: 평가의 결론과 결정은 평가가 영향을 주게 되는 문화와 상황에서 명확하게 정당화될 수 있도록 해야 한다.
- A2 타당한 정보: 평가정보는 의도한 목적에 기여하고 해석을 명확하게 입증해야 한다.
- A3 신뢰할 수 있는 정보: 평가 절차는 평가가 의도한 목적을 위해 충분히 신뢰할 수 있고, 일관된 정보를 산출할 수 있도록 해야 한다.
- A4 명확한 프로그램 및 상황 기술: 평가는 평가의 목적을 위해 프로그램과 그의 상황을 적당한 정도의 구체성과 범위를 가지고 기술해야 한다.

- A5 정보관리: 평가는 체계적인 정보 수집, 검토, 확인 및 보관 방법을 활용해야 한다.
- A6 명확한 설계와 분석: 평가 목적에 기술적으로 적합한 설계와 분석 방법을 활용해야 한다.
- A7 명확한 평가의 인과적 추론: 정보, 결과 분석, 해석, 결론 및 판단으로 이뤄지는 인과적 추론은 명확하고 완벽하게 제시되어야 한다.
- A8 커뮤니케이션과 보고: 평가에 대한 커뮤니케이션은 적절한 범위를 가져야 하고, 오해, 편견, 왜곡 및 오류를 경계해야 한다.

5) 책임성 기준

책임성 기준(accountability standards)은 평가의 적절한 문서화와 메타평가가 평가과정과 결과를 개선하고, 이에 대한 책임성을 제고하는 것을 목적으로 한다.

- E1 평가 문서화: 평가는 합의된 평가 목적과 집행된 평가설계, 절차, 자료 및 결과를 완전하게 문서화해야 한다.
- E2 내부 메타평가: 평가자는 평가설계, 활용한 절차, 수집한 정보 및 결과에 대해 이 기준이나 적절한 기준에 의해 책임성을 조사해야 한다.
- E3 외부 메타평가: 프로그램 평가에 대한 지원자, 고객 및 기타 이해관계자는 이 기준이나 기타 적절한 기준을 활용해 외부 메타평가를 실시하도록 촉구해야 한다.

2. UNEG(유엔평가그룹)의 평가 규범

유엔평가그룹(UNEG, 2016)은 평가를 위한 일반 규범으로 다음을 제시하고 있다.

1) 규범 1: 국제적으로 합의된 원칙, 목적과 목표 준수

평가자는 유엔이 약속한 원칙과 가치를 유지하고 촉진해야 한다. 특히 지속가능한 개발을 위한 2030 의제에 명시된 목표와 목표를 존중하고 촉진해야 한다.

2) 규범 2: 유용성

평가를 위임하고 수행할 때 결과 분석, 결론 또는 권장사항을 의사결정이나 행동에 활용하고자 하는 분명한 의도가 있어야 한다. 평가의 유용성(utility)은 조직학습, 정보에 입각한 의사 결정 프로세스 및 결과에 대한 책임에 적절하고 시기적절하게 이용하는 것을 의미한다. 평가는 지식을 생성하고 이해관계자에게 권한을 부여하는 데 이바지해야 한다.

3) 규범 3: 신뢰성

평가는 신뢰할 수 있어야 한다. 신뢰성은 독립성, 공정성 및 엄격한 방법론을 기반으로 한다. 신뢰성의 핵심 요소로는 투명한 평가 프로세스, 관련 이해관계자가 참여하는 포괄적인 접근방법 및 강력한 품질보증 시스템 등이 있다. 널리 이용할 수 있고, 객관적이고, 신뢰할 수 있는 타당한 데이터와 이들 증거에 대한 정확한 질적·양적 분석 방법을 양심적이고, 명확하고, 신중하게 사용하여 평가결과를 도출하여야 한다. 전문성과 문화적 역량을 가진 평가자가 평가를 윤리적으로 수행·관리할 때 평가의 신뢰성을 제고할 수 있다.

4) 규범 4: 독립성

평가의 독립성(independence)은 신뢰성을 위해 필요하고 평가에서 사용하는 방법에 영향을 미치며, 평가자가 평가과정 전반에 걸쳐 공정하고 과도한 압력으로부터 자유롭게 해야 한다. 평가 기능의 독립성은 행동 독립성과 조직 독립성의 두 가지 측면으로 구성된다. 행동 독립성은 이해관계자의 과도한 영향을 받지 않고 평가할 수 있는 능력이다. 평가자는 자신의 경력 개발에 부정적인 영향을 미치지 않고 공정하게 평가 작업을 수행할 수 있는 완전한 자유가 있어야 하며, 평가를 자유롭게 표현할 수 있어야 한다. 평가 기능의 독립성은 평가자가 평가 주제에 대해 자유로운 정보 접근을 할 수 있게 한다.

조직 독립성은 평가부서가 관리 기능으로부터 독립적으로 위치하면서 평가 의제를 설정하는 책임을 지며 평가작업을 수행하기 위한 적절한 자원을 제공할 것을 요구한다. 조직 독립성을 위해 평가 관리자가 적절한 의사결정 수준에 평가보고서를 직접 제출할 수 있는 완전한 재량권을 가지며, 조직의 관리 기관이나 집행 책임자에게 직접 보고할 수 있어야 한다. 독립성을 위해 평가 책임자는 이해관계자로부터 부당한 압력을 받지 않고, 공공 영역에서 질이 확보된 평가보고서를 직접 출판하여 배포할 수 있어야 한다.

5) 규범 5: 불편부당성

불편부당성(impartiality)의 핵심은 평가과정의 객관성, 전문가적 성실성, 편견 없음을 의미한다. 이는 평가의 전 과정에서 필요하다.

6) 규범 6: 윤리

최고 수준의 성실성을 가지고 평가를 수행하여야 하고, 사회・문화적 환경이 갖는 신념, 관례, 관습, 인권, 성 평등, 인도주의적 행위에 해를 주지 않아야 하는 원리 등을 존중해야 한다. 평가자는 기밀정보를 제공하는 기관과 개인의 권리를 존중하고, 민감한 데이터와 정보원을 보호하고, 관련된 정보를 제공한 사람과 함께 보고서 내용을 검토해야 한다. 평가자는 개인정보를 제공하는 사람에게 개인정보 사용에 대한 사전 동의를 받아야 한다. 그리고 부정행위의 증거가 발견되면 관련 기관(감사 부서)에 신중하게 보고해야 한다.

7) 규범 7: 투명성

투명성(transparency)은 신뢰를 구축하고, 자신감을 형성하며, 이해관계자의 평가에 대한 소유의식을 높이고, 공적 책임성을 향상하는 평가의 필수 요소이다. 평가의 결과물은 공개적으로 접근할 수 있어야 한다.

8) 규범 8: 인권과 성 평등

보편적 가치와 원리로 인식되는 인권과 성 평등 원리는 평가의 모든 단계에서 고려되어야 한다. 평가자는 이러한 가치를 존중하고, 중시하고, 향상하여 "누구도 뒤처지지 않아야 한다(no-one left behind)"는 원리를 준수할 책임이 있다.

9) 규범 9: 국가 평가역량

평가를 효과적으로 활용함으로써 책무성 제고와 학습을 돕고, 이를 통해 국가의 평가역량을 강화하는 활동을 정당화한다. 국가 차원에서 개발행위를 평가하기 위한 역량 개발의 요청에 대해 유엔 결의안에 따라서 지원해야 한다.

10) 규범 10: 전문직업성

전문직업성(professionalism)을 가지고 평가를 수행해야 한다. 전문직업성은 평가 기능뿐만 아니라 평가자의 신뢰성에도 이바지해야 한다. 전문직업성은 지식, 교육과 훈련, 평가 윤리, 규범과 기준의 준수, 평가역량의 활용, 지식, 기술 및 경험에 대한 인식 등을 포함한다. 전문직업성 제고를 조장하는 환경, 제도적 구조와 적절한 자원이 필요하다.

3. 영국평가협회의 기준(2019)

영국평가협회(UK Evaluation Society, 2019)는 평가 원리로 다음 여덟 가지를 제시하고 있다.

- 명확성(clarity): 평가는 평가에 참여하는 모든 사람에게 투명하고 명확한 목적을 갖고 설계, 수행 및 보고되어야 한다.
- 완전성(integrity): 평가 실무는 합의된 윤리원칙에 따라 참가자에게 책임을 입증해야 하고, 조사 결과의 정확성과 유효성을 보장해야 한다.
- 독립성(independence): 평가는 기득권과 권력으로부터 독립적이어야 한다.
- 접근성(accessibility): 평가결과는 공공 영역에서 이용할 수 있어야 하며 합의된 청중에게 전달될 수 있어야 한다.
- 신뢰성(trust): 평가를 효과적으로 하려면 모든 사람에게 공정하고 정의로운 행

동 및 보고에 대한 합의된 윤리적 절차를 통해 신뢰를 개발하고 육성해야 한다.

- 형평성(equity): 전문적 맥락이나 사회 구조에서의 지위와 관계없이 참가자와 이해관계자의 관점과 인간 존엄성을 존중하는 방향으로 평가를 수행해야 한다.
- 투명성(transparency): 평가의 기초가 되는 원칙, 접근방식, 윤리적 관행, 제약사항 및 용도 등이 모든 이해관계자에게 명시되어야 한다.
- 다양성(diversity): 평가는 문화, 성별 및 나이의 차이를 존중해야 하고, 전통적으로 박탈당하거나 소외되거나 반영하기 어려운 모든 관점을 포함하도록 노력해야 한다.

4. 평가의 윤리적 기준

평가는 관련 분야의 전문적 윤리적 지침과 평가자의 바람직한 행동규범을 준수하여 정직하고 성실하게 평가를 수행해야 한다. 모든 이해관계자의 인권, 문화, 관습, 종교적 신념과 관행이 평가활동에서 존중받아야 한다. 평가자는 평가를 계획하고 수행할 때 성 역할, 인종, 능력, 나이, 성적 성향, 언어 등에 주의해야 한다(OECD DAC, 2010). 평가 윤리는 평가의 신뢰성 확보에 핵심을 구성하므로 대부분의 평가 학회나 국제기구(예: UNEG, 2020)가 평가자가 준수해야 할 윤리규범과 행동지침을 제시한다(박홍윤, 2015).

1) 미국평가학회의 평가자를 위한 원칙(Guiding Principles for Evaluators)[1]

- A. 체계적 조사(systematic inquiry): 평가자는 철저하고 방법론과 상황에 맞는 데이터 기반의 조사를 수행한다.
  - A1. 평가의 규모와 가용 자원을 고려하여 사용하는 방법에 적합한 가장 높은 수준의 기술적 기준을 따른다.
  - A2. 주요 이해관계자와 함께 핵심이 되는 평가질문의 한계와 강점 및 이러한 질문에 답을 찾는 데 사용되는 접근방법을 조사한다.
  - A3. 다른 사람이 평가를 이해하고, 해석하고, 비판할 수 있도록 평가 방법과 접

1) https://www.eval.org/About/Guiding-Principles

근방법을 정확하고 상세하게 알려야 한다.

A4. 평가와 평가결과가 가지는 한계를 명확하게 밝힌다.

A5. 평가자가 평가결과에 대한 해석에 중대한 영향을 주는 가치, 가정, 이론, 방법, 결과와 분석에 상황적으로 적합한 방법을 논의한다.

A6. 신기술을 평가에 활용할 때 나타날 수 있는 윤리적 이슈를 적절히 고려한다.

- B. 역량(competence): 평가자는 이해관계자에게 숙련된 전문 서비스를 제공한다.

B1. 평가팀은 평가요구에 적합하게 평가를 완수하는 데 필요한 교육, 능력, 기술과 경험을 가지고 있다는 것을 보증한다.

B2. 평가팀의 역량을 넘어서는 평가를 의뢰받았을 때 가장 윤리적인 선택은 평가결과가 한계를 가질 수 있다는 것을 의뢰인에게 명확히 알리는 것이다. 부족하거나 미흡한 역량은 직접 또는 다른 사람의 도움을 받아 보완하도록 노력한다.

B3. 평가팀이 평가의 문화적 맥락 속에서 평가하는 데 필요한 역량을 집단적으로 소유하거나 찾도록 노력한다.

B4. 평가활동에 필요한 새로운 개념, 기술, 능력과 서비스를 배우기 위해 관련 교육, 훈련, 지도, 실습을 한다. 전문성을 지속하여 개발하는 활동으로는 공식적인 교육과정과 워크숍, 자율학습, 수행한 평가에 대한 자체 또는 외부 평가, 평가 기술과 전문성 학습 및 개선을 위한 다른 평가자와 협업 등이 있다.

- C. 성실성(integrity): 평가자는 평가의 무결성을 확보하기 위해 정직하고 투명하게 행동한다.

C1. 평가의 한계를 포함하여 평가의 모든 측면에 대하여 고객 및 관련 이해관계자와 진솔하고 공개적으로 의사소통한다.

C2. 평가업무 배분을 수락하기 전에 모든 이해충돌(갈등 가능성)을 밝혀서 평가 동안에 모든 갈등을 관리 또는 완화하도록 한다.

C3. 최초 합의한 평가계획을 변경할 때 모든 변경사항, 변경 이유, 평가 범위와 결과에 미칠 수 있는 잠재적 영향을 기록하고 즉시 알린다.

C4. 평가활동과 결과와 관련된 이해관계자, 고객과 평가자의 가치, 관점, 관심사를 사정하여 명확하게 한다.

C5. 평가 절차, 데이터와 평가결과는 정확하고 투명하게 기술한다.

C6. 잘못된 평가정보나 결과를 가져올 가능성이 있는 절차 및 활동과 관련된 것을 명확히 공유하고, 증명하며, 관심 두고 해결해야 한다. 이들 문제를 해결할 수 없다면 동료와 적절한 해결방법을 상의하고, 필요한 경우 평가를 거절한다.

C7. 평가에 대한 모든 재정 지원의 출처와 평가를 누가 요구하였는지를 공개한다.

- D. 인간 존중(respect for people): 평가자는 개인의 존엄성, 복지, 자존감을 존중하고 집단 내와 집단 간에 문화의 영향을 인정한다.

D1. 항상 포함되지 않거나 반대하는 사람을 포함하여 평가에 대상이 되는 개인과 집단의 관점과 관심사의 범위를 이해하고 공정하게 다루고자 노력한다.

D2. 평가 참여자와 관련하여 현재의 직업윤리, 기준, 규제(사전 동의, 비밀유지, 위해방지 포함)를 준수한다.

D3. 평가 관련 집단의 편익을 극대화하고 리스크나 위험을 줄이고자 노력한다.

D4. 데이터를 제공하고 위험에 빠지더라도 데이터를 제공하도록 하고, 그들이 평가의 이점을 얻을 수 있는 지식과 기회를 가질 수 있도록 보장한다.

- E. 공공선과 형평성(common good and equity): 평가자는 공동선과 평등하고 정의로운 사회 발전에 이바지하도록 노력한다.

E1. 평가의 무결성을 보호하는 동시에 고객, 다른 이해관계자 및 공동선의 이익을 인식하고 균형을 유지하도록 한다.

E2. 특정한 이해관계자의 이익이 민주적이고 균형되고 정의로운 사회의 목표와 갈등을 가질 때 평가가 공동선에 잠재적 위협을 가져올 수 있는지를 확인하고 문제를 해결하고자 노력한다.

E3. 평가가 역사적 손실이나 불평등을 악화할 잠재적 리스크가 있는지를 확인하고 이를 해결하고자 노력한다.

E4. 사람을 존중하고 비밀유지의 약속을 존중하는 형태로 정보에 대한 공평한

접근을 목표로 데이터와 평가결과의 투명성과 적극적 공유를 촉진한다.

E5. 평가 맥락의 결과로 발생할 수 있는 편견과 정치적 권력의 불균형을 완화한다. 평가 맥락 안에서 자신의 특권과 위치를 스스로 평가한다.

2) 각국의 평가학회 및 국제기구의 평가 윤리규범

평가학회 및 국제기구는 다음의 평가 윤리규범을 공통으로 제시한다(박홍윤, 2015).

① 신뢰성(credibility): 평가자는 개인과 평가활동 및 결과에 대하여 신뢰성을 확보하여야 한다.

② 공평성(impartiality): 평가자는 평가를 수행하면서 참여자 및 다양한 이해관계자를 명확하고, 공정하며, 공평하게 대우하고 판단해야 한다.

③ 투명성과 공개(transparency and openness): ⓐ 평가를 투명하게 수행해야 한다. ⓑ 평가자는 의뢰인과 이해관계자에게 평가 목표, 방법, 결과를 정확하게 알려야 한다. ⓒ 평가결과 보고에서 재정지원 내용을 공개하고 명확히 한다.

④ 인권 보장(human rights): ⓐ 평가과정에서 대상집단, 평가 참여자와 이해관계자의 인권과 복지를 보호해야 한다. ⓑ 사전 동의: 평가정보를 수집하면서 대상자의 사전 동의를 얻어야 한다. ⓒ 평가자는 평가 참여자와 이해관계자를 정중하게 대하여야 한다. ⓓ 평가자는 자료제공자와 참여자를 보호하고 도움을 주어야 한다.

⑤ 책임성(responsibility/accountability): 평가자는 자신의 평가와 평가 이해관계자에 대하여 책임을 져야 한다.

⑥ 문화적 다양성(cultural diversity): ⓐ 평가자는 평가에서 인종, 종교, 성별, 장애, 나이, 관습 등의 문화적 차이를 존중하고 고려하여야 한다. ⓑ 평가의 문화적 다양성을 확보하기 위해 평가자는 문화적 능력(cultural competence)이 있어야 한다.

⑦ 독립성(independence): ⓐ 평가 및 판단의 독립성 확보와 평가결과와 권고안을 제시하여야 한다. ⓑ 평가의 독립성을 저해하거나 부적절한 평가를 거부해야 한다.

⑧ 공익(public interest): ⓐ 평가자는 평가를 통하여 공공의 복지와 공익에 이바지

하여야 한다. ⓑ 평가자는 사회적 약자나 소외된 사람의 이익을 보호하여야 한다.

⑨ 정직과 성실성(honesty and integrity): 평가자는 평가 전 과정에서 정직과 성실성을 확보하도록 하여야 한다.

C·H·A·P·T·E·R 4

정책평가 계획과 관리

제 1 절 정책 평가정책과 평가계획 수립

1. 정책평가의 제도적 틀

1) 평가정책의 제도적 틀

평가정책은 평가 관행을 틀로 정하기 때문에 정책의 목적과 실제에 큰 영향을 미친다(Christie & Lemire, 2019). 정부와 공공조직은 합리적인 평가활동을 위해 명시적인 평가정책을 수립하고 평가의 목적, 개념, 규칙 및 사용에 대해 명확히 설명해야 한다. 평가정책은 주로 법제화되고 있다. 법규 등의 제도적 틀은 효과적 평가 프로세스를 보장하는 데 중요하다(UNEG, 2016). 평가정책에는 주기적인 평가와 평가에 대한 예산의 배정, 평가의 목적, 평가 방법과 절차, 평가결과의 공개 및 평가결과를 책임성 향상, 학습, 의사결정 및 지식 공유를 위해 활용할 수 있는 방법 등이 제시되어야 한다. 특히 조직에서 평가 및 사정활동이 전문가의 활동처럼 생각해 조직의 부수적 활동이 되지 않도록 조직의 의사결정 과정 및 거버넌스 구조와 통합할 수 있도록 해야 한다(HM Treasure, 2003).

특히 조직의 평가정책에는 평가의 독립성과 공평성 유지, 이해관계자의 참여와 자문, 평가과정의 공개 등을 포함해야 한다. 또한 정책에는 관리자와 주요 의사결정 집단의 역할을 명시해야 하고, 위임 및 외부 평가자에게 의뢰할 경우의 기준 및 과정 등을 명시하는 것도 필요하다(World Bank IEG, 2007). 평가정책에는 효과적인 평가관리를 위해 다음과 같은 것이 포함되어야 한다(UNEG, 2016).

- 조직 내 평가의 목적, 개념, 규칙 및 사용
- 평가와 관련된 평가 전문가, 고위 경영진 및 프로그램 관리자의 역할과 책임
- 평가결과 배포를 위한 조직의 공개 정책
- 평가의 독립성 및 공적 책임성을 확보하려는 조치
- 평가 자원이 조직의 규모 및 기능에 상응하는지 확인하기 위한 벤치마크
- 평가 자원이 학습과 책임에 대한 조직의 요구를 충족시키기 위해 고품질 평가활동을 수행할 수 있도록 함
- 평가 사후관리에 있어 평가의 질 및 활용을 위한 조치

- 필요시 평가 기능의 분산을 위한 프레임워크
- 필요시 평가역량 개발을 위한 프레임워크
- 동료 또는 외부 검토를 위한 사항

이외에 조직에서 평가활동이 활성화되기 위해서는 다음과 같은 분야에 적절한 제도적 장치를 가지고 있어야 한다(UNEG, 2016).

- 평가활동이 조직의 효과성에 중요하다는 최고관리자의 이해와 지지
- 평가를 조직의 거버넌스와 관리활동의 한 부분이 될 수 있도록 함
- 평가가 학습에 중요한 요인이 된다는 조직문화의 촉진
- 평가과정의 독립성과 공정성 확보
- 효율적이고 효과적인 평가를 위한 인적·재정적 자원의 확보
- 관련 조직과 평가를 위한 협력 체제의 구축

우리의 정책평가에 기본이 되는 제도적 틀은 정부업무평가 기본법이다. 법은 "법률 또는 대통령령에 근거하지 아니하고는 다른 평가 대상기관의 정책 등에 대하여 평가를 하여서는 아니 된다."(동법 제3조 제1항)고 규정하고 있다. 정부업무평가 기본법은 통합 실시하는 평가로 11개의 평가를 제시하고 있다(동법 시행령 제4조). 법에 의한 통합평가 이외에 개별평가는 그 평가의 근거로 법을 가지고 있다. 예로, 환경부의 환경영향평가는 '환경영향평가법'에 근거한다. 이외에 평가의 제도적 장치로 중앙행정기관은 자체평가위원회 규정을 자치단체는 주요 업무 등의 평가에 관한 규칙이나 조례 등을 제정하여 운영하고 있다. 그러나 점검, 분석, 평가, 평정, 조사 등의 이름으로 이루어지는 중앙부처 개별평가의 제도적 장치는 많은 부분 미흡한 실정이다(윤수재, 2016).

정부업무평가 기본법에 의하여 국무총리는 다음 사항이 포함된 정부업무평가 기본계획을 수립하고, 3년마다 그 계획의 타당성을 검토하여 수정·보완하도록 하고 있다(제8조 제2항).

1. 정부업무 성과관리 및 평가에 관한 정책의 기본방향에 관한 사항
2. 정부업무평가제도의 발전방향에 관한 기본적인 사항
3. 정부업무평가와 관련한 연구·개발에 관한 사항
4. 각종 평가제도와 평가 방법 등의 실효성 확보에 관한 사항

5. 평가 관련 인력의 전문성 · 독립성 확보에 관한 사항
6. 전자통합평가체계의 구축 · 운영 및 개선에 관한 사항
7. 평가 관련 예산 · 조직 등의 지원에 관한 사항
8. 그 밖에 대통령령이 정하는 평가업무의 발전에 관한 주요 사항

이에 의하여 수립된 정부업무평가 기본계획(2020~2022)은 [그림 4-1]과 같은 목표 체계도를 제시하고 있다. 이외에 대표적인 평가정책으로는 국가과학기술자문회의의 '제4차 국가연구개발 성과평가 기본계획(2021~2025)' 등을 들 수 있다.

그림 4-1 2020~2022년 정무업무평가 목표 체계도

목표: 정부업무평가를 통한 국정의 효과성, 책임성 확보

기본 방향
- 국정과제 및 국정철학 중심 평가
- 국민 체감 성과 중심 평가
- 기관장 노력 및 협업 평가 강화

부문별 중점 사항

중앙행정기관 평가	지방자치단체 평가	공공기관 평가
• 국정과제 및 국정철학 중심 평가 • 국민 체감효과 중심 평가 • 기관장 노력 및 협업 평가 강화 • 평가결과 대국민 공개 강화	• 국정 성과와 연계성 강화 • 중앙 · 지역 협업 및 주민참여 확대 • 평가지표 간소화 및 품질 개선 • 지자체 자체평가 운영 내실화	• 사회적 가치 및 혁신성장 중점 평가 • 국정과제 및 소관 부처 정책과 연계 강화 • 서비스 수요자 및 일반 국민 참여 확대 • 출연연의 국정기여도 평가 강화

평가제도 · 인프라 개선
- 全정부적 평가시스템 고도화
- 개별평가 정비 및 관리 강화
- 평가 및 인센티브 제도 개선
- 평가 전문기관 설치 · 운영

출처: 국무조정실(2019), 『정부업무평가 기본계획(2020~2022)』.

2) 평가정책의 도전과 과제

정부기관은 정책이나 프로그램 평가를 수행하지만, 체계적으로 분석하는 경우는 매우 드물다. 체계적인 평가를 위한 바람직한 방법은 실험집단과 통제집단을 체계적으로 선택하여 비교하는 정책실험이 이루어져야 하나 그러하지 못하다. 오늘날 현장에서 정책평가가 직면하는 문제를 보면 다음과 같은 것이 지적될 수 있다(Dye, 2017).

- 엄격한 평가를 위해서는 정책이나 프로그램이 추구하는 목표를 명확하게 하여야 한다. 그러나 대부분 정책과 프로그램 목표는 다양한 집단의 욕구를 충족하는 정책을 추구하여 명확한 목표의 합의가 없게 된다. 목표의 합의가 없는 경우 정치적 갈등을 일으키게 되는 데, 정부기관은 이러한 갈등을 가져오는 평가와 연구를 피하고자 한다.
- 정부의 많은 정책이나 프로그램은 상징적 가치를 가지는 경우가 많다. 상징적 정책은 단지 정부가 관심이 있다는 것을 정책 대상집단이 느끼게 하는 것이 목적이다. 이러한 상징적인 정책의 경우 가시적인 효과가 없다는 평가를 원하지 않는다.
- 정책을 추진하는 기관은 자신들의 정책이나 프로그램의 긍정적인 효과와 영향을 증명하는 데 관심을 가진다. 이들 기관이나 관리자는 평가를 자신들의 정책이나 프로그램에 영향을 주려는 것으로 이해하여 평가에 소극적이다.
- 정책과 프로그램에 막대한 자원을 투자하는 정부기관은 평가가 제대로 운용되지 않는다는 평가에 부정적 시각을 가진다.
- 정책실험의 경우 통제집단에 대하여 서비스를 제공하지 않게 된다. 사회적 실험에서 발생하는 실험집단과 통제집단의 차별화는 현실적으로 많은 어려움을 가진다.
- 정책과 프로그램 평가는 많은 시간과 인력 및 자금이 필요하고, 진행 중인 프로그램의 희생을 수반하는 경우가 많다. 그리고 종종 관료들은 평가를 부수적인 것으로 생각하여 평가활동에 적극적이지 않다.

이러한 문제와 함께 오늘날 주요 국가들이 정책평가와 관련하여 받고 있는 도전으로 OECD(2020)는 다음과 같은 것들을 지적하고 있다.

- 평가결과의 정책결정에 활용 문제

- 정부 전체 평가를 위한 정책평가 전략 문제
- 정책평가를 위한 능력과 역량으로 인적자원 문제
- 증거의 질 확보 문제
- 평가에 대한 정치적 관심과 요구
- 정책평가를 담당하는 기관의 강력한 권한 확보 문제
- 특별한 정책평가를 수행하기 위한 재정 자원 확보
- 정책평가를 위한 적절한 법적 장치 마련
- 정책평가를 담당하는 주요 기관의 예산 확보 문제

2. 평가계획

1) 의의

평가계획은 평가를 설계하는 프로젝트 기획이다. 다른 모든 일과 같이 평가활동 과정을 명확하게 하고, 더 잘 이해하면 할수록 평가의 성공 가능성은 커진다. 평가계획은 정책이나 프로그램을 계획하는 단계부터 수립하는 것이 바람직하다(ACF, 2010; World Bank IEG, 2007; HM Treasury, 2020). 평가관리계획은 평가와 조직관리가 통합되도록 조직의 기획 및 예산 과정과 연계되어야 한다. 정책이나 프로그램을 계획할 때 평가계획을 수립하게 되면, 정책 및 프로그램에 대한 책무성을 강화할 수 있고, 바람직한 평가 기준은 정책집행의 효과성 및 효율성을 높일 수 있다. 그리고 평가를 위한 자료를 효율적으로 수집할 수 있게 하고, 정책 모니터링 및 감사와 정책평가를 유기적으로 연계하여 정책에 대한 통제를 효율화할 수 있다.

우리의 주요 사업계획에는 평가계획이 대부분 포함되어 있다. 예로, 과학기술정보통신부의 '2022년도 대학기술경영촉진사업 시행계획'에는 평가위원회를 구성하여 사전평가인 사업 선정과 과정평가로 성과평가를 하여 사업비의 차등 지급을 하고 있다(과학기술정보통신부, 2022).

합리적인 평가관리 계획을 수립하기 위해서는 평가 전에 준비평가나 평가성 사정을 하여 평가의 가능성이나 평가의 초점을 확인하는 활동이 필요하다. 준비평가는 프로그램의 목표 달성을 평가하고, 평가결과를 기초로 한 조직을 발전시키겠다는 최고관리자 및 주요 의사결정자의 의지와 평가를 위한 조직의 능력을 평가하는 것이다.

준비평가의 목적은 평가 시스템을 성공적으로 운영하도록 하는 적절한 인센티브가 있는지를 결정하고, 평가 시스템을 운영하기 위한 책임을 배분하기 위해 역할과 책임을 분석하며, 기존의 능력을 평가하는 데 있다(World Bank IEG, 2007). 이 밖에 평가계획을 수립할 때 평가에 대한 비용효과 분석을 하는 것도 권고된다. 기관에서 평가계획은 평가 담당자 또는 평가팀이 중심이 되어 작성된 뒤에 기관의 최고관리자, 자문위원회 등의 검토와 승인이 요구된다.

정부업무평가 기본법에 의한 평가의 경우 평가계획의 수립은 의무적인 사항이다. 이에 의하여 정부업무평가위원회의 정부업무평가 기본계획, 기획재정부의 공공기관 경영평가편람, 기획재정부의 재정사업 심층평가 운용지침, 행정안전부의 지방공기업 경영평가 편람과 같이 매뉴얼, 작성지침이라는 이름으로 평가계획이 수립되어 공개되고 있다.

2) 평가계획의 내용

포괄적인 평가계획에는 평가관리에 대한 계획과 평가 방법에 대한 계획인 평가설계가 포함되어야 한다.

(1) 평가관리에 대한 계획

평가계획은 평가가 법규나 지침에 의하여 강제적 평가인가 아니면 자율적 평가인가에 따라서 그 내용은 달라진다. 정부업무평가 기본법의 적용을 받는 대부분 평가는 강제적 평가로 법규를 기본으로 평가 기본계획이 수립된다. 그리고 자체평가를 위한 운영계획은 평가 기본계획의 틀 속에서 이루어져야 한다.

우리의 중앙행정기관과 지방자치단체는 자체평가를 위하여 정부업무평가 기본법에 의하여 다음의 사항을 포함한 평가계획을 매년 수립할 것을 요구하고 있다(동법 제15조, 제18조).

1. 당해 중앙행정기관의 임무, 전략목표 및 성과목표에 관한 사항
2. 당해연도 주요 정책 등의 내용에 관한 사항
3. 자체평가의 기본방향에 관한 사항
4. 자체평가조직 및 자체평가위원회의 구성 · 운영에 관한 사항

5. 자체평가 대상 및 방법에 관한 사항
6. 자체평가결과의 활용 및 조치에 관한 사항
7. 그 밖에 자체평가에 관한 주요 사항

이들 자체평가를 위한 시행계획의 예로, 행정안전부의 '2021년도 자체평가계획'(https://www.mois.go.kr)은 개요, 자체평가위원회 및 평가담당조직의 구성・운영, 자체평가 대상, 평가지표 및 측정 방법, 자체평가 방법, 자체평가결과의 활용 및 조치, 기타를 내용으로 계획을 수립하고 있다. 그리고 국무조정실, 기획재정부, 행정안전부, 인사혁신처 등의 평가총괄 관련 기관은 관련 평가에 대한 지침 및 평가지표 등을 포함한 평가계획을 수립한다. 이들 계획은 평가계획, 평가시행계획, 평가 편람(예: 공공기관 경영평가편람, 지방공기업 경영평가편람, 연구기관 평가편람) 등의 이름으로 공개되고 있다. 이외에 정부업무평가 기본법의 적용을 받지 않는 중앙행정기관의 주요사업에 대한 평가를 위해서는 자체적으로 평가계획을 수립하여야 한다. 예로, 환경부는 환경영향평가를 위해 '환경영향평가서 작성 및 검토 매뉴얼'을 제정하여 활용하고 있다.

이들 평가계획에는 최소한 다음과 같은 것을 포함할 것을 요구하고 있다(UNDP, 2021). 이들 문서는 평가 또는 평가를 외부에 의뢰할 때에 참고자료로 사용하게 된다.

① **배경과 맥락**: 정부개입의 배경으로 사회적, 경제적, 정치적, 인구학적인 요인 등을 포함하여, 평가할 개입을 명확하게 기술한다. 가능하면 변화모형이나 논리모형으로 설명하고, 평가의 수혜자와 정책 및 프로그램이 기대하는 결과, 성과 등을 기술한다.

② **평가 목적, 범위와 목표**: 평가를 왜 하는지, 평가결과를 누가 어떻게 활용할 것인지를 밝힌다.

③ **평가 기준과 핵심 평가질문**: 평가의 기준과 기준에 따른 평가질문을 기술한다.

④ **방법론**: 평가에 사용하게 될 접근방법과 방법론을 기술한다. 이에는 자료원, 자료 수집 방법, 분석 방법 등의 평가설계 내용을 기술한다.

⑤ **평가결과물**: 평가결과물로 보고서 작성과 관련된 사항을 기술한다.

⑥ **평가팀 구성 및 평가자에게 요구되는 역량**: 평가팀 구성 방법, 평가자에게 요구되는 역량을 기술한다.

⑦ **평가 윤리**: 평가과정에서 평가자가 준수하여야 할 윤리규범을 기술한다.

⑧ 평가관리와 집행 책임 배분: 평가관리 구조 및 평가과정에서 참여자의 역할, 권한 등을 기술한다. 이에는 평가결과의 피드백에 대하여도 기술하여야 한다.

⑨ 평가일정표: 평가의 시작과 마무리 시간 및 이해관계자 참여 등의 시간과 장소 등에 대한 일정계획을 반영하여야 한다.

⑩ 평가보고서 제출 방법과 심사 기준: 평가보고서 또는 사전평가의 경우 신청서 제출 방법과 사정 기준 등을 기술한다.

⑪ 부록: 평가 관련 참고자료나 참여자 명단 등의 관련 자료를 부록으로 첨부할 수 있다.

이외에 합리적 평가활동을 위하여 평가관리에서 다루어야 할 것으로 OECD(1999)는 다음과 같은 것을 권고하고 있다. 이들과 관련된 것이 평가계획에 반영되어야 한다.

- 최고관리자로부터의 지지 확보: 관리자와 정치가들이 평가의 가치를 인식하고 이용에 대해 실제적인 기대를 해야 한다.
- 효과적 수요의 창출: 평가가 제대로 활용되지 못하는 이유는 평가가 수요자 중심이 아닌 공급자 중심적이기 때문이다. 평가의 활용을 촉진하기 위해 수요를 창출하는 다양한 인센티브가 제공되어야 한다.
- 현실적 기대의 설정: 평가에 대한 비현실적인 기대는 평가에 대한 실망을 초래한다. 이러한 현상은 실질적이고 적시성을 가진 정보를 요구하는 평가 의뢰기관과 장기적 가치를 중시하는 평가자의 성향에서 발생한다.
- 평가활동의 체계화: 정부활동에서 평가가 제대로 기능하기 위해서는 평가의 제도화가 요구된다.
- 예산과정과 연계: 평가의 효과를 극대화하기 위해서는 평가가 정책과정에서 중요한 부분을 차지하도록 해야 한다. 이의 가장 이상적인 형태는 사업평가 없이는 예산 배정을 하지 않도록 체제를 구축하는 것이다.
- 적절한 평가자의 선정: 평가자의 선택은 평가의 효과성을 결정짓는 중요한 요소이며 프로그램 평가의 활용과 밀접하게 연계되어 있다.
- 평가계획: 적절한 평가계획의 수립은 평가의 성공을 좌우한다. 명확한 평가계획은 평가의 관리를 용이하게 하고 평가의 질을 제고한다.
- 평가의 적시성 확보: 평가의 유용성을 제고하기 위해서는 정책결정 및 의사결정

의 시기에 맞춰 평가가 수행되도록 해야 한다.

- 이용자의 욕구 충족: 프로그램 평가는 평가를 이용하고자 하는 사람들의 욕구를 충족시켜야 한다. 평가는 이용자의 사고방식이나 행동양식에 대해 친숙해야 한다.
- 평가의 적정성 확보: 평가의 적정성 확보를 위해 평가를 통해 얻는 편익을 사정하는 것도 중요하다. 종종 관료들은 정치적으로 민감한 문제나 정치적 논쟁의 여지가 있는 평가에 저항한다.
- 이해관계자의 참여: 정책결정자, 예산당국, 사업관리부서, 사업 담당자, 고객 및 기타 이해관계자를 평가과정에 참여시켜서 동반자적인 관계를 육성하는 것이 요구된다. 특히 평가과업설명서를 작성하는 초기 단계에 참여가 중요하다.
- 방법론적 질의 확보: 평가 방법의 질은 평가에 대한 신뢰성과 활용에 큰 영향을 미친다. 질 확보를 위해 질 통제를 위한 장치가 요구된다.
- 판단과 권고안의 작성: 정책적 건의 및 권고안은 명확하게 제시되어야 한다. 대안의 제시는 단점을 부가하기보다는 건설적인 개선 방향을 제시하는 것이 바람직하며, 구체적인 실행계획을 제시하는 것도 필요하다.
- 평가결과의 커뮤니케이션: 평가결과는 적시에 효과적인 방법으로 보고해야 한다. 투명한 공개는 평가의 신뢰도와 활용도를 제고한다.
- 모니터링과 후속 조치: 평가결과의 활용을 촉진하고, 향후의 평가활동을 개선하기 위해서는 프로그램 평가에 대한 지속적인 모니터링과 후속 조치가 요구된다.
- 교육훈련과 지원을 위한 구성원의 욕구 파악: 평가관리 및 합리적인 평가를 위해 담당자의 전문 능력 개발이 요구된다. 이를 위해 정확한 교육 수요를 파악해 평가와 관련된 교육 및 지원을 효율화할 것이 요구된다.

(2) 평가설계와 관련한 계획

평가계획에서 제시되어야 할 평가 방법인 평가설계(evaluation design)에서는 평가질문, 판단 지표 및 기준, 평가 방법, 자료 수집, 자료분석 및 해석과 평가결과의 활용에 대한 계획이 제시되어야 한다. 이에 대한 구체적인 것은 제5장에서 살펴보게 될 것이다.

- 평가 대상: 평가하고자 하는 정책이나 프로그램을 명시하여야 한다. 이에서 정책이나 프로그램의 목적, 전략 등이 명시되어야 한다.

- 평가 기준: 가장 공통으로 사용되고 있는 평가 기준으로는 효과성, 효율성, 적정성, 영향, 부가가치, 고객만족도, 형평성 및 지속가능성 등이 있다.
- 평가질문: 평가질문은 평가를 통해 알고 싶은 것이 무엇인가를 제시하게 된다. 평가는 바로 평가질문에 대한 해답을 요구하는 과정이다. 평가질문은 평가 기준을 바탕으로 제시된다.
- 판단 기준: 판단 기준은 평가결과가 바람직한지 바람직하지 않은 것인지를 판단하기 위한 기준이다. 이 기준은 대부분 지표를 중심으로 설정하게 된다.
- 자료 수집: 평가질문에 답을 얻기 위해서는 정책과정에 대한 자료를 수집해야 한다. 자료 수집계획에는 어떠한 정보를, 어디에서, 어떠한 방법으로, 누가 수집할 것인가에 대한 내용이 포함되어야 한다.
- 자료분석: 수집된 자료는 체계적인 방법으로 분석하게 된다. 분석에는 양적 분석과 질적 분석의 방법을 혼용하게 된다. 분석에서는 단순한 기술적인 상태 이외에 정책 및 프로그램과 성과 간의 인과관계 분석이 요구된다.
- 활용: 평가설계에는 평가결과를 어떻게 활용할 것인가에 대한 계획이 요구된다. 이에서는 보고서의 양식과 보고 방법, 평가결과의 공유 방법 등이 제시될 필요가 있다.

3) 평가관리 계획 수립에서 고려할 것

합리적인 평가관리 계획을 수립하기 위해서는 다음과 같은 것들을 고려하여야 한다(Yarbrough et al., 2011; UNEG, 2016; Kellogg Foundation, 2017).

- 평가계획은 정책 및 프로그램 기획 단계부터 계획을 수립하여야 한다.
- 평가의 활용성을 높이기 위해 평가결과를 활용하고자 하는 이해관계자를 필수적으로 참여시켜야 한다.
- 조직은 재정이나 예산운영 기준을 고려하여 평가계획을 수립하여야 한다. 이를 통하여 평가와 예산의 유기적 연계성을 높일 필요가 있다.
- 평가계획은 정책과 프로그램의 주기를 기초로 하여 장기적 평가활동과 연차별 평가계획을 제시해야 한다.
- 평가계획에는 평가를 효과적으로 수행하는 데 요구되는 인적 · 물적 자원에 대

한 계획도 포함되어야 한다.

- 모니터링 및 감사와 평가계획은 명확하게 분리되어야 하고, 모니터링과 평가를 연계하도록 한다.
- 대외비를 제외한 평가결과는 공개적으로 이용할 수 있도록 해야 한다. 커뮤니케이션의 수단은 쉽게 확인하고, 접근할 수 있도록 해야 한다.
- 평가의 효과성을 제고하기 위해 평가 준비평가나 평가성 사정을 하도록 한다.
- 평가를 위한 비용부담을 누가 부담할 것인지를 명확하게 하여야 한다.
- 평가로부터 누가 혜택을 받고, 평가에 의한 잠재적 위험이 있는지를 명확하게 한다.

제 2 절 정책평가 조직

1. 국가적 차원의 평가조직

국가적 차원의 평가조직은 나라에 따라서 다양한 형태로 존재하고 있다. 주요 국가의 평가조직을 살펴보면 다음과 같다.[1)]

1) 미국

미국의 경우, 연방정부 차원의 정책평가를 관장하는 기관은 대통령 직속기관인 관리예산처(OMB)에서 관장한다. 관리예산처에서는 부처별 재정 예산관리정책 등을 종합평가하고, 각 부처에서는 담당관 등이 부처 정책평가를 지원하고 있다. 연방정부 정책평가의 대표적인 제도로는 성과평가의 기본이 된 1993년의 정부성과와 결과에 관한 법률(Government Performance and Result Act: GPRA)과 이를 개정한 2010년의 GPRAMA(Government Performance and Result Act Modernization Act) 등을 근거로 한다. OMB는 범부처 국정과제, 기관 단위 목표 및 사업에 대한 분기별 점검을 수행

1) 해외 국가의 공공기관 평가에 대하여는 박정수(2020)를 참고할 수 있다.

하고 있다. OMB에서는 국정과제와 기관 단위 목표 간 상호 긴밀히 연계된 관리체계 확립을 강조하고 있다.[2)]

2) 일본

일본은 '행정기관이 수행하는 정책의 평가에 관한 법률'을 제도적 장치로 하여 총무성이 정책평가의 통일성 및 종합성을 확보하기 위해 공통 및 다수 부처 관련 정책을 종합평가하고 각 성에서는 자체평가를 하고 있다.[3)]

3) 영국

영국의 경우, 대처(Margaret Thatcher) 정부 시절 공공 부문 개혁의 하나로 정부평가를 강조하고 있다. 중앙 차원의 정책평가는 재무성(HM Treasury)이 주관하고, 평가는 중앙부처의 자체평가 중심으로 진행되고 있다. 2010년 이전까지는 재무성과 중앙부처 간의 공공 서비스 협약(Public Service Agreements)을 바탕으로 한 성과평가를 하였다. 이후 부처의 자율평가를 위한 비지니스 플랜(Business Plan)에 의하여 평가를 수행하고 있다.[4)]

4) 호주

호주의 평가 담당기관은 재무부와 부처의 자체평가에 대한 사후 감정을 하는 국립감사원이 관장하고 있다. 호주는 PGPA(Public Governance, Performance and Accountability Act, 2013)를 제도적 기반으로 거버넌스 성과 및 책임성 확보를 위해 부처별 연간 사업계획 수립 및 성과평가를 하고 성과보고서 공개 등을 의무화하고 있다.[5)]

2) OPM의 평가활동은 다음을 참고: https://www.opm.gov
3) 일본 총무성 평가활동은 다음을 참고: https://www.soumu.go.jp/menu_seisakuhyouka/index.html
4) 영국 재무성 활동은 다음을 참고: https://www.gov.uk/government/publications/hm-treasury-outcome-delivery-plan
5) 호주의 평가활동은 다음을 참고: https://www.anao.gov.au/

5) 한국

국가 차원의 평가총괄 기관으로 주요 정책 부문은 국무조정실과 정부업무평가위원회이다. 이외 재정사업 부문은 기획재정부, 국가연구개발은 과학기술정보통신부, 조직 · 정보화 부문은 행정안전부, 인사 부문은 인사혁신처가 총괄한다. 각 부처의 경우 행정안전부 기획조정실과 같이 기획 또는 감사와 관련된 부서에서 주로 담당하고 있다. 이외에 개별 프로그램에 대한 평가는 정책 및 프로그램 집행 담당부서의 업무로 분장하고 있다.

2. 평가관리 조직

1) 구성

조직의 규모에 따라서 개인이 평가를 담당할 수도 있지만, 일반적으로 계나 과 또는 부서 단위로 평가조직이 구성된다. 평가 담당조직의 지위는 평가 목적에 기여할 수 있을 정도로 높아야 한다. 예를 들어, 평가가 정책형성과 개발에 초점을 둔다면 정책기획이나 조정을 담당하는 부서나 그 아래에 두는 것이 바람직할 것이다. 많은 국가가 평가와 국가 예산의 연계를 위해 국가 차원의 평가기관을 국가 예산기관과 밀접하게 운영한다.

평가조직은 다음과 같은 기준에 따라 구성되어야 한다(DG BUDGET, 2004).

- 평가업무를 담당하는 과, 부서, 조정자, 네트워크 및 개인은 조직의 구조, 조직도표 또는 지침에서 구체적이고 명확하게 나타내 주어야 한다.
- 평가를 위해 별도로 편성된 인력과 재정 자원을 쉽게 알 수 있도록 기관의 활동내역에서 명확하게 해야 한다.
- 개별 기관이나 서비스는 평가부서가 평가를 수행하고, 자문하고, 유익한 정보를 제공할 수 있도록 그의 업무, 책임, 조직 및 절차를 명확하게 규정해야 한다.
- 평가부서는 정책 및 프로그램의 형성과 관리과정을 지원해야 한다.
- 기관의 최고관리자는 정책, 프로그램 및 모든 종류의 활동에서 평가부서가 수행하게 될 기본 역할을 지원할 수 있도록 조치해야 한다.
- 평가부서가 정책의 형성과 목표 설정에 기여할 수 있도록 하기 위해서는 정책을

형성하고 채택하는 책임이 있는 사람과 밀접하게 연계되어야 한다.

- 기관이 특별히 관심 둘 부문이 있다면 평가 전담 부서를 설치하는 것이 좋다.
- 기관은 바람직한 평가 기준을 활용하기 위한 절차를 내부 문서로 작성해야 한다.
- 평가부서가 평가활동을 지원하기 위해서는 신뢰할 수 있고 적실성이 있는 정보를 확보할 수 있도록 자료 수집 시스템을 구축할 필요가 있다.

2) 평가관리 조직의 기능과 능력

평가관리 담당조직이나 부서의 주요 기능을 보면 다음과 같다(DG BUDGET, 2004).

- 평가계획의 수립: 평가부서의 가장 핵심적인 기능은 기관의 중장기 평가계획의 수립, 연차별 평가계획을 수립하는 것이다.
- 평가 관련 규범의 제정: 평가 담당부서는 기관의 평가 관련 규정이나 지침을 제정해 기관 평가의 일관성을 확보해야 한다.
- 기관 평가활동의 조정: 중앙행정부처나 상위 평가부서는 하위 부서의 평가활동을 조정하는 역할을 한다.
- 평가활동 지원: 평가 담당기관은 자체평가를 수행할 수도 있지만, 평가위원회나 외부평가를 하는 경우 평가에 필요한 예산 및 평가 관련 정보 수집에 대해 지원한다.
- 평가 관련 위원회 등의 조직구성 및 관리: 평가 담당부서는 평가위원회, 조정위원회, 평가팀의 구성과 운영에 대한 관리 책임을 진다.
- 정책 평가활동의 질 확보: 평가 담당기관은 기관 평가활동의 방법론적 질과 일관성을 확보하고, 평가 권고안에서 제시된 방법에 대해 검토하는 기능을 한다.
- 평가에 대한 의견 제시: 평가결과를 기초로 평가 담당부서는 정책, 프로그램 또는 활동에 대한 독립된 의견을 제공한다.
- 평가 환류활동: 평가 담당기관은 평가결과를 기초로 하여 정책, 프로그램, 활동과 관련된 환류활동을 모니터링한다.

3) 평가 책임자와 관리자

평가 책임자는 평가의 소유자로 평가를 수행하는 기관이나 조직의 장이 된다. 정부업무평가는 정부업무평가위원회 위원장, 공공기관 평가는 기획재정부장관 등, 개별평가는 평가를 수행하는 중앙행정기관장이 평가 책임자가 된다. 이들은 기관의 평가정책과 평가계획의 수립, 평가활동에 대한 조정과 감독, 평가결과의 활용 등에 대한 최종적인 책임을 지고, 평가활동이 효과적으로 효율적으로 운영되도록 총괄적인 관리 책임을 진다.

평가 관리자는 평가 담당부서의 장이 된다. 평가 관리자는 평가를 관리하는 일상적인 책임을 지고 평가 책임자와 평가부서 및 주요 참가자들을 연결하는 중심적 역할을 한다. 평가 관리자의 주요 역할을 보면 다음과 같다(WHO, 2013).

- 평가의뢰서(terms of reference)와 평가계획 작성
- 평가팀 선정
- 평가 관련 계약, 평가 인력과 예산 관리
- 평가팀 권한 결정
- 평가팀에 대한 행정적, 물적 지원
- 평가팀을 위한 기본 문서 수집
- 평가팀, 임시평가 관리단, 평가위원 및 기타 이해관계자 간의 연락
- 평가계획에 따라서 평가가 진행되도록 관리
- 평가 작업 계획 및 착수보고서 검토
- 평가보고서 초안에 대한 평가팀의 의견 종합
- 최종보고서 초안의 품질 기준 확인
- 최종보고서에 대한 경영진의 대응책 초안 작성
- 비용지급 등을 포함한 행정과 재정문제를 감독

3. 평가위원회

1) 구성

평가위원회는 하나의 준거집단(reference group)으로 평가 담당부서와 실제 평가

팀을 연계하는 매개체 역할을 하는 집단 또는 위원회를 의미한다. 평가위원회는 정책이나 프로그램 관련 위원회가 담당할 수도 있다. 평가위원회는 정부개입과 직접 관련이 있는 감독자나 담당자, 평가 담당부서 대표, 평가 지식이 있는 사람 및 주요 이해관계자들로 구성하게 된다. 참여적 평가를 위해 정책이나 프로그램과 관련된 고객의 대표나 주요 이해관계자가 참여하는 것이 필요하다. 위원회가 효과적으로 기능하기 위해서는 그 규모를 제한(10~12명)하는 것이 좋다(UNEG, 2005).

규모가 큰 기관의 경우 평가위원회와는 별도로 평가 대상 및 평가에 대한 지식을 가진 외부 전문가(학자, NGO 집단, 저널리스트 등)로 자문위원회를 구성해 평가에 대하여 자문받고, 내부평가 결과를 검증하고, 그 객관성을 높이는 역할을 담당하도록 할 수 있다. 이외에 평가과정에서 발생하는 갈등을 조정하기 위해 조정위원회를 구성해 운영할 수도 있다. 조정위원회는 이익갈등에 대한 규칙을 설정하고 이에 의해 조정을 수행해야 한다.

2) 기능

평가위원회의 주요 기능을 보면 다음과 같다(EuropeAid, 2006).

- 기관의 평가 관련 규정 및 지침 등에 대해 논의하고 의견을 제시한다.
- 기관 전체의 평가계획 수립 및 하위 평가활동을 조정한다.
- 집단의 의견을 취합하고 요약하여 전달하고, 평가팀과 평가 대상집단 간의 연결자로 활동한다.
- 평가팀이 평가할 때 필요한 모든 정보원과 문서에 접근할 수 있도록 지원한다.
- 정치적 이슈나 문제를 평가문제로 바꾸는 등의 평가 대상 및 문제에 대해 승인한다.
- 평가팀에서 작성된 보고서나 문건에 대해 논의하고 의견을 제시하며, 평가보고서에 대한 최종적 추인 기능을 한다.
- 기관의 평가활동에 대해 감독 및 감시를 한다.
- 평가가 끝난 뒤의 후속 조치로 결과의 공개 및 전파와 권고안의 채택을 촉진하는 기능을 수행한다.
- 전문성을 가진 평가위원은 평가 방법 및 기술 등에 대해 자문을 한다.

우리의 경우, 국무총리 소속의 정부업무평가위원회는 다음을 심의 · 의결하는 기능을 한다(정부업무평가 기본법 제9조).

1. 국가 차원의 중장기 평가기반의 구축 · 운영계획의 수립 및 추진에 관한 사항
2. 정부업무평가기본계획 및 정부업무평가시행계획의 수립에 관한 사항
3. 정부업무평가의 기획 · 조정 · 총괄에 관한 사항
4. 정부업무평가제도와 관련된 성과관리에 관한 사항
5. 정부업무평가결과의 활용 및 평가제도 간 연계방안에 관한 사항
6. 정부업무평가결과의 보고에 관한 사항
7. 평가 관련 기관 간 협조 및 평가업무의 조정에 관한 사항
8. 특정평가계획의 수립 및 시행에 관한 사항
9. 자체평가제도의 운영 · 개선에 관한 사항
10. 자체평가계획의 조정에 관한 사항
11. 자체평가결과의 확인 · 점검에 관한 사항
12. 자체평가결과에 대한 재평가에 관한 사항
13. 평가제도 운영실태의 점검에 관한 사항
14. 새로운 평가제도의 도입에 관한 사항
15. 이 법 또는 다른 법률에 의하여 위원회의 업무로 규정된 사항
16. 그 밖에 위원장이 정부업무평가제도의 발전을 위하여 위원회의 심의 · 의결이 필요하다고 인정하는 사항

한편 중앙행정부처, 지방자치단체 및 공공기관의 자체평가위원회는 성과관리 시행계획 및 성과계획 등에 관한 사항, 주요 정책, 재정사업, 행정관리역량 부문 등에 대한 자체평가와 관련하여 다음과 같은 사항을 심의 의결하는 기능을 한다(중앙부처의 자체평가위원회 운영규정 참조).

1. 성과관리전략계획 및 성과관리시행계획
2. 연도별 자체평가계획
3. 자체평가 대상과제에 대한 추진상황 점검
4. 주요 업무 자체평가결과에 대한 심의
5. 기타 장관 또는 위원장이 위원회의 심의 · 조정이 필요하다고 인정하는 사항

4. 평가팀 및 실무위원회

1) 의의

평가를 직접 수행하는 조직은 대부분 팀이나 위원회 형태의 조직 구조를 가진다. 평가가 위원회나 팀제의 형식으로 운영되는 이유는 공동 수행으로 평가의 시너지 효과를 얻을 수 있으며, 평가의 전문성 확보, 인적 자원의 효율적 활용, 신속한 환경에의 대응성을 확보할 수 있는 장점을 가지기 때문이다.

2) 역할

평가의 실무를 관장하는 평가 실무위원회나 평가팀은 팀의 구성이나 평가 접근방법에 따라서 직접적인 평가자, 협력자, 조력자 등 다양한 역할을 하게 된다. 목표 접근방법이나 경제적 접근방법의 경우 평가팀은 직접적인 평가자로 역할을 하나, 사회적 어젠다나 창도적 접근의 경우에는 간접적인 협력자나 조력자의 역할을 강조한다.

일반적으로 평가팀 및 실무위원회는 다음과 같은 기본적인 역할을 담당한다(UNFPA, 2004).

- 평가계획에 대한 대안 제시
- 평가 수행
- 집행기관 등에서 이용할 수 있는 정보와 서류 검토
- 평가에 필요한 추가적인 정보 수집을 위한 도구의 설계
- 현장 방문을 하여 면담 실시
- 참여적 평가에서 이해관계자의 참여를 촉진
- 평가 감독자나 관련 기관에 정기적으로 진행 상황을 보고
- 정보의 분석과 종합, 결과의 해석, 결론의 도출과 논의, 교훈의 도출 등
- 평가보고서 작성
- 평가팀 내의 조정 업무
- 세미나나 워크숍에서 평가결과 발표를 위한 논의와 준비
- 평가보고서의 마무리 및 결과 발표 준비

3) 평가팀의 구성 및 팀 구성에서 고려할 사항

평가팀(실무위원회)은 팀원이 어떻게 구성되느냐에 따라서 내부평가와 외부평가, 그리고 절충형 평가로 구분할 수 있다.[6]

평가팀이나 실무위원회는 다음을 고려해 구성해야 한다(World Bank IEG, 2007; UNEG, 2016).

- 평가자의 수는 예산, 범위, 다학문적 팀 구성의 요구 정도 등에 따라 결정해야 한다.
- 평가기술자, 평가 분야, 관련된 지식을 다양하게 혼합하여 평가팀을 구성해야 한다.
- 평가팀의 리더는 팀의 성과에 대해 종합적인 무결성을 확보할 수 있는 사람이 되어야 한다. 리더는 평가 능력(자격, 기술, 경험, 전문가적 자질 등)과 평가과정에서 발생하는 이해 갈등을 관리할 수 있는 능력 및 팀원을 관리할 수 있는 능력이 요구된다.
- 때로 협력기관의 관련자를 포함시키는 것도 권장된다. 이는 평가결과의 커뮤니케이션과 결과에 대한 주인의식을 향상할 수 있게 한다. 그러나 이해관계의 갈등으로 중립성과 신뢰성의 문제를 가져올 수 있다.
- 평가팀의 구성은 개방적이고 투명한 과정을 거쳐서 구성하도록 한다. 때로는 경쟁적인 과정을 거쳐서 선정될 필요도 있다.
- 평가의 맥락 및 문화적 속성을 고려하여 평가위원의 다양성을 고려해야 하고, 특히 소외집단의 의견반영을 할 수 있도록 구성해야 한다.

5. 평가 지원조직

정책평가를 위해 실무책임자를 중심으로 지원팀을 구성해 평가팀이나 평가위원회를 보조·지원하는 것이 필요하다. 평가 지원팀은 기관의 중간관리층을 중심으로 구성하고 정보관리, 예산, 인사와 같은 정책의 주요 자원을 관리하는 실무자가 포함되어야 한다. 중간관리층을 참여시켜야 하는 이유는 평가와 관련된 정보 수집을 용이하

6) 내부평가, 외부평가, 절충적 방법은 제1장 제3절의 1을 참고할 것.

게 하고, 평가에 대한 저항을 줄여서 평가의 효율성을 제고하는 데 있다.

평가에서 이들 실무위원회의 자료와 정보 제공 및 적극적 참여는 평가의 질을 확보하는 데 매우 중요한 역할을 하므로, 평가팀과 유기적인 협력 체계를 구축하고, 원활한 커뮤니케이션이 이뤄지도록 해야 한다.

평가 지원조직은 다음과 같은 기능을 수행한다.

- 평가에 필요한 정보 창출, 제공, 유지, 보관
- 집행과정에 대한 현장 정보의 제공
- 평가결과의 타당성 및 권고안의 실행 가능성에 대한 의견 제시
- 평가 대상집단과 평가팀의 연계

제 3 절 평가 인력관리

1. 평가역량

1) 평가역량의 의의

효과적 평가를 위해서는 평가에 대해 전문지식을 가진 사람이 평가계획의 수립, 집행, 감독을 하고, 평가활동을 조정 · 관리하며 조직 전체에 평가에 대한 통찰력을 제공할 수 있는 역량을 가져야 한다. 평가역량(competency)이란 “프로그램 평가자가 건전한 평가 수행 기준을 달성하는 데 필요한 배경, 지식, 기술 및 성향(dispositions)”으로 정의된다(Stevahn et al., 2005). 평가역량은 평가의 질을 확보하는 데 핵심이 되기 때문에 평가자는 충분한 역량을 가지고 있어야 하고, 자신의 역량을 유지하고 개선하려고 노력하여야 한다. 국제기구 및 많은 국가에서 평가의 문화적 속성이 강조되면서 평가자의 문화적 역량에 대한 관심이 확대되고 있다(Robyn Bailey Eval-Research Ltd., 2016).

2) 평가자에 요구되는 역량

(1) 유럽 평가학회의 평가자 역량

유럽 평가학회에서는 다음과 같이 세 개 영역으로 필요한 평가자 역량을 제시하고 있다(EES, 2020).

① 평가지식: 사회에서 평가하는 특별한 역할에 대한 이해, 평가의 질 확보에 필요한 능력, 평가 도구들의 장점과 한계에 대한 이해
② 전문적인 실무 능력: 평가를 관리하고 수행할 수 있는 능력, 대인관계 기술력 등
③ 성향과 태도: 윤리적, 민주적 가치 소유, 고객과 이해관계자에 대한 관심, 독립성, 평가 공동체에 기여 등

(2) 캐나다 평가학회의 평가자 역량

캐나다 평가학회(CES, 2019)는 다음과 같이 다섯 가지 영역의 평가자 역량을 제시한다.

① 성찰적 실천(reflective practice) 역량: 평가자의 평가이론과 실무에 대한 지식과 관련된 역량으로, 평가 기준, 가이드라인, 윤리의 적용 및 자아 인식과 관련된 역량이다.
② 기술적 실천(technical practice) 역량: 평가를 수행하는 데 필요한 전략적, 방법론적, 해석적 의사결정과 관련된 역량이다.
③ 상황적 실천(situational practice) 역량: 문화, 이해관계자, 맥락을 포함한 모든 평가를 특별하게 만드는 다양한 상황에 대한 이해, 분석, 관심과 관련된 역량이다.
④ 관리 실천(management practice) 역량: 평가 프로젝트 전반에 걸쳐 건전한 프로젝트 관리 기술을 적용하는 역량과 관련된다.
⑤ 대인관계 실천(interpersonal practice) 역량: 모든 이해관계자와 효과적으로 의사소통하고 상호작용하는 데 필요한 사회적 · 개인적 기술과 관련된 역량이다.

(3) 미국 평가학회의 평가자의 역량

미국 평가학회(AEA, 2018)는 평가자의 역량을 다음의 다섯 가지 영역으로 제시하

고 있다.

① 전문가적 실천(professional practice) 역량: 평가자가 실무 전문가로서 차별화될 수 있는 역량이다. 전문적인 실무는 프로그램 평가 표준, AEA 지침과 원칙 및 AEA 문화 역량에 관한 성명서 등의 AEA 기초 문서에 기반하고 있다.

② 방법론(methodology) 역량: 가치 있는 목적을 위한 증거기반의 체계적 조사를 위한 기술적 차원과 관련된 역량이다. 여기서 방법론이란 학습, 이해, 의사결정 및 판단을 위한 양적, 질적 및 혼합 설계를 포함한다.

③ 맥락(context) 역량: 고유한 상황과 다양한 관점을 이해하고 평가 및 평가 사용자/이해관계자의 환경 변화와 관련된 역량이다. 맥락에는 현장/위치/환경, 참가자/이해관계자, 조직/구조, 문화/다양성, 역사/전통, 가치/신념, 정치/경제, 권력/특권 및 기타 특성을 포함한다.

④ 계획 및 관리(planning & management) 역량: 평가연구를 완료하고 제공하는 데 필요한 작업 계획, 일정, 자원 및 기타 구성요소를 결정하고 모니터링하는 데 필요한 역량이다. 계획 및 관리는 네트워킹, 제안서 개발, 계약, 작업 할당 결정, 진행 상황 모니터링 및 이용 촉진 등을 포함한다.

⑤ 대인관계(interpersonal) 역량: 평가 전반에 걸쳐 전문가적 실천에 대한 평가자의 효과성을 뒷받침하는 인간관계 및 사회적 상호작용과 관련된 역량이다. 대인관계 역량은 문화적 능력, 의사소통, 촉진 및 갈등 해결이 포함된다.

조직은 조직 구성원의 평가역량을 구축하고 유지하기 위해서 구성원이 조직의 평가활동에 적극적으로 참여할 기회를 제공하여야 한다. 이외에 구성원의 역량 강화를 위해 다음과 같은 지원을 해야 한다(OMB, 2020).

• 조직의 평가역량을 강화하기 위해서는 평가에 대한 전문적 지식과 경험을 가진 직원을 채용할 필요가 있다. 평가지식과 경험은 미국 등에서는 주로 대학원에서 정책 또는 프로그램 평가과정을 수료하여 얻고 있다.
• 다른 기관과의 협력으로 조직의 평가역량을 강화하도록 한다. 평가전문기관, 대학 등과 협력으로 평가역량을 기를 기회를 제공한다.
• 조직 구성원이 전문 평가협회 가입 지원, 평가 전문 세미나나 교육과정에 참여를 지원함으로써 평가와 관련된 지식, 기술 등의 역량을 강화하도록 한다.

2. 평가 책임자

평가관리에서 평가 책임자의 역량은 평가의 질을 확보하는 데 중요한 역할을 한다. 평가 책임자는 평가관리자로서 평가의 전 과정을 관리하게 된다. 평가관리자를 임명하는 이유는 평가과정의 일관성을 확보하고, 평가팀원을 지휘·감독하며, 평가관리 문제와 관련해 주요 이해관계자와 접촉해 평가를 원활하게 하기 위해서다(EuropeAid, 2006). 조직은 평가 책임자가 다음과 같은 기능을 수행할 수 있도록 제도적 장치가 마련되어야 한다(UNEG, 2016).

- 평가 책임자는 평가 규범 및 평가정책을 수립하고 평가 기능이 완전하게 운영되고, 정당하고 독립적인 평가 활동이 최고의 전문적인 기준에 따라서 수행되도록 하는 데 일차적 책임이 있다.
- 평가 책임자는 적절한 평가지침을 제공하여 평가의 준거가 되도록 해야 한다.
- 평가 책임자는 평가 환경의 변화에 동적으로 적응할 수 있도록 평가 표준의 설정 및 평가활동에 대해 감독해야 한다.
- 평가계획을 적절하게 작성하고 시행한다.
- 평가예산을 효율적으로 관리한다.
- 전문적인 표준을 반영한 강력하고 적절한 평가 방법론을 채택, 개발하고 항상 최신성을 유지하도록 한다.
- 평가결과를 적시에 전달하고 조직 및 이해관계자가 공유하도록 하여 조직학습에 기여하도록 한다.
- 평가결과에 따른 권고안 등의 후속 조치를 준수하도록 지원한다.

평가관리자와 팀장에게 필요한 능력으로는 다음과 같은 것을 들 수 있다(UNEG, 2008a; WHO, 2013).

- 조직에 대한 지식: 평가팀장은 조직을 이해하고 조직에서 추구하는 인간 권리, 성, 환경, 결과에 기초한 관리 등에 대한 포괄적인 지식을 가지고 있어야 한다. 그리고 조직활동의 목적과 목표 및 방향 등을 인식해야 한다.
- 경력: 평가에 대한 현장 업무와 관련된 다양한 경력을 가져야 한다.
- 기술적 전문가적 능력: 평가팀장은 평가의 설계, 자료 수집과 분석, 보고 등의 평가 구성요소에 대해 좋은 기술적 지식을 가지고 있어야 한다. 그리고 권고안과

그에 대한 후속 조치 및 평가보고서의 공개 등에 대한 능력이 있어야 한다.

- 사람 간의 기술: 평가팀장은 훌륭한 커뮤니케이션 기술을 가지고 있어야 한다. 특히 서로 다른 문화를 이해하고, 평가 문제와 관련된 협상 기술, 이해관계자 간의 상호작용을 위한 능력을 지니고 있어야 한다.
- 개인적 능력: 평가팀장은 평가자의 윤리 기준을 이해하고 이를 촉진할 수 있어야 한다. 기관장은 대학의 사회과학이나 관련된 분야의 석사학위 이상의 교육 경력과 최소한 10년 정도의 평가에 대한 경험이 있어야 한다.
- 관리 기술: 평가팀장은 직원의 평가업무를 효과적으로 모니터링하고 감독할 수 있는 관리 기술을 가지고 있어야 한다.

3. 평가자

1) 평가자의 역할과 역량

평가자는 실제 평가를 수행하는 사람을 의미한다. 전통적인 방법론 중심의 평가이론에서는 평가자의 역할을 매우 협의적으로 정의했지만, 활용을 중시하는 평가에서 평가자의 역할은 확대되고 있다. 정책 및 프로그램 평가자들이 평가과정에서 공통으로 수행해야 할 역할을 보면 다음과 같다.

- 전문적 역할: 평가자는 평가 수행과 관련된 전문적 지식을 바탕으로 평가계획 수립, 자료 수집, 자료분석, 평가 기준 설정, 결론의 도출과 평가결과에 대한 활용활동을 수행한다.
- 대인관계 역할: 평가자는 평가와 관련된 다양한 이해관계자와 커뮤니케이션을 통해 참여적이고 합리적인 평가활동이 될 수 있도록 적절한 인간관계를 구축하고 유지하는 역할을 한다.
- 행정적 역할: 평가자는 평가 수행을 원활하게 운영될 수 있도록 관리활동을 한다.
- 사회·정치적 역할: 정책평가는 정치적인 과정으로 평가자는 프로그램 및 평가와 관련된 다양한 이해관계자와 조직의 사회적 · 정치적 맥락을 평가과정에 반영하는 역할을 한다.

이러한 임무를 수행하기 위해 앞서 언급한 역량을 가지고 있어야 한다. 평가자의 역량은 평가의 목적과 평가 방법에 따라서 달라진다. 평가의 목적이 프로그램을 개선하는 데 있다면 평가자는 다양한 의견을 듣고, 협상하고, 다양한 관점을 통합하며, 특별한 상황을 분석하고, 프로그램 개선에 필요한 유용한 정보를 창출해야 한다(Kellogg Foundation, 2004a).

2) 평가자 선발 방법

평가자는 평가의 공정성 및 신뢰성을 구성하는 주요 요인으로 평가자를 선발할 때 투명한 방법으로 선발해야 한다. 평가자를 선발할 때 참고가 될 수 있는 것을 보면 다음과 같다(World Bank IEG, 2007).

(1) 선발과정과 기준

- 평가자는 능력을 기초로 투명한 과정에 의해 선발되어야 한다.
- 평가자는 자신의 기술과 지식 수준을 정확하게 제시하고 자신의 능력 밖의 일에 대해서는 정중하게 거절해야 한다.
- 모든 후보자는 자신이 프로그램 관련과 관련된 사실을 사전에 밝혀야 한다. 많은 갈등이 평가자가 사전에 프로그램에 관여했다는 사실에서 발생한다.

(2) 선발 방법

- 모든 협력자가 받아들일 수 있는 평가팀을 선발하는 것은 쉬운 것은 아니다. 특히 외부 평가자의 선발은 기관의 규정이나 평가정책, 수탁기관이나 상위기관의 규정 및 절차, 협력기관과의 행정협정 등에 의해 선발해야 한다.
- 경쟁으로 선발해야 한다. 만약 비경쟁 방법을 사용한다면 이를 정당화해야 한다. 그리고 관련 분야의 지역 전문가를 참여시키는 방법을 선택의 기준으로 제시할 필요가 있다.
- 선발 방법 및 관련된 내용은 평가 방법에 제시되어야 한다. 이는 평가보고서의 부록 형태로 제시될 수 있다.
- 선발 결과는 모든 경쟁자에게 알려야 한다. 좋은 방법은 결과를 공시하는 것이다.

(3) 평가자의 신뢰성 확보

평가자의 신뢰성은 평가의 활용 및 평가 자체에 대한 신뢰성에도 영향을 미치게 된다. 평가자의 신뢰성을 확보하기 위해서는 다음을 고려해야 한다(Yarbrough et al., 2011).

- 평가 자격증명서 획득, 그러나 자격증명서만으로 장기적인 신뢰성을 확보할 수는 없다. 이러한 자격증명에는 학력 및 학위, 평가 관련 기관의 인증서 등이 있다.
- 평가학회와 같은 실무자 공동체의 회원이 된다.
- 평가정보를 제공해 주는 연구에 계속 참여하여 평가활동에 지침으로 삼는다.
- 평가제안서나 보고서에 자신의 이름을 포함한다. 이는 평가와 관련해 자신을 이해관계자에게 알리는 데 중요한 역할을 한다.
- 다양한 분야의 평가자와 함께 대규모 평가를 수행할 때 개인의 책임 부분을 명확하게 하여 고객에게 전문가라는 확신을 준다.
- 평가계획에 대해 고객들이 인정하는 다른 평가자의 검토를 받도록 한다.
- 좋은 업무관계를 형성하여 듣고, 관찰하고, 사고를 명확하게 한다. 이해관계자와의 상호관계에서 우선순위에 대해 더 많은 커뮤니케이션을 하게 되면 분노를 줄이고, 평가과정을 좀 더 협력적으로 만들 수 있게 된다.
- 이해관계자의 관점과 일상적인 리듬과 의무를 인식하기 위해 문화적인 규범을 배우고, 감정을 유지하도록 해야 한다.
- 평가를 추진하면서 이해관계자의 관심사에 대해 민감성을 유지하도록 해야 한다. 열정과 지속적 노력은 신뢰할 수 있는 상호관계를 수립하고 유지하는 데 도움이 된다.
- 특정한 방법에 집착하는 것보다는 방법론적 다양성을 가지고, 평가질문에 적합한 방법을 채택하도록 한다.

4. 외부 평가자

1) 의의

평가에 대해 인력이나 전문성이 없는 기관들은 외부 평가자의 도움을 얻어 평가하게 된다. 이 경우에 외부 평가자는 내부평가에 대한 자문가 역할을 하는 경우와 평가의 주체로서 역할을 하는 경우로 구분될 수 있다. 그러나 어느 경우에도 외부 전문가에게 모든 평가업무를 위임하고 기관 구성원이 방관자적 역할을 하게 되면 평가의 활용성이나 평가에 의한 조직학습을 기대할 수는 없다. 즉, 평가보고서를 단순히 외부 전문가로부터 구매하는 것으로 생각한다면 평가가 정책과정에 아무런 도움을 주지 못하고 예산만 낭비하게 된다. 평가에서 외부 전문 평가자의 자문이나 지원을 통하여 조직은 평가의 설계, 수행, 결과를 합리적으로 수행할 수 있게 된다. 평가 전문가는 평가자의 지식, 기술, 전문성을 향상할 뿐만 아니라 평가계획, 시행, 결과에 대한 비판적 검토를 제공하고, 평가보고서에 대한 대중의 신뢰를 확보할 수도 있다.

외부 컨설턴트는 평가활동의 촉진자로서 다음과 같은 기능을 수행하게 된다.

- 컨설턴트는 조직이 할 일을 대신한다. 예로, 평가회의 주관, 회의안 준비, 대상집단과의 면접 등을 한다. 특히 집단토론에서 대화의 교통경찰처럼 활동해 감정이나 참여자의 개성에 따라 잃어버릴 수 있는 좋은 아이디어를 얻을 수 있도록 한다.
- 컨설턴트는 전문가의 역할을 수행한다. 외부 컨설턴트는 조직 내부 구성원들이 가지고 있지 않은 지식이나 기술을 제공한다. 예로, 설문지 작성, 통계분석 등과 같이 전문적 기술을 이용해 정보를 창출하고 제공하는 기능을 한다.
- 컨설턴트는 협력자의 역할을 수행한다. 컨설턴트는 조직의 파트너로서 평가과정에 대한 지식을 제공한다. 예로, 전문 컨설턴트들은 평가과정에 대한 지침의 제공, 평가회의에서 브레인스토밍의 주관 등을 하게 된다.
- 평가정보와 과정에 대한 훈련을 담당한다. 평가과정에서 같은 언어와 같은 도구를 활용하는 것은 평가과정에 참여한 모든 사람에게 중요한 문제다. 외부 컨설턴트는 정보가 흘러갈 수 있도록 하는 통로와 교육을 제공한다.
- 평가과정에서 객관적인 시각이나 다른 시각을 제공한다. 외부자로서 컨설턴트는 내부 평가자보다는 객관적으로 기존의 전통, 가정 및 일상활동에 대해 질문을 하고 비판을 할 수 있다.

외부 전문가를 활용하고자 할 경우에는 다음을 고려하여야 한다(OMB, 2020).

- 독립성, 객관성 및 이해 충돌을 충분하게 검토하고, 투명성을 가지고 주제 및 기

술적 전문 분야에 기초하여 전문 컨설턴트를 선정한다.

- 평가 및 조사결과의 설계, 구현 및 해석을 강화하기 위해 프로그램, 정책, 법률, 문화 또는 기타 상황별 전문가를 사용하여 평가단의 전문성을 향상한다.
- 전문가의 책임, 자문 일정 및 리소스 제약에 대해 전문가에게 투명하게 설명한다.
- 전문가 목록을 작성하여 필요한 경우 평가에 활용할 수 있도록 평가 초기에 이들을 문서화한다.
- 평가 전 과정에 전문 컨설턴트를 참여시킨다.

2) 외부 평가자의 선정 및 자격

외부 전문가를 선정할 때는 경쟁적이고 투명한 과정으로 선발하여야 한다. 선발 시에는 평가 수행에 대한 전문성과 경험, 데이터 분석 및 보고서 작성 경험, 관련 분야의 전문적 지식 등을 고려하여야 한다. 이외에 평가와 관련된 이해충돌 문제, 참여 시간 및 장소 등에 의한 참여 가능성도 고려하여 선발할 필요가 있다(UNDP, 2021).

외부 평가자나 컨설턴트는 기관의 규정이나 평가정책, 수탁기관이나 상위기관의 규정이나 절차, 협력기관과의 행정협정 등에 따라 선발해야 한다. 선발 시에 갈등이 생기면 이를 투명하게 논의되고 해결해야 한다. 평가의 공정성을 확보하기 위해 외부 평가자나 컨설턴트를 경쟁으로 선발하는 것이 바람직하고, 비경쟁 방법을 사용시 이를 정당화해야 한다. 선발 관련 기준과 절차는 공개하고, 선발 결과도 공시하는 것이 필요하다. 선발 시에 평가와 직간접적으로 이해관계가 있는 사람은 선발과정에서 그 사실을 밝혀야 한다.

조직이 외부의 전문 컨설턴트로부터 많은 것을 얻기 위해서는 계약서에 모든 것을 명확하게 규정하는 것이 필요하다. 전문 컨설턴트들은 계약하지 않은 것은 제공하지 않는 경향이 있다. 전문 컨설턴트를 활용할 경우에는 컨설턴트에게 조직이 원하는 기대를 명확하게 하고, 컨설턴트 활용에 필요한 비용을 사전에 결정하여 계약하고, 컨설턴트들이 편안하게 활동할 수 있도록 해야 한다. 이 밖에 계약에서 외부 컨설턴트의 역할과 업무의 범위 등을 명확하게 설정하는 것이 필요하다.

평가에서 외부 컨설턴트를 합리적으로 활용하기 위해서는 다음과 같은 조건이 충족되어야 한다(UNDP, 2009).

- 조직의 환경에 대한 이해를 통해 관련 정책이나 프로그램에 대해 친숙해야 한다.
- 관련 조직의 환경에서 평가를 수행한 경험이 있어야 한다.
- 평가설계, 자료 수집, 자료분석 및 보고 등의 평가 구성요소에 대해 유능한 기술적 지식이 있어야 한다.
- 관련된 이해관계자에게 명확하고 간략한 방법으로 복잡한 정보를 효과적으로 전달할 수 있는 커뮤니케이션 기술과 능력이 있어야 한다.
- 특히 정치적 환경 속에서 평가결과를 추출하고, 커뮤니케이션하며, 보고하고, 권고안을 작성하고, 베스트프랙티스 및 교훈을 제시할 수 있는 전문성이 있어야 한다.
- 평가하고자 하는 대상의 기술적 영역에 대한 지식이 있어야 한다.

제 4 절 평가예산 및 계약관리

1. 평가예산

1) 의의

평가는 비용을 수반하기 때문에 의회, 기관의 최고관리자 및 프로그램 담당자들은 평가비용에 많은 관심을 가진다. 종종 의회의 의원이나 프로그램 관리자들은 프로그램 예산은 프로그램의 대상집단을 위한 것으로 평가에 예산을 사용하는 것은 잘못된 것이라는 생각을 가지기도 한다. 이에 합리적인 평가와 평가의 성공을 위해 평가예산을 프로그램 예산의 일부로 계상할 필요가 있다.

평가의 질 및 평가로부터 얻어지는 정보량은 일반적으로 평가예산과 비례적인 관계(World Bank IEG, 2009)가 있으므로 적절한 평가예산은 평가활동에 핵심을 구성한다. 평가는 예산의 범위 내에서 효율적으로 수행할 것을 요구한다. 예산과 관련된 상황이 변화될 경우에는 보고하고 시간과 예산을 수정할 경우에 관련자에게 설명하고, 협의해 합의를 얻어야 한다. 그리고 평가의 신뢰성과 관련하여 평가의 재원이 어디에서 받았는지를 명확하게 제시하여야 한다.

그러나 평가를 수행하는 데 어느 정도의 돈이 필요한지에 대한 정확한 기준은 없다.[7] 평가예산은 프로그램의 어떠한 측면을 평가할 것인가, 프로그램의 규모, 평가의 범위, 복잡성, 평가자, 시간 및 기관의 평가와 관련된 이용 가능한 자원 등에 의해 결정된다. 종종 프로그램을 계획한 기관에서 보조금 예산편성에 평가비용을 반영할 것을 요구하는 경우도 있다.

특히 복잡성과 관련해 프로그램의 초기에 이뤄지는 평가는 말기에 이뤄지는 평가보다는 복잡성이 덜하다. 평가의 복잡성과 범위가 넓을수록 평가팀에게 요구되는 시간과 업무량도 많아지게 되어 비용도 늘어나게 된다. 결과평가의 기간은 그의 목적에 의해 결정되게 된다. 이러한 목적은 프로그램의 초기, 중기, 말기 등의 순환과정에 따라서도 다르다.

평가 방법 또는 자료 수집 방법에 따라서 〈표 4-1〉과 같이 평가비용에 차이를 보인다. 구성주의나 해석학적 접근방법과 같은 정성평가 연구는 현장연구 등에 의존하기 때문에 많은 인력과 시간이 필요하다. 또한 시범사업에 대해서는 충분한 조사와 평가를 위한 예산의 배정이 요구된다.

표 4-1 평가 기법별 드는 비용과 시간

기법	비용	기간
설문조사	중간	약 3개월
개인 인터뷰에 의한 서베이	중간	약 2개월
포커스 그룹에 의한 서베이	낮음	약 2개월
사례연구를 통한 서베이	중간	약 3개월
통계적 분석	낮음	약 2개월
전문가 패널	중간	약 2~4개월
경제모형의 이용	낮음	약 2개월
경제모형의 개발	높음	약 6개월

출처: DG BUDGET(2004).

7) 진실험과 준실험 평가는 약 5만 달러에서 1만 달러 정도, 비실험으로 사후 정책실시 집단과 비실시 집단의 비교 방법은 진실험이나 준실험의 1/3이나 1/2 정도의 비용이 들 것으로 추계하고 있다(World Bank, 2009).

2) 평가 예산관리

합리적인 평가는 평가자원을 효과적이고 효율적으로 사용하는 평가로 평가예산에 대한 비용-편익 분석이 권고된다. 분석 결과 바람직하지 않으면 평가를 재고하여야 한다. 특히 재정적인 책임을 확보하기 위해 평가는 지출된 모든 자원을 계산하고 명확한 재정적 절차와 규정을 준수해야 한다. 인적·물적 자원과 정보자원 등 평가와 관련된 자원을 효과적이고 효율적으로 활용하기 위해서는 다음과 같은 것을 고려해야 한다(Yarbrough et al., 2011).

- 평가와 관련된 인적 자원, 장비, 훈련, 여비 등 중요한 모든 비용을 확인하고 이용 가능한 자원과 비교한다. 이에는 자원봉사자나 다른 기관의 지원도 포함되어야 한다.
- 상호 트레이드오프(trade-off) 관계가 있는 평가의 질과 비용을 비교해 가장 효율적인 대안을 선택한다.
- 만약 비용에 영향을 주지 않는다면 편익을 극대화할 수 있는 평가 절차를 선택하도록 한다.
- 평가의 비용과 편익에 대해 주요 이해관계자와 협의를 한다.
- 비용을 반영할 때 특정 이해관계자 집단의 욕구만을 반영해서는 안 된다.

이와 관련해 다음과 같은 것은 배제되어야 한다.

- 평가 절차에 이해관계자의 참여비용만 고려하고 편익을 고려하지 않는 것
- 선택된 절차나 구성요소에 드는 비용보다 평가의 전체 비용에만 관심을 가지는 것
- 평가에서 문화적 능력을 고려하지 않는 것이 비용을 줄이는 것이라는 생각
- 기존의 자료나 시스템이 평가 목적과 잘 일치되는 경우에도 이를 활용하지 않는 것
- 평가 목적이나 이해관계자의 욕구와 관련이 없는 자료 수집활동

평가예산은 자료 수집, 분석 방법, 평가자의 선택 등에서 가장 중요한 변수 가운데 하나이지만 평가비용 및 자원을 일괄적으로 계산하기는 어렵다.[8] 평가와 관련해 고

---

8) 켈로그 재단은 전체 프로젝트 예산의 5~7%를 평가예산에 배정할 것을 권고하고 있다(Kellogg

려되어야 할 예산 항목으로는 다음과 같다(Worthen & Sanders, 2004; UNDP, 2009; Horn, 2001). 이러한 비용에 대해서는 기관의 공식적인 기준에 의해 대부분 결정되게 된다. 우리의 경우, 행정부처에서 공시하는 학술용역 인건비 단가나 비용산정기준 등을 준수하게 된다.

- 평가 담당자의 보수 및 수당 등의 인건비: 인건비로 수당에는 자문위원의 수당도 계산되어야 한다. 자문료를 지급하는 것은 평가에 대한 관심 및 회의에의 참여율을 제고하는 기능을 한다.
- 컨설턴트 비용: 외부 전문가의 자문이 필요한 경우 이를 계상해야 한다.
- 여비: 여비는 프로그램에 따라서 결정되나 공공기관의 경우 여비 규정에 따라 참여자의 등급에 의해 결정하게 된다.
- 커뮤니케이션 비용: 자료 수집 조사 등을 위해 지출하는 우편, 통신비용이다. 이러한 커뮤니케이션 비용에는 회의 비용이 포함되어야 한다.
- 인쇄 및 복사비용: 데이터 수집, 회의 자료의 준비, 보고서 발간비 등에서 발생하는 인쇄 및 복사비용이다.
- 기타 물품 및 장비비용: 평가와 관련된 물품 구입 및 컴퓨터 등의 장비와 데이터 분석을 위한 소프트웨어 비용 등이 이에 포함된다.
- 간접비/오버헤드: 평가를 의뢰받은 기관은 평가와 관련된 이윤, 세금 및 간접비를 계상하게 된다.

2. 평가 계약관리

1) 평가계약

외부 평가자에게 평가를 의뢰할 경우 기관은 외부 평가자와 계약을 하게 된다. 이 경우 외부 평가자는 회사 또는 개인이 될 수 있고, 때로는 시간제로 고용해 의뢰할 수도 있다. 이러한 계약과정은 평가의 질을 확보하는 데 매우 중요한 역할을 한다. 평가에서 외부 평가자에게 의뢰하는 시기는 가능한 빨리 의뢰하는 것이 좋다. 즉, 평가를 계획하는 단계에서부터 의뢰하는 것이 이상적이다.

Foundation, 2004a).

외부 평가자에 의뢰할 경우에 가장 핵심적인 것은 유능한 전문가를 선택하는 방법이다. 외부 평가자는 영리를 목적으로 하는 기관뿐만 아니라 비영리기관이 될 수도 있다. 영리를 목적으로 하는 평가기관에는 민간 연구소, 전문 평가기업이나 컨설팅 회사들이 대상이 될 수 있다. 비영리 공공 전문평가기관으로 중앙행정부처 산하 연구소 및 지자체 출연연구기관, 관련 학회, 대학 및 부설 연구소 등이 있다.

공공기관에서 평가업무를 외부에 의뢰하는 경우에는 관련 법규에 의하도록 하고 있다. 가장 기본이 되는 법이 '국가를 당사자로 하는 계약에 관한 법률'이다. 이를 근거로 평가에 해당하는 학술 용역계약은 용역 수행 능력(이행 실적, 경영 상태, 신인도), 입찰 가격 및 재무위험성 등을 기준으로 평가하여 선정한다.[9] 공공기관의 평가와 관련된 용역은 조달청 나라장터(https://www.g2b.go.kr)에 게시된다.

외부 평가자와 계약으로 평가가 성공적으로 수행하기 위해서는 다음과 같은 내용에 대한 작업의뢰서(Terms of Reference: ToR)를 명확하고 구체적으로 작성하여야 한다(World Bank IEG, 2007; UNEG, 2016).

- 평가 맥락과 목적
- 평가 대상에 대한 기술과 명확한 정의
- 평가 범위
- 평가 목적과 관련된 핵심 평가질문과 기준
- 평가 방법
- 평가 진행관리: 평가팀 구성, 예산 등
- 기대하는 평가 산물(평가결과, 권고안, 시사점 등)
- 평가과정과 일정
- 평가와 관련된 책임 문제

2) 외부 평가자에 의뢰할 경우 고려할 사항

평가를 외부 평가자에게 의뢰할 경우에 다음과 같은 것들을 고려해야 한다(Kellogg Foundation, 2004a; UK Evaluation Society, 2019).

- 평가 책임자는 평가가 평가의 바람직한 기준, 원칙에 따라서 수행하도록 계약과

9) 조달청 일반용역적격심사 세부 기준, 별표 1.

정에서부터 마무리까지 관심과 통제를 하여야 한다.

- 종종 기관은 외부 평가자와 계약이 완료되면 평가는 기관의 손에서 떠났다고 생각한다. 이러한 생각은 평가의 실패에 가장 핵심이 되는 요인 가운데 하나다.
- 외부 평가자의 평가활동을 효과적으로 관리하기 위해서는 평가자의 역할과 책임을 계약서에 구체적으로 명시해야 한다.
- 평가자에게 의뢰할 경우에 평가자의 평가에 대한 철학이나 시각을 고려할 필요가 있다. 이를 위해 프로그램 담당자들과 최종 계약 전에 회의를 개최해 평가자의 업무 스타일, 평가에 대한 자세, 조직의 문화와의 일치성 등을 검토하는 것도 필요하다.
- 평가자의 중요한 업무 가운데 하나가 조직의 구성원이나 이해관계자의 능력, 지식, 기술을 향상하는 것이다. 이를 위해 기관은 조직 구성원과 평가자와의 긴밀하게 접촉할 기회를 많이 만들도록 해야 한다.
- 프로그램 관리자와 외부 평가자 간에 평가 접근방법이 다를 경우에는 평가의 제약 요인과 평가의 욕구를 충족시킬 수 있는 공통 견해를 도출하도록 해야 한다. 여러 가지 이유로 양자의 차이점이 해결되지 않고 심각한 갈등이 발생하게 되면 평가를 중단하는 것도 고려해야 한다.
- 외부 평가자가 평가 프로젝트를 제대로 진행하지 못하는 경우에 계약을 무효할 수 있는 근거를 명확하게 해야 한다. 이와 관련된 비용정산의 문제도 계약서에 제시되어야 한다.

제 5 절 평가 문화관리

1. 평가문화의 의의

평가문화는 평가의 수행과 활용에 큰 영향을 미친다. 평가가 그 목적을 달성하기 위해서는 책무성, 학습 및 증거기반 의사 결정의 기초로 평가를 가치 있게 여기는 조직문화가 필요하다. 이를 위해 무엇보다 평가결과를 사용, 홍보 및 후속 조치하려는 조직 리더십의 확고한 약속이 전제되어야 한다(UNEG, 2016). 조직문화의 하위문화로 평가문화는 정확하게 정의하기는 어렵지만, 일반적으로 조직 구성원이 평가와 관련하여 공유하고 있는 가치, 관습, 의례, 규범 등을 의미한다. 평가문화는 일정한 기관, 법인 또는 단체가 수행하는 정책·사업·업무 등과 관련된 계획 수립과 집행과정 및 결과 등을 점검·분석·평가하는 제도와 운영을 둘러싸고 평가 담당기관과 주무기관, 피평가기관, 평가위원 집단 간의 상호작용과정에서 형성되는 가치, 제도, 관행, 행태의 총체이다(송희준, 2010). 정부나 조직에 바람직한 평가문화가 없으면 평가를 위한 제도가 만들어져 있고, 아무리 좋은 평가 방법이나 기법을 활용하여 평가하더라도 평가의 목적을 달성하기 어렵다.

2. 바람직한 평가문화

조직의 바람직한 평가문화로 다음과 같은 것들을 들고 있다(Trochim, 2006; Mayne, 2008; WHO, 2013).

- 행동 지향적 문화: 바람직한 평가문화는 문제 해결 방법을 적극적으로 찾고, 실험적이고 새로운 것을 시도하며, 행동의 결과를 중시하는 관점을 가져야 한다.
- 활용과 학습 지향적 문화: 바람직한 평가문화는 평가를 강조하고, 결과를 활용하는 학습 지향적 문화가 있어야 한다. 이에는 자기반성과 자기 성찰을 추구하는 조직 분위기와 평가역량을 육성하고, 유능한 평가자를 중시하는 문화가 필요하다.
- 참여적 문화: 바람직한 평가문화는 다양하고, 포괄적인 참여와 대응성을 가져야 한다.
- 정직과 진리 추구의 문화: 바람직한 평가문화는 책임과 과학적 신뢰성을 강조하는 정직과 신뢰의 문화다. 평가문화는 진리를 추구하는 것을 목표로 하고, 동시에 과학적 지식의 수정 가능성을 받아들여야 한다.
- 미래 지향적 문화: 평가는 현재 상황에 대응하기보다는 환류를 강조하여 앞을 내다보는 미래 지향적인 예측에 많은 관심을 가져야 한다.
- 합리적 절차의 문화: 평가는 정당하고, 공개적이며, 윤리적이고 민주적인 과정에 의해 수행되어야 한다. 평가결과에 대한 비판적 논의의 장이 열려 있고, 평가의 기본적인 윤리를 확보하는 방향으로 추진되어야 한다.

- 실패를 인정하는 문화: 평가를 책무성 확보라는 소극적 활용에 초점을 두기보다는 프로그램을 개선하기 위한 목적을 중시하여야 한다. 이와 함께 실패를 인정하지 않게 되면 올바른 평가를 하지 못하게 된다.

3. 바람직한 평가문화 형성

성공적인 평가를 위해서는 평가에 우호적인 평가문화가 형성되어야 한다. 조직이 건전한 평가문화를 구축하려면 조직의 최고관리자의 역할이 중요하다. 건전한 평가문화 형성을 위해 최고관리자는 평가에 대한 명확한 비전을 설정하고 지속적인 개선을 지원하여야 한다. 그리고 정기적으로 질 높은 성과와 평가정보를 요구하고, 이를 기반으로 증거에 기반을 둔 정책과 프로그램에 대한 의사결정을 하여야 한다. 바람직한 평가문화를 위해 구성원에게 명확한 평가 책임과 기대치를 요구하고, 평가에 대한 교육과 지침을 제공하고, 구성원의 평가활동 참여를 조장해야 한다. 특히 평가결과를 적극적으로 활용할수록 구성원의 평가에 대한 자세와 활동에 주는 영향을 커진다. 실패를 비난하기보다는 인정하고, 실패를 발전의 기회로 삼는 자세가 필요하고, 성과에 대하여 정당한 보상을 제공하여야 한다.

건전한 평가문화를 형성하기 위해서는 다음과 같은 것이 필요하다(OECD, 1998; Mayne, 2008).

- 평가결과를 효과적으로 사용하고자 하는 정치가, 정책관리자 및 핵심관리기관의 의지가 있어야 한다. 조직 리더십의 의지는 평가문화 구성에서 가장 중요한 요인이다.
- 바람직한 평가문화를 형성하기 위해 조직의 평가에 대한 규정 제정 등을 통한 제도화가 이루어져야 한다.
- 바람직한 평가문화를 육성하기 위해 평가결과를 활용하는 증거기반의 합리적 정책체계를 확립하여야 한다.
- 평가에 대한 요구가 내·외부 이해관계자에 의해 나오고, 구체화하여야 한다.
- 조직은 혁신과 변화하는 환경에 적응하는 평가문화를 촉진하고 평가결과로부터의 환류에 의한 학습조직을 구축해야 한다.
- 훈련과 전문적인 대화, 능력 있는 평가자, 평가에 정통한 고위관리, 열정적인 평

가결과의 이용자 모두가 평가문화의 형성에 이바지함을 인식해야 한다.

- 바람직한 평가문화에 기여하는 사람이나 부서에 대해 인센티브 등의 지원을 한다.
- 조직 구성원의 지속적 평가역량 향상을 위해 다양한 지원을 해야 한다.

제 6 절 평가 시기와 일정관리

1. 평가 시기

평가는 언제 하는 것이 좋은가? 평가는 평가정보가 유용하게 사용될 수만 있으면 언제라도 실시하는 것이 좋다. 즉, 평가의 시기는 평가의 활용이란 측면에서 결정되어야 할 것이다. 평가는 적시에 타당하고 신뢰할 수 있는 정보를 제공할 수 있도록 설계되어야 한다. 평가의 적시성은 평가의 유용성을 보장하는 중요한 요소이다(UNEG, 2016; KRA Corporation, 1997).

공공기관에서 평가는 대부분 법규나 상부기관의 결정에 따르기 때문에 평가 시기가 사전에 결정되게 된다. 이외에 다음과 같은 경우에 평가하게 된다(DeGEval, 2009).

- 정책을 계속 추진할 것인가를 결정하면서 추가적 의사결정의 근거가 요구될 때
- 프로그램 관리자가 프로그램 개선 방안을 발견하거나 공적 자금 획득하기 위해 경쟁할 때 주장 근거를 만들기 위해
- 기관 경영진이 미래의 요구사항에 맞도록 과업을 조정하기 위한 내부 절차를 설정하기를 원할 때
- 정치적 책임이 있는 사람이 정책 및 개별 조치를 정당화하기 위해 잘 만들어진 프로그램 정보나 근거를 요구하는 경우
- 자금 지원자가 평가를 요구하는 경우
- 법규에 평가를 명시적으로 요구하는 경우
- 법적 규제의 질이 향상되고 규제의 정도가 감소하는 경우
- 규제의 질이 개선되거나 규제의 정도가 감소하는 경우

평가의 시기를 결정할 때 다음과 같은 것들을 고려해야 한다(EuropeAid, 2006).

- 평가는 부가가치를 최대화할 수 있는 시기에 시작함으로써 자원 배분의 효과성을 최적화하는 것이 필요하다. 예산편성이나 배분이 마무리된 뒤에 평가결과가 나오게 되면 큰 효과를 얻기 어렵다.
- 평가는 주요 이용자가 원하는 적절한 시간에 맞춰서 실시하여야 한다.
- 평가는 중요한 결과나 효과가 정책 대상집단에 나타나고 관련 자료를 수집할 수 있을 때 실시하여야 한다.
- 정책감사나 회계감사에 의해 나타나는 갈등을 피하고자 할 경우에는 사전에 실시하는 것이 도움된다.

그러나 다음과 같은 경우에는 평가가 유용하지 않기 때문에 평가 시기를 조절하는 것이 필요하다(Weiss, 1998).

- 일상적이지 않고, 안정성이 없는 프로그램: 어떤 이론이나 논리가 없이 임시방편으로 운영되고, 빈번하게 수정되는 프로그램에 대한 평가는 그 결과가 아무리 합리적이라도 평가결과보고서는 진부한 것이 된다.
- 프로그램에 참여자가 프로그램 목표에 동의하지 않는 경우: 이해관계자 간에 목표의 불일치는 프로그램의 일관성을 떨어뜨리고, 평가 기준을 부정확하게 한다.
- 평가의 후원자나 프로그램 관리자가 평가를 제한하는 경우: 평가 후원자나 관리자들이 평가하고자 하는 것을 엄격하게 제한하거나, 중요한 이슈를 평가하지 못하게 하는 경우, 평가 후원자나 프로그램 관리자가 기만이나 여론 호도용으로 평가하기를 원한다면, 평가자는 사업을 정당화하는 수준에 머무르게 된다.
- 평가를 수행할 수 있는 충분한 인적·물적 자원이 없는 경우: 정책평가는 시간, 돈, 상상력, 인내, 기술을 요구하는 활동이다. 이러한 자원이 충분하지 않을 경우 평가는 잘못된 결과를 생산할 수 있다.

2. 평가 일정관리

평가에 필요한 일정을 결정할 수 있는 공식은 없다. 평가의 일정을 결정하기 위한 가장 좋은 방법은 평가의 전 과정을 세분화한 뒤에 각 단계에 필요한 시간을 추정해 전체 시간을 계산하는 것이 좋다. 그러나 많은 경우 다양한 압력에 의해 평가의 시간과 자원을 과소 판단하는 경향이 많다(Card et al., 1992).

평가일정에 영향을 주는 가장 큰 요인은 평가 방법이다. 어떠한 평가 방법을 활용하는가에 따라서 평가 기간이 달라진다. 평가는 주어진 시간 내에 끝내야 한다. 주어진 시간 내에 평가가 마무리되지 못하면 평가비용, 자료 수집, 평가결과의 이용 등에 문제를 발생시키게 된다. 평가의 일정계획에서는 활동 시작일과 활동을 마쳐야 할 날짜, 활동에 배정된 전체 시간의 양을 결정해야 한다. 시간 배정에서 최종보고서 제출일은 수정되지 않는 경우가 많다. 평가의 일정계획은 갠트 차트와 같은 도표를 활용하여 작성하게 된다.

우리의 정부업무평가에 의한 자체평가의 절차를 보면 [그림 4-2]와 같다.

그림 4-2 자체평가 평가 절차

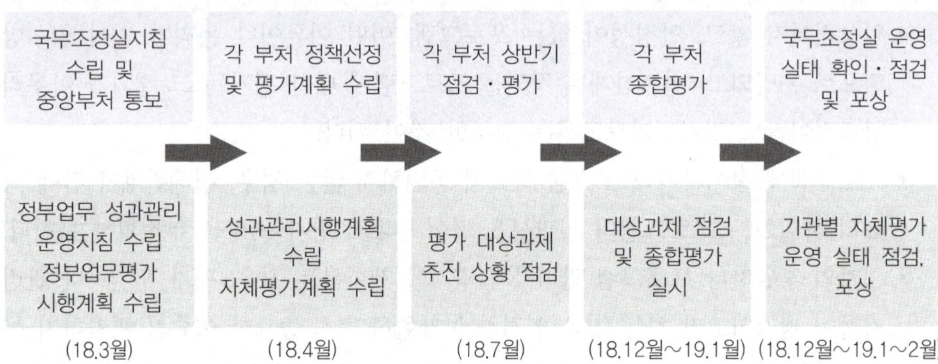

제 7 절 평가의 참여관리

1. 평가에서 참여의 의의

평가에 참여를 강조하는 참여적 접근방법은 평가과정에 프로그램이나 정책의 이해관계자를 포함하는 접근방법을 의미한다. 참여적 접근방법은 전통적인 전문가 중심의 평가와 〈표 4-2〉와 같이 대조적인 특성을 가진다. 참여적 접근방법은 단일의 접근방법이라기보다는 평가의 실행 방법과 관련된 것으로 다른 평가의 보조적 방법으

표 4-2 전통적 평가와 참여적 평가의 비교

특징	강조점	
	전통적 평가	참여적 평가
왜 평가하는가?	책무성, 투명성	프로그램 학습
누가 평가하는가?	외부 집단	주로 내부 집단
어떻게 평가하는가?	사전에 결정한 방법, 구조화되고 양적인 방법	적응적, 준 구조화, 양적 방법과 질적 방법 혼합
무엇을 평가하는가?	외부에 의해서 정의된 기준, 주로 프로그램의 결과에 초점	평가 기준을 합의와 협상으로 결정, 프로그램 과정과 결과에 초점
누구를 위하여 평가하는가?	프로그램 관리자, 자금 지원자, 정책 집단	이해관계자 집단

출처: Campilan(2000).

로 사용되게 된다.

참여적 평가의 특징을 보면 다음과 같다(Patton, 2008).

- 참여자의 소유권에 중점을 둔다. 평가는 자금을 지원하는 기관이 아닌 프로그램 이해관계자의 요구에 관심을 둔다.
- 참여자는 평가결과에 대한 합의를 형성하고, 문제점을 해결하며, 프로그램 개선을 위한 계획을 수립하기 위해 소통하고 협상한다.
- 평가과정에서 모든 참여자의 의견을 구하고 충분히 인지한다.
- 프로그램 실행을 개선하고 목표 달성 여부를 결정하는 데 도움이 되는 교훈(lessons)을 식별하는 데 중점을 둔다.
- 평가설계는 (가능한 한도 내에서) 유연하고 집단 프로세스를 통하여 결정된다.
- 평가에서는 경험적 데이터를 기반으로 하여 무엇이 발생하고 왜 발생했는지를 판단한다.
- 이해관계자는 촉진자 역할을 하는 외부 전문가의 도움으로 평가를 수행한다.

정책평가에서 참여를 강조하는 이유는 전통적인 접근방법이 이해관계자 간의 권력적인 관계를 정확하게 이해하는 데에 한계가 있다는 비판에서 강조된다. 이외에 국가통치 이념으로 거버넌스 개념이 강조되면서 정책평가에서도 공동체를 이루는 구성원들이 의사결정에 참여하여 평가를 집단으로 결정할 것을 요구하고 있다. 정책평가에서 참여는 평가의 민주성, 활용성, 고객 지향 등의 이념과 연계되어 중시되고 권고되고 있다. 오늘날 정책평가에서 참여는, 특히 환경이나 지역공동체 수준의 정책평가 등에서 확대하고 있다. 이외에 참여는 정책 활동에 대한 소유의식 공유, 결과에 대한 상호 책임성을 제고를 위한 파트너십 접근과 함께 그 필요성이 강조되고 있다. 정책에서 파트너십이란 정부, 의회, 시민사회, 정책 대상집단 및 국제적인 파트너와 같은 다양한 이해관계자가 참여하는 포괄적인 과정을 의미한다(OECD DAC, 2010).

2. 참여의 이점 및 한계와 사용환경

1) 참여의 이점

참여적 평가는 평가에 다양한 이해관계자가 참여하여 정책이나 프로그램에 대한 이해를 높여 프로그램 개선에 활용하는 것을 이상적인 목표로 삼는다. 특히 참여적 평가는 프로그램 대상자들의 프로그램을 경험하는 방법을 변화시킨다(Odera, 2021). 이외에 평가과정에의 다양한 이해관계자의 참여는 다음과 같은 긍정적 효과와 목적을 가진다(World Bank IEG, 2007; Kellogg Foundation, 2004a; WHO, 2013; Guijt, 2014).

- 참여적 평가는 지역이나 이해관계자 중심의 평가질문에 초점을 두도록 한다.
- 참여적 평가는 프로그램에 대한 소유 의식을 높여 평가의 활용도를 제고한다.
- 참여는 조직을 학습조직화하여 이해관계자나 지역의 평가 능력을 향상하고, 조직의 평가역량을 강화할 수 있다.
- 이해관계자들로 하여금 프로그램의 전략과 과정, 어떠한 활동을 하고, 어떠한 것이 추진되지 않았는지에 대한 이해를 증진한다.
- 참여는 프로그램의 가치를 증진한다. 정책과정에 참여를 확대하면 할수록 프로그램의 가치가 더 증진되고 프로그램의 성과를 향상할 수 있다.
- 참여는 프로그램 행위자 간의 커뮤니케이션 향상과 협력을 촉진한다. 이를 통하여 지역사회 등의 공동체 의식을 향상한다.
- 참여는 평가과정을 좀 더 원활하게 추진할 수 있게 하고, 필요한 정보의 수집을 쉽게 하고, 수집된 정보에 대한 신뢰성을 높여준다.
- 참여적 평가는 권고안에 대한 저항을 줄이고 채택을 쉽게 한다.
- 참여적 평가 시스템은 프로그램에 대한 외부 지원이 중단된 뒤에도 프로그램을

지속시킬 수 있도록 집행자와 수혜자의 능력을 제고한다.

- 참여자에게 권한을 부여하여 이들에게 자신감과 자부심을 제공한다.

2) 참여적 평가의 한계

참여적 접근방법은 다음과 같은 여러 가지 한계와 제약요인을 가진다(Kellogg Foundation, 2004a; WHO, 2013). 이러한 한계로 부적절한 이해관계자의 참여는 정책, 프로그램 및 프로젝트가 실패하는 공통적인 이유 가운데 하나이기도 하다(UNDP, 2009).

- 참여적 접근방법은 많은 시간과 노력 및 평가비용을 요구한다.
- 이해관계자 등 참여자들이 자기 본업에 의하여 시간을 내어 평가활동에 몰입하고 헌신하기가 어렵다.
- 참여자들이 평가에 대한 지식과 기술이 부족하여 교육과 훈련이 요구된다.
- 참여적 접근방법은 다양한 이해관계자가 개입하여 문화, 언어, 신분 등에서 갈등을 가져와서 평가의 합의점을 도출하기가 어렵다. 참여자 간의 신뢰가 형성되지 않으면 참여자 간 갈등 때문에 평가를 제대로 진행하기 어렵다.
- 평가에 참여하는 사람들의 목적이 서로 다르고 불명확하거나 평가설계와 일치하지 않을 수 있다.
- 실제에서 권력자 중심으로 참여하여 참여자의 대표성 확보 및 소외집단의 참여를 확보하기 어렵다.
- 종종 참여적 접근방법이 평가과정의 한 측면(예: 자료 수집)에만 관심을 두어 참여의 의미가 형식화되곤 한다.
- 참여자들은 자기집단을 옹호하여 평가의 객관성을 위협할 수 있고, 전문성이 부족하여 복잡한 정책이나 프로그램을 평가하는 데 한계를 가진다. 이에 의하여 평가의 신뢰성이 위협받을 수 있다.

3) 참여적 방법의 사용환경

참여적 방법은 앞서 살펴보았듯이 이점과 한계를 가지므로 그 장점을 극대화하여 활용하기 위해서는 다음과 같은 평가환경이 전제되어야 한다(University of Kansas, 2022).

- 정책 및 프로그램 운영이 참여적으로 진행되는 경우에는 참여적 평가가 바람직하다.
- 참여적 평가는 시간과 비용을 수반한다. 이에 평가할 시간적 여유와 비용이 있다면 참여적 평가의 이점을 얻을 수 있다.
- 평가와 관련하여 자금을 제공하는 측에서 참여적 평가에 대하여 긍정적인 시각을 가지고 있는 경우에는 참여적 평가를 할 수 있다.
- 외부 평가자가 지역이나 대상집단에 대한 이해도가 낮은 경우에는 참여적 평가로 더 정확한 평가를 할 수 있다.
- 평가와 관련된 정보와 자료를 수집하는 것이 어려울 경우에 참여적 평가로 평가자료를 수집하는 것이 필요한 정보를 얻을 가능성을 높여준다.
- 공동체나 정책 대상집단을 하나로 결집하거나 커뮤니케이션을 활성화할 필요성이 있는 경우에 평가는 이들 간에 사회적 네트워크를 구성하는 수단이 될 수 있다.

3. 참여 방법

1) 참여할 평가 영역

정책평가에서 이해관계자의 참여는 평가계획, 설계, 자료 수집, 분석, 해석, 권고안 작성, 활용에 이르기까지 전 과정에 참여할 수 있다. 이들 과정에서 중요한 참여과정은 다음을 들 수 있다.

- 평가 대상 및 평가 목적의 설정
- 평가 대상 이해를 위한 프로그램의 목표 설정, 논리모형이나 변화이론의 개발
- 평가질문의 설정과 질문에 답을 찾는 평가 방법 결정을 위한 평가설계
- 정책 및 프로그램에 대한 정보 수집
- 정보의 분석과 해석
- 평가결과를 바탕으로 한 목표 달성 여부 판단, 정책 및 프로그램의 개선과 변화

를 위한 평가활용 방법 결정

2) 참여자

평가과정에 참여자는 평가 목적, 내용, 방법 등에 따라서 달라진다. 만약 평가의 목적이 프로그램 집행의 장애 요인을 밝히는 것이라면 현장 집행자를 포함해야 할 것이다. 평가의 이슈가 프로그램의 영향에 초점을 두는 것이라면 프로그램의 대상집단과 관련된 이해관계자가 포함되어야 할 것이다. 프로그램의 목표와 진행과정에 대해 이해관계자들의 이해를 제고하는 것을 목적으로 하는 평가에서는 가능한 모든 이해관계자를 포함하는 것이 바람직하다. 참여적 평가에 참여할 수 있는 사람들을 보면 다음과 같다.

- 정책 및 프로그램 대상자 또는 수혜자
- 정책 및 프로그램 집행자 또는 전달자
- 정책 및 프로그램 관리자
- 외부 평가자
- 지역사회 지도자 및 관계자
- 정책 및 프로그램으로 간접적 영향을 받는 사람

광의의 참여에는 평가과정에서 참조할 수 있는 준거집단(reference group)을 활용하는 것도 필요하다. 준거집단은 주제와 관련하여 다양한 관점과 지식을 제공할 수 있는 이해관계자들로 구성된 집단이다. 이들의 참여는 평가의 적실성을 확보하기 위해 평가설계, 유효성 향상을 위한 예비 조사, 타당성, 수용성 및 소유권 향상을 위한 권고사항 자문 등 평가의 모든 과정에 개입할 수 있다. 이를 통하여 평가의 적실성, 품질, 신뢰성을 향상할 수 있다(UNEG, 2016). 이외에 이해당사자들의 학습, 조정집단, 자문집단 등을 활용하여 평가과정에 조언, 조정, 자문 등을 보다 체계적으로 확보할 수도 있다.

〈표 4-3〉는 평가과정에서 참여자를 보여주고 있다.

표 4-3 전문가 중심의 평가와 참여적 평가에서 책임

활동	전문가 중심 평가	참여적 평가
평가 목적의 정의	평가계획자	평가 조정을 위한 2~5인의 소규모 이해관계자 집단(프로그램 관리자 포함)
평가 목표, 질문과 자료 수집 방법의 설정	평가계획자, 외부 평가자	선택된 모든 평가 이해관계자(프로그램 관리자, 현장 담당자, 기타 의사결정자)
자료의 수집과 분석	외부 평가자	10~12명의 이해관계자 집단을 소집단으로 분류해 활동, 외부 평가자
재원관리(예산, 현장활동, 장비 등)	평가계획자	프로그램과 프로젝트 담당자(자원 조정자)
현장활동 결과의 요약	외부 평가자	현장 팀의 리더와 관련된 소수의 이해관계자
교훈의 도출	외부 평가자	선택된 모든 이해관계자, 외부 평가자
평가결과의 요약	외부 평가자	외부 평가자, 조정집단의 구성원
평가결과 집행을 위한 활동계획 수립(결과, 결론, 교훈, 권고안)	관련자의 자문과 외부 평가자	프로그램 및 프로젝트 관리자, 현장 담당자 및 외부 평가자로 구성된 소집단
보고서 작성	외부 평가자	이해관계자와 외부 평가자로 구성된 소집단
보고서 배포와 토의: 행동계획의 집행	평가계획자	조정집단
협력과 공동의식의 개발: 모든 평가 단계에서 조정과 촉진	평가계획자, 외부 계획자	외부 평가자, 조정집단, 평가계획자

출처: Aubel(1999).

3) 참여 방법

이해관계자의 참여 방법은 직접 참여 방법과 간접 참여 방법으로 구분할 수 있다. 직접 참여는 평가과정에 평가자로 참여하는 방법이고, 간접적 참여는 직접 평가자로 역할을 하지 않으면서 평가활동에 기여하는 것을 의미한다. 종래는 참여로 직접적인 참여만을 강조했으나 오늘날에는 정책자문과 대화, 지원 및 중재와 조정과 같은 소프트(soft)한 간접적 참여도 강조되고 있다. 간접적 참여는 직접적인 참여와 비교해 신축적이고 역동적이며, 높은 대응성을 특징으로 한다. 간접적 참여가 필요한 이유는 많은 프로그램의 결과를 양화하기 어렵고, 질적 분석으로 평가해야 할 필요성이 커지고 있기 때문이다. 간접적 참여로 다음과 같은 것들이 있다(UNDP Evaluation Office, 2002).

- 평가정책에 대한 조언과 의견 교환: 조언은 이해관계자에게 평가정책에 대해 다

양한 조언을 구하는 것이고, 의견 교환은 평가정책의 다양한 방법에 대한 정보를 교환해 정보 공유를 촉진하도록 하는 것이다.

- 지지: 지지란 특정한 사람이나 활동 편에서 이야기하고 권고하는 것을 의미한다.
- 중재/조정: 중재와 조정은 균형되고 효과적인 평가결과를 달성하기 위해 이해관계자 간의 갈등을 공평하게 중개하거나 협상의 대리인 등으로 활동하는 것들이 포함된다.

〈표 4-4〉는 참여 방법을 참여 수준별로 구분하고 있다. 순서에 의하여 직접적인 방법에서 아래로 갈수록 간접적 방법을 사용하게 된다.

표 4-4 참여 수준

수준	참여자의 개입
위임 (devolving)	• 참여자가 전문가의 지원을 받아 평가를 주도한다.
협업 (collaborating)	• 참여자는 전문가와 협력하여 결과와 평가 접근방식을 공동으로 평가한다. • 참여자는 동료연구/동료평가 등을 통해 데이터 수집 및 결과 검토에 모두 참여한다. • 참여자는 평가 데이터 분석과 결과의 의미, 권장사항 및 취해야 할 조치에 대한 의사결정에 참여한다.
포함 (involving)	• 참여자는 특히 피평가자에게 영향을 미치는 평가요소(평가 도구)를 공동 설계하고, 일부 데이터 수집 및 피평가자 친화적 보고서 작성에 참여할 수 있다. • 전문가는 평가결과의 의미와 결과에 다른 후속 조치를 전반적으로 결정하는 의사결정자이다.
컨설팅 (consulting)	• 참여자는 활동 또는 프로젝트가 제공해야 한다고 생각하는 것에 대한 견해를 공유할 수 있지만 결과는 전문가가 결정한다. • 참여자는 행동에 대한 아이디어를 제출할 수 있지만, 의사결정은 전문가가 한다.
정보전달 (informing)	• 참여자가 전문가가 요구하는 평가 데이터를 제출하고, 전문적으로 설계된 피드백 프로세스/조치에 참여할 수 있다. • 참여자는 평가결과에 따라서 어떠한 조치를 해야 할 것인지에 대한 정보를 받는다.

출처: YoungMinds(2020).

4. 참여 활성화 방안

많은 평가 기준은 참여적 정책평가를 위해 이해관계자를 평가과정의 초기에 참여토록 하여 평가설계에 기여할 수 있도록 하고, 평가과정 동안에 자문하고 기여할 수 있도록 기회를 줄 것을 권고하고 있다(OECD DAC, 2010). 참여하는 이해관계자의 확인과 선발의 기준은 명확하게 하고, 평가 참여자의 권리와 복지는 보호하고, 필요하면 정보 제공자의 익명성과 비밀 보호를 요구하는 경우에 보호할 것을 요구하고 있다. 그리고 이해관계자에게 평가보고서에 대해 의견을 제시할 기회를 주어야 한다. 이해관계자들의 의견이나 해석과 관련하여 의견이 다른 경우 이를 명시할 필요가 있다. 평가과정에 참여를 확대하기 위해 명시적으로 조직 평가에 대한 공개정책을 가지고 있어야 한다. 그리고 정책평가의 책무성 확보를 위해 정책과정에 공개적으로 접근할 수 있도록 해야 한다(UNEG, 2016).

참여적 평가에서 평가자는 자신의 관점을 이해관계자의 판단보다 덜 중시하면서, 다양한 이해관계자의 판단을 촉진하고 통합할 것을 요구한다. 그리고 평가과정과 평가결과가 이해관계자와 관련이 있고, 이해관계자에게 유용하게 활용할 수 있도록 하는 데 관심을 가져야 한다. 또한 평가에 대한 전문적인 지식과 기술이 부족한 참여자들을 위해 평가에 대한 워크숍 등을 열어서 평가의 필요성, 방법, 주안점 등의 이해를 도와야 한다. 평가 대상과 관련한 사회문화적 속성과 사회정치적인 권력 구조 등을 이해하는 것도 중요하다.

참여가 평가에서 유의미한 것이 되도록 하기 위해서는 다음과 같은 것을 고려할 필요가 있다(UK Evaluation Society, 2019).

- 이해관계자는 가능한 평가의 초기, 즉 계획 단계부터 참여하는 것이 필요하다.
- 참여와 관련된 비용은 평가비용에 반영해야 한다. 참여의 비용을 줄이기 위해 인터넷 등의 매체를 적극적으로 활용할 필요가 있다.
- 평가 담당부서, 프로그램 집행부서, 평가위원회 등은 참여의 가능성이 있는 모든 이해관계자에 대한 정보를 평가팀에 제공해야 한다.
- 평가자는 프로그램과 관련된 협력자를 더 광의의 시각에서 볼 수 있도록 해야 한다.
- 평가에서 주요 이해관계자들을 워크숍, 현장방문 등의 평가학습과정에 통합해

학습과 참여 기회를 많이 주도록 해야 한다.

- 참여를 활성화하기 위해 참여자의 대표로 구성된 핵심 학습집단이나 조정집단을 구성하는 것도 필요하다.
- 참여자 및 참여 내용을 평가보고서에 포함해야 한다.
- 참여자 간에 중요한 의견의 불일치가 있는 경우에는 이를 최종보고서에 포함한다.

참여에서 가장 많이 활용되는 정보 제공자로의 참여와 관련하여 평가자와 정보제공자는 다음의 원칙을 준수하여야 한다(UK Evaluation Society, 2019).

- 평가 참여에 대한 동의를 구하기 전에 평가의 의미, 관련 데이터 보호과정과 규칙에 대한 모든 정보를 제공하여야 한다.
- 동의 없이 데이터를 수집하거나 사용하지 않으리라는 것을 데이터 수집과정 등을 통하여 재공지하도록 한다.
- 평가의 목적과 데이터의 수집 및 사용 절차(면접 기록, 관찰 및 이미지 기반 데이터의 명시적 사용 포함)에 대해 충분히 고지한다.
- 데이터의 접근 및 공개를 위한 명확한 절차를 수립한다.
- 제공된 데이터의 처리는 법적 기준을 준수한다는 것을 공개하고, 모든 데이터는 공정성, 정확성 및 관련성을 준수한다.
- 데이터가 공정하고 정확하게 활용되고 있는지를 확인할 기회를 제공한다.
- 평가 참가자와 평가자 사이의 분쟁이나 어려움이 발생할 경우에 독립적 중재를 요구할 수 있도록 보장한다.
- 평가자가 데이터의 타당성을 검증할 수 있는 모든 정당한 절차를 밟는다.
- 참가자에게 위험을 초래하는 모든 보고사항에 대하여 논의하고, 이에 대하여 데이터 이용에 대한 동의를 철회할 수 있도록 한다.

5. 사례

심동철(2019)의 연구는 지방자치단체에 참여평가 도입의 가능성을 검토하고 있고, 이경래(2020)의 연구는 시민참여형 평가를 위한 방안을 모색하고 있으며, 김진오・민병욱(2020)은 환경영향평가와 관련하여 시민참여에 관한 해외사례를 연구하고 있다.

이석민(2010)은 정부업무평가에 임파워먼트 평가의 적용 가능성을 탐색하고 있다.

제 8 절 평가의 적정성 관리

1. 평가의 신뢰성과 독립성 확보

1) 의의

평가의 신뢰성이란 평가의 질을 판단하는 가장 핵심적인 요인으로 동일한 현상에 대해 같거나 유사한 측정 도구를 사용해 반복 측정할 경우에 동일하거나 비슷한 결과를 얻을 수 있는 정도를 의미한다. 즉, 평가자에 따라서 평가의 결과가 다르게 되면 그 평가는 신뢰성이 떨어진다. 평가의 신뢰성이 낮게 되면 평가결과를 받아들이지 않고, 평가결과를 활용하지 않게 된다. 평가의 신뢰성을 확보하기 위해 평가자는 정책 담당자나 관리 기능 및 관련된 수혜자로부터 독립되어야 한다. 그리고 이해 갈등의 가능성은 공개적이고 정직하게 밝혀야 한다. 무엇보다 평가팀은 간섭 없이 자유롭게 일할 수 있어야 하고, 평가팀은 관련된 모든 정보에 접근하고 자료 수집에 협조를 얻을 수 있어야 한다(OECD DAC, 2010).

다음과 같은 것들이 평가의 질과 신뢰성을 결정한다(World Bank IEG, 2007a; UNEG, 2005).

- 평가과정의 독립성과 투명성의 정도
- 평가자의 전문성과 경험
- 관련 이해관계자의 적절한 참여와 자문
- 적절하게 제한된 범위와 방법론
- 명확하게 정의된 평가 기준
- 평가의 신뢰성과 질 확보를 위한 충분한 예산

2) 신뢰성과 독립성 확보 방법

미국의 OMB(2020)는 연방정부 평가의 독립성과 객관성 확보 방법으로 다음을 권고하고 있다.

- 훈련을 받고 전문성을 가진 평가 전문가가 각 기관의 평가설계와 방법에 대하여 검토하고 승인하는 평가정책을 운용한다.
- 평가설계, 평가 방법, 결과 해석 및 공개의 독립성과 객관성을 보호할 권한이 있는 전문가를 두어 평가활동을 지원・감독하고, 이들의 책임을 보고서 등에 명시한다.
- 자격있는 연방 정책평가자가 평가보고서를 검토하여 배포를 승인하고 평가결과를 대중에 적시에 공개하도록 한다.
- 평가보고서에 대해 이해관계자가 피드백을 할 수 있는 제도적인 장치를 마련한다.

평가의 독립성을 확보하기 위해서는 평가문화, 평가 법규, 정책 등의 환경이 뒷받침되고, 독립성 확보를 위해 독립성에 대한 동료평가, 독립적인 평가예산의 확보, 평가 대상의 공정한 선택, 독립적인 평가계획의 수립과 실시, 평가윤리 확보와 같은 제도적인 틀이 만들어지고, 개인 차원에서 성실성, 행태적 독립성 유지, 이해 갈등의 회피 등의 노력이 있어야 한다(Heider, 2009). 무엇보다 평가의 독립성을 확보하기 위해 평가조직은 조직의 다른 관리조직과 독립적으로 위치해야 한다. 이를 위해서 다음과 같은 것을 고려해야 한다(World Bank IEG, 2007; UNEG, 2005).

- 평가 기능은 부당한 압력으로부터 자유롭고, 투명하고, 공평한 보고를 위해 다른 관리 기능과는 독립된 형태로 위치해야 한다. 또한 평가팀원은 다양한 정치적 압력으로부터 자유로워야 한다.
- 내부 평가조직을 가지고 있는 대규모 조직에서 평가조직의 독립성과 공평성을 강조해 집행기관과 연계성을 떨어뜨리게 되면 평가결과의 활용 가능성이 약화하게 된다. 이를 극복하기 위해서는 조직의 주요 집행기관이나 최고관리자에게 직접 보고하는 방법을 활용하는 것이 좋다.
- 평가 기능의 신뢰성 차원에서 평가관리자가 상당한 정도의 직위를 갖고 있어야 한다.

- 평가조직을 주요 의사결정 체제의 하위조직으로 구성하여 평가업무를 관리하고 통제하도록 할 필요가 있다.
- 규모가 작은 기관의 경우 공식적인 감시 조직을 설치할 수 없는 경우가 많다. 이의 대안으로 동료 검토나 자문 패널을 구성하는 것도 대안이 될 수 있다.
- 공평하고 균형된 평가를 위해 독립된 평가예산을 확보하여야 한다.

평가의 신뢰성 확보를 위해 평가기관의 독립성 이외에 평가자의 행태적인 독립성 확보도 중요하다. 평가자의 독립성 확보를 위해 평가자는 다양한 압력으로부터 자유로워야 한다. 즉, 평가팀이나 평가자는 자유로운 방법으로 자기의 의견을 표현할 수 있어야 하며, 프로그램 관리자나 상위계층이 가지고 있는 기득 이익에 행동이 제한받아서는 안 된다. 행태적인 독립성을 확보하기 위해 다음과 같은 것을 고려할 필요가 있다.

- 평가활동의 독립성을 확보하고 간섭으로부터 평가팀을 보호하기 위해 주요 의사결정자가 평가보고서를 검토하는 절차에 대해 초기에 합의해야 한다.
- 평가팀은 평가위원회나 감독자에게 직접 보고하도록 해야 한다. 그러나 프로그램 관리자가 평가결과를 검토할 기회를 제공해 사실적인 오류나 결과에 대한 자문이나 권고를 할 수 있도록 해야 한다.
- 이해관계나 부당한 압력을 피하기 위해 평가자나 평가팀은 정책결정, 설계, 관리에 대해 직접 책임을 져서는 안 된다.
- 평가에 대해 외부 동료집단의 검토과정을 거치게 하는 것도 권장할 수 있다.
- 평가를 외부 컨설턴트에 의뢰하는 경우 중간보고서에 대해 객관적인 검증을 거쳐서 비용을 지급하는 것도 공평성 확보 방법이 된다.

3) 이해 갈등의 회피

평가에서 이해 갈등은 평가 대상이나 내용이 평가자와 관련이 있는 경우에 발생한다. 기관평가에서 평가자가 기관장이나 담당자와 개인적 친분 관계가 있는 경우에는 평가에 대한 신뢰성과 객관성을 침해할 위험이 있다. 이를 방지하기 위해 내부나 외부 평가자는 평가업무에 종사하기 전에 또는 갈등이 발생한 시점에 이해의 갈등을 감독자나 담당자에게 알리고, 그 내용을 최종보고서에 기술해야 한다.

이와 관련하여 '공직자의 이해충돌 방지법'이 제정되어 공공기관의 평가에도 적용된다. '공직자의 이해충돌 방지법'에서는 "이해충돌이란 공직자가 직무를 수행할 때에 자신의 사적 이해관계가 관련되어 공정하고 청렴한 직무수행이 저해되거나 저해될 우려가 있는 상황을 말한다."(동법 제2조 제4항)고 정의하고 있다. 이 법은 이해충돌 방지와 관련된 공직자의 의무로 다음을 규정하고 있다(동법 제4조). 이외에 이해충돌 방지를 위해 평가 참여자에게 청렴계약 이행서약서를 받고 있다.

① 공직자는 사적 이해관계에 영향을 받지 아니하고 직무를 공정하고 청렴하게 수행하여야 한다.

② 공직자는 직무수행과 관련하여 공평무사하게 처신하고 직무 관련자를 우대하거나 차별하여서는 아니 된다.

③ 공직자는 사적 이해관계로 인하여 공정하고 청렴한 직무수행이 곤란하다고 판단하는 경우에는 직무수행을 회피하는 등 이해충돌을 방지하여야 한다.

JCSEE는 평가과정에서 발생하는 이해관계의 갈등을 효과적으로 다루기 위해 다음과 같은 것을 고려하도록 하고 있다(Yarbrough et al., 2011).

- 이해관계의 갈등이 발생할 때마다, 공동의 정신에 따라 실제적, 잠재적, 의혹적 이해관계의 갈등에 관심을 기울이고, 신중하게 이해하고 학습해야 한다.
- 이해관계의 갈등은 평가 전 과정에 걸쳐서 공개적이고 생산적으로 논의하여야 한다.
- 평가과정의 공개성과 투명성을 구축하고 유지해야 한다.
- 이해관계자의 주장, 이익 및 가치판단은 다른 이해관계자와 갈등을 가질 수도 있다.
- 평가자와 이해관계자는 이해관계 갈등의 발생과 심각성에 대해 서로 다른 인식과 주장을 할 수 있다는 것을 알아야 한다.
- 평가결과를 제시하는 과정에서 이러한 갈등에 대해 경고를 해야 한다.
- 이해관계의 갈등에 취약한 지위에 있는 내부와 외부 평가자에 대해 경고하고, 모든 면에서 이해관계의 갈등이 발생할 수 있다고 생각해야 한다.

2. 평가의 투명성과 공개성 확보

1) 의의

평가가 신뢰성과 적정성을 확보하기 위해서는 평가과정이 투명하고 평가과정과 결과가 공개되어야 한다. 평가과정의 투명성은 평가의 신뢰성, 평가의 질 및 정당성을 확보하는 데 핵심이 된다(UNEG, 2005). 투명한 평가과정은 합의 형성을 촉진하고, 평가결과에 대한 주인 의식을 고취시킨다. 평가의 투명성은 평가 공개로 확보될 수 있고, 공개는 평가의 중요한 목적인 책무성과 책임성을 확보하기 위해서도 필요하다. 평가의 투명성은 평가의 민주성과 참여적 평가의 전제 조건이 된다.

2) 평가과정의 투명성과 공개성 확보 방안

평가의 투명성과 신뢰성 확보에 가장 중요한 것이 평가활동과 결과를 널리 알리는 것이다. 평가를 널리 알리기 위해서는 평가활동에 대한 공개 및 전파계획을 평가계획에 반영하고, 이해관계자와 청중이 평가에 대한 접근성을 높이는 방법으로 공개하고, 평가결과의 이용에 대해 모니터링을 하여 주기적으로 점검하는 것이 필요하다(OMB, 2020).

World Bank IEG(2007)는 평가의 투명성을 확보 방법으로 다음을 제시하고 있다.

- 평가관리의 공개: 평가계획, 평가팀 선발 등 평가관리과정을 공개해야 한다.
- 평가정책에 반영: 평가의 투명성, 공개 및 평가결과의 전파를 평가정책의 한 부분으로 다뤄져야 한다.
- 평가과정에 대한 정보 공개: 최종보고서는 평가자, 평가과정에 대해 상세하게 명시하고, 평가가 어떻게 관리되었는지를 기술하여야 한다.
- 지식의 공유와 학습을 위한 공개: 평가결과는 조직과 사회의 학습 수단으로 공개되어 활용할 수 있도록 해야 한다.
- 맞춤형 커뮤니케이션: 평가자는 이해관계자들이 평가과정과 결과를 쉽게 이해할 수 있도록 가능한 한 명확하고 간단하게 제시하도록 노력해야 한다.
- 평가의 권고에 대한 대응: 평가의 권고사항을 일반인들이 이용할 수 있어야 한다.

3. 평가에서 인간 권리와 존엄성 확보

1) 의의

공공정책 평가는 참여자 및 공동체의 권리와 복지를 존중해야 할 의무를 진다. 평가는 공익을 극대화하고 손해를 극소화하도록 해야 한다. 공공의 권리와 복지를 보호하기 위해서 관련인의 문화와 사회적 배경 및 가치를 존중해야 한다. 평가에서 인간으로서 권리, 법적 권리의 보호, 참여자의 존엄성은 평가과정과 결과 모두에서 보호받아야 한다.

2) 확보 방안

평가에서 인간의 권리와 존엄성을 확보하기 위해서는 다음과 같은 것들이 요구된다(Yarbrough et al., 2011).

- 평가 수행과정에서 윤리적 법적인 문제에 대해 전문가 자문을 얻도록 한다.
- 평가팀 구성원과 이해관계자 간의 상호작용을 모니터한다.
- 인간 존엄성, 인간애와 같은 윤리적 문제를 모든 평가 절차 · 결과에서 확보해야 한다.
- 평가와 관련된 대상집단의 독특한 문화를 알고 존중해야 한다.
- 평가 방법이 공동체와 참여자의 복지를 향상할 수 있도록 문화적 조화가 필요하다.
- 협력과 존중의 분위기 속에서 이해관계자들에게 그들의 권리를 알려 주어야 한다.
- 커뮤니케이션과 개인 간의 관계가 위협되거나 해가 되지 않도록 해야 한다.

또한 다음과 같은 것을 배제해야 할 것이다.

- 평가과정에서 상호 존중과 이해를 위한다면서 연령, 성, 인종, 문화, 종교 등을 회피하거나 무시하는 것
- 법적 · 문화적으로 특별한 관심이 요구되는 이해관계자에 대한 자문을 게을리하는 것

- 평가과정에서 모든 개인, 참여자, 공동체가 존경과 존엄성에서 같다고 생각하는 것
- 평가자의 문화적 능력 개발을 등한시하는 것
- 문화나 정치적인 맥락에서 통용된다고 생각해 보편적인 인간 권리 선언에 반하는 행동을 용인할 수 있다고 생각하는 것

제 9 절 평가에 대한 저항관리

1. 의의

평가는 조직의 내적·외적 요인에 의하여 다양한 저항을 가져온다. 평가에 대한 저항은 평가의 질을 떨어뜨리고 평가의 활용도를 떨어뜨리게 된다. 평가에 대한 저항은 평가의 신뢰성 및 책임성을 강화하도록 하는 순기능적인 차원도 있지만, 저항이 심하게 되면 평가의 효과성을 떨어뜨린다. 이에 평가에 대한 저항을 합리적으로 극복할 필요가 있다.

2. 저항의 원인

정책 및 프로그램 평가는 평가 환경과 관련된 다양한 요인에 의하여 저항을 받는다.

1) 관료제에 의한 저항

종종 정책이나 프로그램을 결정하고 집행하는 관료들은 평가결과가 부정적으로 나올 경우에 다음과 같은 변명으로 평가결과에 동의하지 않는다(Dye, 2017). 이러한 행태는 평가과정뿐만 아니라 평가결과의 활용을 떨어뜨리게 한다.

- 정책의 효과는 장기적으로 나타나는 것으로 현재 시점에서 정확하게 측정할 수

없다.

- 정책의 효과는 광범위하고 일반적인 것으로 어떤 하나의 단일한 기준이나 지표로 적절하게 측정할 수 없다.
- 정책의 효과는 미묘해서 측정이나 통계로 식별할 수 없다.
- 통제집단의 반발 등에 의해 사회적 실험연구를 효과적으로 수행할 수 없다.
- 정책과 프로그램에서 서비스를 받는 사람과 받지 못하는 사람의 차이는 프로그램에 더 많은 자금이 필요하다는 것을 보여주는 것이다.
- 평가에서 긍정적 효과를 밝혀내지 못한 것은 평가자의 편견이나 부적절함 때문이다.

2) 정치적 요인

정책평가 환경으로 합리적 평가를 저해하는 가장 큰 요인은 정치적 환경이다. 특히 앞서 언급한 평가를 전략적 목적으로 사용하고자 할 경우에는 평가에 대한 저항을 키우고, 활용을 제한하게 된다. 이러한 평가의 정치적 맥락은 평가의 중립성과 객관성을 저해하여 정책결정자와 집행자 입장에서는 긍정적 평가를 정책에 반대하거나 정치적 대립자들은 부정적 평가를 하게 된다(Markiewicz, 2008).

공공 부문의 정책평가는 다양한 형태의 정치적인 도전을 받게 된다. 특히 평가결과가 예산, 자원 배분, 인사제도 등의 의사결정에 영향을 주는 경우에는 더욱 그러하다. 평가는 정책결정자 및 중요한 의사결정을 수행하는 사람들에게 중요한 정보를 제공해 더 나은 결정을 할 수 있도록 한다. 그러나 정보의 제공은 정치가들이 이용할 수 있는 선택의 폭을 제한하는 역할도 한다. 즉, 정치적 술책을 사용할 기회를 줄여주게 된다. 특히 권위주의적이고 중앙집권화된 통치 체제를 가지고 있는 경우에는 자신들의 권력을 제한하는 평가 시스템의 운영에 대해 소극적인 자세를 취할 수 있다. 이는 공공 부문에 효과적인 평가 시스템을 도입하고 운영하는 데 커다란 장애 요인이 된다. 또한 제도화된 평가 시스템은 성과 및 결과에 대한 평가와 정책 운영의 투명성과 책임성을 강조하게 되는데 민주적인 통치 체제가 확립되지 않은 경우, 지배계급이 이러한 시스템의 도입에 저항할 수 있다.

3) 평가 자체적 요인

(1) 정책 목표의 문제

정확한 평가를 위해서는 정책 목표를 구체화하고 명확하게 하여야 한다. 그러나 정책 목표는 다원적이고 종종 서로 대립적인 경우도 있다. 또한 정책 목표는 정책 환경의 변화로 변화된다. 정책과 프로그램 평가의 가장 중요한 기준인 정책 목표를 구체화할 수 없고, 지속해서 변화하는 것은 평가의 가장 중요한 장애요인이 된다.

(2) 측정과 방법론적 문제

정책과 프로그램을 완벽하게 평가할 수 있는 방법론은 없다. 공공개입으로 국방, 교육, 빈곤, 의료, 범죄, 도시 및 고속도로 계획, 환경 정책 등 대부분의 공공 문제는 직접 측정하기 어려운 정책 목표로 구성되어 있다. 이를 평가하기 위해서 사용되는 한두 개의 평가지표로 정책의 효과 수준을 정확하게 평가하는 데는 한계를 가진다. 그리고 정책과 프로그램을 평가하기 위해서 제시되고 있는 다양한 방법론과 접근방법은 항상 장단점을 가지고 있고 한계를 가진다. 이외에 평가자의 역량, 이해관계 등도 평가의 타당성, 신뢰성을 저해하여 합리적 평가의 장애요인이 된다.

(3) 평가 실시상의 문제

공공정책은 평가 목적 이외에 평가 범위나 대상집단을 명확하게 선정하는 것이 어렵다. 그리고 개인정보 보호의 차원에서 민감한 정보에 대한 법적인 수집제한으로 정책 대상집단으로부터 평가정보를 확보하는 것이 점점 어려워지고 있다. 대부분의 공공 부문의 정책 및 프로그램 평가는 법규와 계획에 의해서 평가하기 때문에 평가의 신축성 확보가 어렵다.

4) 평가 관리적 요인

평가의 질은 평가자의 역량에 의해서 결정된다. 그러나 정부 부문에서 전문적인 평가역량을 가진 인력이 부족하다. 이에 의하여 외부에 의뢰하는 경우가 많다. 특히 조직의 바람직한 평가문화가 형성되지 않고, 최고관리자 및 정책결정자 평가에 대하여 관심이 부족하고 활용하지 않는 것은 활용에 가장 큰 장애요인이 된다. 그리고 신뢰할 수 있는 평가를 하는 데 필요한 충분한 평가예산과 시간의 부족 등도 실질적 장애요인이 된다(Bamberger et al., 2006). 오늘날 결과지향의 행정, 성과지향의 행정, 증거를 기반으로 한 정책 등은 정부 성과와 책임의 증대를 요구하면서 평가에 대한 요구도 증대하고 있다. 과도한 평가 요구는 평가의 형식화, 평가에 대한 저항 등에 의하여 앞서 언급한 평가 장애요인을 강화하는 기능을 한다.

5) 심리적 장애 요인

평가가 강제적 의무화되거나 자금을 제공하는 사람들에 의해 추진될 경우에 프로그램 담당기관이나 담당자와 평가에 대해 합의가 없게 되면 평가에 적극적으로 반대하거나 소극적으로 대응할 위험이 있다(Donaldson et al., 2002). 프로그램과 관련해 다음과 같은 역기능적인 태도는 프로그램 평가에 수동적이게 한다(Posavac, 2011). 이러한 태도를 극복하기 위해서는 이해관계자와의 활발한 커뮤니케이션과 논의가 요구된다.

- 우리의 프로그램은 모범적인 것이다. 대부분 사람은 자신들이 평균 이상이라고 생각하는 경향이 있다. 비슷하게 프로그램 기획자들도 이와 비슷한 경향을 보인다.
- 평가는 프로그램 담당자를 화나게 할 것이다. 평가결과를 등급화하게 되면 프로그램 담당자들은 유용한 평가를 위해 이바지하기보다는 평가에 대해 방어적이게 된다.
- 평가는 혁신을 저해할 것이다. 사람들은 평가가 새로운 기술의 실험을 억제함으로써 혁신을 저해할 것이라고 걱정을 한다. 과정과 결과평가에서 담당자들은 평가가 완료될 때까지는 프로그램에 변화가 있어서는 안 된다는 생각을 하기도 한다. 이는 프로그램의 구조적 변화가 프로그램의 목적이나 본질을 변화시키게 되는 경우에 더욱 그러하다.
- 우리의 프로그램은 종료될 것이다. 부정적인 평가가 프로그램의 종료로 이어지는 경우는 거의 없지만(Cook & Shadish, 1994), 기대한 결과를 가져오지 못한 것이 확인된다면 프로그램의 삭감과 종결의 가능성은 존재하게 된다. 이에 평가자들은 프로그램을 집행하는 사람에 동조해 긍정적인 평가를 함으로써 프로그

램의 존속을 정당화하기도 한다.

- 정보가 잘못 사용될 수도 있다. 종종 평가결과의 오용을 우려하므로, 평가로 얻은 정보와 개인에 대한 보상을 위한 사정행위는 엄격하게 분리할 필요가 있다.
- 평가 방법은 구성원의 인식보다는 덜 중요하다. 프로그램 담당자들은 자신들의 관찰이나 프로그램 개선에 대한 생각이 중요하고, 평가자들의 설문조사, 복잡한 연구설계, 통계 기법은 덜 민감하게 생각한다. 이에 질적 방법과 양적 방법의 적절한 균형에 의해 이들 정보를 활용하도록 하는 것이 필요하다.
- 평가가 프로그램에 사용할 자원을 소모시킨다. 많은 프로그램 담당자는 프로그램 평가가 직접 서비스를 제공하는 데 사용해야 할 돈과 노력을 소모한다고 생각한다. 이것이 사실이기는 하지만 장기적으로 프로그램 평가는 프로그램을 개선에 기여한다.
- 평가는 영향이 전혀 없다. 평가에 대한 비평가들은 종종 평가가 프로그램에 전혀 영향을 주지 못한다고 한다. 실제 많은 평가보고서가 책상서랍 증후군에 의해 이용하지 못하기도 한다. 이에 평가자들은 평가가 이용될 때 평가결과가 의사결정에 영향을 주는 많은 요인 가운데 하나가 될 수 있다는 것을 기억해야 한다.

3. 평가에 대한 저항 극복 방법

1) 정치 사회적 요인의 극복 방법

스터플빔(Stufflebeam, 2011)은 평가와 관련된 정치 사회적 문제를 해결하기 위해 고려해야 할 사항으로 다음을 제시하고 있다.

- 참여(involvement): 평가의 성공은 평가와 관련된 사람들의 협력에 의존하기 때문에 이들을 평가 전 과정에 포함하는 것이 중요하다.
- 내적 커뮤니케이션(internal communication): 평가에서 기관 내 구성원의 관심과 참여가 없으면 성공하기 어렵다. 이에 평가와 관련된 사람들과의 다양한 커뮤니케이션 전략에 의해 이들을 평가과정에 참여시켜 저항을 줄이도록 해야 한다.
- 내적 신뢰성(internal credibility): 평가는 많은 경우 내부 구성원이 제공하는 자료를 기반으로 한다. 이들 자료의 신뢰성을 확보할 수 있도록 평가자는 이들과 협력 관계를 형성해야 한다.

- 외적 신뢰성(external credibility): 평가자는 기관 외부의 신뢰성을 확보해야 한다. 종종 내적 신뢰성과 외적 신뢰성은 갈등을 가질 수 있는 데 이를 잘 극복해야 한다.
- 자료의 보안(security of data): 자료의 수집과 분석에서 정보 제공자에 대한 보호는 평가에서 중요한 사회 · 정치적인 문제다.
- 프로토콜(protocol): 조직 내의 명령 계통과 같은 프로토콜을 평가자가 이해하지 못하면 잘못된 자료의 해석을 가져오게 된다.
- 공공관계(public relations): 평가자는 평가결과의 보고 등에서 적절한 공공관계를 유지해야 한다.

2) 평가에 대한 저항 극복 방법

평가에 대한 저항을 극복하기 위해서는 〈표 4-5〉와 같이 당근, 채찍, 설득의 방법을 적절하게 혼합해 사용해야 할 것이다.

표 4-5 평가에 대한 저항 극복 방법

당근	채찍	설득
• 평가의 모든 단계에 고객과 다른 이해관계자들이 자기 일이라는 생각을 구축 • 시상: 베스트 프랙티스에 대한 높은 수준의 인식 형성 • 주요 기관장 간의 공동 접근방법 • 평가의 기준선과 과정 모니터링에 쉽게 이용할 수 있도록 행정 보고 시스템을 설계해 운영하는 기관에 대해 재정 및 기타 인센티브를 제공 • 기관이 평가할 수 있도록 추가적 재원을 제공 • 정부나 기관 등으로부터 기술 및 재정 지원 • 평가결과를 쉽게 이해할 수 있는 형태로 제공 • 평가 수행기관과 컨설턴트에 대한 지원(매뉴얼, 인력 등) • 데이터를 제공하는 사람들에게 데이터를 어떻게 사용하고, 정확한 데이터 제공이	• 평가기획, 수행 및 보고를 의무화하도록 법이나 명령을 제정 • 합의한 평가 권고안을 준수하지 않는 데 대한 벌칙 부여 • 평가를 게을리 한 기관장이나 기관으로부터 자금을 회수 • 의회에 보고하거나 평가결과를 공개할 때 불리한 평가정보를 강조해 알림 • 질이 낮은 평가계획, 자료 시스템, 성과지표, 평가보고를 강조해 알림, 이러한 기능은 국가의 최고 평가 담당기관이 수행할 수 있음	• 대통령, 장관, 부처의 장과 같은 고위층이 평가에 관심이 있음을 널리 알리도록 함 • 평가를 계몽하기 위한 세미나 및 워크숍을 개최해 평가에 대한 의식을 제고하고, 참여자에게 평가에 대한 심리적 안정감과 이익이 되는 것을 설명 • 중요한 평가 사례를 활용해 평가의 유용성과 비용-효과성을 보여줌 • 관리자와 담당자에게 평가를 통해 더 나은 서비스를 고객에게 제공해 줄 수 있음을 설명 • 평가의 유용성을 보여주기 위해 시범적으로 평가를 실

중요함을 인식시킴 • 관리자와 담당자에게 평가 교육 프로그램을 제공 • 좋은 평가계획과 집행활동의 예를 제시 • 정부 전체 차원의 평가 담당자 네트워크 구축 • 정부의 평가활동에 대한 재정 및 기술 지원	• 시민사회에게 정부 성과와 관련된 평가결과를 공개	시 • 특정 기관 등에서 좋은 평가 시스템에 대한 회의나 세미나를 개최 • 평가 담당 공무원 네트워크를 구축해 좋은 사례, 평가 실행 가능성, 질 기준을 확보함

출처: EuropeAid(2006).

C·H·A·P·T·E·R 5

정책평가의 준비

제 1 절 평가설계

1. 평가설계의 의의

1) 평가설계의 필요성

평가설계(evaluation design)는 평가 물음에 대해 가장 적합한 해답을 얻기 위해 어떠한 논리적 구조로 관찰하고 분석할 것인지에 대하여 계획을 세우는 것이다. 평가설계는 평가 전체를 수행하고 통제하여 시간과 비용을 절약하여 효율적이고 효과적으로 평가를 수행하기 위한 목적으로 이루어진다. 조사설계는 크게 다음 네 가지 주요 활동 과제를 통해서 이루어진다(채서일, 2003). 첫 번째는 평가 문제에 대한 종합적 검토이다. 이를 통해 조사 목적, 정책 및 프로그램 이해, 평가질문 등을 검토한다. 두 번째는 사용할 조사 방법의 제시, 전반적인 조사의 틀 설정, 자료 수집 절차와 자료분석 기법의 결정이 포함된다. 세 번째는 예산 및 조사 일정에 대한 계획이다. 네 번째는 조사설계의 평가과정 수행이고, 이를 통해 조사설계의 신뢰성, 타당성, 결과의 일반화 가능성 등을 검토한다.

평가설계는 평가의 엄격성, 투명성, 신뢰성을 확보하기 위해서 필요하다(OMB, 2020). 즉, 잘 만들어진 평가계획은 평가설계와 방법이 특정한 결과를 가져오도록 하는 위험을 줄여준다. 그리고 평가설계는 다른 사람이 평가 방법에 대하여 독립적으로 비판할 수 있도록 하여 평가의 타당성을 높여서 평가자로 하여금 평가에 책임성을 확보할 수 있게 한다.

잘 만든 평가설계는 다음과 같이 정당화할 수 있다(Sanders & Nafziger, 2010).

- 평가결과의 이용을 구체화하여 평가 방향을 명확하고 정확하게 함
- 평가와 관련해 다른 사람이 의견을 제안할 기회를 제공해 절차의 완전성을 확보
- 평가자와 평가 프로젝트 감독자 간의 불일치를 확인하고 평가 전에 해결
- 평가활동을 명확하게 설정해 중요한 결과에 초점을 두도록 함
- 자원과 활동을 조직화해 평가에서 효율성을 확보할 수 있도록 함

2) 평가설계의 내용

평가설계는 평가 방법과 관련하여 평가질문, 판단 지표 및 기준, 평가 방법, 자료 수집, 자료 분석 및 해석과 평가결과의 활용에 대한 계획을 수립하는 것이다.

- 평가 대상: 평가하고자 하는 프로그램 및 프로그램의 기본 목표 등을 명시한다.
- 평가 기준: 가장 공통으로 사용되고 있는 평가 기준으로는 효과성, 효율성, 적정성, 영향, 부가가치, 고객만족도, 형평성 및 지속가능성 등이 있다.
- 평가질문: 평가질문은 평가를 통해 알고 싶은 것이 무엇인가를 제시하게 된다. 평가는 바로 평가질문에 대한 해답을 요구하는 과정이다.
- 판단 기준: 판단 기준은 평가결과가 바람직한지 바람직하지 않은 것인지를 판단하기 위한 기준이다. 이 기준은 대부분 지표를 중심으로 설정하게 된다.
- 자료 수집: 평가질문에 답을 얻기 위해서는 관련 자료를 수집해야 한다. 자료 수집 계획에는 어떠한 정보를, 어디에서, 어떠한 방법으로, 누가 수집할 것인가를 다룬다.
- 자료분석: 수집된 자료는 체계적인 방법으로 분석하게 된다. 일반적으로 분석은 양적 분석과 질적 분석의 방법을 혼용하게 된다. 분석에서는 단순한 기술적인 상태 이외에 정책 및 프로그램과 성과 간의 인과관계 분석을 요구하기도 한다.
- 활용: 평가설계에는 평가결과를 어떻게 활용할 것인가에 대한 계획이 요구된다. 이에서는 보고서의 양식과 보고 방법, 평가결과의 공유 방법 등이 제시될 필요가 있다.

평가설계가 마무리되면 일반적으로 〈표 5-1〉과 같은 평가설계 요약표를 작성하는 것이 바람직하다. 〈표 5-2〉는 중앙행정기관 자체평가 가운데 고용노동부 자체평가계획의 요약표 일부이고, 〈표 5-3〉은 공기업 평가와 관련한 평가설계의 예이다.

표 5-1 평가설계 요약표

프로그램명: ○○○○○

■ 프로그램 목표:

평가 기준	평가 질문	판단 기준	자료 수집				분석 및 해석	활용
			필요한 자료	자료원	수집 방법 및 시기	수집자		

표 5-2 평가 대상 세부 현황

관리과제	성과지표	'21년 목표치	측정 방법 (측정산식)	담당과(팀)
범정부 일자리정책 관리	범정부 일자리 이슈 논의 및 대응 건수	25건	고용정책심의회 등을 통해 발표한 일자리 대책 건수	고용정책총괄과
최저임금 준수 및 현장안착 지원 강화	최저임금법 위반에 대한 개선율	98.5%	최저임금법 위반에 대한 시정조치 건수(비율)	일자리안정자금 지원추진단
고용보험 사각지대 해소	고용보험 신규 가입자보험료 지원자 수	127만 명	두루누리 지원금 실질 수혜자수(고용보험 + 국민연금)	고용보험기획과

출처: 고용노동부(2021). 『2021년도 자체평가 계획』.

표 5-3 한국가스공사 천연가스의 경제적 공급(16점)

(1) LNG 도입단가 경쟁력 제고(평가 방식: 목표 대 실적, 가중치: 3점)	
정의	기관의 일본 대비 LNG 도입단가 경쟁력을 측정하여, 천연가스 가격 안정을 위한 기관의 노력을 평가한다(하향지표).
목표	최고목표: 90% ; 최저목표: 115%
측정산식 및 변수	① 상대비율 = 기관도입단가 / 일본도입단가 ② 상대비율 100% 이하인 경우, 득점 = 100×[0.9 + 1×(1−상대비율)] ③ 상대비율 100% 초과인 경우, 득점 = 100×[0.9 + 4.666×(1−상대비율)] • 기관 도입단가: 기관의 연간 총도입비(CIF 조건)를 총도입물량(톤)으로 나눈 값으로 산정함(US$) • 일본 도입단가: 일본의 연간 총도입비(CIF 조건)를 총도입물량(톤)으로 나눈 값으로 산정함(US$) * 일본 도입단가 산정은 일본 재무성 무역통계자료를 이용함

출처: 기획재정부(2021). 『2021년도 공공기관 경영평가편람』.

2. 평가설계의 유형

1) 기본조사와 응용조사

평가설계는 평가조사의 유형에 따라서 다양하게 구성되게 된다. 조사는 활용 목적에 따라서 순수연구를 위한 기본조사(basic research)와 응용조사(applied research)로 구분해 볼 수 있다. 일반적으로 정책평가는 응용조사의 성격을 가진다.

2) 기술적 조사와 설명적 조사

사회조사 방법은 기술적 조사(descriptive research)와 설명적 조사(explanatory research)로 구분해 볼 수 있다. 기술적 조사는 주로 현상이나 모집단의 특성을 파악하기 위해 행하는 조사다. 예로, 국세조사, 물가조사, 인구센서스 조사 및 일반적인 여론조사가 기술적 조사에 해당한다. 실제 많은 평가질문의 해답은 기술적 조사로 찾게 된다. 예로, '집행을 위한 자원은 적시에 제공되었는가?', '고객들은 산출물에 대해 만족하고 있는가?'와 같은 질문에 해답을 얻기 위해서는 기술적 조사가 필요하다.

설명적 조사는 기술적 조사 또는 그 결과의 축적을 토대로 하여 변수 간의 인과관계를 입증하는 조사다. 예로, '활동 X가 효과 Z를 산출하는 데 어느 정도 기여했는가?', '또는 A란 수단 또는 B라고 하는 절차에 의해 정책이 효과 Z를 산출하는 데 어느 정도 기여했는가?'와 같은 인과관계를 조사한다. 설명적 조사는 크게 실험적 조사와 비실험적 조사로 구분될 수 있다.

3) 조사 상황에 의한 구분

조사는 상황에 따라서 모든 상황을 통제한 상태에서 수행되는 자연과학적 실험실 실험조사(laboratory experimental research)와 현상이 이뤄지고 있는 현지에서 이뤄지는 현지 실험조사(field experimental research), 그리고 비실험적 조사인 현지조사(field research)로 구분해 볼 수 있다.

4) 조사 대상의 범위에 의한 구분

조사는 관찰 대상 전체를 대상으로 하는 전수조사(complete survey)와 조사 대상 가운데 대표성을 가지는 일부만을 대상으로 조사하는 표본조사(sample survey), 개인과 집단 등의 단일한 대상을 조사하는 사례조사(case study) 등으로 구분될 수 있다. 전수조사는 조사 대상의 규모를 알 수 있고, 조사 단위가 지니는 속성에 대해 다각적인 정보 및 대상의 구조적 특성을 명확하게 밝혀낼 수 있는 이점이 있다. 그러나 조사비용이 많이 들며, 조사 결과의 집계・편집이 쉽지 않고, 시간이 오래 걸리는 단점을 가진다. 반면에, 표본조사는 전수조사와는 대립적인 장단점을 가진다.

5) 조사자료의 성격에 의한 구분

조사는 다루는 자료의 성격에 따라서 양적 조사와 질적 조사로 구분해 볼 수 있다. 양적 조사는 조사의 결과가 정량적으로 산출될 수 있는 조사 방식이고, 질적 조사는 그 결과가 정량적으로 산출되지 않는다. 양적 조사는 기술적 통계적 조사에 활용되고, 설문조사, 구조화된 면접, 내용분석 등의 방법에 의해 이뤄진다. 반면에, 질적 조사는 탐색적 조사를 위해 많이 사용되고, 분석의 대상이 많지 않은 경우에 사용되며, 자료의 해석은 연구자의 주관적 판단에 의존하게 된다. 질적 조사에는 면접 방법을 주로 사용하게 된다. 이하에서는 주로 영향평가에서 활용되는 양적 평가설계와 질적 평가설계의 기본 논리를 설명하게 될 것이다.

3. 양적 평가설계

1) 진실험 설계

(1) 의의

진실험 설계는 가장 이상적인 평가 방법으로 실험 집단과 통제집단을 무작위로 선발하여 외생변수를 통제한 상태에서 실험하여 프로그램의 효과를 측정하는 실험 설계 방법이다. 즉, 실험집단과 통제집단의 동질성을 확보한 상태에서 실험하는 방법이다. 진실험은 정책의 효과성을 평가하는 이상적인 방법으로 평가설계의 규범모형으로 논의되고 있다. 예로, 학생들의 건강을 증진하기 위해 학교 급식 프로그램을 시행했다고 하자. 학교 급식 프로그램이 학생 건강을 증진하는 데 효과가 있는지를 알기 위해 진실험 조사를 한다고 하면, A라는 학교 전교생 1,000명 가운데 무작위로 500명은 실험집단으로 배정하여 급식하고, 나머지 500명은 통제집단으로 급식하지 않는다. 평가를 위해 급식을 하기 전에 두 집단의 몸무게 평균을 측정하고, 급식한 뒤 6개월 뒤에 두 집단의 몸무게 평균을 측정해 비교함으로써 프로그램의 효과를 판단하는 방법이다.

진실험 설계 방법에 의한 정책실험은 증거를 기반으로 한 정책을 강조하면서 관심이 증대하고 있다. 진실험에 의한 정책실험에 의한 정책평가는 자연과학에서 활용되는 실험 설계를 정책 효과 평가에 응용해 가장 엄밀하게 정책 효과를 측정하고 입증하는 방법이다. 미국이 2015년 도입한 증거기반 정책 시행(evidence based policy initiative)은 예산의 변경 조정을 위해 진실험 설계나 준실험 설계를 통해 정책 효과의 근거를 제시하도록 하고 있다. 이외에 2017년부터 진행된 핀란드의 기본소득 정책실험, 스페인 바르셀로나의 시민소득 실험 등에서 볼 수 있듯이 기존 정책을 혁신하고 새로운 정책을 확산하는 방법으로 정책실험에 의한 평가를 활용하고 있다(최영준 · 구교준 · 고동현, 2020). 그러나 공공정책의 경우 무작위 대조군 실험(RCT)인 진실험의 방법에 대한 과도한 신뢰는 적합하지 않다는 비판(Goodman et al., 2017)과 함께 현실에서의 활용이 매우 제한적이다.

사례

진실험 설계에 의한 프로그램 평가

① 영국 BIT(Behavioural Insights Team)의 구직 프로그램 개선 실험
② 멕시코 프로그레사의 빈곤 악순환 고리를 깨기 위한 사업에 대한 정책실험
③ 핀란드 기본소득 정책 실험(The Basic Income Experiment 2017~2018)
④ 스페인 바르셀로나의 시민소득 제도 도입을 위한 정책 실험
⑤ 청년 기본소득 정책실험 제안(구교준 외, 2019)

최영준 · 구교준 · 고동현(2020)에서 이들 사례를 설명하고 있다.

(2) 진실험 설계 방법

① 통제집단 사후측정 평가설계(postest-only control group design)

진실험 설계에서 가장 간단한 방법으로 실험 단위가 무작위 과정을 통해 실험집단과 통제집단으로 나뉘며, 처리가 있은 후, 한 번만의 측정이 이뤄지는 실험 설계다. 이 경우 정책 효과는 실험집단의 측정값과 통제집단의 측정값에 대한 차이가 된다.

아래의 설계에서 보듯이 평가는 프로그램 과정의 일정한 시점에서 프로그램(X)을 실시한 실험집단과 실시하지 않은 통제집단의 차이인 $(O_1 - O_0)$이 정책 효과가 된다. 이 설계는 프로그램을 실시하기 전의 실험집단과 통제집단이 동일하다는 전제에서 출발한다. 여기서 R은 두 집단을 무작위로 배정함을 의미한다. 만약 두 집단의 초기 조건이 다르면 두 집단의 차이가 프로그램으로 발생했다고 주장할 수 없게 된다. 이 방법은 내적 타당성을 저해하는 선정 효과를 통제하지 못하는 문제를 가진다.

<통제집단 사후측정 평가설계>

R	실험집단	×	O_0
	통제집단		O_1

② 통제집단 사전-사후 평가설계(pretest-posttest control group design)

통제집단 사전-사후 평가설계는 모집단으로부터 무작위 배정 방법으로 한 집단은 실험집단, 다른 집단은 통제집단으로 구성한다. 실험집단에 대해서는 프로그램(X)을 실시하고, 통제집단에 대해서는 프로그램을 실시하지 않는다. 평가는 프로그램을 실시하기 전에 실험집단과 통제집단에 대해 측정하고, 일정한 기간이 지난 뒤에 두 집단을 대상으로 다시 측정한다. 프로그램의 효과는 실험집단의 사전-사후측정의 차와 통제집단의 사전-사후측정의 차이인 $(O_1 - O_0) - (O_3 - O_2)$가 된다. 이에서 $(O_3 - O_2)$는 프로그램 이외의 영향에 의한 변화, 즉 외생변수에 의한 결과가 된다. 이 설계 방법은 앞서 살펴본 통제집단 사후측정 평가설계가 가지는 선정 효과와 같은 외생변수의 통제가 가능하다. 무작위 배정과 사전 측정으로 실험집단과 통제집단의 동질성을 확보할 수 있도록 한다. 그러나 상호작용 효과를 측정하는 것은 어려움이 있다. 사전에 실험집단과 통제집단에 대해 테스트를 하게 되면 자신들이 평가 대상이 되고 있다고 생각해 평가자의 의도에 영합하는 경향을 가져올 위험이 있다. 이에 의해 외적 타당성이 침해되는 문제점을 가진다.

<통제집단 사전-사후 평가설계>

	집단	사전	처치	사후
R	실험집단	O_0	×	O_1
	통제집단	O_2		O_3

③ 솔로몬 4집단 평가설계(Solomon Four-Group Design)

솔로몬 4집단 사전-사후 평가설계는 프로그램(X)의 효과를 평가하는 가장 이상적인 평가설계로 솔로몬 평가설계라고 부르기도 한다. 솔로몬 4집단 평가설계는 통제집단 사후측정 평가설계와 통제집단 사전-사후 평가설계를 통합한 설계 방법이다. 이 설계에서 실험집단과 통제집단 X의 비교로 외생변수의 효과를 통제하게 되고, 통제집단 Y에 의해 사전 테스트 등에 의한 상호작용 효과를 통제할 수 있다. 여기에 통제집단 Z를 추가함으로써 기타 외생변수를 통제할 수 있게 해 준다.

<솔로몬 4집단 평가설계>

	집단	사전	처치	사후
R	실험집단	O_0	×	O_1
	통제집단 X	O_2		O_3
	통제집단 Y		×	O_4
	통제집단 Z			O_5

(3) 진실험의 장단점

① 장점

적절한 설계와 통제로 수행된 진실험은 프로그램이 프로그램의 영향에 미친 순효과를 정확하게 파악할 수 있게 해 준다. 이 밖에 다음과 같은 장점이 있다(HM Treasury, 2007).

- 진실험에 의한 결과는 명확하여 정책결정자, 고위관리자 및 기타 비전문가에게 정책 효과를 설명하는 것이 용이하다(Orr, 1999).
- 준실험 등은 정책 및 프로그램과 관련해 인과적 관계를 측정할 때 복잡한 통계적 기법이 필요하나 진실험은 단순하다.
- 무작위 배정의 진실험은 한정된 자원에 의존해야 하는 정부개입에서 합리적인 자원 배분의 메커니즘이 될 수 있다.

- 실험집단과 통제집단에 참여하는 사람들의 동기 차이와 같은 시스템적 차이(systematic differences)를 배제할 수 있고, 평가를 위해 사전 프로그램에 대한 조사가 필요하지 않다.
- 진실험에 의해 추정된 영향은 정책과 프로그램의 비용 측정과 연계해 공식적 분석과 쉽게 통합될 수 있다.

② 단점 및 한계

진실험의 방법은 실험과정과 관련하여 내적 타당성과 외적 타당성 차원에서 다음과 같은 한계를 가진다(Burtless & Orr, 1985). 이러한 한계로 사회실험은 원인을 추론할 수 있는 다른 방법보다 더 바람직하다고 판단될 경우에만 실시할 것을 권고하고 있다(Cook & Campbell, 1979).

- 활용의 문제: 많은 비판이 진실험은 정책결정자들이 관심을 가지는 문제에 대해 해답을 주지 못한다는 것을 지적한다. 특히 프로그램의 집행과 관련된 블랙박스에 대해 아무것도 알려 주지 못한다고 비판한다. 집행 문제는 서비스의 전달과 집행에 책임 있는 사람들에게 중요한 문제인데 진실험은 이를 설명해 주지 못한다.
- 방법론상의 문제: 진실험은 정책과 프로그램이 의도하지 않은 결과를 발견하거나 탐지할 수 없다(Heckman & Smith, 1995). 진실험은 방법론상으로 실험집단과 통제집단의 동질성을 확보하기 어려운 문제를 가져서 내적 타당성의 문제를 가져올 수 있다. 또한 호손 효과 등에 의해 외적 타당성을 침해할 위험이 있다. 그리고 진실험은 정책과 프로그램에 의한 변화의 평균을 추정하게 되는 데 평균값은 실험 효과의 변이를 숨기게 한다.
- 윤리상의 문제: 사회적 실험의 경우 통제집단에 대해서는 평가를 위해 서비스의 전달을 인위적으로 통제해 차별하게 된다. 사회적 실험으로 실험집단은 정책이나 프로그램에 의해 이익을 받고 통제집단의 경우 이러한 이익을 향유하지 못하게 된다.
- 비용 문제: 사회정책 실험은 복잡하고 많은 시간과 비용을 수반한다. 보통 2~3년은 걸려야 일정한 결과를 얻게 된다. 그러나 단순히 비용이란 차원에서 사회적 실험을 반대해서는 안 될 것이다.

2) 준실험 설계

(1) 의의

준실험 설계는 실험 단위를 무작위화시키지 못할 경우에 실험집단과 통제집단의 중간 형태의 집단을 무작위화해 실험집단과 통제집단을 나누는 실험 설계를 말한다. 준실험 설계는 순수실험 설계만큼 외생변수를 효과적으로 통제해 인과관계를 설명해 주지는 못하지만, 비실험 설계보다는 풍부한 인과관계에 대한 결과를 제공해 준다.

통계적으로 많은 사례를 분석에 포함하거나 신중하게 평가설계를 한다고 하면 준실험도 높은 내적 타당성과 외적 타당성을 확보할 수 있다. 대부분의 정책평가는 진실험 설계보다는 회고적 특성을 가지는 준실험 설계에 의존하는 경향이 많다. 준실험 설계는 실용성, 실행 가능성, 일반화 측면에서는 진실험보다 많은 장점을 가지지만 설명적인 인과관계를 명확하게 규명하지 못한다는 면에서 진실험과 구별된다. 전체적으로 준실험은 진실험에 비해 외적 타당성은 높으나 내적 타당성은 낮은 설계 방법이다.

준실험에서 실험집단과 통제집단의 유사성을 확보하기 위해 성향점수매칭 기법(Propensity Score Matching: PSM), 이중차분분석(Double Difference) 등이 활용된다. 성향점수매칭 기법은 짝짓기에 의해 실험집단과 통제집단을 구성할 때 두 집단의 성향이 다른 경우에 두 집단의 성향 점수를 조정하여 가능한 유사성을 확보하여 구성하는 방법이다. 이중차분분석은 정책의 적용 여부를 기준으로 집단을 나눌 때, 정책이 없었다면 두 집단의 변화양상이 동일할 것으로 가정하고, 두 집단의 차이를 통해 정책의 순 효과를 추정하는 분석 방법이다. 즉, 정책이 없었다면 살펴보고자 하는 변화의 양상이 같았을 두 집단을 정책 수혜집단과 미수혜 집단으로 나누어 각 집단의 정책시행 전과 후의 차이를 비교하여 시간의 흐름에 따른 효과를 도출하고, 정책수혜집단에서 미수혜 집단의 효과를 제하여 순수 정책 효과만을 살펴보는 것이다.

(2) 준실험 설계 방법

① 비동질적 통제집단설계(non-equivalent control group design)

비동질적 통제집단설계는 통제집단과 실험집단을 소위 짝짓기로 두 집단 간의 유사성을 확보해 허위변수와 혼란변수를 통제하고자 한다. 무작위 선정이 어려운 경우에 주로 사용되는 평가설계 방법이다. 이에서 프로그램(X)의 효과는 $(O_1 - O_0) - (O_3 -$

O_2)가 된다. 그러나 정밀한 짝짓기가 이뤄지지 않는 경우 외생변수의 영향이 진실험설계보다 크며 이를 통제하기 어렵다. 특히 평가자가 의도적으로 실험집단의 표본을 프로그램과 일치되도록 편중해 선정하게 되면 타당한 평가를 확보하기 어려운 문제가 발생한다.

<비동질적 통제집단설계>

실험집단	O_0	×	O_1
통제집단	O_2		O_3

사례

준실험 설계: 비동질적 통제집단설계 사례

① 핫스팟 경찰활동의 효과성에 대한 준실험 연구

이 연구는 범죄 다발지역이나 범죄 취약지역에 대한 기동순찰대의 핫스팟 경찰활동이 범죄를 감소시키는 효과가 있는지와 지역주민의 범죄 두려움에 대한 인식에 영향을 주는지를 평가질문으로 하고 있다. 준실험 방법을 활용하여 핫스팟 실시지역과 실시하지 않는 통제지역을 선정하여 핫스팟 운용 전후 주민 대상으로 설문조사를 하여 분석하고 있다.

출처: 심명섭(2017). 핫스팟 경찰활동의 효과성에 대한 준실험 연구. 동국대학교 대학원 박사학위 논문.

② 60세 이상 정년 의무화의 중장년 임금근로자 고용효과 연구

이 연구는 2016년부터 시행된 정년 60세 이상 정년 의무화가 애초 의도에 따라 우리나라 중장년 근로자의 고용 연장에 영향을 미치고 있는지를 확인하는 것이다. 성향점수매칭 방법으로 실험집단과 통제집단을 구분하여 정책 효과를 분석하고 있다.

출처: 조성은(2020). 60세 이상 정년 의무화의 중장년 임금근로자 고용효과 연구. 숙명여자대학교 대학원 박사학위 논문.

③ 노인장기요양보험제도의 노동공급효과 분석

노인장기요양서비스를 이용하는 부양가구원과 여성가구원의 노동공급효과를 확인하기 위해 한국복지패널 데이터를 활용하여 PSM과 이중차분분석을 활용하여 효과를 분석하고 있다.

출처: 권현정 · 고지영(2015). 노인장기요양보험제도의 노동공급효과 분석. 『한국복지학』, 67(4).

④ 이중차분법(Difference-in-Differences: DiD)을 활용한 정부 사업 평가

학교알리미데이터('09년~'19년)와 교육통계조사데이터('09년~'17년)를 활용하여 정책 및 사업과 효과 간 인과관계를 규명하기 위한 유용한 방법으로 활용되고 있는 이중차분법(Difference-in-Differences: DiD)을 적용하여 마이스터고지원사업의 취업률과 학업중단율 효과를 분석하고 있다.

출처: 김난영(2019). 이중차분법(Difference-in-Differences: DiD)을 활용한 정부 사업 평가: 마이스터고지원사업 효과를 중심으로. 『정책분석평가학회보』, 29(3): 141-167.

② 단절적 시계열 설계(interrupted time-series design)

단절적 시계열 설계는 평가 대상을 실험집단과 통제집단으로 나눌 수 없고, 프로그램(X)의 효과가 일시적이거나 변화될 가능성이 있을 때 동일한 대상에 대해 프로그램 실시 전·후에 여러 차례 정기적으로 평가하여 변화 추세를 파악함으로써 프로그램의 효과(O)를 분석하는 방법이다. 이는 계량적인 측정이 가능하고 정책시행 전후에 측정이 가능할 경우에 사용될 수 있다. 프로그램의 효과는 일정 기간 추세선상에서 프로그램이 도입된 시점을 중심으로 나타난 변화로 판단하게 된다. 시계열 설계는 우발적인 사건이나 측정 수단의 변화와 같은 외생변수의 영향을 받을 가능성이 많은 것이 단점으로 지적된다.

<단절적 시계열 설계>

$O_1 \ O_2 \ O_3 \ \times \ O_4 \ O_5 \ O_6$

사례

단절적 시계열 설계에 의한 평가 사례

① 휴게시설 설치가 교통사고 예방에 미치는 효과: 졸음쉼터를 중심으로

이 연구는 2011~2012년도에 설치된 졸음쉼터 110개소를 대상으로 졸음쉼터가 설치된 휴게소 구간에서의 졸음운전사고 감소 효과를 분석하고 있다. 단절적 시계열 분석에 의한 평가결과, 특히 호남선, 영동선, 서해안선의 효과가 다른 지역보다 높은 효과를 보여주고 있다고 평가하고 있다.

출처: 정래엽(2014). 휴게시설 설치가 교통사고 예방에 미치는 효과: 졸음쉼터를 중심으로. 서울대학교 행정대학원 석사학위 논문.

② 담배소비세 인상 정책에 따른 흡연 감소 효과는 일시적인가?

이 연구는 2015년 1월 1일 시행된 담배소비세 인상이 흡연량 감소에 미친 장기적·단기적 영향을 분석하였다. 단절적 시계열 설계를 적용한 개인 고정효과모형으로 담배소비세의 효과를 추정한 결과 장기적·단기적 효과 모두 음의 값을 가졌고, 통계적으로 유의미한 것으로 나타났다.

출처: 김범·조영민·고길곤(2022). 담배소비세 인상 정책에 따른 흡연 감소 효과는 일시적인가? 『한국사회와 행정연구』, 32(4): 41-61.

③ 단절적 시계열 비교집단 설계

단절적 시계열 비교집단 설계는 단절적 시계열 설계와 비동질적 통제집단 설계를 조합한 평가설계 방법이다. 이 설계는 실험집단과 통제집단이 공유하는 역사적 효과, 성숙 효과, 검사 효과 등을 통제할 수 있는 장점이 있다. 여기에서 프로그램(X)의 효과(O)는 동일 시점에서의 실험집단과 통제집단의 관찰치의 차이를 비교해 판단하게 된다.

<단절적 시계열 비교집단 설계>

실험집단	O_1 O_2 O_3 O_4	×	O_5 O_6 O_7 O_8
통제집단	O_1 O_2 O_3 O_4		O_5 O_6 O_7 O_8

(3) 준실험의 장단점

① 장점

- 준실험의 가장 큰 장점은 진실험보다 실험이 용이하다는 것이다. 그리고 무작위 배정에 의한 진실험에서 발생하는 많은 문제점을 피할 수 있다.
- 실험집단과 통제집단을 별도로 관리해야 하는 관리 시스템이 필요 없이 하나의 관리 시스템으로 운영될 수 있다.
- 준실험은 전국적 프로그램과 같이 광범위한 프로그램 평가에 유용하다.
- 무작위 배정의 경우 관찰이 불가능한 요소가 양 집단에 같은 기대치를 가지지만 준실험에서는 이러한 편의 없는 효과의 추정이 가능하다.
- 프로그램을 스스로 선택하기 때문에 무작위 방법 등에서 나타나는 윤리적인 문

제를 극복할 수 있다.

② 단점

- 이 접근방법은 결과의 해석에 어려움이 있게 된다. 즉, 관찰된 통제지역과 실험지역의 차이가 지역의 환경, 집단, 개인의 특성 및 프로그램 자체에 의해 차이가 발생할 수 있기 때문이다.
- 참여자는 대부분 프로그램에 대해 긍정적이고 적극적인 특성을 가지기 때문에 비참여자를 포함해 비교하게 되면 효과나 영향이 과대 추정되는 경향이 있을 수 있다.
- 두 집단의 짝짓기를 위해서는 대상자들이 가지고 있는 관련된 모든 정보를 확보하고 있어야 한다.
- 비참여자의 수가 적은 경우에는 짝짓기에 어려움이 있을 수 있다. 아무리 조심스럽게 짝짓기를 한다고 하더라도 표본추출에서 발생하는 오차의 편차는 남아있게 된다. 이를 극복하기 위해 표본 수를 증가시키면 비용이 증가한다.

3) 비실험 설계

비실험 설계(Non-experimentation design) 또는 전실험 설계(pre-experimental design) 방법은 외생변수의 통제가 전혀 이뤄지지 않는 설계다. 비실험 설계는 계획한 것, 발생한 것, 변화된 것과 그 이유를 한꺼번에 평가한다. 실험과 준실험 설계는 하나의 주요 원인과 하나의 주요 효과를 가진 프로그램을 평가하는 데 적합하나 대부분 정부 프로그램은 많은 행위자가 개입되고, 복수의 목표를 가지는 경우가 많아서 활용성이 떨어진다. 또한 방법론적으로 대규모 사업에 이용하기에는 큰 비용과 시간이 필요해서 실현 가능성이 떨어진다. 이에 비실험 설계를 많이 활용하나 비실험 설계는 주로 탐색적 조사를 위한 설계로 인과관계와 같은 설명적 평가에는 부적합하다. 그러나 우리나라의 대부분 평가는 비실험 설계 방법이 일반적으로 사용되고 있다(오철호, 2003).

① 단일 사례 사후측정 설계

단일 사례 사후측정(one-shot case study)은 평가자가 임의로 평가 대상을 선정하고, 프로그램의 영향, 결과, 실태 등을 단 한 번의 조사·관찰로 평가하는 방법이다.

아래에서 보면 X라는 프로그램을 실시한 뒤에 측정해 O_1의 결과치를 얻었음을 보여준다. 그러나 O_1의 결과 모두가 프로그램 X에 의한 것으로 말할 수는 없다. 즉, 이 설계는 정책 대상의 상태만 파악할 수 있지 프로그램의 순수 효과를 측정할 수 없다.

<단일 사례 사후측정 설계>

X O_1

사례

코로나19 재난지원금 만족도 평가

아래 자료는 코로나19와 관련하여 경기도민을 대상으로 한 설문조사 결과이다. 조사 결과에 의하면 문항 2에 가장 동의하지 않고, 문항 6에 가장 동의하고 있다. 그리고 이 조사 결과만 가지고서는 재난지원금이 경제적 위기를 극복하는 데 어느 정도 도움을 주었는지, 소비생활 촉진에 어느 정도 기여하였는지를 알 수 없다.

	문항 1	문항 2	문항 3	문항 4	문항 5	문항 6
평균	6.81	5.88	6.5	6.87	6.78	7.11
표준편차	2.39	2.69	2.44	2.36	2.35	2.53
가중치 적용						
평균	6.71	5.8	6.44	6.77	6.77	7.08
표준편차	6.63	6.2	6.53	6.73	6.81	7.46
응답자 수	10,000	10,000	10,000	10,000	10,000	10,000

주: 0~10점 만점.

문항(1) 재난지원금은 나의 경제적 위기를 극복하는 데 도움을 주었다.
문항(2) 재난지원금이 없었다면 나의 삶의 질은 지금보다 나빴을 것이다.
문항(3) 재난지원금은 내가 사회생활을 하는 데 도움을 주었다.
문항(4) 재난지원금은 나의 소비생활을 전반적으로 촉진시켰다.
문항(5) 재난지원금은 사용하는 과정에서 내가 거주하는 지역의 소상공인과 자영업자들에게 관심을 갖게 되었다.
문항(6) 현재 재난지원금을 너무 많이 지급하면 향후 세금 인상이 걱정된다.

출처: 김을식 외(2020). 『재난기본소득 정책 효과 분석 연구: 코로나 19 및 재난지원금의 영향』.

② 단일 집단 사전-사후측정 설계

단일 집단 사전-사후측정(one-group pretest-posttest design)은 정책 대상자를 대상으로 프로그램 시행 전과 시행 이후에 측정한다. 정책 및 프로그램의 효과는 프로그램 시행 이전의 상태인 O_0와 실시 이후의 상태인 O_1과의 차이($O_1 - O_0$)로 평가한다. 그러나 이 차이가 정책 및 프로그램의 순효과로 볼 수는 없다. 즉, 이 설계는 외생변수를 통제하기 어렵다.

<단일 집단 사전-사후측정 설계>

O_0 X O_1

사례

단일 집단 사전-사후측정 설계: 노인 불소 도포 · 스케일링 사업

- **평가 대상**: 서울 · 경기, 경북, 경남, 전남지역의 11개 보건소 및 보건지소에서 노인 불소 도포 · 스케일링 사업을 수혜받은 60세 이상 노인 1,030명을 대상으로 함
- **평가 방법**: 이 평가는 자기 기입식 설문조사로 시행되었으며, 사업 참여 전에 자가인지 전신건강 상태, 자가인지 구강건강 상태, 구강건강 만족도, 구강치료 필요도를 조사했고, 이어서 노인 불소 도포 · 스케일링 사업에 참여한 직후에는 사업에 대한 전반적 만족도 등을 조사했음
- **평가결과**: 사업의 참여 전, 사업에 대한 기대만족도는 2.70±0.55점으로 나타났으며, 참여 직후, 실제 대상자가 느낀 만족도를 조사한 결과 2.90±0.35점으로 참여 전과 비교하면 0.21점 향상된 것으로 나타남. 이러한 향상 정도는 자가인지 구강건강 수준이 보통이거나 나쁘다고 응답한 대상자에서 더 높게 나타났음

조사 대상자들의 일반적 특성에 따른 사업 기대 정도에 대한 실제 만족도

	사업 참여 전 기대 만족도	p1	사업 참여 후 실제 만족도	p2	증가량
전체	2.70±0.55		2.90±0.35	0.001	0.21±0.61
성별					
남자	2.75±0.53	0.009	2.92±0.32	0.001	0.17±0.59
여자	2.66±0.57		2.90±0.38	0.001	0.24±0.64

출처: 서울대학교 산학협력단 건강증진사업지원단(2010). 『보건소구강보건사업 평가』 정리.

정보화 성과의 사전-사후평가 차이에 관한 사례연구

이에서는 H 공사의 정보화 사업 이전과 정보화 사업 이후를 비교하여 정보화 사업의 효과의 차이와 차이를 가져온 요인을 분석하고 있다.

출처: 이국희 외(2012). 정보화 성과의 사전-사후평가 차이에 관한 사례연구. 『Journal of Information Technology Applications and Management』, 19(2).

③ 정적 집단 비교설계

정적 집단 비교설계(static-group comparition)는 프로그램 과정의 일정한 시점에서 프로그램을 경험한 실험집단과 프로그램을 경험하지 않은 통제집단을 측정해 둘을 비교하는 방법이다. 아래의 설계에서 프로그램의 효과는 프로그램(X)을 실시한 실험집단과 실시하지 않은 통제집단의 차이인 ($O_1 - O_2$)로 판단한다. 이에서는 통제집단이 있기 때문에 우발적 사건이나 시험 효과, 측정 수단의 변화, 통계적 회귀 등에 의한 영향을 통제할 수 있는 장점이 있다. 그러나 이 설계에서는 실험집단과 통제집단이 동질적이란 전제에서만 타당성을 확보할 수 있다.

<정적 집단 비교설계>

실험집단	×	O_1
통제집단		O_2

사례

정적 집단 비교설계: 유아구강보건사업

- **사업 개요**: 보건소에서 시행하고 있는 어린이집 구강보건사업에 대한 수혜자의 만족도 조사
- **조사 방법**: 조사지역의 보건소에서 임의로 유치원이나 어린이집 2~3곳을 선정해, 보호자에게 만족도 평가 설문지를 배포해, 자가 기입식으로 설문조사 시행
- **조사 결과**: 보건소에서 아동구강보건을 위한 안내문을 가정에 발송해 관심을 유도한 결과 안내문 수령 경험에 따라서 구강보건사업에 대해 만족한다는 응답 비율의 차이가 있다. 전체적으로 안내문 수령 경험이 있는 경우에 그렇지 않은 경우보다 만족도가 더욱 높게 나타남

유아구강보건사업의 만족도

		매우 만족		만족		보통		불만족		p
		수	%	수	%	수	%	수	%	
전체		97	12.2	363	45.7	289	36.4	46	5.8	0.001
안내문 수령 경험	예	68	14.3	260	54.6	137	28.8	11	2.3	
	아니오	29	9.1	103	32.3	152	47.6	35	11.0	

출처: 서울대학교 산학협력단 건강증진사업지원단(2010). 『보건소 구강보건사업 평가』 정리.

4. 질적 평가설계

1) 의의

해석적 접근, 자연주의적 방법 혹은 참여적 방법으로도 알려져 있는 질적 방법에 의한 평가는 사회정책의 맥락에서 정책 목표의 인지 및 달성 방법으로서 도구적 합리성에 치우칠 수밖에 없는 양적 평가의 한계를 보완하는 데 기여한다(이성우 외, 2015). 정책의 영향으로 삶과 건강, 형평성과 공평성, 사회적 연계 및 공동체 의식, 안전 등과 같이 계량화가 어려움이 있는 영향을 평가할 때는 양적 평가 방법을 사용하는 데 한계가 있다. 이들에 사용되는 질적 평가 방법은 프로그램 대상집단 등에 대한 심층면접, 참여관찰, 현지조사, 문서 등의 자료원을 가지고 평가자의 경험, 지식 등에 기초해 주관적으로 평가하는 것을 말한다. 질적 평가는 결과의 일반화보다는 하나의 이슈, 문제 혹은 현상에 대해 깊은 이해를 얻는 것을 목적으로 한다.

질적 평가는 실증주의를 바탕으로 한 양적 평가에 대한 비판으로 해석학, 비판이론, 포스트모더니즘 등에서 제시되었지만 질적 평가가 가지는 다양성으로 질적 평가를 어떻게 정의할 것인가에 대해서는 합의되어 있지 않은 상황이다. 질적 평가는 정책 대상자들의 외부행위나 식별 가능한 행동을 통해서만이 아니라 그들의 주관적 관점과 입장에서 정책현장이자 정책평가에 중요할 수 있는 개인적, 사회적, 구조적, 환경적 맥락을 아우르는 사회적 실재를 이해하려 한다(이성우・곽병훈・오수길, 2015). 질적 평가는 정책 및 프로그램에 영향을 받는 사람들의 사회적 실재에 관한 생각, 감정, 태도를 통하여 정책에 대한 가치판단을 바탕으로 하는 평가의 가치를 중시한다.

우리의 정부업무평가에서 〈표 5-4〉와 같이 정성평가에 속하는 것들은 대부분 질

표 5-4 질적 평가 사례

<table>
<tr><td>국정목표</td><td colspan="2">4. 고르게 발전하는 지역</td><td>국정전략</td><td colspan="2">4-1. 풀뿌리 민주주의를 실현하는 자치분권</td></tr>
<tr><td>국정과제</td><td colspan="5">4-1-2. 지방재정 자립을 위한 강력한 재정 분권</td></tr>
<tr><td>평가지표</td><td colspan="5">㉯ 지방예산낭비 방지 및 절감 우수사례</td></tr>
<tr><td>지표성격</td><td colspan="5">국가 주요시책
1) 지방재정의 건전성 강화(국정과제 75-3)를 위해 지방자치단체 예산에 대한 주민감시 확대
※ 법적 근거: 「지방재정법」 제48조의2(예산 · 기금의 불법지출 · 낭비에 대한 주민감시)
2) 주민의 지방예산낭비 신고 및 절감제안 활성화 및 반영률 제고</td></tr>
<tr><td>지표 유형</td><td>①</td><td>정성</td><td>②</td><td>공통</td><td>③ 정순</td></tr>
<tr><td>평가근거</td><td colspan="5">「정부업무평가 기본법」 제21조 및 같은 법 시행령 제16조</td></tr>
<tr><td rowspan="3">지표설명</td><td>지표명 설명</td><td colspan="4">• 자치단체 예산에 대한 주민감시를 확대하여 예산낭비 방지 및 절감을 활성화한 우수사례 평가</td></tr>
<tr><td>평가 필요성</td><td colspan="4">• 성공적 재정분권을 위해 주민이 직접 지방자치단체 예산낭비를 감시하고 절감 방안을 제안하는 건전한 지방재정자치 실현</td></tr>
<tr><td>기대효과</td><td colspan="4">• 자치단체의 노력을 촉구하고, 우수사례를 발굴하여 전국으로 확산</td></tr>
<tr><td>측정 방법</td><td colspan="5">■ 산식
지방예산낭비 방지 및 절감 우수사례(정성평가)
– 자치단체 예산에 주민감시를 확대하여 예산낭비 방지 및 절감을 활성화한 우수사례를 시 · 도별(시 · 군 · 구 포함)로 1건씩 제출받아 합동평가단에서 정성평가
– 우수사례 평가 세부 기준 제시
<table>
<tr><th>분야</th><th>평가 항목</th><th>평가내용</th></tr>
<tr><td rowspan="4">공통 기준 (100%)</td><td>독창성(20)</td><td>• 해당 자치단체의 특성을 반영하거나 과거의 방법을 개선하여 시행한 제도 및 시책</td></tr>
<tr><td>지자체 노력도(40)</td><td>• 자치단체 스스로 예산낭비 방지 및 절감을 위한 시책을 개발하고 적용하려는 노력도
• 주민의 예산낭비 신고 및 절감 제안을 긍정적으로 수용하려는 적극성
• 광역자치단체와 기초자치단체 간의 연계체계 구축 정도</td></tr>
<tr><td>효과성(20)</td><td>• 예산편성 및 집행과정에 주민참여 확대 정도
* 비대면 온/오프라인 참여실적 포함
• 예산낭비 방지 및 절감 성과
• 우수한 제도개선 결과</td></tr>
<tr><td>활용 · 전파 가능성(20)</td><td>• 타 자치단체로의 확산 가능성</td></tr>
</table>
○ 평가 대상: 시 · 도(시 · 군 · 구 포함)
○ 평가 기준일: 2021.12.31.</td></tr>
<tr><td>증빙자료</td><td colspan="5">– 지방예산낭비 방지 및 절감 우수사례(정성평가)
– 계획서 및 결과보고서(평가 대상 연도 내에 결재를 받은 공문서 등)
– 사업 효과를 설명할 수 있는 보조자료</td></tr>
<tr><td>지표변경 여부</td><td colspan="5">계속/변경</td></tr>
</table>

출처: 행정안전부(2021). 2022년('21년 실적) 지방자치단체 합동평가 지표매뉴얼.

적 분석 방법에 의해서 평가가 이루어지고 있다. 그러나 정성평가의 경우 엄격한 질적 평가 방법을 준수하는 경우는 거의 없고, 전문가적 판단에 의한 평가를 정성평가 범주로 구분하고 있다.

사례

질적 평가 사례

① 빅데이터를 통해 살펴본 누리과정 평가 담론 분석

이 연구는 빅데이터를 활용하여 누리과정의 평가 목적, 평가 대상, 평가시간, 평가장소, 평가자, 평가도구, 평가 방법, 사회적 반응과 관련된 요인을 분석하여 누리과정 평가 방안에 대한 시사점을 도출하고 있다.

출처: 이강훈・황해익(2020). 빅데이터를 통해 살펴본 누리과정 평가 담론 분석. 『미래유아교육학회지』, 27(4): 77-109.

② 저소득층 자산 형성 프로그램에 대한 질적 평가 연구

이 연구는 저소득층 자산 형성 프로그램을 평가해 저소득층의 자산 형성에 대한 이론적・실천적 지침들을 얻고자 서울형 저소득층 자산 형성 프로그램인 '서울 희망플러스통장'사업에 대한 질적 평가를 수행했다. 이 시범사업의 참여자 98명 중 30명을 대상으로 한 심층면접을 통해 자료를 수집했으며, 체계이론의 틀 안에서 귀납적 자료분석을 실시하고, 저소득층의 자산 형성 지원 프로그램의 개발과 개선을 위한 지침들을 제언하고 있다.

출처: 권지성(2010). 저소득층 자산 형성 프로그램에 대한 질적 평가 연구: 서울시 희망플러스 통장 시범사업을 대상으로. 『한국사회복지학』, 62(3): 193-218.

③ 질적 평가의 해외 사례

오수길・곽병훈(2013) 연구에서는 해외 질적 평가 사례로 '지역전략 파트너십에 대한 질적 정책평가' 외 8개의 사례를 개괄적으로 소개하고 있다.

출처: 오수길・곽병훈(2013). 질적 평가의 해외 사례 분석과 시사점. 『한국비교정부학보』, 17(3): 273-296.

④ 질적 평가연구의 인과성 규명방법 개선을 위한 시론적 연구

이 연구는 마이스터고 정책에서 물리적 인과성을 규명하기 위해 마이스터고와 관련된 정책 자료와 기존 문헌뿐만 아니라 관련 분야(중등교육기관-특성화고 등)의 자료와 문헌을 수집・분석하고 있다.

출처: 서영빈・이윤식(2019). 질적 평가연구의 인과성 규명방법 개선을 위한 시론적 연구: 마이스터고 정책의 물리적 인과관계 규명을 중심으로. 『정책분석평가학회보』, 29(3): 169-196.

2) 질적 평가의 특성

일반적으로 질적 평가는 양적 평가와 상대적으로 구분된다. 질적 평가는 참여자의 주관적인 의미에 관심을 가지고, 현상을 실험이나 조작된 실체보다는 자연 상태에서의 평가에 관심을 가진다. 그리고 질적 평가에서는 숫자보다는 단어나 이미지 자료를 분석하고, 가설의 검증보다는 가설의 개발에 관심을 가진다(Schwandt, 1997; Spencer et al., 2003).

3) 질적 평가의 유용성과 한계

많은 학자가 정책과정 및 평가에서 질적 평가의 유용성을 이야기한다. 이들을 요약하면 다음과 같다(이성우, 2008; Patton, 2002).

- 평가 이슈의 심층적 연구: 질적 평가는 그의 방법론적인 특성에 의해 정책 및 프로그램에서 이슈가 되는 것을 좀 더 심층적으로 탐구하고, 그의 다양성과 의미를 탐색하고 이해할 수 있게 한다.
- 정책 맥락의 이해: 질적 평가는 정책이 운영되는 맥락에서 그의 집행, 과정, 결과를 심층적으로 이해할 수 있게 한다. 이를 바탕으로 서비스 전달 개선과 정책 개발을 할 수 있다.
- 집행과정에 대한 평가: 질적 평가는 집행과정에 무엇이고, 그리고 누가 포함되고, 추진된 단계와 과정, 집행에서 장애 요인과 촉진 요인, 계획과 달라진 이유 등을 이해하는 데 유용하다. 질적 평가는 서비스와 정책을 제공하기 위해 어떠한 개입을 하고, 누가 제공하고, 어떻게 전달했는가에 대한 구체적 설명을 할 수 있다.
- 효과성 평가의 보완: 질적 평가는 영향과 결과를 이해하는 데 중요한 역할을 한다. 질적 평가는 정책의 순효과를 알려 주지는 않지만 어떻게, 어떠한 환경에서, 어떠한 방법으로, 어떤 유형의 사람에게 정책이 효과적이었는지와 같은 평가질문에 대해 좀 더 구체적 설명을 해 준다.
- 참여적 평가: 질적 평가는 평가자 및 다양한 이해관계자의 주관적인 인식과 판단을 평가에 반영해 평가의 다양성, 다양한 관점, 시각을 확보할 수 있도록 한다. 특히 다양한 이해관계자가 가지고 있는 평가 가치를 조화시키고자 할 때 유용하다.

그러나 질적 평가 또는 정성평가는 다음과 같은 한계에 의하여 평가의 신뢰성과 타당성이 항상 논란의 대상이 된다.

- 질적 평가는 평가자가 가지고 있는 지식이나 관념 및 평가역량에 의하여 평가의 질이 결정되기 때문에 항상 신뢰성과 객관성이 부족하다고 비판을 받는다.
- 질적 평가의 경우 충분한 평가 표본을 확보할 수 없다는 한계로 인하여 평가 데이터의 대표성 문제를 가진다.
- 내부 정성평가에서 구성원은 실제 의견이 아닌 조직이 동의하는 인기 있는 답변을 제공할 가능성이 높다. 이러한 편향성은 연구 결과에 부정적인 영향을 준다.
- 평가자는 면담이나 인터뷰 대상자를 자기가 원하는 답을 제공하여 줄 사람을 선택하는 자기 선택 편향을 가져올 위험이 있다.
- 질적 평가만으로 현상의 패턴이나 추세를 정확하게 파악하기는 어렵다.
- 종종 많은 인력과 비용을 수반할 수 있다.

4) 질적 평가의 절차

(1) 연구 대상의 선정

질적 평가에서는 연구 대상이 상대적으로 한정되어 있고, 표본을 선정할 때도 비확률 표본 추출 방법에 의해 의도적으로 대상을 선정한다. 그리고 대상자를 선정할 때도 필요한 정보를 제공해 줄 수 있는 사람을 의도적으로 선정하게 된다.

(2) 조사설계

대상자가 선정된 뒤에 질적 평가의 첫 번째 단계는 다른 모든 방법과 같이 연구설계를 하는 것이다. 연구설계에는 평가질문, 자료원, 자료 수집 방법, 자료 수집 일정 계획 등이 포함되어야 한다.

(3) 자료 수집

자료 수집은 조사설계를 바탕으로 이뤄진다. 질적 평가의 자료는 면접, 관찰, 문서자료, 미디어 자료, 참여 집단 분석 등의 형태로 수집된다. 수집된 자료는 전자적인 데이터베이스나 서류함 등을 활용해 분류・정리하는 방법을 많이 사용한다. 대표적으로 다음과 같은 방법이 있다.

- 심층 인터뷰: 대면이나 전화로 이루어진다.
- 포커스 그룹: 정책과 관련된 전문가나 이해관계자, 대상집단 등과 토론을 통하여 평가자료를 수집하는 방법이다.
- 사례연구: 하나나 소수의 사례를 심층적으로 분석한다.
- 관찰: 평가 대상자에게 질문하지 않고 그들의 행동을 관찰하여 필요한 평가 정보를 수집한다.
- 민족지학: 참여 관찰 방법으로 정책 대상집단과 함께 생활하면서 대상집단의 변화를 관찰하면서 평가자료를 수집하는 방법이다.
- 소셜미디어 데이터: ICT 기술의 발달과 함께 활성화되고 있는 소셜미디어 정보를 관련 기술을 활용하여 수집 분석하는 방법이다.

(4) 자료의 분석

수집된 자료는 일정한 기준에 의해 코드화와 범주화가 필요하다. 이는 활동, 활동간의 관련성, 활동이나 사건의 변화과정 등을 기준으로 이뤄지게 된다. 최근에는 질적 자료를 분석하기 위한 컴퓨터 소프트웨어가 많이 개발되어 활용되고 있다. 대표적인 패키지로는 QSR Nvivo, ATLAS, Hypersoft 및 CAQDAS(computer-aided qualitative data analysis) 등이 있다.[1)]

(5) 자료의 해석

자료의 분석과 해석은 다수의 참여를 요구한다. 질적 평가에서 분석 결과에 대한 해석은 평가팀이 중심이 되어 수행하게 된다. 평가에서 분석자나 해석하는 사람은 항상 평가 이용자나 이해관계자를 염두에 두고 해석하는 것이 필요하다.

5) 질적 평가에서 고려할 사항

질적 평가에서는 다음과 같은 것을 고려해야 한다(Mason, 2002).

1) 질적 자료 분석 소프트웨어(NVivo2)의 유용성과 한계에 대해서는 최희경(2006)의 연구, 컴퓨터 소프트웨어를 활용한 질적 분석의 예로 권선필(2008)의 연구를 참고할 수 있다.

- 질적 자료는 관련 자료를 모으고 선별하는 과정에서 주요 자료를 누락하지 않도록 하고, 불분명하고 미완의 자료를 수집하지 않도록 해야 한다.
- 프로그램의 참가자나 프로그램 맥락에서 보지 아니하고, 평가자의 개인적 판단에 따라 자료를 해석하지 않도록 주의해야 한다.
- 평가 범위와 방법론, 분석에 필요한 주요 결정 등과 관련해 증거 자료를 정리할 때 조사 결과를 체계적으로 정리하지 않으면 정보가 섞이고 사후에 활용하기 곤란할 수 있다.
- 현장 조사 혹은 인터뷰 자료를 즉시 정확하게 정리하고 사업과 관련한 모든 자료를 요청하고 정리해야 한다.
- 이용 가능한 자료를 평가하고 어떤 자료가 다른 연구 혹은 분석자의 경험에 비춰볼 때 문제가 있는지 확인해야 한다.
- 다양한 자료 수집 방법을 이용해 분산된 자료를 모으는 데 다른 사람과 의견 교환을 하고, 유사한 연구와 비교하는 것도 유용한 방법이다.
- 결론을 검증 · 확정하고 주요 요소 및 변수를 조사하는 데 도움이 되는 최상의 사례를 사용하는 것이 바람직하다.
- 질적 자료를 활용한 결론은 폭넓은 자료원으로부터 도출해야 한다.

5. 평가설계의 타당성과 신뢰성

1) 의의

평가에 활용되는 자료는 신뢰성과 타당성을 가지고 있어야 한다. 신뢰성은 '동일한 개념에 대해 측정을 되풀이했을 때, 동일한 측정값을 얻을 가능성'을 의미한다. 즉, 정책의 효과에 대해 A 평가자는 100% 달성했다고 평가하고, B 평가자는 80% 달성했다고 평가한다면 이 평가는 신뢰성이 떨어진다고 할 수 있다.

한편 타당성(validity)이란 '평가의 결과가 평가하고자 하는 대상을 얼마나 정확하게 측정했는가를 판단하는 기준'이다. 예로, 훈련으로 제품 불량률을 10% 줄였고, 최신 기계의 도입으로 20%를 줄여서 전체 불량률이 30% 줄었다고 할 경우에 훈련 프로그램 도입으로 불량률이 10% 줄어들었다고 평가한다면 이는 타당한 평가라 할 수 있다. 평가설계는 신뢰성과 타당성이 높은 평가가 이뤄질 수 있도록 설계해야 한다.

2) 평가설계의 타당성

쿡과 캠벨(Cook & Campell, 1979)은 조사설계 활동에서 타당성을 다음과 같이 네 가지로 설명하고 있다.

(1) 타당성의 유형

① 구성 타당성

평가는 독립변수(프로그램)와 종속변수(효과 또는 영향) 간의 인과관계로 구성된다. 구성 타당성은 이 인과관계를 설명하는 모형이 얼마나 합리적으로 구성되었는가를 의미한다. 즉, 조사설계가 실제 정책 및 프로그램의 중요한 구성요소를 어느 정도 포함하고 있고, 이들 간의 관계를 얼마나 정확하게 묘사하고 있는가? 하는 정도를 의미한다.

② 결론의 타당성

결론의 타당성은 평가설계가 프로그램의 효과나 인과관계를 어느 정도 정확하게 도출해 내었는가를 의미한다. 이는 통계학에서 이야기하는 제1종 오류(type Ⅰ error)와 제2종 오류(type Ⅱ error)의 정도를 의미한다.

③ 내적 타당성

내적 타당성은 정책 및 프로그램의 효과가 해당 정책 및 프로그램으로 발생한 것임을 보여주는 정도를 의미한다. 내적 타당성을 확보하기 위해서는 프로그램의 효과에 영향을 미친 프로그램 이외의 외생변수를 통제할 수 있도록 설계가 이뤄져야 한다.

④ 외적 타당성

외적 타당성은 구성의 타당성에서 조작화하지 않은 다른 구성요소 간의 관계까지 일반화할 수 있는 정도를 의미한다. 즉, 평가를 통해 관찰한 결과를 다른 경우에도 일반화할 수 있느냐의 문제다.

(2) 타당성의 저해 요인

실험 설계의 타당성을 저해하는 요인은 내적 타당성의 저해 요인과 외적 타당성의 저해 요인으로 구분하여 볼 수 있다(Campell & Stanley, 1966).

① 내적 타당성 저해 요인

내적 타당성은 평가 기간에 다음과 같은 평가 대상, 대상의 환경 변화, 평가 도구 등에 의해 영향을 받을 수 있다.

- 역사적 요인(history): 평가 기간에 평가 대상자를 둘러싸고 있는 환경의 변화에 따라 결과에 영향을 주는 요인을 의미한다. 예로, 수출 확대 프로그램의 결과를 평가할 경우에 실제 수출 증대 이외에 환율이 변화되어 수출액이 증대될 수가 있다. 이 경우 환율의 변화는 역사적 요인이 된다.
- 성숙 요인(maturation): 성숙 요인은 역사적 요인과 달리 프로그램이 아닌 평가 대상 자체의 변화로 영향에 주는 요인을 의미한다. 초등학생의 건강을 증진하기 위해 급식 프로그램을 실시하고 1년 뒤에 그 효과로 몸무게를 측정한다고 하자. 이 경우 초등학생은 프로그램 없이도 자연적으로 1년 동안에 몸무게가 늘어날 수가 있다. 잘못된 평가에서는 이러한 성숙 요인을 프로그램으로 발생한 것으로 판단할 위험을 가진다.
- 탈락 요인(mortality): 평가 대상 기간에 실험집단이나 통제집단 구성원의 변화가 평가결과에 영향을 줄 수 있다. 예로, 급식 프로그램에서 실험평가를 하는 동안에 실험집단이나 통제집단에서 몸무게가 많이 나가는 학생들이 다른 곳으로 전학을 가면 결과에 영향을 주게 된다.
- 도구 요인(instrumentation): 도구 요인은 평가 기간에 평가자나 평가 도구가 변화됨으로써 결과에 영향을 주는 것을 의미한다. 예로, 사후-사전검사 방법에서 사전에는 수동적인 방법으로, 사후에는 자동화된 방법으로 측정했다면 측정 방법에 따라 차이가 발생할 수가 있다.
- 시험 효과(testing effect): 시험 효과는 사전 조사 및 측정이 프로그램의 결과 및 효과에 미치는 영향을 의미한다. 즉, 프로그램 평가 전에 시험 및 측정을 하게 되면 피평가자는 평가자에 영합해 정상적인 상태보다 더 열심히 노력하여 좋은 결과를 가져올 수 있다. 예로, 시범학교의 경우에는 자신들이 평가 대상이 된다고 생각해서 정상적인 학교와는 다른 행태와 활동을 하여 프로그램의 결과를 증대시킬 수 있다.
- 선정 요인(selecting factors): 빈민가 학생의 교육 수준을 향상하기 위한 멘토 프로그램의 효과를 평가한다고 하자. 평가를 위해 실험집단으로 빈민가 학생을,

통제집단으로 부유층 집단을 선정해 일정한 기간이 지난 뒤에 비교평가를 하게 되면 멘토 프로그램이 효과가 없다고 평가될 수 있다. 즉, 프로그램을 실시하기 이전부터 이미 두 집단에 차이가 있을 수 있기 때문이다.

- 통계적 회귀 요인(statistical regression): 영국의 유전학자 갤턴(Francis Galton)은 부모의 키와 아이의 키 간의 관계를 연구한 결과에서 부모와 자녀의 키 사이에는 선형적인 관계가 있고, 키가 커지거나 작아지는 것보다는 전체 평균으로 돌아가려는 경향이 있음을 밝혔다. 이에 따라 부모의 키가 평균보다 작으면 아들의 키는 부모보다 클 확률이 높고, 부모의 키가 평균보다 크면 아들의 키는 부모보다 작을 확률이 높다는 것이다. 회귀 요인에 의한 평가를 위해 선정된 관찰 대상이 극단 값을 가지는 경우 실제와 다른 결과를 가져올 가능성이 높다.

② 외적 타당성 저해 요인

평가를 통해 관찰한 결과를 다른 사례에 일반화할 수 있는 외적 타당성(external validity)을 저해하는 요인을 보면 다음과 같은 것을 들 수 있다.

- 표본의 대표성: 평가를 위해 선정된 표본이 전체를 대표하지 못하는 경우 평가 결과는 다른 모집단에 대해 일반화할 수 없다.
- 평가모형의 일반성 문제: 평가를 위해 구성한 인과모형이 일반적이지 못한 경우 다른 프로그램 및 상황에 일반화하기가 어렵게 된다.
- 실험의 상호작용 효과: 인위적 상황에서 이뤄지는 실험의 결과를 자연적인 정상적 상황에 적용하는 데는 한계가 있을 수 있다. 예로, 처음 영어 듣기 시험을 치르는 경우 사전에 모의시험을 치르게 되면 시험에 익숙해져서 이 시험의 성적이 높아지게 된다.
- 복수의 프로그램 간섭: 농촌 소득 증대사업의 경우 프로그램에 참여하고 있는 사람이 다른 부처의 소득 증대 프로그램에 동시 참여하는 경우 프로그램 참여자의 소득 증대 효과는 두 프로그램의 결합으로 발생할 수 있다. 이 경우 평가 자체에 대해 익숙해짐으로써 효과가 증대하기도 한다.
- 호손 효과(Hawthorne effect): 사람들은 시범사업이나 자신들의 프로그램이 평가받고 있다고 생각하면 평소보다 더 잘하고자 하는 경향을 가진다. 이 경우 프로그램의 결과는 정상적인 경우보다 더 큰 효과를 보여주게 된다.

(3) 타당성 확보 방법

① 내적 타당성 확보 방법

실험 설계에서 내적 타당성은 실험집단과 통제집단이 동질성을 가져야 확보될 수 있다. 동질성은 동일한 구성, 동일한 경험, 동일한 성향을 갖고 있을 때 확보될 수 있다.

- 무작위 배정(random assignment): 무작위 배정은 대상집단의 모든 대상이 실험집단과 통제집단에 배정될 기회를 동일하게 두고 배정하는 방법이다. 한편 무작위 표본추출은 연구 결과의 외적 타당성을 확보하는 방법이란 면에서 차이가 있다.
- 짝짓기(matching): 실험 설계에서 실험집단과 통제집단을 구성할 때 평가자의 가설과 관련이 있는 변수를 대상으로 유사한 것을 둘씩 짝지은 다음 하나는 실험집단, 다른 하나는 통제집단에 배정하는 방법이다. 짝짓는 방법은 1대 1 짝짓기인 개별적 사례에 의한 짝짓기(individual matching)와 빈도분포에 의한 짝짓기(matching by frequency) 방법 등이 있다.

② 외적 타당성 확보 방법

- 무작위 표본추출: 평가결과를 일반화하기 위해 일반화하고자 하는 대상 모두를 대표할 수 있도록 표본을 추출하는 방법이다. 표본의 대표성을 높이기 위해 무작위 추출법(random sampling)을 활용해 표본을 추출하게 되면 표본의 대표성을 높일 수 있다. 가장 효과적인 외적 타당성 확보 방법이다.
- 표본추출에서 일반화하고자 하는 요소를 포함하는 방법: 무작위 표본추출 방법보다 실현성이 높은 방법으로 일반화하고자 하는 집단, 상황, 시기 등을 결정한 뒤에 이러한 요인을 가진 사례를 포함해 표본을 추출하는 방법이다.
- 대표적 사례를 추출해 조사하는 방법: 일반화하고자 하는 집단, 상황, 시기별로 최소한 하나 이상의 사례를 표본으로 선정해 평가하는 방법이다.

3) 평가설계의 신뢰성

(1) 신뢰성의 의의

신뢰성은 자료 수집 시스템이 시간과 공간적으로 안정되고 일관된 정도를 의미한다. 즉, 지표를 측정할 때마다 같은 결과가 나올 수 있도록 수집 관리되어야 한다. 신뢰성은 특히 참여적 평가, 해석학적인 접근방법 등의 주관적 평가에서 중요시된다.

(2) 평가의 신뢰성 확보 방법

평가의 신뢰성을 확보하기 위해 평가과정에서 발생할 수 있는 비체계적인 오류를 제거해야 한다. 평가의 신뢰성을 확보하는 방법에는 상호 관찰로 평가자 간에 신뢰도를 측정하는 방법, 같은 측정 대상에 대해 같은 상황에서 같은 측정 도구를 2회 이상 사용하는 재검사법, 같은 대상을 유사한 두 개의 평가 도구로 측정하는 대안법, 한 그룹에 두 개 이상의 질문을 하여 주요 질문군 간의 상관관계를 조사하는 반분법 등을 사용할 수 있다.

(3) 평가의 신뢰성 확보를 위한 방법론적 삼각측량 방법

삼각측량은 단일 이론, 단일 방법, 단일 데이터 세트 및 단일 조사자에 의하여 수행될 경우 발생할 수 있는 오류를 극복하여 평가의 신뢰성을 확보하는 방법을 의미한다. 삼각측량에는 다음과 같은 다양한 방법이 있다.

- 데이터 삼각측량: 다른 유형의 데이터, 다른 시점 또는 다른 분석 단위를 사용하여 문제를 측정한다.
- 평가자의 삼각측량: 여러 연구자가 동일한 문제를 측정한다.
- 학문 삼각측량: 동일한 문제를 다른 학문 분야에서 훈련한 연구원이 측정한다.
- 이론 삼각측량: 여러 경쟁 이론을 사용하여 문제를 설명하고 분석한다.
- 방법론적 삼각측량: 문제를 서로 다른 방법으로 측정한다.

6. 평가설계 방법의 선택

1) 양적 평가설계와 질적 평가설계의 통합

일반적으로 정책평가에서 방법 중심의 평가 접근방법은 양적 설계를 가치 중심의 평가 접근방법은 질적 설계, 활용과 변혁적 접근방법에서는 양적 설계와 질적 설계의 혼합 방법을 사용한다(Mertens & Wilson, 2019). 그러나 실제 평가에서는 두 접근방법을 혼합하여 사용할 것을 주장한다. 이는 두 접근방법이 사용 목적이 서로 다르나 보완적 역할을 할 수 있기 때문이다. 방법 중심의 객관적이고 실증적 실험 평가라 하더라도 그 결과만으로 평가의 유일한 증거로 사용할 수 없고 사용해서도 안 된다.

정책평가에서 양적 접근은 결과, 일반화, 예측, 인과적 설명에 초점을 둔 정보를 산출하는 반면에, 질적 접근은 과정, 외연, 이해, 설명을 강조하는 정보를 산출한다. 양적 방법은 안정적인 현실을 강조하고, 질적 방법은 동태적 현상을 가정한다. 이에 의해 양적 방법이나 질적 방법은 모두 한정된 현실만을 설명해 줄 뿐으로 두 가지 방법을 함께 사용할 필요가 있다.

즉, 두 접근방법은 〈표 5-5〉와 같은 특징과 장단점을 가지고 있어서 상호 보완적 특성을 가진다. 이에 두 접근방법을 적절하게 혼합해 활용하게 되면 좀 더 유용한 정보를 얻을 수 있다. 양적 정보는 질적 분석의 계획 단계에서 분석 사례나 사업을 선정하는 데 도움을 주며, 자료 수집 단계에서는 배경 정보를 제공해 분석자의 편견을 피할 수 있도록 하고, 분석 단계에서 질적 분석의 결과를 입증하거나 반증하는 데 도움을 준다. 한편 질적 정보는 양적 분석의 계획 단계에서 개념의 개발과 구체화, 자료 수집 단계에서 자료 수집을 위한 시발점을 제공해 자료 수집을 쉽게 하고, 분석 단계에서 양적 분석 결과를 좀 더 명확하게 해 준다.

양적 접근과 질적 접근의 상호 보완적 성격을 확보하는 방법은 다원적인 방법론을 활용하는 삼각검증(triangulation) 방법과 둘을 결합하는 다각화 방안, 자료와 설계 및 분석 방법을 혼합하는 방법 등이 있다(김명수, 2003; 심준섭, 2019). 그러나 질적 방법과 양적 방법의 연계를 위해서는 연구 및 평가질문이 명확해야 하고, 충분한 시간과 재원이 요구된다. 두 접근방법을 혼용해 활용할 경우, 상호보완성을 명확하게 인식한 뒤에 적절하게 혼합해 사용하고, 자료의 해석과 판단에 신중하게 할 필요가 있다.

표 5-5 양적 접근방법과 질적 접근방법

구분	양적 방법	질적 방법
목적	이론 검증/사실의 구성/예측과 통제 변수들 간의 관계 규명	이론 개발 및 개념을 개발/다양한 현실 세계를 구성 이해를 높임/근거 있는 이론 개발
중요 개념	변수, 조작적 정의/신뢰도, 가설, 타당도 통계적 의미의 일반화	의미, 상징적 이해/상황의 정의 일상생활의 이해, 실제적 목적, 사회 구성
접근방법	연역적 추리/객관적 방법/통계적 방법 환원적 방법/과학적 접근법	귀납적 추리/주관적 접근법/비통계적 방법 총체적 접근법/인류학적 접근법
조사설계	일반화를 위한 자료의 크기 초점 및 절차가 자세하고 세부적임 방대한 문헌 고찰이 먼저 이뤄짐 자료 수집 전 작성 가설의 진술	간략한 데이터 크기 사색적임 자료가 수집되는 과정에서 수정 가능 문헌 고찰이 덜 중요함 접근방법의 일반적 진술이 포함됨
자료와 표본	양적 의미 부여, 계량화 가능한 부호/계산, 측정/조작화된 변수/통계적이고 표본이 큼/통제집단의 존재, 외생변수에 대한 통제	개인적, 서술적 기록/현장, 노트, 사진, 녹음기, 진술자 말/적은 표본 크기/이론적인 표집/대표성 없는 샘플(편의적 선택)
분석	연역적/자료 수집이 끝날 때 이뤄짐 통계적이며 양적 결과에 의미 부여	지속적이며 귀납적/모형, 주제, 개념별 분석 분석적 귀납법 및 연속적 비교법
연구자의 역할	현상의 뒤에 머물러 있음 편견을 제거하기 위한 조치 있음	개인적 입장, 관점의 확인 편견의 보고
활용	누가(who), 무엇을(what), 언제(when), 어디에서(where), 어느 정도(how much), 얼마나 많은 사람에게(how many), 얼마나 자주(how often)를 분석하기 위해 이용	어떻게(how)와 왜(why)를 분석하기 위해 이용
장점	통계적 데이터 산출	신축적
	프로그램 문제를 입증하기 위한 정확한 자료를 제공	사회 변화와 관련된 프로그램을 기획할 때 유용
	문제와 문제의 원인 간의 관계를 통계적으로 분석	양적 자료의 해석을 위해 프로그램의 맥락을 이해하는 데 도움
	다수의 모집단에 대한 광범위한 시각을 제공	소집단의 태도, 믿음, 동기와 행태에 대한 분석에 용이
	비교할 수 있음	평가자원이 부족한 경우에 사용
	영향평가에 이용할 수 있는 기준점 정보를 설정할 수 있음	이해관계자로부터 환류를 위해 사용
	무작위적 표본을 추출할 경우, 한정된 범위에서 조사 결과의 추정치를 결정할 수 있음	개념과 사건의 의미를 탐색할 수 있음
	관찰된 현상의 특성, 차이, 관계 및 결합의 정도, 크기, 강도 등을 측정할 수 있음	이슈를 명확하게 이해할 수 있게 심층적인 자료를 산출

	결과에 요인이 어느 정도 영향을 주었는가를 결정할 수 있음	요인 간의 결합 동기와 유형을 연구할 수 있음
	표준화된 절차와 질문 방법을 이용해 결과의 재산출이 가능	개인이 환경과의 상호관계와 환경 변화를 어떻게 극복했는가를 구체적으로 이해할 수 있도록 함
한계	모집단이 희소하거나 접근이 어려운 경우 많은 비용이 수반됨	표본 크기가 종종 작음
	표본추출의 문제를 가짐	평가결과의 대표성 문제와 자료수집자 및 평가자의 주관을 통제하는 것이 어려움
	구조화된 인터뷰는 결정이나 견해에 내포된 동기를 구체적으로 탐색하는 것을 저해함	인터뷰 방법이 정당하고 합당한 응답자에 의존
	표준화된 질문지 설계와 관리는 질문에 대해 응답자의 오해 문제를 다루지 못하기 때문에 타당성의 문제를 가져올 수 있음	결론을 도출하기 위한 데이터 분석이 항상 투명하거나 반복 가능하지 않음
	핵심 개념의 명확한 정의와 이를 설문 문항으로 바꿀 것을 요구, 혼란스러운 개념에 대해 측정하는 데 어려움이 있음	연구 결과의 일반화가 이슈가 될 수 있음

출처: USAID(1998); UNICEF(1991); 강근복(2008).

7. 평가설계의 선택 기준과 방법

정부정책이나 프로그램은 목표, 참여자, 이해관계자의 다양성을 특성으로 하기 때문에 다양한 데이터를 다양한 방법으로 종합하여 평가할 필요가 있다. 좋은 평가설계는 다음과 같은 유용성, 실행 가능성, 타당성 및 정확성의 기준을 준수할 필요가 있다(CDCP, 2005).

- 유용성: 평가의 목적이 무엇인가? 누가 평가결과를 이용하고, 결과를 어떻게 이용할 것인가? 관심을 두어야 할 다른 이해관계자의 특별한 욕구는 무엇인가?
- 실행 가능성: 프로그램은 어떠한 단계로 추진되는가? 프로그램에 대한 열정은 어느 정도인가? 선택한 평가문제의 구성요소를 어느 정도 측정할 수 있는가?
- 타당성: 선택한 평가문제나 설계로 의도하지 않은 결과를 발견할 수 있을 것인가? 선택한 평가문제나 설계가 프로그램에 의해 영향을 받는 사람들의 경험을 조사하는 것이 포함되어 있는가?
- 정확성: 선택한 평가문제가 프로그램의 성공과 실패를 발견하기에 충분히 광범위하게 구성되어 있는가? 설계가 이해관계자들이 알고자 하는 것에 응답할 수

있도록 올바르게 되어 있는가?

일본의 정책평가지침에서는 평가 방법을 선택할 때 다음을 고려할 것을 제시하고 있다(日本 總務省, 2010).

- 평가에서는 우선 정량적인 평가 기법을 개발해 가능한 한 구체적인 통계 수치에 의한 정량적인 평가 방법을 이용하도록 노력한다.
- 정량적인 평가 방법의 적용이 곤란하거나 객관성 확보에 문제가 없는 경우에는 질적 평가 방법을 적용한다. 그러나 질적 방법도 객관적인 정보 자료와 사실에 근거하고, 평가에서 학식을 가진 경험자를 활용하는 등 객관성 확보에 유의한다.
- 평가는 큰 비용과 업무 부담을 요구하는 것으로 비용이 많이 들어가고, 고급의 정량평가 기법의 적용을 과도하게 사용하는 것은 효율적이지 않을 수도 있다는 것을 명심해야 한다. 평가에서 필요로 하는 정보, 필요한 분석의 정밀도 및 평가의 시간과 비용을 사전에 검토해 적절한 평가 방법을 선택해야 한다.
- 평가 방법을 선택할 때 사후적으로 평가결과가 확인 가능한가를 고려해야 한다.

이외에 합리적인 평가를 위해 평가설계에서 고려되어야 할 것을 보면 다음과 같은 것을 들 수 있다(Yarbrough et al., 2011).

- 평가 목적 및 평가질문에 기여한 순서대로 평가설계를 선택해야 한다.
- 설계된 계획대로 집행할 수 있는 적절한 전문가를 확보하도록 한다.
- 주어진 목적과 제약 조건 속에서 어떠한 설계가 논쟁의 대상이 되고 있는지 고려하고, 정확성과 관련해 각각의 장단점을 확인한다.
- 주어진 평가 목적과 평가질문에서 정당한 결론을 가져올 수 있는 논리적 추론이 가능하도록 설계를 한다.
- 시작할 때 다른 평가에서 사용한 설계를 찾아본다. 영속성을 가진 설계는 비슷한 상황에서 일반화될 수 있다.
- 타협과 불확실성의 정도를 수반하는 설계에 대한 의사결정을 준비해야 한다.
- 시간이 지남에 따라서 정확성을 높이기 위해 설계의 수정도 생각해야 한다.

제 2 절 평가 대상과 범위의 설정

1. 정책평가의 대상 설정

1) 대상 설정의 의의

정책평가의 대상을 선택하는 것은 평가하고자 하는 정책, 프로그램, 프로젝트를 설정하는 것이다. 잘 정의된 평가 주제 및 대상을 명확하게 하는 것은 평가를 합리적으로 관리하고, 평가를 순조롭게 수행하는 데 필요하다. 그러나 정부업무의 경우 그 대상을 명확하게 하기가 쉽지는 않다. 정부의 모든 정책과 프로그램을 평가할 수는 없다. 이는 평가의 효과성과 효율성에 적합하지 않다. 평가할 정책과 프로그램은 국정목표 및 상위 기관의 비전·목적, 예산 규모 등에 의한 정책의 규모, 정책이 국민에 미치는 영향 및 중요성, 정책이 전략적 이슈 여부 등을 고려하여 우선순위를 설정하여 평가 대상 정책과 프로그램을 설정하여야 한다.

우리의 정부업무평가의 평가 단위를 보면 〈표 5-6〉과 같다. 가장 기본이 되는 자체평가는 각 부처의 성과관리 시행계획의 관리과제가 평가의 대상이 된다. 관리과제는 성과목표 달성을 위한 수단으로서 개별 정책 또는 사업 단위를 의미하며, 예산뿐만 아니라 제도나 규제와 같은 비예산 정책(사업)을 포괄한다. 각 부처에서 관리과제는 전략목표 및 성과목표 달성을 위해 성과관리가 필요한 정책·사업을 대상으로 선정한다. 특히 대통령 공약 사업을 중심으로 제시되는 국정과제 등 주요 국정기조, 정부 핵심과제에서 해당 성과목표와 연계하여 추진해야 할 내용을 관리과제로 반드시 포함하도록 하고 있다.

정부업무평가에서 특정평가는 국무총리가 중앙행정기관을 대상으로 국정을 통합적으로 관리하기 위하여 필요한 정책 등을 평가 대상으로 한다(정부업무평가 기본법 제2조). 이에 의하여 2022년에는 주요 정책, 규제혁신, 정부혁신, 정책소통, 적극행정의 다섯 개 분야를 대상으로 평가하고 있다.

표 5-6 정책업무평가제도의 현황과 유형

평가 대상	평가종류	평가부문		평가주관기관	평가 유형/평가 단위
중앙 행정 기관	특정평가	국정과제, 규제혁신, 정부혁신, 정책소통		국조실, 행안부, 문체부	정책 및 프로그램 평가/기관평가
	자체평가	주요정책		국조실	정책평가, 프로그램 평가
		재정사업	일반재정사업	기재부	프로그램 평가
			R&D 사업	과기정통부	프로그램 평가
			재난안전	행안부	프로그램 평가
			균형발전	지역위	프로그램 평가
		행정관리 역량	조직	행안부	프로그램 평가, 역량평가
			인사	인사처	
			정보화	행안부	
지방 자치 단체	부처평가	합동평가		행안부	프로그램 평가, 기관평가
		개별평가		주관부처	프로그램 평가
	자체평가	중앙행정기관과 동일		지자체장	정책 및 프로그램 평가
공공 기관	공기업	경영관리, 주요사업		기재부	역량과 프로그램 평가/기관평가
	준정부기관				
	기타공공기관	경영관리, 주요사업		주무부처	
	과학기술 분야 연구기관	공통 영역, 자율 영역, 현안대응 영역		부처 및 연구회/과기정통부	역량과 프로그램 평가/기관평가
	경제인문사회 연구기관	연구 분야, 경영 분야		경사연	역량과 프로그램 평가/기관평가
	지방공기업	지속가능경영, 경영성과, 사회적 가치		행안부	역량과 프로그램 평가/기관평가

출처: 라영재(2020).

2. 정책평가의 범위 설정

평가할 대상이 결정되면 평가의 범위를 결정하여야 한다. 범위는 시간, 공간 및 정책 대상자 등의 범위를 명확하게 정의하여야 한다. 이들 범위를 결정할 때는 법률이나 지침에 의한 경우를 제외하고는 평가의 활용, 목적 및 시기, 평가의 일관성, 평가비용 등 평가에 투자할 수 있는 자원, 같은 프로그램이 미래에 도입될 가능성, 예측되는 문제, 다른 지역이나 부문에 줄 수 있는 교훈, 지역 및 부문별 균형된 배분과 조화 등을 고려해야 한다(UNDP, 2009).

- 프로그램의 공간적 범위 결정: 평가 대상을 선정할 경우에 프로그램의 공간적 범위를 명확하게 해야 한다. 대상이 되는 프로그램이 전국적인 사업인가 특정 지역에 국한된 사업인가를 고려해 범위를 설정해야 한다.
- 프로그램의 시간적 범위 결정: 일반적으로 공공 부문의 프로그램은 장기간에 걸쳐서 효과가 나타난다. 평가의 시간 범위를 짧게 하면 프로그램의 효과를 명확하게 하기 어렵고, 너무 장기적으로 설정하면 효과를 과대평가할 수 있다. 평가의 시간적 범위를 결정할 때 평가 시점을 선정하는 것도 평가의 일관성을 확보하는 데 중요하다.
- 프로그램 대상집단의 결정: 정부의 정책이나 프로그램은 다양한 집단을 대상으로 운영되게 된다. 프로그램의 모든 집단을 평가할 것인지 특정 집단을 평가할 것인지를 결정해야 한다. 대상집단은 평가과정에서 이해관계자의 범위를 설정하는 기준이 되고, 프로그램의 목적과 밀접하게 이해관계자의 범위를 설정해야 한다.
- 프로그램 목표의 결정: 사전에 설정한 목표만을 한정해 평가할 것인지 부수적인 효과까지 평가할 것인지를 명확하게 하는 것도 필요하다. 프로그램의 목표를 기준으로 평가할 경우 그 범위를 어떻게 설정하느냐에 따라서 평가의 접근방법이 달라진다.
- 프로그램의 내용적 범위 결정: 평가에서는 프로그램의 맥락, 집행과정, 영향 등의 구성요소 가운데 어느 부분을 중심으로 평가할 것인지를 사전에 결정해야 한다. 이에 의해 형성평가와 총괄평가, 그리고 맥락적 분석을 할 것인지 등이 결정된다.

3. 평가 대상과 범위 선정의 기준

올바른 평가 대상이나 문제 또는 평가의 중점사항을 결정하는 데 사용될 수 있는 일반적인 원칙은 없다. 평가 대상 및 범위를 결정할 때 준거로 삼아야 할 것은 좋은 평가 기준에서 제시된 평가의 유용성과 실행 가능성이 고려되어야 한다.

1) 평가의 유용성

(1) 평가의 목적이 무엇인가?

무엇을 평가할 것인지는 먼저 평가의 목적에 따라 결정하게 된다. 평가 목적이 총괄평가인지 형성평가인지, 책임성 확보를 목적으로 할지, 아니면 이론 형성을 목적으로 할 것인지에 따라서 평가의 대상, 시간과 공간적인 범위가 달라져야 한다. 책임성 확보를 목적으로 하는 평가에서 그 범위를 제한하는 것은 바람직하지 않다. 그러나 책임성 확보를 위한 평가에서는 전체 프로그램의 20~30% 정도를 평가할 것을 권장한다(UNDP, 2009).

(2) 누가 평가결과를 활용할 것인가?

프로그램 평가결과의 이용자는 개인이나 조직 등 다양하다. 누가 이용자인지는 이해관계자와 합의 형성과정에서 확인될 가능성이 높다.

(3) 이용자들이 평가결과를 어떻게 활용할 것인가?

평가의 대상 및 범위는 평가 이용자들 평가결과 활용 방식에 따라 변화한다.

(4) 다른 주요 이해관계자들이 평가를 통해 무엇을 필요로 하는가?

가장 중요한 이해관계자들은 평가결과를 활용하고자 하는 사람들이다. 그러나 평가결과를 활용하지는 않으면서 평가에 관심을 가지고 평가에 영향을 미치고자 하는 사람들이 존재하게 된다. 예로, 특정한 시민단체는 프로그램의 낭비적 요소나 운영과정의 부패에 관심을 가지면서 프로그램에 대해 조사 및 평가를 요구할 수도 있다.

2) 실행 가능성 고려

(1) 프로그램이 어떠한 단계에 있는가?

프로그램의 전개 단계(기획 단계, 집행 단계, 유지 단계)에 따라서 서로 다른 평가의 초점 및 평가문제가 제시되게 된다. 예로, 기획 단계에서는 누가 대상집단이며, 대상집단에 어떻게 접근할 것이고, 집행에 어느 정도의 비용이 요구되는가와 같은 것이 초점이 된다. 기획 단계에서는 결과에 대해 덜 관심을 가진다. 그러나 프로그램의 유지 단계에서는 집행에 대한 측정과 함께 목표 달성 정도를 평가해야 한다.

(2) 프로그램의 특성은 어떠한가?

평가문제의 선택에서 정책이나 프로그램이 전국적으로 실시되고 있는 것인지, 시범사업으로 추진되고 있는가?와 같은 정책의 특성이나 구조도 고려해야 한다. 또한 프로그램이 단일 프로그램인지 여러 개 프로그램이 결합한 복합적 프로그램인지도 고려해야 한다. 어떤 프로그램은 광범위하고 다면적이지만 어떤 것은 큰 문제를 하나의 프로그램으로 해결하고자 한다. 단순하거나 피상적인 프로그램의 경우에는 운영상의 성과가 달성된다고 하더라도 궁극적인 효과나 결과를 명확하게 하는 것이 가능하지 않은 경우도 있다. 이를 고려해 평가문제를 선택해야 할 것이다. 또한 프로그램의 유형에 따라서 프로그램의 하위집단별로 분리해 평가할 필요가 있는지, 평가에 포함할 지리적인 영역과 평가에서 배제할 지역이 있는가?도 고려할 필요가 있다.

(3) 평가에 동원할 수 있는 자원은 어느 정도인가?

평가자원 및 자원과 관련된 구체적인 계획은 평가 대상의 결정에 영향을 줄 수 있다. 어떤 결과는 측정이 좀 더 신속하고 저렴한 비용으로 이뤄질 수 있지만 어떤 경우에는 측정할 수 없는 경우도 생기게 된다. 평가에 활용할 수 있는 자원은 평가문제 선택에서 실질적인 조건을 형성하게 된다. 특히 현재 평가에 활용할 수 있는 자료는 무엇이 있는가? 추가해서 수집해야 할 자료는? 자료는 어떻게 수집할 것인가? 등도 중시되어야 한다.

3) 평가 대상 설정에서 고려할 사항

정책평가의 대상을 선택할 때 다음을 고려해야 한다(Kellogg Foundation, 2004b; UNDP Evaluation Office, 2002).

- 평가의 대상은 프로그램의 주기와 관련해 초기의 평가는 전략적 이슈의 설계와 집행과 관련된 정보의 수집에, 중기의 프로그램은 중간 과정의 조정과 초기 결과의 확인과 관련된 정보를 얻는 데 초점을 두고서 선택하는 것이 필요하다.
- 평가에서 다루게 될 평가 이슈와 문제를 선택할 경우에 목표의 달성이나 산출 및 결과에 영향을 주는 요인을 고려해야 한다. 거버넌스나 관리적 차원에서 기

관의 성과도 다뤄져야 한다. 때로 특정평가 이슈나 문제는 이해관계자의 자문을 얻을 때까지 보류하는 것도 필요하다.

- 평가 대상은 상대적으로 규모가 큰 프로그램을 선택하는 것이 바람직하다. 이는 평가로부터 얻는 효과도 그만큼 크기 때문이다.
- 평가 대상은 향후에도 그 분야에 자원을 투자하거나 확대가 예상되는 부분을 선택해야 한다. 중단이 예상되는 프로그램에 대한 평가는 그 가치가 줄어들게 된다.
- 평가 대상은 프로그램의 운영과정에서 문제를 가지고 있거나 갈등 소지가 있는 것의 선택이 좀 더 핵심적인 정보를 얻을 수 있다.
- 평가 대상은 평가의 결과가 기관의 구성원이나 다른 조직의 학습을 위한 정보를 제공해 줄 수 있는 것을 선택하는 것이 바람직하다.
- 평가팀이나 구성원의 평가에 대한 철학이 평가에서 다루고자 하는 문제를 선택하는 데 영향을 줄 수 있다. 그러므로 평가팀은 스스로 이 문제를 왜 선택하는지 그리고 평가에서 빠진 것은 없는지를 자문해 보아야 한다.
- 이해관계자들은 서로 다른 평가문제를 가지고 있을 것이다. 이에 소수의 이해관계자(내부 · 외부 포함)에 의존해 평가문제를 선택해서는 아니 된다. 평가문제를 선정하기 전에 전체적인 관점에서 볼 수 있도록 가능한 많은 관점의 의견을 수렴하도록 해야 한다.
- 평가에서는 다뤄야 할 많은 문제가 있다. 문제를 선정할 때 전략적인 선택이 요구된다. 특정 시점에서 평가와 관련해 중요한 문제에 초점을 둘 수 있도록 선택과 집중에 의한 선택이 요구된다.
- 평가하고자 하는 문제에 내포된 가치를 조사해야 한다. 평가가 누구에게 가치 있는 활동인지, 이러한 가치를 이해관계자들이 어떻게 생각하고 있는지, 가치에 대해 평가팀과 이해관계자 간에 합의가 있는지를 검토해야 한다.

제 3 절 평가 목적의 확인

1. 평가 목적 확인의 의의

평가를 시작하기 위해서는 먼저 왜 평가를 하고 누구를 위해 평가를 하는지, 그리고 특별한 시점에서 평가하는 이유가 무엇인지를 평가계획에 명확하게 해야 한다. 평가 목적을 확인하는 것은 평가계획 수립에서 가장 중요한 단계이다. 평가 목적에 따라서 평가계획과 방법 등이 달라져야 하기 때문이다. 예로, 전체적으로 책무성을 강조하는 평가는 프로그램 개선 및 학습 목적보다는 상대적으로 간단하게 평가가 이루어진다(UNEG, 2013). 평가 목적은 평가로 달성하고자 하는 바람직한 상태로 평가설계 및 평가활동의 준거가 되고, 메타평가의 기준이 된다. 평가 목적은 평가결과의 활용과 직접적인 관계가 있다. 평가의 목적이 명확하면 할수록 평가 목적을 달성하고, 이용 가능성도 커지게 된다.

평가 목적은 평가의 초기 단계에 이해관계자와 합의로 결정해야 한다. 평가 목적과 프로그램 성공에 대한 이해관계자와의 합의가 없게 되면 평가자는 평가의 결론을 도출할 수 없으므로 평가에서 많은 어려움을 겪게 된다(Posavac, 2011).

2. 평가 시기와 평가 목적

평가의 목적은 다양하게 사용할 목적으로 수행될 수 있지만, 일반적으로 정책과 프로그램의 책무성 확보와 프로그램 개선이라는 목적으로 수행된다. 평가 목적은 평가가 정책 및 프로그램의 주기에서 어디에 위치하는가에 따라서 다르게 된다. 프로그램의 주기에 따라서 제시되는 중요한 평가 목적을 보면 〈표 5-7〉과 같다. 예로, 5년 정도의 프로그램을 평가할 경우에 초기 1~2년에는 초기의 전략을 검토하는 데 목적을 두고, 2~3년에는 산출을 가져오기 위해 중간 과정의 조정을 촉진하는데, 말기인 4~5년에는 다음 프로그램의 형성을 위한 정보를 산출하는 것을 목적으로 하게 된다.

표 5-7 평가 유형에 따른 주요 평가 목적	
사업 유형	주요 평가 목적
사전평가	• 정책 계획 내용이 타당한지 검증한다. 사전평가 결과는 정책 및 계획의 최종 승인을 위해 활용한다.
중간평가	• 정책과정의 중간 지점에서 정책의 효과성을 제고하기 위해 프로그램이 순조롭게 운영되고 있는지 검증한다. 중간평가 결과는 프로그램 내용을 개선하기 위해 활용하는 동시에 유사 프로그램에 대한 교훈으로도 활용한다.
종료 및 사후평가	• 종료평가: 프로그램의 종료를 앞두고 순조롭게 효과를 올리고 있는지 검증한다. 종료평가 결과는 프로그램 종료 및 사후점검 여부를 결정하는 데 활용하거나 유사 프로그램에 대한 교훈으로도 활용한다. • 사후평가: 프로그램이 끝나고 일정 기간에 프로그램이 목표한 효과와 영향력이 계속 나타나고 있는지 검증한다. 사후평가 결과는 다른 기관이 유사 프로그램을 효과적·효율적으로 실시하기 위해 필요한 정보를 제공해 줄 수 있다.

3. 평가 이용자와 평가 목적

평가 목적은 평가결과의 이용자가 누구인가에 따라서 달라진다. 평가를 주로 활용하게 될 이해관계자에 따른 정보 욕구를 보면 〈표 5-8〉과 같다.

표 5-8 프로그램 평가 이용자와 필요한 정보		
평가 이용자	알고자 하는 정보	평가결과의 이용 방법
프로그램 관리자	• 프로그램 대상집단에게 어느 정도 전달되었는가? • 프로그램이 어느 정도의 차이를 어떠한 방법으로 만들었는가?	• 자금 제공자에게 보고하기 위해 프로그램이 제대로 작용하지 않을 경우 전략을 변경하기 위해
프로그램 참여자	• 프로그램으로부터 어느 정도의 편익을 받고 있는가? • 개별 대상자들은 다른 사람과 자신이 받은 편익의 차이가 어느 정도인가?	• 지속적으로 참여할 것인가를 결정하기 위해 • 프로그램을 다른 사람과 공유하거나 이야기하기 위해
프로그램 담당자	• 프로그램이 목적을 달성했는가? • 파트너는 누구인가? • 누구에게 서비스를 제공해야 하는가? • 비용은 타당한가?	• 지원과 관련된 결정을 위해 • 정책결정에 정보를 제공하고, 무엇이 제대로 이뤄졌고, 제대로 이뤄지지 않은 것이 무엇인가를 알기 위해
파트너	• 참여자들에게 기대하는 변화가 일어났는가? 변화가 없으면 그 이유는? • 참여자들은 만족하고 있는가? • 파트너들은 무엇을 얻었는가?	• 지속적인 파트너십을 형성하기 위해

	• 모든 파트너들이 제 역할을 했는가?	
자금 제공자	• 프로그램 관리자가 지시사항을 제대로 수행 중인가? • 비용에 비해 프로그램은 가치가 있는가?	• 자금의 배분을 위해 • 미래 자금 확보를 위한 정보획득을 위해

4. 평가 목적의 확인 방법

평가가 강제적이거나 의무적인 경우에 평가의 목적 및 내용이 사전에 설정되는 경우가 일반적이다. 사전에 평가 목적이 제시되었다면 평가 주체는 사업담당자 및 이해관계자와 협의해 평가 목적을 구체화하는 작업만 수행하면 된다. 그러나 평가가 강제적인 경우라도 주어진 목적 이외에 자율적인 목적을 추가해 기관에 필요한 정보를 얻는 노력을 하는 것이 바람직하다. 평가 목적이 주어져 있지 않은 경우에는 이해관계자 분석을 통해 이해관계자들의 평가 목적을 확인하고, 그 우선순위에 의해 최종적으로 1~2개를 선택할 필요가 있다.

평가 목적을 설정할 때 다음과 같은 것을 고려해야 한다.

- 평가 대상 프로그램의 사업 목표
- 사업과 관련된 배경이나 조직적 · 정치적 상황
- 사업계획에 반영된 평가사항
- 프로그램 대상자, 조직 내외 다양한 이해관계자의 요구사항과 평가에 대한 요구
- 공통으로 제기되는 평가 목적 등

제 4 절 이해관계자 확인

1. 이해관계자의 의의

1) 이해관계자 참여의 의의

활용에 초점을 두는 평가에서는 평가결과를 활용하고자 하는 이해관계자가 누구이

고, 그들이 평가에서 무엇을 요구하는가를 파악하여 평가에 반영하여야 한다. 이해관계자란 정책 및 프로그램과 평가의 결과에 관심을 가지는 개인이나 집단을 의미한다. 이해관계자에는 조직 내·외부의 이해관계자를 모두 포함한다. 평가과정에 이해관계자의 참여는 참여적 평가의 핵심이고 이를 평가계획에 반영해야 한다. 이해관계자는 평가팀의 일원으로 활동할 수도 있고, 자료 수집 과정, 자료분석에 의한 결론의 도출, 권고안의 작성 등 평가의 모든 수준에 다양한 형태로 참여하여 평가에 이바지할 수 있다. 평가계획을 수립할 때는 예산, 시간, 지리적 위치, 참여 방법 등을 고려한다(Kellogg Foundation, 2017).

2) 이해관계자 참여의 필요성

정책평가에서 평가자와 지지자, 자금 제공자 및 기타 이해관계자와의 관계는 궁극적으로 평가에 대한 옹호와 정책변화에 대한 평가에 영향을 미친다(Gardner & Brindis, 2017). 정책과정은 정치적 과정이고, 평가 또한 정치적 맥락에서 이뤄지게 된다. 정책평가 과정에서 관련된 다양한 이해관계자들 간에 합의가 형성되지 않는다면 평가에 대한 정치적인 저항을 가져올 뿐만 아니라 평가활동에 대한 지원을 확보하기도 어렵다. 주요 이해관계자를 평가에 참여시키는 것은 평가에 대한 지원과 관심을 강화하고, 평가에 이들의 의견이 반영되도록 하며, 관련성을 가진 유용한 평가결과를 도출하는 데 도움을 주기 위해서다(OMB, 2020). 이해관계자를 평가에 개입시키는 것이 많은 시간이 필요하고, 갈등을 가져올 수 있지만, 다음과 같은 면에서 정당화되고 있다(CDCP, 2005; EuropeAid, 2006; World Bank IEG, 2007).

- 이해관계자의 전문성과 지식의 활용: 평가에서 다양한 이해관계자들의 지식과 경험을 활용해 좀 더 다차원적이고 효과적으로 평가를 수행할 수 있게 한다.
- 원활한 평가 추진: 이해관계자를 참여시킴으로써 평가에 대한 저항을 줄이고, 자료 수집의 용이성을 확대하고, 수집되는 정보의 신뢰성을 증대시킨다. 이외에 평가와 관련해 발생하는 갈등에 대한 조정의 수단이 될 수 있다.
- 평가결과의 활용 촉진: 평가과정에 이해관계자를 참여시킴으로써 평가결과의 해석 및 판단을 용이하게 하고, 평가결과에 대한 활용을 촉진할 수 있다.
- 관련 기관과의 협력 촉진: 적절한 이해관계자의 참여에 의한 평가는 협력자 및

기관 간의 대화와 협력을 촉진하는 부수적인 효과도 있다.

- 조직학습 및 지식 형성: 이해관계자의 참여에 의한 평가결과의 적절한 공개는 조직학습과 지식 형성에 기여해 다른 프로그램에 도움을 줄 수 있다.

3) 이해관계자의 유형과 관심사

정책평가와 관련된 이해관계자는 정책과 프로그램에 따라서 매우 다양하다. 정책 및 프로그램 평가에서 이들 이해관계자의 관심사를 보면 다음과 같다(HM Treasury, 2020).

- 정부개입에 책임이 있는 사람: 이들은 정책의 위험성과 불확실성을 줄일 수 있는 증거와 정책이 효과가 있는지 또는 없는지에 대한 정보를 얻고자 한다.
- 미래 정책을 책임질 사람: 이들은 정책의 효과가 있었는지, 그 이유와 방법, 그리고 이로부터 얻을 수 있는 교훈에 대한 증거를 요구한다.
- 정책분석을 담당하는 사람: 이들은 정책분석에서 빠진 것이 무엇이고, 앞으로 정책분석에 유용한 정보가 무엇인가에 관심을 둔다.
- 정부결정과 지출을 검토할 책임이 있는 사람: 정부의 책임을 묻는 사람들은 정부개입의 설계와 전달 효과, 정책의 영향과 비용에 대한 증거를 요구한다.
- 정책 참가자와 수혜자: 정책에 영향을 받는 사람도 평가의 주요 이해관계자가 된다. 평가에 이들의 주장이 반영되지만, 이들은 자신들이 관심을 가지는 정책 요소에 대한 증거를 보고자 한다.
- 정책 전달자: 정책은 중앙정부에 의해서 결정되나 다양한 전달 메커니즘을 통하여 정책 대상자에게 전달된다. 평가는 전달체계에 있는 모든 사람이 필요로 하고 관심을 두는 문제에 대응하여야 한다.
- 대중(매스 미디어): 정책 책임의 핵심인 일반 대중은 정부 돈이 현명하게 사용되고 있는지를 알고 싶어 하고, 과거 경험으로부터 정부가 배우고 있는지를 알고 싶어 한다.
- 학계 및 연구자: 학자나 연구자들은 정부 자료와 평가에 대하여 면밀하게 검토를 한다. 특히 이들은 연구와 관련된 증거를 확보하는 데 관심을 가진다.

2. 이해관계자 확인과정

1) 이해관계자 확인

이해관계자를 확인하기 위한 첫 번째 단계는 평가팀이 브레인스토밍 등의 방법을 활용해 누가 정책 및 정책평가의 이해관계자인지를 확인하는 것이다. 이 단계에서는 관련된 내부와 외부 이해관계자 목록을 작성한다. 정책평가에서 고객이나 이해관계자의 범위를 너무 확대하면 평가의 초점을 흐리게 할 위험이 있다. 반면에, 너무 좁게 하면 중요한 이해관계자를 파악하지 못하는 결과를 가져올 수 있다. 프로그램의 이해관계자를 확인하는 방법으로 이해관계자 매핑에 의하여 시각화하는 것도 도움을 준다(UNEG, 2013).

이해관계자를 확인할 때 평가의 활용도, 효과성과 효율성을 확보하기 위해 모든 이해관계자를 동일하게 다루기보다는 우선순위에 의하여 선택할 필요가 있다. 이해관계자의 우선순위를 결정할 때 다음과 같은 이해관계자에 관심이 필요하다.

- 평가활동의 신뢰성을 증대시킬 수 있는 사람
- 프로그램을 구성하는 활동에 대해 일상적인 집행 책임이 있는 사람
- 평가의 권고안에 의해 프로그램을 수정 또는 변경할 수 있는 사람
- 프로그램의 지속 또는 확대에 필요한 자금을 제공하거나 이의 권한이 있는 사람

2) 이해관계자의 욕구 파악

이해관계자를 확인한 후 이해관계자가 평가로부터 무엇을 생각하고 원하고 있는가?를 확인한다. 종종 이해관계자의 의견 수렴을 할 때 과거의 정책에 대한 인지 상태만을 파악하는 경향이 있으나 미래 지향적인 평가가 되기 위해서는 정책과 관련된 미래에 대한 정보를 파악하는 것도 중요하다. 이해관계자의 생각을 확인하는 데 필요한 정보는 설문지나 전화 조사, 관련 집단의 면접, 대면적 면담, 관련 자문위원회의 의견 등을 활용할 수 있다.

3) 이해관계자와의 합의

정책평가를 준비하는 단계에서 확인된 이해관계자와 참여에 대해 합의하여야 한다. 합의는 대부분 문서로 이루어진다. 합의과정에서 참여의 범위와 권한을 명확하게 하여야 한다. 참여 범위와 권한을 명확하게 하지 않으면 자문위원회 참여를 의사결정 권한으로 이해하여 갈등을 유발할 수 있다. 이들 내용은 평가계획에 반영한다.

3. 이해관계자의 참여 활성화 방법

이해관계자의 평가과정에의 참여가 효과적이기 위해서는 평가계획부터 이해관계자의 평가에 대한 욕구를 반영하고 참여가 형식화되지 않도록 실현 가능한 참여 방법을 수립하여야 한다. 미국의 OMB(2020)는 이해관계자 참여를 활성화하기 위해 다음과 같은 것을 제시하고 있다.

- 평가 수행 시 이해관계자 참여 계획을 조기에 수립한다. 참여 계획은 평가 전 과정에 거쳐 누가, 언제, 어떤 목적으로, 어떤 메커니즘을 통해 참여할 것인지를 포함하고 적절하게 업데이트되어야 한다.
- 현장의 정책을 이해하고 평가가 프로그램의 실제를 반영할 수 있도록 다양한 이해관계자를 선정한다.
- 필요에 따라 평가 전체 과정에 이해관계자를 참여시킨다.
- 평가결과를 이해하고 올바르게 해석하는 데 도움을 주는 주요 이해관계자를 참여시킨다.
- 평가의 투명성 확보를 위해 이해관계자의 역할과 책임을 문서화하여 명시한다.

4. 이해관계자 참여에서 고려할 사항

평가의 의미를 강화하고 이해관계자에 대한 대응적 평가가 되기 위해서는 다음과 같은 것이 고려되어야 한다(Yarbrough et al., 2011).

- 이해관계자를 광범위하게 확인하고, 그들로부터 유용한 정보를 수집하며, 평가 설계과정에 이들을 포함한다.

- 자료, 지식 및 상황에 의해 나타나는 대립적 의견, 이익 및 믿음도 받아들여야 한다.
- 지엽적인 것에 대해서도 존경하고 관심을 가지도록 해야 한다.
- 성, 인종, 종교, 민족에 의해 역사적으로 차별을 받은 집단을 포함하여 이들이 평가과정에 기여하고 의미있는 관계를 형성할 수 있도록 한다.
- 프로그램 및 평가에 영향을 주는 역사, 중요한 사건, 문화 등의 요인에 대한 지식을 확보해야 한다.
- 이해관계자에 대한 대응성과 포괄성 간에 적절한 균형을 확보하도록 해야 한다.

제 5 절 정책 및 프로그램의 이해

1. 정책 및 프로그램 이해의 의의

1) 이해의 필요성

정책을 평가하기 위해서는 먼저 평가하고자 하는 정책이나 프로그램을 알아야 한다. 평가 대상을 정확하게 이해하지 않은 상황에서 평가하는 것은 합리적이지 않다. 정책이 어떠한 목적으로 어떻게 결정되어서 어떻게 집행되어서 어떠한 성과를 가져와서 정책 대상집단에 어떠한 영향을 주었는지를 알지 못하고는 정책을 평가할 수 없다. 정책의 실체를 명확하게 이해해야 하는 이유는 다음과 같다(Weiss, 1998).

- **평가질문을 구성하기 위해**: 프로그램에 대한 지식은 평가자가 평가문제를 구성하는 데 도움을 준다.
- **자료를 이해하기 위해**: 수집된 자료는 종종 비정상적인 것처럼 보이는 경우가 많이 있고, 때로는 기대하지 않거나 일치되지 않는 결과가 나타날 수 있다. 이러한 자료의 의미는 프로그램이 운영되는 과정이나 담당자가 고객과 접촉하는 방법 등을 알게 되면 이해되는 경우가 많다.
- **정확한 권고안을 작성하기 위해**: 프로그램에 대한 지식은 평가자로 하여금 실질적이고, 집행이 가능하며, 정치적으로 받아들일 수 있고, 재정적으로 가능한 권

고안을 제시할 수 있도록 한다.

- 훌륭한 보고를 위해: 정책평가는 개별사례의 특성을 가진다. 그러나 평가보고서를 읽는 독자는 이를 일반적인 것으로 이해하곤 한다. 정책이나 프로그램에 대한 정확한 이해는 독자의 이러한 오해를 피할 수 있도록 한다.
- 상위평가를 위해: 상위평가는 유사한 프로그램에 대한 다양한 평가결과로부터 좀 더 일반화된 결과를 이끌어내기 위해 실시하게 된다.

2) 필요한 정보

평가 대상이 되는 정책이나 프로그램을 이해하기 위해서는 다음의 정보가 필요하다.

(1) 정책 내용과 관련된 정보

정책 내용을 명확하게 이해하기 위해서는 정책의 구성요소인 목표, 투입, 활동 및 산출 간의 인과적 논리에 대한 정보를 알아야 한다. 이에 필요한 정보는 다음과 같다.

- 정책을 실시하게 된 배경은 무엇인가?
- 정책이 추구하는 목표는 무엇인가?
- 정책의 대상집단은 누구인가?
- 정책의 주요 구성요소(components)는 무엇인가?
- 프로그램 및 프로젝트와 효과의 인과관계는 어떻게 구성되었는가?
- 목표 달성도의 판단 기준이 무엇인가?
- 투입 자원이 무엇이고 비용이 얼마인가?

(2) 집행 상황과 관련된 정보

평가를 위해서는 평가 시점까지 정책집행 내용을 알아야 한다. 집행 내용에 대한 정보는 실제 활동과 활동의 결과인 실적 및 성과에 대한 정보가 필요하다. 집행 내용을 알기 위해서는 다음과 같은 정보가 필요하다.

- 실적 정보: 실적은 평가 시기에 따라서 다른 정보를 요구한다. 실적 정보로는 투입, 산출, 프로젝트 목표, 상위 목표의 달성도나 달성할 것으로 예측되는 것에 관한 정보가 있다. 이에는 프로그램의 성숙 정도에 대한 정보도 포함된다.

• 집행과정 정보: 집행과정 정보란 활동 상황과 현장에서 발생한 사항에 관한 여러 가지 정보를 가리킨다.

3) 정책 및 프로그램을 이해하기 위한 주요 정보원

정책과 프로그램을 이해하는 데 필요한 정보는 사업계획서, 관련 분야의 문헌, 사전 평가표, 성과 모니터링 보고서, 각종 업무 자료, 최고관리자, 프로그램 관리자, 담당자 및 정책 대상집단과의 면담 등을 통하여 얻을 수 있다.

2. 프로그램 논리모형

1) 의의

평가 대상이 되는 정책이나 프로그램을 이해하는 방법에는 프로그램의 개념 간의 인과관계를 보여주는 개념 틀(conceptual framework), 프로그램의 목적과 목표를 달성하기 위한 주요 활동을 단계별 인과적 관계로 묘사하는 결과 틀(results framework) 등이 있는데, 일반적으로 논리모형(logic model)을 사용한다(Kellogg Foundation, 2004a).

논리모형은 변화이론(theory of change), 변화모형(model of change), 인과적 사슬(causal chain), 로드 맵(roadmap) 등과 관련이 있다. 논리모형은 정책 및 프로그램에 대한 투입과 산출, 그리고 결과 간의 인과관계로 연결된 논리 사슬로서 투입에서 최종 결과에 이르는 사업이나 프로그램의 흐름을 도식화한다(Renger & Titcomb, 2002). 논리모형은 시스템 이론을 바탕으로 프로그램 활동 간의 관계와 프로그램 구성요소와 결과 간의 관계에 초점을 둔다. 논리모형은 프로그램의 목표에 초점을 두고서 구성요소 간의 관계와 개개 구성요소와 결과의 관계를 보여준다. 논리모형을 사용하면 평가활동을 효과적으로 설계할 수 있으며, 학습 기회를 늘리고, 결과를 더 잘 문서화하고, 무엇이 효과가 있고 왜 효과가 있는지에 대한 지식을 공유할 수 있다(Kellogg Foundation, 2017).

2) 논리모형의 구성요소

프로그램의 논리모형은 투입, 활동, 산출, 결과, 맥락 요소로 구성된다. [그림 5-1]은 지역 보건소의 금연 프로그램에 논리모형을 적용한 예이다. 모형에 의하면 지역보건소에서 지역주민의 건강을 증진하기 위해 인력, 예산, 장비를 투입하여 직장, 학교 등을 방문하여 금연 프로그램을 운영하였다. 논리모형은 금연 프로그램 참여자(산출)는 100명이고, 2개월 동안 프로그램을 이수한 사람은 70명(단기결과)이고, 이 가운데 6개월이 지난 뒤까지 금연하고 있는 사람은 50명(중기결과)이다. 그 결과 지역주민의 건강에 장기적인 영향을 주어 1년 뒤 지역주민의 건강 지수가 평균 0.5% 상승했다는 것을 보여준다.

그림 5-1 논리모형의 예

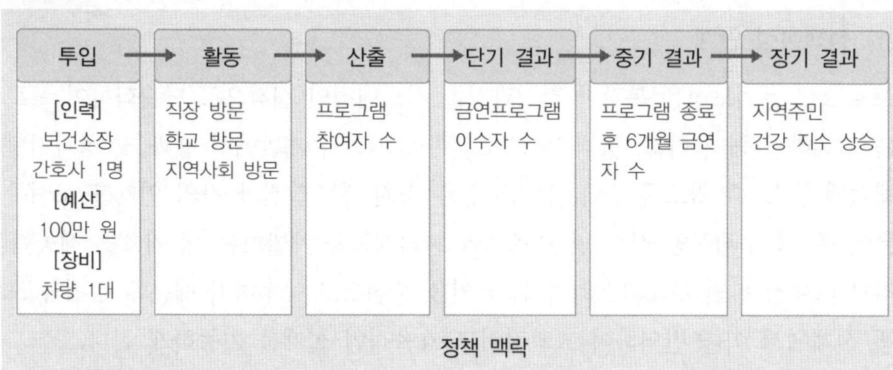

- 투입(inputs): 투입은 정책 및 프로그램을 운영하는 데 투입되는 자원을 의미한다. 이러한 자원에는 인적, 재정적, 물적, 시설, 시간, 기술, 정보자원 등이 있다.
- 활동(activities): 활동은 투입 자원을 가지고 정책 및 프로그램 집행을 위해 수행한 행위를 의미한다. 이러한 활동으로는 제품의 생산, 서비스 제공, 인프라의 구축, 교육훈련 등을 들 수 있다.
- 산출(outputs): 산출은 프로그램 활동으로 발생한 가시적이고 직접적 결과를 의미한다. 산출은 바람직한 결과를 가져오는 데 기여한다.
- 결과(outcomes): 결과는 산출에 의해 대상 및 대상집단에 나타난 변화를 의미한

다. 결과는 동시에 나타나지 않고, 대부분 일정한 시차에 의해 나타나게 된다. 결과의 발생은 그 시차에 의해 단기-중기-장기 결과와 같이 일련의 사슬 형태로 표현할 수 있다. 일반적으로 프로그램의 산출은 단기적으로 학습을 통한 대상집단 인식의 변화, 중기적으로 인식의 변화에 이은 행동의 변화, 장기적으로 행동의 변화에 따른 상황 및 조건의 변화를 가져오게 된다.

- 맥락(context): 맥락은 정책과 프로그램의 환경으로 역사, 문화, 정치, 사회적 환경 등으로 다른 구성요소에 직간접적으로 영향을 주는 요인이다.

3) 논리모형의 활용

프로그램 논리모형은 정책과정에서 다음과 같이 다양한 방법으로 활용될 수 있다(Kellogg Foundation, 2017; 감사원 평가연구원, 2006; Frechtling, 2007).

(1) 정책형성 단계

프로그램 논리모형은 복잡한 정책과정을 시스템적인 시각으로 단순화하여 프로그램을 이해하기 쉽게 하고, 정책 및 프로그램의 기획과 개발에서 결과 및 성과지향의 정책설계를 할 수 있도록 한다. 논리모형은 자원, 활동, 결과 간의 연계를 보여주기 때문에 좀 더 구체적인 정책 및 프로그램 관리계획을 개발하는 데 기초를 제공한다. 논리모형은 정책 및 프로그램의 핵심 요인을 중심으로 구성하기 때문에 정책과 프로그램 설계에서 이를 반영하여 효과적이고 효율적인 설계를 가능하게 한다.

(2) 정책집행 단계

논리모형은 정책과정에서 유용한 관리의 수단이 될 수 있다. 프로그램 이론이 없는 프로그램 설계는 효과성이 적고, 개념적인 공백 속에서 이뤄지는 평가는 유용한 정보를 제공해 주지 못한다. 논리모형은 프로그램의 로드맵(road-map)을 제공하고 모니터링과 진행 상황을 확인하는 데 도움을 주고 예산과 작업계획을 수립하는 데 활용될 수 있다. 특히 성과관리의 수단으로 활용할 수 있다(Posavac, 2011). 이외에 잘 만들어진 논리모형은 강력한 커뮤니케이션 도구가 된다. 그리고 활동과 결과 간의 연계성을 보여주기 때문에 어떠한 활동이 효과적인지에 대한 정보를 제공하여 준다.

(3) 정책평가 단계

논리모형은 전통적 평가가 결과 중심의 평가로 결과가 어떻게 프로그램이 작동하여 발생하게 되었는지에 대한 정보를 제공하여 주지 못하는 것을 보완하여 준다(오철호, 2020). 논리모형은 프로그램이 어떻게 결과를 창출하는지, 그리고 프로그램의 작동 원리를 체계적으로 이해할 수 있도록 하여 다음과 같은 효율적 평가를 가능하게 한다.

- 논리모형은 프로그램이 의도하는 효과(목표)와 계획한 산출을 알 수 있게 한다.
- 산출과 효과의 목표가 지표 설정을 통해 목표치로 제시됨으로써 목표 달성도의 판단 기준으로 활용할 수 있다.
- 평가지표가 명기되어 있기 때문에 조사 방법을 검토할 때 도움이 된다.
- 프로그램에 영향을 미치는 외부 요인과 위험 요소를 파악할 수 있게 한다.
- 프로그램의 개략적인 투입 자원 및 집행과 관련된 모니터링 정보 범위를 알 수 있다.
- 논리모형 작성과정은 평가의 적실성 및 유용한 정보를 창출할 수 있도록 한다.
- 논리모형은 평가문제 또는 평가질문을 구성하는 데 도움을 주게 된다.

(4) 평가 활용 단계

평가는 정책과 프로그램의 가설을 검증한다. 논리모형은 가설 검증의 논리를 명확하게 보여준다. 평가에 의한 프로그램 가설의 검증 결과는 새로운 프로그램의 구상이나 기존 프로그램의 개선에 필요한 정보를 제공한다.

4) 논리모형의 유형

프로그램 논리모형을 묘사하는 유일한 방법은 존재하지 않는다. 논리모형은 모형의 수준과 목적에 따라서 다양한 형태로 묘사될 수 있고, 그들이 표현하고자 하는 프로그램만큼이나 다양한 형태와 크기를 가진다. 논리모형은 그 목적에 따라서 프로그램 전체를 보여줄 수도 있고, 전체의 일부분만 강조할 수도 있다(Kellogg Foundation, 2004a).

(1) 목표모형

목표모형은 목적과 목표의 상호관계를 계층적으로 표현한다. 목표모형은 장기적이고 비가시적인 결과의 달성을 목표로 하는 정책이나 프로그램에 적합하다. 목표모형을 프로그램의 성공 여부를 더 잘 평가할 수 있게 하고, 프로그램의 집행에서 어느 곳에 문제가 있는지를 알 수 있게 한다.

목표모형은 [그림 5-2], [그림 5-3], [그림 5-4]와 같이 공식적으로 제시된 목표 간의 관계를 그림과 그래픽으로 표현해 구조화하게 된다. 가장 기본적인 형태는 하위 목표-중간 목표-상위 목표 또는 단기 결과-중간 결과-최종 결과와 같이 계층적인 형태로 논리를 구성하게 된다.

그림 5-2 목표모형의 기본 형식

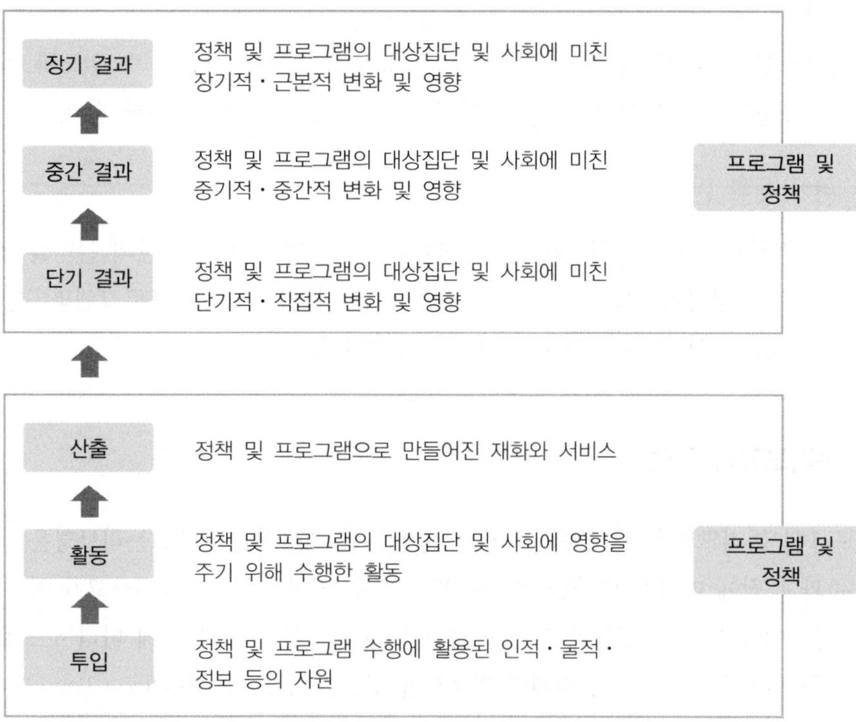

그림 5-3 민간 분야 노인 일자리사업 논리모형

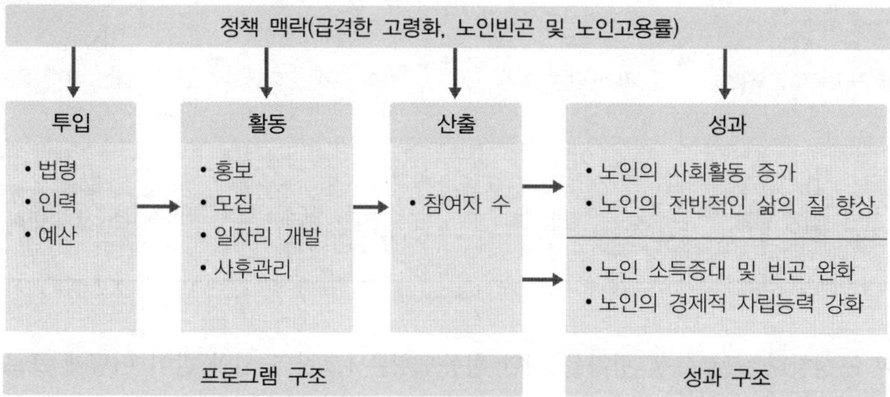

출처: 김민길 · 김민호 · 조민효(2018).

그림 5-4 BK21 사업의 평가 논리모형

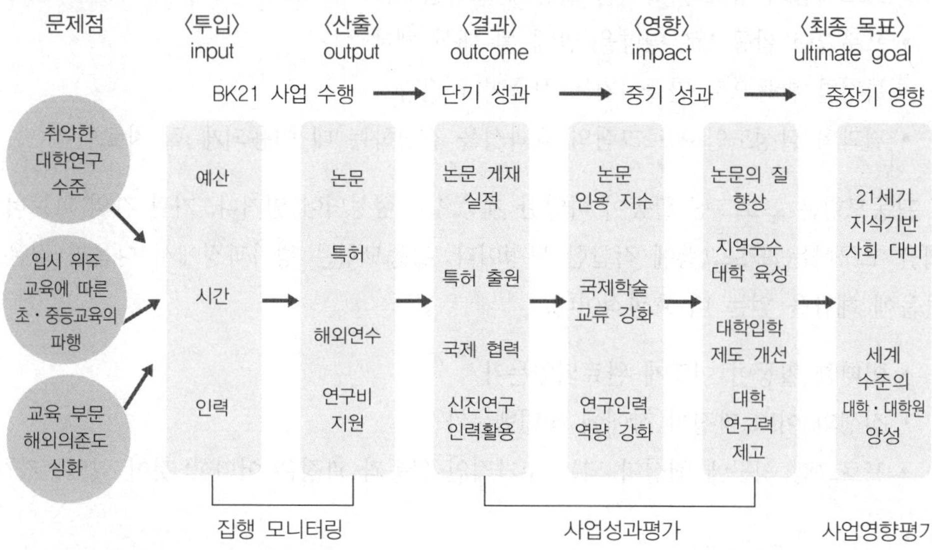

출처: 국회예산정책처(2005).

(2) 활동모형

활동모형(activities model)은 프로그램이 집행되는 과정에서 수행되는 활동을 연계

그림 5-5 **활동 논리모형의 기본 구조**

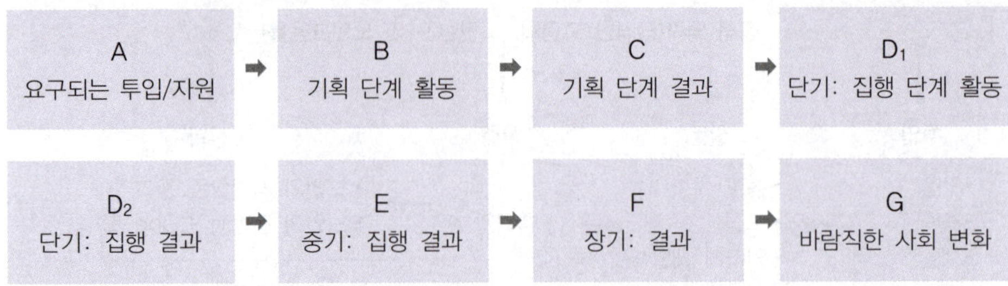

하여 구성한다. 프로그램 평가를 위한 활동모형은 [그림 5-5]와 같이 어떻게 프로그램 활동이 투입자원으로부터 이루어져서 기대하는 결과와 연결되는가에 초점을 둔다. 활동모형에서 활동은 구체적으로 묘사되고, 활동이 언제 시작되어서 끝나는지를 기술한다. 활동모형은 다음을 강조한다(Kellogg Foundation, 2004a).

- 프로그램의 상황과 목적을 활동에 초점을 둠
- 프로그램 활동으로 영향을 받게 될 대상 체제
- 특정한 활동으로 만들어지는 산출이나 결과
- 결과의 달성도인 프로그램의 효과성을 결정하는 데 이용되게 될 자료원

활동모형은 프로그램 활동이 다양한 계층으로 형성되어 있거나, 기관 간의 파트너십을 요구하는 프로그램에 적합한 모형이다. 활동모형은 평가과정에서 다음과 같은 물음에 해답을 얻는 데 효과적이다.

- 어떠한 활동이 어떻게 완료되었는가?
- 집행의 어느 과정이 장애에 직면했는가?
- 프로그램 성공에 핵심이 되는 추가적인 활동과 과정은 어떠한 것이 있었는가?

5) 논리모형의 작성과정

프로그램의 논리모형을 작성할 수 있는 최고의 방법은 없다. 프로그램 이론이나 논리모형의 작성 방법에 대해 어떤 학자는 매우 복잡한 모형을 어떤 경우에는 매우 간단하고 단순한 작성 방법을 제시하고 있다. 여기에서는 가장 간단한 목표모형을 전

제로 논리모형을 작성하는 과정을 살펴보고자 한다(EuropeAid, 2006; SUPERU, 2017).

(1) 자료 수집

프로그램 논리모형을 작성하기 위해서는 프로그램 개입 및 자원 배분과 관련된 공식문서 등을 수집해야 한다.

(2) 주요 활동의 목표 및 확인

수집된 자료를 바탕으로 프로그램의 활동과 목표 또는 결과를 확인하고 이들에 대해 목록을 작성한다. 다음으로 목표를 기대하는 결과와 영향으로 전환한다.

(3) 활동과 결과의 재분류

활동 및 목표 목록의 구성요소 간의 논리적 순서를 보여주기 위해 목록을 재분류한다. 재분류는 시간적인 우선순위에 의해 분류될 수도 있지만, 항상 논리적 관계가 시간적인 순서를 나타내는 것은 아니다. 그러나 특정한 활동 이전에 어떠한 활동이 있어야 하고, 어떤 결과를 가져오기 위해서는 앞서서 어떤 결과를 도출해야 하는가? 하는 논리적 관계를 보여주어야 한다.

(4) 투입과 산출의 추가

활동과 결과를 명확하게 한 뒤에는 투입과 산출을 모형에 추가해야 한다. 투입은 논리적으로 활동의 앞에 오게 되며, 산출은 활동의 결과로써 활동 다음에 위치하게 된다.

(5) 논리모형의 작성

논리모형은 투입, 활동, 산출과 결과를 분류하는 것만으로도 프로그램의 전체적인 모습을 전달하는 데 충분할 수 있다. 그러나 모형을 기획이나 평가 단계에 활용하고자 할 경우에는 활동과 결과 간에 인과적인 관계를 화살표로 표시하는 게 좀 더 많은 이점이 있다.

(6) 이해관계자와의 논의 및 확정

앞 단계에서 작성된 논리모형은 주요 정보 제공자 및 관련 분야의 전문가와 토의를 거쳐 검토하고 준거집단이나 평가위원회에 제시해 모형을 확정하게 된다.

6) 논리모형 작성에서 고려할 점

- 논리모형을 작성할 때 장기 결과, 즉 정책 및 프로그램의 목표를 명확하게 하는 것부터 시작해야 모형의 논리성을 확보할 수 있다.
- 논리모형을 작성할 때 다양한 참여자 간에 브레인스토밍 방법이 매우 효과적이다.
- 논리모형은 모형의 작성, 입증, 수정을 반복하면서 정교화된다. 즉, 논리모형은 지속적 수정과정을 거쳐 최적의 모형을 만들어야 한다.
- 정책평가에서 누가 논리모형을 최종적으로 결정하는 것이 좋은가? 홀리(J. S. Wholey)나 패튼(M. Q. Patton)과 같이 활용을 강조하는 접근방법에서는 이해관계자 및 프로그램 관리자의 역할을 강조한다. 한편 첸과 로시(Chen & Rossi, 1989)는 사회과학자의 전문성과 지식에 더 많은 신뢰를 부여하고 있고, 바이스(Weiss, 1998)는 가장 좋은 아이디어는 학자와 실무자가 합의로 결정할 것을 권고하고 있다.
- 논리모형은 광범위하게 할 수도 있고 구체적으로 할 수도 있다. 구체화의 수준은 모형을 어디에 사용하고 모형에 대한 청중이나 독자가 누구인가에 따라서 결정되어야 한다. 개괄적이고 광범위한 모형은 자금 제공자나 기관과 같은 이해관계자에게 적합하고, 구체적 모형은 프로그램 담당자에게 적합하다(CDCP, 2005).

7) 바람직한 논리모형의 조건

바람직한 논리모형을 작성하기 위해서는 아래의 조건들을 충족시켜야 한다.

- 최종 목표에 이르기까지의 각 과정이 논리적으로 연결되어야 한다. 논리모형은 여러 과정을 인과관계로 엮은 논리 사슬이므로, 이 연결고리에서 논리적 비약이 있다면 모형은 타당성을 가질 수 없게 된다.
- 간결하고 명확한 언어를 사용해 작성해야 한다. 논리모형의 각 과정을 설명하는 용어나 언어가 모호하지 않아야 하며, 누구라도 논리모형만으로도 프로그램을 개략적으로 이해할 수 있게 작성되어야 한다.
- 최종 목표에 이르는 핵심적 요소로 작성한다. 사소한 것을 너무 많이 포함하게 되면 평가 및 분석을 어렵게 하고 분석의 타당성을 떨어뜨리게 된다.

- 사업 또는 프로그램의 대상자들을 명확하게 보여주어야 한다. 대상자가 명확하게 제시되어야 평가과정에서도 올바른 평가 대상자가 결정될 수 있다.
- 단순해야 한다. 논리모형은 지나치게 복잡한 형태가 아닌 단순하면서도 프로그램의 핵심적인 사안을 포괄할 수 있도록 작성되어야 한다.

8) 논리모형의 한계

논리모형을 효과적으로 이용하기 위해서는 논리모형의 기본적인 속성을 이해하고, 논리모형의 구성요소를 올바르게 파악하며, 논리모형을 만병통치처럼 생각해서는 아니 된다. 그리고 사용 목적을 명확하게 해야 한다(Frechtling, 2007). 특히 논리모형은 다음과 같은 한계를 가진다는 것을 이해하면서 활용해야 한다(Taylor-Powell et al., 2008).

- 논리모형은 현실을 묘사한 것이지 현실 자체는 아니다.
- 논리모형은 선형이나 실제 프로그램은 선형이 아니다. 실제 프로그램은 연속적인 순서를 따르지 않는 동태적인 상호관계를 가진다.
- 논리모형은 기대하는 결과에 초점을 두기 때문에 의도하지 않거나 기대하지 않은 결과에 관심을 두지 못한다.
- 논리모형은 가설적 인과관계를 보여주고 실제 원인과 효과를 묘사하는 것은 아니다.
- 프로그램은 결과에 영향을 주는 다양한 요소 가운데 하나일 뿐이다. 그러므로 결과에 영향을 줄 수 있는 다른 요소도 고려되어야 한다.
- 논리모형은 우리가 행하고 있는 것이 올바른 것인지? 우리는 이 프로그램을 해야만 하는가와 같은 문제를 해결해 주지는 못한다.

3. 변화이론

1) 의의

변화이론(theory of change)은 연구자에 따라서 프로그램 이론, 결과 사슬, 경로매핑, 로드맵 등 다양한 이름으로 사용되고 있다. 변화이론은 앞서 살펴본 논리모형이

가지는 한계를 보완하기 위해서 1990년대 중반 이후에 널리 이용되고 있다. 변화이론과 논리모형은 상대적으로 구분하는 시각, 논리모형을 변화이론에 대한 그래픽 형태의 표현으로 이해하는 시각(Kellogg Foundation, 2017), 논리모형을 변화이론의 한 유형(https://www.betterevaluation.org/)으로 보는 시각 등 둘의 관계가 명확하지는 않다. 변화이론은 기존의 연구나 경험을 바탕으로 활동과 결과 사이의 연결고리에 초점을 두면서 어떻게, 왜 원하는 변화가 일어날 것으로 예상하는지를 설명한다. 즉, 변화이론은 바람직한 변화를 가져올 것으로 기대하는 방법과 이유를 이론을 바탕으로 설명하기 위해 활동과 성과를 연계하여 보여준다.

변화이론 또는 이론모형(theory model)은 레인(Rein, 1981)이 "프로그램은 이론이고, 평가는 이를 검증하는 것이다."는 논리에 따라 정책과 프로그램을 이해하고자 한다. 즉, 변화이론은 특정한 맥락에서 원하는 변화가 어떻게, 그리고 왜 일어날 것으로 예상되는지에 대한 포괄적인 설명과 예증이다. 특히 변화이론은 종종 블랙박스처럼 이야기하는 프로그램과 결과 사이에 발생하는 것을 이해할 수 있도록 한다.[2)]

이론을 기초로 하는 모형은 다음과 같은 것을 강조한다(Kellogg Foundation, 2004b).

- 프로그램이나 프로젝트가 해결하고자 하는 문제, 관심사 및 이슈
- 문제 해결을 위해 프로그램이나 조직이 프로그램 설계에서 채택한 독특한 특성
- 프로그램 전략의 토대가 되는 이론이 가지는 가설
- 프로그램에서 기대되는 결과에 영향을 주는 환경, 사회 및 맥락적 조건
- 비슷한 문제나 이슈를 해결하는 효과가 있다고 검증된 활동
- 프로그램 활동으로 기대되는 결과나 변화

복잡하고 여러 지역에 걸친 프로그램의 운영과 평가에서 잘 개발된 변화이론은 조직의 전략이나 프로그램 계획, 프로그램 활동의 측정, 커뮤니케이션 및 협업 등의 파트너십 형성에 기여한다(Harries et al., 2014). 변화이론은 조직의 리더가 프로그램 요소, 조직 방향과 우선순위에 대한 전략적 결정을 내리는 데 도움을 줄 뿐만 아니라 평가를 위한 구조와 책임성을 확보할 수 있도록 한다(DuBow & Litzer, 2019). 정책평가에서 변화이론은 평가 대상과 시기를 알 수 있는 틀을 제공하고, 로직 모델, 로그프레임 및 결과 틀을 포함하여 계획 및 평가를 개선하기 위해 개발된 접근방법을 기반으로 수집된 데이터를 유용하게 통합할 수 있게 한다(www.theoryofchange.org).

2) https://www.theoryofchange.org/what-is-theory-of-change/

정책과정 및 평가에서 변화이론은 다음과 같은 이점을 제공하여 준다(James, 2011).

- 변화이론은 변화가 발생하는 과정 및 방법과 그 이유를 설명하여 준다.
- 모니터링, 평가 및 프로그램 전체 과정에 대한 학습 틀을 제공한다.
- 프로그램의 명확성, 효과성 및 초점을 강화한다.
- 프로그램에 대한 공통적인 이해를 도모하고 차이점을 명확하게 한다.
- 전략적 파트너를 확인하고 개방적인 대화를 촉진하여 파트너십을 강화한다.
- 조직을 핵심적인 것과 우선순위에 의하여 운영하도록 지원을 한다.
- 변화이론은 참여적 정책과정에서 이해관계자 간의 의사소통과 합의를 쉽게 한다.
- 변화이론은 프로그램에의 참여와 더 적극적으로 활동할 수 있도록 권한을 부여한다.
- 목표를 명확하게 하고 이에서 도출된 지표를 통하여 평가에 대한 청사진을 제공한다.

2) 논리모형과 변화이론

논리모형과 변화이론에 대한 명확한 정의나 특징에 대하여 합의가 없는 상황에서 두 도구의 차이를 명확하게 하기는 어렵다. 일반적으로 목표 지향의 논리모형은 어느 정도 통일된 방법으로 모형을 작성하나 변화이론은 아직은 덜 표준화되어 있다. 둘을 구분하는 입장에서 둘의 관계와 차이를 보면 다음과 같다(James, 2011; Clark & Anderson, 2004).

(1) 유사점

- 프로그램의 계획, 모니터링 및 평가에 사용되는 방법으로 결과를 향상하고자 한다.
- 주요 구성요소(투입, 활동, 성과, 결과)를 식별하고 이들의 관계를 보여준다.
- 프로그램의 진행 상황과 영향력을 측정, 추적하고 때로는 정량화한다.
- 프로그램이 목표 달성에 바람직한 방법인 이유를 제시하고 정당화한다.
- 프로그램의 과정을 시각화하고 있다.
- 목표 및 결과 중심적이고, 책임성을 강화하도록 한다.

- 변화에 필요한 것이 무엇이고, 현재의 상태를 파악할 수 있게 한다.
- 활동과 결과를 연계하는 중간 효과를 식별하고 측정할 수 있도록 한다.
- 프로그램 이해관계자 간의 효과적인 커뮤니케이션 수단을 제공한다.

(2) 차이점

논리모형은 프로그램 개입에 의한 결과가 무엇인지(what)를 보여주는 논리적 순서(X를 제공하면 결과는 Y가 됨)를 설명하는 반면, 변화이론은 이유(why)를 보여주는 인과적 메커니즘을 포함하는데, 예를 들어 X 프로그램을 제공하면 A가 Y의 결과를 지원하거나 방해하는 작용과정을 보여준다. 논리모형은 모형 구성요소 간의 관계를 인과적으로 자세히 설명하지는 못하나 변화이론은 이를 보다 구체적으로 설명한다. 논리모형은 기술적(descriptive)이나 변화이론은 설명적(explanatory)이다. 표현 형식에서 논리모형은 투입 → 활동 → 성과 → 영향의 선형으로 표현되나 변화이론에서는 구성요소의 관계가 항상 선형적이지 않고, 효과가 때로는 원인에 영향을 주기도 한다. 논리모형은 논리적 단계를 기반으로 하나, 변화이론은 이론을 중심으로 한다. 표현 방법에서 논리모형은 주로 다이어그램 형식으로 표현되나 변화이론은 주로 서술형의 설명 형식으로 표현한다.

논리모형은 프로그램을 시작한 다음에 그의 구성요소를 보여주고, 프로그램이 의도한 결과를 설명하는 데 유용하다. 그리고 논리모형은 프로그램을 한눈에 이해할 수 있도록 복잡한 프로그램을 기본 범주로 요약하여 보여주고자 할 때 유용하다. 변화이론은 프로그램을 결정하기 전에 어떠한 방법이 바람직한지를 결정하거나 프로그램의 성공과 실패 원인을 밝히고자 할 때 유용한 정보를 제공한다.

논리모형과 변화이론의 차이점을 보면 〈표 5-9〉와 같이 정리할 수 있다.

표 5-9 논리모형과 변화이론의 비교

논리모형	변화이론
주로 모니터링과 평가 도구로 사용한다.	프로젝트 설계 및 평가 도구로 사용한다.
논리모형은 변화의 구성요소를 보여준다.	변화이론은 변화의 경로를 보여준다.
논리모형은 변화를 표현하는 데 초점을 둔다.	변화이론은 비판적 사고를 요구한다.
표준화된 틀 등에 의하여 모형 작성이 상대적으로 단순하고, 시간과 비용이 적게 든다.	모형 작성에 방대한 양의 데이터, 더 많은 시간 투자, 더 깊은 비판적 성찰, 논리적 사고, 동료 및 이해관계자 간의 빈번한 대화 교환이 필요하다.

논리모형의 구조는 매우 표준화되어 있고, 선형적이다.	변화이론은 인과 다이아그램을 많이 사용하나 표준화된 형식은 없고, 형식은 순서도나 도식이 없이 설명으로도 이루어진다.
논리모형 설계는 조직 내 담당자가 중심이 되어 작성한다.	변화이론 모형은 다양한 이해관계자가 참여하여, 많은 시간과 복잡한 프로세스를 거쳐서 작성된다.
주로 중소 규모의 프로젝트에 적합하고, 복잡한 프로젝트를 요약할 때 유용하다.	복잡한 프로젝트를 설계하고 성공을 위해 엄격한 계획을 수립하고자 할 때 사용할 수 있다. 이를 통하여 적절한 시간과 순서, 결과를 평가하여 활동이 제대로 작동하지 않는 이유를 잘 설명할 수 있다.
종종 프로그램을 개발한 후에 만들어진다.	프로그램 개발 단계에 만들어지고, 목표를 명확하게 한 뒤에 역방향으로 모형을 작성한다.
논리모형은 A 활동이 B라는 결과를 보여주나 활동이 특정한 결과를 생성하는 이유를 보여주지는 않는다.	A 활동이 B라는 결과를 가져오는 이유를 가정이 아닌 명확한 근거로 보여주고자 한다.
논리모형은 외적 요인보다는 프로그램 자체의 작동방법에 더 중점을 둔다.	변화이론은 프로그램이 작동한 외부 환경이 결과에 미치는 영향을 파악하고자 한다.
논리모형은 항상 평가지표를 확인하지 않는다.	변화이론은 평가지표의 확인을 요구한다.

출처: https://ctb.ku.edu[3]; http://tools4dev.org[4]; https://www.aspeninstitute.org[5]

3) 변화이론 개발 방법

변화이론 모형의 개발은 다양한 이해관계자의 참여와 브레인스토밍 방법을 통해서 이루어질 필요가 있다. 프로그램 평가를 위한 변화이론 모형에는 다음을 포함하여야 한다(https://www.betterevaluation.org/; USAID, 2015).

- 개인, 그룹 및/또는 커뮤니티에 변화가 발생하는 하나 이상의 인과 메커니즘을 보여주어야 한다. 유사한 프로그램이나 정책에 대한 평가와 연구 자료 및 변화가 어떻게 발생하는가에 대한 이론이 있어야 한다.
- 프로그램에서 수행할 활동과 의도한 영향을 성공적으로 생성하기 위해 각 수준에서 필요한 개입의 방법을 보여주어야 한다.

3) https://ctb.ku.edu/en/table-of-contents/overview/models-for-community-health-and-development/logic-model-development/main
4) http://tools4dev.org/resources/theory-of-change-vs-logical-framework-whats-the-difference-in-practice/
5) https://www.aspeninstitute.org/wp-content/uploads/files/content/docs/rcc/rcccommbuildersapproach.pdf

- 문서화된 목표가 있어야 한다.
- 개입이 활동이나 결과에 영향을 주는 특별한 맥락을 보여주어야 한다.
- 잠재적으로 의도하지 않은 긍정적 또는 부정적인 결과를 보여주어야 한다.
- 변화이론이 기초로 하는 인과적인 가정을 표현해야 한다.
- 관련된 이해관계자나 참여자가 프로그램에 참여하는 방법을 보여주어야 한다.
- 결과가 어떻게 지속가능성을 가지는지를 모형에 표현되어야 한다.

노블(Noble, 2019)은 변화이론의 개발과정을 10단계로 보다 자세하게 제시하고 있지만, 개괄적으로 변화이론 모형을 개발하는 과정을 보면 다음과 같다(USAID, 2015).

① 프로그램이 추구하는 장기 목표나 영향을 확인한다.
② 장기 목표를 달성하는 데 필요한 전제 조건 또는 요구사항을 목표 달성 단계에서부터 시작하여 역방향으로 매핑한다.
③ 프로그램 맥락에 대한 기본 가설을 확인한다.
④ 원하는 변화를 만들기 위해 수행하여야 할 개입활동을 식별한다.
⑤ 프로그램의 성과를 평가하기 위해 결과를 측정할 지표를 개발한다.
⑥ 모형의 논리를 설명할 이야기를 작성하거나 도식화한다.

4) 사례

변화이론에 의한 모형의 예로 [그림 5-6]은 가정폭력 피해자에게 안정적인 고용프로그램을 운영하여 가정폭력 피해자가 안정된 생활을 유지하고자 하는 프로그램에 대한 변화이론 모형을 보여주고 있다. 변화이론을 기반으로 한 정책평가 연구의 사례는 조은아 외(2018), 홍문숙 외(2019a)의 연구가 있다. 이윤식・윤종현(2013)의 시스템 평가모형에 의한 정책평가 틀은 변화모형의 범주에 넣을 수 있을 것이다.

그림 5-6 사례: 가정폭력 피해자 고용 안정프로그램 변화이론 모형

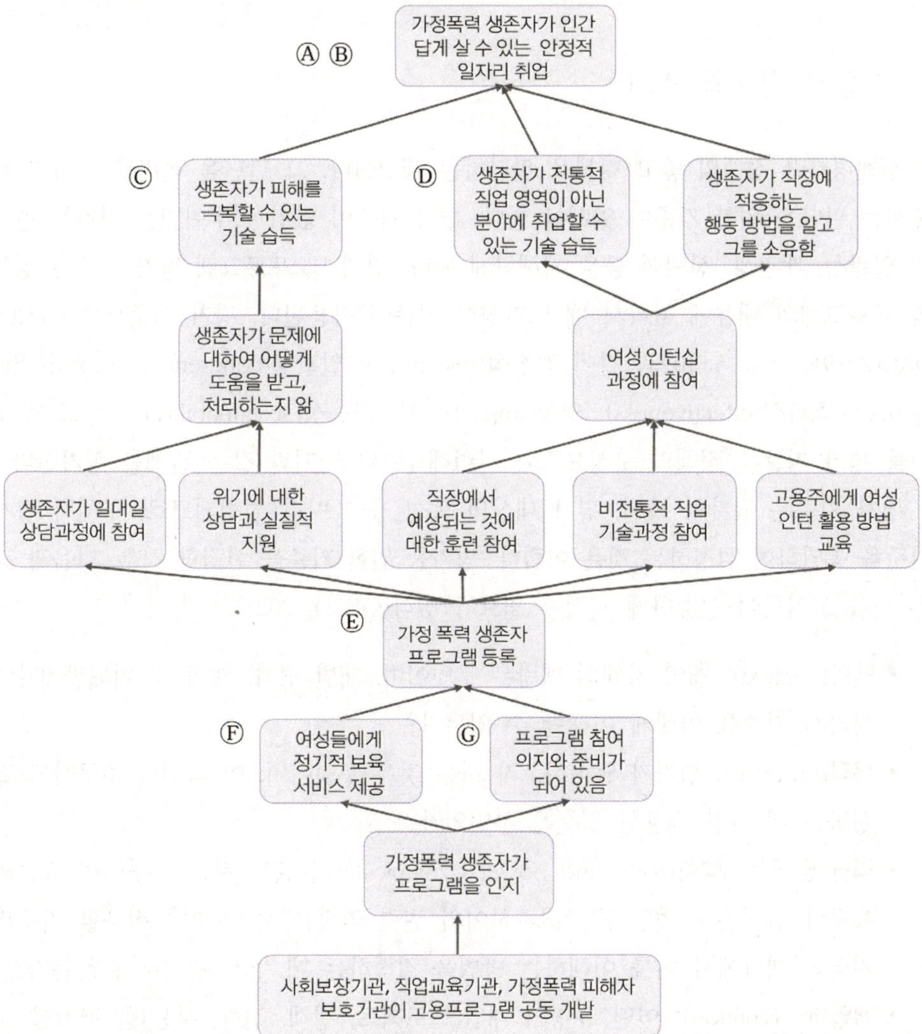

출처: https://www.theoryofchange.org/what-is-theory-of-change/

제 6 절 정책평가의 기준

1. 평가 기준의 의의

정책평가란 정책의 좋고 나쁨을 판단하는 행위이다. 그 판단을 올바르게 하기 위해서는 판단을 위한 기준이 있어야 한다. 평가 기준이 없이 이루어지는 평가는 평가의 일관성, 객관성, 신뢰성 등을 침해하게 된다. 정책 및 프로그램 평가 기준은 정책과 프로그램의 내용에 따라서 매우 다양한 기준이 사용된다. 평가 기준으로 OECD/DAC(2019)는 〈표 5-10〉과 같이 적정성(relevance), 일관성(coherence), 효율성(efficiency), 효과성(effectiveness), 영향(impact), 지속가능성(sustainability)을 들고 있다. 이들 평가 기준은 정책의 구성요소와 관련해 [그림 5-7]과 같은 관계를 평가한다.

평가 기준은 평가의 목적, 평가 대상의 특성 등에 따라 설정되므로, 구체적 평가 기준을 통일하여 설정하는 것은 어렵다. 평가를 위한 기준을 선정할 경우, 다음과 같은 것을 고려하여 신중하게 설정할 필요가 있다(OECD, 2021).

- 맥락(context): 개입 자체의 맥락은 무엇이며, 개별 평가, 개입 및 이해관계자에 따라서 기준을 어떻게 이해할 수 있는가?
- 목적(purpose): 평가가 달성하고자 하는 것은 무엇이며, 이 목적을 추구하고 달성하는 데 가장 유용한 질문은 무엇인가?
- 역할 및 권력 역학(roles and power dynamics): 이해관계자는 누구이며 그들의 욕구와 관심은 무엇인가? 그들 사이의 권력 역학은 무엇인가? 적용할 기준과 지역적 맥락에서 이를 이해하는 방법을 결정하는 데 누가 관여해야 하는가?
- 개입(intervention): 어떤 유형의 개입(프로젝트, 정책, 전략, 부문)을 평가할 것인가? 그 범위와 성격은 무엇인가? 예상 결과가 얼마나 직접적 또는 간접적인가? 어떤 복잡한 시스템 사고가 작용하고 있는가?
- 평가 가능성(evaluability): 평가에 영향을 미치는 접근방법, 자원 및 데이터 측면에서 제약이 있으면 그것이 기준에 어떤 영향을 미치는가?
- 타이밍(timing): 개입 수명 주기의 어느 단계에서 평가가 수행되는가? 개입의 환경이 시간에 따라 어떻게 변화되었는가? 평가 중에 이러한 변화사항을 고려해

야 하는가? 시기는 증거의 출처뿐만 아니라 기준의 사용에도 영향을 미친다.

표 5-10 평가 기준

기준	내용
적정성 (relevance)	• 개입이 올바른 일을 하고 있는가? 개입 목표와 설계가 수혜자, 글로벌, 국가 및 파트너/기관의 요구, 정책 및 우선순위에 대응하고, 상황이 변경되면 계속 그렇게 하는 정도
일관성 (coherence)	• 개입이 얼마나 적합한가? 국가, 부문 또는 기관에 대한 다른 개입과의 호환성
효과성 (effectiveness)	• 개입이 목표를 달성하고 있는가? 개입이 목표를 달성했거나 달성할 것으로 예상되는 정도(그룹 간 결과의 차이점 포함)
효율성 (efficiency)	• 자원이 얼마나 잘 사용되고 있는가? 개입이 경제적이고 시기적절한 결과를 제공하거나 그럴 가능성이 있는 정도
영향 (impact)	• 개입으로 인해 어떤 차이가 발생하는가? 개입이 상당한 긍정 또는 부정적 효과, 의도하거나 의도하지 않은 더 높은 수준의 효과를 생성했거나 발생시킬 것으로 예상되는 정도
지속가능성 (sustainability)	• 편익이 지속될 것인가? 개입의 순이익이 지속하거나 지속할 가능성이 있는 정도

출처: OECD/DAC(2019).

그림 5-7 프로그램 개방체제 모형과 핵심 평가 기준

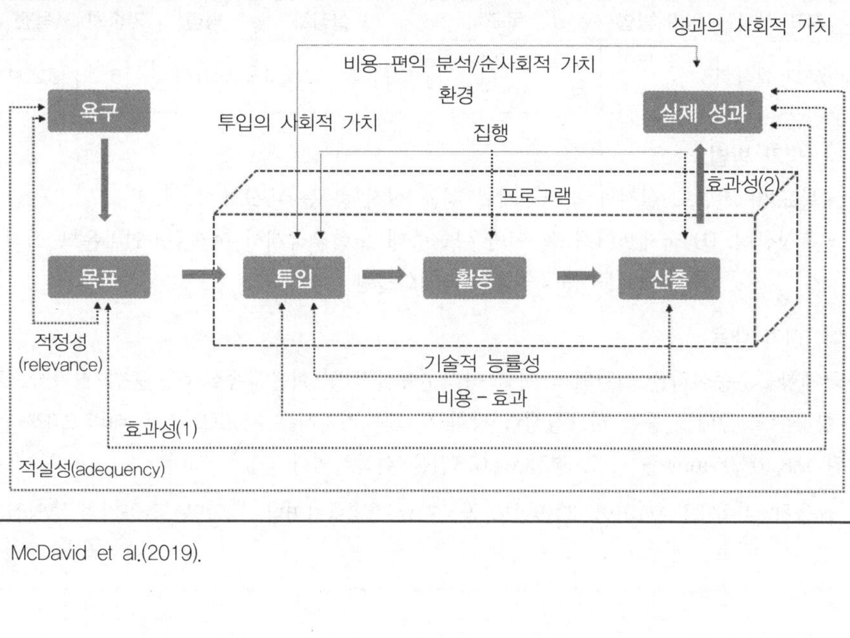

출처: McDavid et al.(2019).

2. 정책평가 기준

1) 효과성

효과성(effectiveness)은 프로그램의 목표 달성 정도로 목표 대비 실적의 비율로 평가된다. 총괄평가는 효과성을 중요한 평가의 기준으로 삼고 있다. 특히 영향평가 및 목표를 기초로 한 평가는 효과성을 기준으로 하는 평가다. 효과성을 평가하기 위해서는 먼저 프로그램 영향의 영역을 명확하게 설정해야 하고, 프로그램에 대하여 이해관계자 사이에 서로 다른 목표를 가지고 있는 경우에는 사전에 합의하여야 한다.

정책평가에서 효과성 평가는 다음과 같은 정보를 얻는 데 필요하다.

- 설정한 목표의 달성 정도
- 변화하는 환경에 맞춰 프로그램의 목표 또는 전략을 조정·수정해야 할 것인지
- 의도하지 않는 부정적 결과를 완화하거나, 추가적 보완 조치나 안전 조치가 필요한지

사례

인천국제공항공사 국제항공운송실적 평가

가. 평가 개요

지표 산식	평가 방법	목표치	실적치	평점	가중치	득점
ATU 실적	목표 부여 (편차)	최고: 162,195,968 최저: 108,547,110	138,102,054	64.073	5	3.204

나. 평가 방법

- 목표치: 전년도 실적과 직전 3개년 평균 실적 중 높은 실적
- 측정산식: ① 국제선여객 및 인바운드 증대 노력=국제선 여객수+인바운드 실적
  ② 국제화물 증대 노력=국제화물량

다. 평가 내용

국제항공운송실적은 기관의 국제선 여객운송실적 및 화물운송실적을 종합 평가함으로써 항공수요 증대를 통한 허브경쟁력 강화 노력을 평가하는 지표로, 전년 대비 2.02% 증대된 138,103,054unit을 기록, 평점 64.073점을 획득하였다.

출처: 기획재정부(2019). 2019년도 공공기관 경영평가편람. 『2019년도 공기업 경영실적 평가보고서』.

2) 능률성

능률성(efficiency)은 산출 대 비용의 비율로 최소의 투입으로 최대의 산출, 결과, 영향을 가져올 수 있도록 프로그램의 자원/투입을 결과로 전환한 정도를 의미한다. 정책평가에서 능률성을 평가해야 하는 논리는 공공 프로그램을 운영하는 자원이 제한되어 있다는 데에서 찾을 수 있다. 한정된 자원을 좀 더 능률적으로 사용해야 하는 것은 공공 부문의 가장 큰 책임성 가운데 하나다. 능률성은 주로 생산성 분석, 비용-편익 분석, 비용-효과 분석 등의 방법으로 평가하게 된다.

능률성 기준은 다음과 같은 평가질문에 사용된다(World Bank IEG, 2007a).

- 프로그램의 비용이 계획한 것보다 더 많이 들었는가 아니면 적게 지출되었는가?
- 비용이 실제 비용 항목과 일치되게 지출되었는가?
- 비슷한 프로그램이나 활동과 비교하여 얼마나 능률적인가? 비능률적이거나 자원을 낭비한 사례가 있는가?
- 프로그램의 편익이 개별 활동의 비용보다 더 큰가?
- 기대하는 결과를 최소 비용으로 얻는 방법은 무엇인가?
- 프로그램의 산출과 결과를 최대의 비용-효과적인 방법으로 달성했는가?

사례

자본 생산성[평가 방식: 목표부여(편차), 가중치: 2.5점]

정의	기관의 자본 생산성 향상 실적을 평가한다(상향지표).
기준치	전년도 실적과 직전 3개년 평균 실적 중 높은 실적
목표	최고목표: 기준치 + 1×표준편차(과거 5개년) 최저목표: 기준치 − 2×표준편차(과거 5개년)
측정산식 및 변수	① 자본생산성 = $\frac{\text{부가가치}}{\text{총자산}}$ ② 부가가치, 총자산의 정의는 평가 기준·방법이 정한 바에 따름

출처: 기획재정부(2021). 『2021년도 공공기관 경영평가편람』.

3) 적정성

적정성(relevance)은 프로그램의 목표 및 설계가 변화의 경향, 프로그램 대상집단의 욕구 및 그 우선순위와 일치되는 정도를 의미한다. 적정성의 문제는 프로그램에 대한 수요와 공급이 정당한 근거를 바탕으로 하지 않을 경우, 프로그램의 설계와 집행이 프로그램의 목표를 달성하는 데 부적절할 경우에 발생하게 된다. 적정성의 기준이 평가 기준으로 사용되는 이유는 프로그램 환경이 지속해서 변하기 때문에 프로그램도 이에 대응하여 수정되이야 하기 때문이다.

적정성과 관련된 평가질문으로는 사업계획이 적절하게 수립되었는지, 사업 추진 체계는 적절한지, 이해관계자와 협력 관계는 적절한지 등을 들 수 있다. 이러한 적정성에 대한 평가는 주로 정성적인 질적 분석에 의존한다. 적정성은 크게 목표의 적정성과 설계의 적정성으로 구분될 수 있다(World Bank IEG, 2007a). 첫째, 프로그램 목표의 적정성은 프로그램 도입에 대한 합의, 정책 대상자의 요구와의 일치도 등을 평가하게 된다. 둘째, 프로그램 설계의 적정성은 프로그램의 전략적 접근방법과 활동의 우선순위가 프로그램의 목표를 달성하는 데 적절한가를 판단하는 기준이다.

사례

적정성 평가 항목 · 지표 및 배점

구분	평가항목	평가지표	평가기준(착안점)
적정성 점검	Ⅰ. 자체 평가 과정	Ⅰ-1. 자체평가위원회 구성 · 운영의 적정성	평가위원 선정 기준에 따라 적절히 구성하였고 내실 있는 평가를 위해 적절히 운영하였는가?
		Ⅰ-2. 자체평가 형식요건 준수 여부	자체평가지침에 따라 서식 준수, 접수부여, 일정 준수 등을 적절히 하였는가?
		Ⅰ-3. 사업별 종합분석을 통한 평가의 객관성 확보	평가 대상사업에 대한 적절한 성과활용 분석을 실시하여 평가과정의 객관성을 확보하였는가?
	Ⅱ. 자체 평가 근거	Ⅱ-1. 근거자료의 양적 · 질적 충실성	평가지표별 의견에 대한 근거자료가 양적으로 충분하고 질적으로 충실하게 제시되었는가?
		Ⅱ-2. 자체평가 의견의 구체성 · 명확성	평가의견이 사실에 근거하여 구체적으로 기술되었고, 논리적이고 명확하게 기술되었는가?
		Ⅱ-3. 평가의견과 등급 부여와의 부합성	평가보고서에 제시된 의견이 평가등급에 부합한 내용으로 기술되었는가?
	Ⅲ. 자체 평가 결과	Ⅲ-1. 자체평가 결과의 적절성	자체평가 결과가 사업의 특성을 고려하여 적절하게 도출되었는가?
		Ⅲ-2. 자체평가 결과의 변별력 · 신뢰성	자체평가 결과가 변별력이 있고, 신뢰성이 있는가?

출처: 과학기술정보통신부 · KISTEP(2022). 『2021년 국가연구개발사업 상위평가 보고서』.

4) 형평성

형평성(equity)은 프로그램의 비용과 편익이 얼마나 다양한 대상에게 동등하게 배분되었는가를 측정하는 기준이다. 형평성은 이를 공평성과 균형성의 기준으로 구분된다. 공평성은 정책의 편익이 정책 대상집단에 공평하게 배분된 정도를 측정하는 기준이다. 한편 균형성은 정책비용의 사회집단 간 배분의 정도를 의미한다. 형평성에서는 지역 등의 공간적 관점의 형평성, 세대 간의 형평성 등도 중요시된다. 대표적인 사례로 공공기관 평가의 사회적 가치 구현 부문에서 균등한 기회와 사회통합에서 장애인 의무고용, 국가유공자 우선 채용, 지역인재 채용, 여성채용 확대 등을 지표로 평가하는 것이 이에 해당한다.

사례

형평성 평가요소별 분석 방법

평가요소	평가내용	평가자료	공간적 범위	평가지표
공간적 형평성	대중교통시설물까지 접근성은 소득계층별 격차가 있는가?	가구통행실태조사	서울특별시	대중교통 접근성 분석, 공간분석
사회적 형평성	출퇴근 통행시간 격차는 소득계층별 일상활동 시간을 제약하는가?	생활시간조사	전국, 수도권, 서울, 경기도	(교제 및 여가) 활동시간 생존분석
경제적 형평성	교통비 지출비중은 소득계층별 격차가 있고, 고착화되고 있는가?	통계청 가계동향조사	전국	가구소득 대비 교통비 비중 시계열 변화 분석

출처: 정일호 외(2011).

5) 고객만족도

고객만족도는 프로그램에 의해 제공되는 재화와 서비스가 고객의 기대를 충족하는 정도를 의미한다. 공공정책 및 프로그램 평가의 기준으로 고객만족도 기준을 사용하게 된 배경에는 공공정책에 대한 시장주의적 접근과 밀접한 관계가 있다. 정책에 대한 만족도 기준은 '정부업무평가 기본법'과 '공공기관의 운영에 관한 법률'에서 규정하고 있는 국민만족도 평가와 국민체감도 평가가 대표적이다. 국민체감도 조사는 고객을 대상으로 하는 고객만족도와 달리 일반 국민이 대상이 되고, 기관별로 서로 다른 질문을 하는 국민만족도와 달리 기관별로 동일한 질문으로 만족도를 측정한다.

사례

① 행정 서비스 품질 만족도 분석

한국행정연구원에서는 행정 서비스 품질에 대한 만족도를 대응성, 편리성, 신뢰성으로 구분하여 측정, 조사 결과 소방서의 만족도가 가장 높게 평가하고 있음

출처: 한국행정연구원 정부조직디자인센터(2021). 정부의 행정 활동·서비스에 대한 대국민 인식조사와 조직·인력 관리 전략. 『정부 디자인 ISSUE』, 8(2).

② 2021년도 기상업무 국민만족도 조사

3,800명의 일반 국민과 전문가를 대상으로 기상업무에 대한 만족도를 7점 척도로 조사하고 있다. 이에 의한 2021년 기상 서비스 만족도는 76.2점, 신뢰도는 73.8, 유용도는 79.7로 조사되고 있다.

출처: UNION 리서치(2021). 『2021년도 기상업무 국민만족도 조사: 결과보고서』.

6) 영향

영향(impact)이란 정책이나 프로그램이 대상집단의 최종 상태에 미친 효과를 의미한다. 평가의 기준으로 영향은 프로그램이 대상집단에 미친 효과를 체계적으로 평가하는 것, 또는 일한 결과가 프로그램에 의해 어느 정도 발생했는가를 체계적으로 평가하는 것을 의미한다. 영향은 긍정적인 것과 부정적인 것, 의도한 것과 의도하지 않은 것 모두를 포함하게 된다. 영향평가는 프로그램이 없었던 상황과 프로그램을 추진한 기간의 변화와 비교하게 된다. 믿을 만한 영향평가는 프로그램과 최종 결과 간의 인과관계에 대한 과학적 증거를 제공한다.

사례

① 현재 우리나라에서 운용되고 있는 영향평가로는 성별영향평가, 건강영향평가, 환경영향평가, 교통영향평가, 규제영향평가, 기후영향평가, 고용영향평가, 아동정책영향평가, 문화영향평가 등이 있다.

② 주요 선진국 근로장려금 제도의 영향평가 및 시사점

이 연구는 근로장려금이 저소득가구의 소득지원 효과와 근로유인에 미치는 영향에 대한 선진국 제도를 평가하고 있다.

출처: 조동희 · 윤여준 · 문성만(2019). 『주요 선진국 근로장려금 제도의 영향평가 및 시사점』.

③ R&D 투자 영향평가 기반 구축 및 시범분석

이 연구는 정부의 R&D 투자에 대한 경제적 영향분석, 경제성장에 기여, 사회적 영향분석 등을 하고 있다.

출처: 황석원 · 오승환 · 우청원 외(2016). 『R&D 투자 영향평가 기반 구축 및 시범분석』.

7) 지속가능성

지속가능성(sustainability)은 프로그램이 종료된 뒤에 정책 편익의 지속가능성을 의미한다. 지속가능성은 장기적 편익이 지속할 확률로 프로그램의 적정성, 적실성, 정당성, 재정적 안정성, 효과적 관리의 지속성, 변화에 대응할 수 있는 능력 등에 의해 결정된다. 오늘날 지속가능성 기준은 정책 및 프로그램의 환경, 사회적 책임, 거버넌스를 강조하는 ERG 경영의 대두와 함께 중요한 기준으로 논의되고 있다.

지속가능성 평가는 다음과 같은 문제에 해답을 준다(World Bank IEG, 2007).

- 평가 시점에서 프로그램 활동으로 발생하는 편익이 계획한 기간을 넘어서까지 유지될 가능성은 어느 정도인가?
- 미래 프로그램 상황의 변화에 편익이 어느 정도 민감하게 변화하는가?
- 편익을 지속해서 유지하게 하는 메커니즘이 잘 기능하고 있는가?
- 협력자와의 파트너십 유지 가능성은 어느 정도인가?
- 프로그램의 목표, 유지에 대한 정치적인 지지, 지원, 재정 지원은 어느 정도인가?
- 이해관계자와 프로그램의 유지에 관하여 어느 정도의 의견 수렴과 조정이 있었는가?
- 프로그램은 지식관리, 인력관리 및 성과관리와 같이 프로그램의 유지를 위해 필

요한 분야에 제도적인 능력을 개발했는가?

- 프로그램은 지속가능성을 제고하기 위해 어떠한 부문을 개선했는가?

정책평가 기준으로 지속가능성은 다음을 내용으로 한다(김호석 · 김종호 · 조을생, 2017).

- 일관성: 검토 대상 정책 · 계획이 국가 지속가능 발전의 비전, 기본전략 및 분야별 이행 계획과의 일관성을 유지하고 있는지를 판단
- 유효성: 검토 대상 정책 · 계획이 해당 분야의 지속가능 발전 관련 현안 및 정책적 사항을 적절히 반영하고 있는지를 판단
- 수평적 정합성: 검토 대상 정책 · 계획이 다른 부문의 지속가능 발전 이행 노력에 상응 혹은 상보적인지를 판단
- 수직적 정합성: 검토 대상 정책 · 계획이 지속가능 발전을 위한 국제적 합의 이행이나 지자체 지속가능 발전 이행 노력에 상응 혹은 상보적인지를 판단

사례

① 2020 국가지속가능성 보고서

지속가능발전법에 근거를 둔 평가보고서이다. 이는 UN 지속가능발전보고서와 연계하여 5대 전략, 17개 목표, 122개 세부목표에 대한 지속가능성을 평가하고 있다.

출처: 환경부 지속가능발전위원회(2020). 『2020 국가지속가능성 보고서』.

② 공공기관 경영평가: 사회적 가치 구현 평가로 안전과 환경평가

평가지표	세부평가내용	
안전 및 환경	〈환경보전〉	
	지표정의	• 환경보전 및 환경의 지속가능성을 위한 노력과 성과를 평가한다.
	적용 대상 (배정)	• 공기업 및 준정부기관: 비계량 1점
	세부평가내용	① 온실가스 감축 및 에너지 절약 실적(0.2~0.3) * 환경부, 산업부 평가결과 반영 ② 녹색제품 구매실적(0.2~0.3) * 환경부 평가결과 반영 ③ 기관별 여건 · 특성을 고려한 환경보전 노력 및 성과(0.5)

출처: 기획재정부(2021).

8) 거버넌스

정책 및 프로그램 평가에서는 정책 및 프로그램의 관리와 함께 거버넌스 체제(governance system)에 대해서도 평가할 필요가 있다. 특히 참여적 평가에서 정책이나 프로그램이 다양한 형태의 거버넌스 체제에 의해 추진되고 운영되어야 한다는 면에서 제시된 기준이다. 1990년대 이후 공공 부문의 개혁 패러다임으로 제시되고 있는 거버넌스 체제는 다양하게 개념이 정의되고 있지만, 일반적으로 공통의 문제 해결을 위한 사회적 조정 방법으로 정부, 시장, 그리고 시민사회 간의 새로운 파트너십에 의해 공공문제를 해결하고자 하는 시각을 의미한다. 거버넌스 기준은 정부업무평가 주요 정책평가 부문의 계획 수립의 적정성 항목에서 이해관계자의 의견수렴, 특정평가 항목에서 정책소통 부문의 평가, 공공기관평가에서 사회적 가치 구현 부문의 평가 등에서 활용되고 있다.

사례

특정평가의 정책소통 부문 평가

평가 항목	평가지표	평정	비중
정책소통 활동	• 부처협업 활동 • 보유자원(부처 보유매체 등) 활용	정량/정성	12%
정책소통 성과	• 언론(내 · 외신) 및 온라인 소통성과 • 주요 정책 및 기관장 소통성과		68%
체감도	• 소통만족도 • 온라인 체감도		20%

출처: 국무조정실(2022b). 『2022년도 정부업무평가 시행계획』.

9) 자원 동원 및 관리에 대한 기준

자원은 프로그램의 활동에 사용되는 투입으로 자연, 물리적, 재정적, 인적, 사회적 자원이 포함된다. 그러나 일반적으로 자원하면 주로 재정 부문을 강조하게 된다. 특히 프로그램의 자원을 외부에서 조달하는 경우에는 매우 중요한 문제가 된다. 이외에 공공조직은 예산 확보와 연계해 많은 부분이 평가될 필요가 있다. 자원을 동원하는 과정은 자원 동원전략 형성부터 시작하게 된다. 재정자원 동원전략에는 자금 재원의 확인, 요구활동, 지원 확약, 자금의 확보, 거래의 기록 등의 활동이 포함된다.

평가에서는 프로그램에 사용된 모든 자금원과 사용을 기술하고, 자금의 형태가 프로그램의 범위, 결과 및 운영에 영향을 주었는지를 평가해야 한다. 또한 자금 배분 과정이 목표 달성에 미친 영향, 자금 동원전략과 활동이 프로그램의 필요 및 규모와 관련해 적합성도 평가할 필요가 있다. 그리고 재정관리 시스템과 재정보고가 관련 규정이나 프로그램의 목적에 어느 정도 일치하고 있는지도 평가해야 한다(World Bank IEG, 2007).

사례

정부업무평가의 자원 동원 및 관리에 대한 평가 기준의 예

① 공공기관 경영평가: 재무예산 운영 · 성과

이는 기관의 경영 상황을 고려하여 재무(예산) 안정성, 투자 및 집행 효율성 등을 평가한다. 세부적으로는 부채 비율과 이자보상 비율을 측정하고 있다.

출처: 기획재정부(2021). 『2021년도 공공기관 경영평가편람』.

② 정부업무평가

재정사업 부문의 일반재정사업 평가에서 평가지표로 집행률은 자원 동원 및 관리에 대한 대표적 기준이다.

출처: 국무조정실(2022c). 『2022년 정부업무 성과관리 운영지침』.

10) 기타

앞에서 언급한 것 이외에 다음과 같은 기준도 사용한다(Teasdale, 2019).

- 질(quality): 프로그램이 관련된 이론적인 원칙, 모범사례, 기준, 법, 집행시점과 일치하는 방법으로 설계되고 집행되었는가?
- 복제 가능성(replicability): 프로그램이나 프로그램의 기본 모델이나 원칙을 다른 맥락에서 복제하거나 적용할 수 있는가?
- 체험(experience): 프로그램 활동이 보람 있고 존중받는 방법으로 전달되었는가?
- 의도하지 않은 효과(unintended effects): 프로그램이 의도하지 않은 긍정적 결과나 부정적 결과가 없는가?

• 결과(consequence): 프로그램 편익이 편익을 얻을 수 있는 지역이나 사람들에 상당한 정도로 편익을 제공하였는가?

제7절 정책 평가질문의 구성

1. 평가질문의 의의

평가질문(evaluation question)은 평가 목적과 관련하여 평가에서 할 일을 결정하는 것이다. 즉, 평가질문은 평가를 통하여 알고자 하는 것을 의미한다. 활용 중심의 평가에서 평가질문은 평가자의 질문이 아니라 평가를 활용하고자 하는 사람들의 질문으로 구성되어야 한다. 예로, 정책이나 프로그램을 계속 추진할 것인가를 알고자 평가한다면, 정책 대상자에게 프로그램에 대하여 어느 정도 만족하십니까?라는 만족도나 프로그램의 목표를 어느 정도 달성하였는가?와 같은 평가질문을 하여야 한다. 평가질문이 명확하지 못하면 평가의 목적을 달성할 수 없고, 평가설계의 준거를 제공하지 못하게 된다.

2. 평가질문의 유형과 내용

1) 평가질문 설정의 기준

평가질문은 다음과 같은 다양한 정보원을 기준으로 만들 수 있다(Kellogg Foundation, 2004b). 그러나 실용주의적이고 활용 중심의 평가에서는 이해관계자가 알기를 원하는 것을 중심으로 평가질문이 작성될 필요가 있다.

• 정책 논리모형 및 정당성에 대한 논리적 분석: 정책 논리모형이나 변화이론을 활용하여 질문을 구성할 수 있다. 이는 합리적인 정책 질문의 구성에서 사용되는 방법이다.
• 정책평가의 기준: 정책 평가질문은 정책평가의 기준인 타당성, 효과성, 효율성,

영향 등에서 추론할 수 있다. 평가질문이 지식의 창출이나 정책에 대한 이해를 높이는 문제가 아닌 한 평가질문은 주로 평가 기준에 의해 구성하게 된다.

- 지시서 · 제안서: 상급기관이나 자금 제공기관의 요구사항은 필수 평가질문이 된다.
- 기관의 최고관리자 및 프로그램 감독자의 의견: 기관의 최고관리자나 프로그램 감독자 등 평가를 활용할 사람이 요구하는 것을 기준으로 평가질문을 작성할 수 있다.
- 담당자: 집행의 실무를 관장하는 사람도 집행과 관련해 필요한 정보를 요구할 수 있다. 이에 대응하는 평가질문은 프로그램 집행과정의 개선을 위해 필요하다.
- 고객: 고객은 프로그램의 직접 영향을 받기 때문에 평가팀에게 중요한 관점을 제공해 줄 수 있다. 고객이 프로그램에서 얻고자 하는 정보는 고객 지향의 평가에서 중요한 평가질문을 구성하는 정보원이 될 수 있다.
- 기관의 정책 집행위원회, 자문위원회: 주요 집행위원회나 자문위원회의 위원들은 자신들의 의사결정과 관련된 문제를 평가질문으로 다뤄 주길 원할 수 있다.
- 협력조직: 정책 및 프로그램 운영에서 협력기관의 의견은 필수적으로 평가과정에 반영되어야 할 사항이다.
- 정책 및 프로그램의 내용과 관련된 문헌이나 전문가의 자문: 정책이나 프로그램의 내용과 관련된 문헌 및 관련 분야의 전문가 의견도 평가팀이 평가문제를 선정하는 데 중요한 정보원으로 활용될 수 있다.
- 비슷한 다른 정책 및 프로그램: 평가질문을 구성할 때 다른 프로그램의 담당자나 관리자로부터 의견을 듣는 것도 유용한 방법이 된다. 이들 정보원은 주로 학문적인 목적이나 평가와 관련된 일반적인 지식을 구성하고자 할 경우에 활용된다.

2) 평가 기준에 따른 평가질문

평가 기준에 따라 평가질문을 설정하는 것이 일반적이고. 질문의 예는 〈표 5-11〉과 같다.

표 5-11 평가 기준에 의한 평가질문의 예

평가 기준	평가질문
타당성	▪ 정책의 필요성 • 대상 지역이나 사회의 필요에 부합하는가? • 목표 집단의 필요에 부합하는가? ▪ 우선순위 • 상위 프로그램의 정책과 일치하는가? ▪ 수단으로서 타당성 • 프로그램이 대상 분야에 효과를 내는 전략으로서 적절한가? – 대상집단 선정이 적정한가? – 공평성의 관점에서 타당한가? – 대상집단 이외에 미치는 파급 효과가 있는가?
효과성	• 프로그램 목표가 명확한가? • 프로그램 목표를 달성했는가(달성할 수 있는가?) • 결과는 프로그램의 산출에서 나온 것인가? • 프로그램 목표를 달성하는 데에 외부 조건의 영향이 있었는가?
능률성	• 산출(목표)의 달성도가 비용(투입)에 비해 적절한가? • 좀 더 낮은 비용으로 달성할 수 있는 대안은 없는가? • 같은 비용으로 좀 더 높은 목표를 실현할 수는 없었는가? • 프로그램의 효율성을 떨어뜨리거나 높이는 요인이 무엇인가?
영향	• 상위 목표를 달성했는가? • 상위 목표 달성이 하위 프로그램 목표 달성에 의한 것인가? • 상위 목표에 이를 때까지 외부 조건의 영향이 있는가? • 예기치 못한 긍정적 · 부정적 영향(파급 효과도 포함) 및 요인은? • 성별, 민족, 사회적 계층에 따라서 영향의 차이는 없는가?
기타	▪ 정책의 지속가능성 • 프로그램이 의도하는 효과가 프로그램의 종료 이후에도 지속하는가? • 지속적인 효과를 가져오는 요인과 저해하는 요인은 무엇인가? ▪ 외부 요인 • 규제, 법 제도가 정책 운영에 어떠한 영향을 주었는가? • 정치, 경제, 사회, 문화적 요인들이 정책에 어떠한 영향을 주었는가?

3) 평가 시기에 의한 평가질문의 구성

평가에서 다뤄야 할 이슈나 문제는 평가의 시기에 따라서 달라질 수 있다. 평가 시기에 따라서 평가질문으로 다루어야 할 평가 기준을 보면 다음과 같다(DG BUDGET, 2004.).

• 사전평가: 적실성, 일관성, 경제성, 효과성, 효율성, 지속성, 분배 효과, 수용성

- 중간평가: 적정성, 경제성, 효과성, 효율성, 지속성, 분배효과, 수용성
- 사후평가: 경제성, 효과성, 효율성, 지속가능성, 유용성, 지속성, 분배 효과, 수용성

4) 정책과정별 평가질문의 구성

정책과정 및 단계별로 평가질문은 서로 다른 유형의 것을 요구한다. 〈표 5-12〉는 기획재정부가 주관하는 재정사업자율평가의 공통평가 항목에 대한 평가질문이다.

표 5-12 재정사업자율평가 공통평가 항목 평가질문

단계	평가 항목	세부질문
계획	1. 사업계획의 타당성	1-1. 사업목적이 명확하며 추진근거가 있는가? 1-2. 정부의 재정지출이 필요한가? 1-3. 다른 사업과 중복·유사하지 않게 사업이 설계되었는가? 1-4. 현재 사업 방식이 가장 효율적인가?
	2. 성과계획의 합리성	1-5. 성과목표/성과지표가 구체적으로 설정되어 있는가? 1-6. 성과목표/성과지표가 사업목적과 명확한 인과관계를 가지고 있는가? 1-7. 성과지표의 목표치가 합리적으로 설정되어 있는가?
집행	2. 집행의 효율성	2-1. 사업추진 실태를 정기적으로 모니터링하고 있는가? 2-2. 사업추진 중 발생한 문제점을 해결하였는가? 2-3. 사업이 계획대로 집행되었는가? 2-4. 예산절감 또는 집행의 효율성을 제고한 실적이 있는가?
성과	3. 성과목표 달성도	3-1. 객관적이고 종합적인 사업평가를 실시하였는가? 3-2. 계획된 성과를 달성하였는가? 3-3. 사업고객이나 이해관계인이 만족하고 있는가? 3-4. 평가결과를 사업계획·방식의 보완·변경 등에 활용하였는가?

출처: 한국조세재정연구원(2019). 『재정사업 자율평가 연도별 지침』.

5) 논리모형에 기초로 한 평가질문의 구성

논리모형의 투입 → 활동 → 산출 → 결과 → 영향의 관계에서 추론될 수 있는 평가질문은 개별 구성요소와 관련한 질문과 구성요소 간의 인과관계에 대한 질문으로 구분된다.

개별 구성요소와 관련된 평가질문을 보면 다음과 같은 것을 들 수 있다.

(1) 투입

- 정책 및 프로그램을 집행하기 위한 충분한 자원을 가지고 있는가?
- 집행을 위한 자원은 적시에 제공되었는가?
- 참여 방법에 어떤 활동과 방법이 효과적인가?

(2) 활동 및 과정

- 계획한 대로 활동이 이뤄지고 있는가?
- 대상집단에 정확하게 서비스가 전달되었는가?
- 집행과 관련해 관련 기관 간의 협력과 조정은 제대로 이뤄졌는가?
- 누가 어떠한 활동에 참여했는가? 누가 참여하지 않았는가?
- 담당자들은 효과적으로 일했는가?

(3) 산출

- 계획한 대로 정책과 프로그램의 산출이 만들어졌는가?
- 고객들은 산출물에 대해 만족하고 있는가?
- 상황의 변화 산출물은 적절하게 적응해 만들어졌는가?

(4) 중간 결과

- 산출로 정책 대상집단의 행동이나 태도에 변화가 발생하고 있는가?
- 정책 대상집단의 행동과 태도에 변화가 없다면 그 이유는 무엇인가?

(5) 장기 결과(영향)

- 정책 또는 프로그램이 추구하는 변화가 발생했는가? 또는 프로그램으로 인해 어떠한 차이가 발생했는가?
- 변화는 어느 정도 지속할 수 있을 것인가?
- 누가 얼마의 편익을 받았는가?
- 프로그램이 설정한 목표를 달성했는가?
- 프로그램이 의도하지 않은 것은 무엇인가?

3. 평가질문 작성에서 고려할 사항

- 답변할 수 없거나 평가 목적에 이바지하지 않는 평가질문을 지양한다.
- 평가질문은 정확한 판단을 위해 구체적이고 명확하게 제시되어야 한다.
- 평가자와 평가팀은 평가질문을 선택하게 된 이유를 명확하게 해야 한다.
- 다양한 이해관계자들은 다양한 평가질문을 가지게 된다. 그러므로 평가질문을 선택할 때 한두 명의 이해관계자에 의존해서는 아니 된다.
- 정책 및 프로그램 평가에서는 다뤄야 할 중요한 질문이 많이 있다. 이에 명확한 우선순위를 설정해 질문을 선정하는 것이 필요하다.
- 평가질문은 불변의 것이 아니며 새로운 정보가 필요할 때 질문을 수정 · 추가할 수 있다.

제 8 절 정책 평가지표 및 판단 기준의 설정

1. 평가지표 및 판단 기준의 의의

1) 평가지표의 의의

평가한다는 것은 정책이나 프로그램의 마땅한 여부와 성공 여부를 판단하는 것이다. 구체적으로 평가는 평가질문에 답을 해야 한다. 그러나 평가질문은 '프로그램이 효과가 있었는가?'와 같이 매우 일반적이고 추상적인 용어로 표현된다. 이를 판단하기 위해 구체적이고 관찰할 수 있고, 측정할 수 있는 지표가 필요하다. 지표(indicators)란 어떤 것의 상태나 수준을 나타내는 측정 가능한 값으로 평가에서는 활동의 결과를 표현하는 질적 · 양적인 지수다. 지표는 관찰된 사항을 숫자나 단어로 축약해 기술하는데, 정책 및 프로그램의 평가는 다양한 지표를 매개로 이뤄지게 된다.

예를 들어, '저소득층의 자녀에 대한 멘토링 제도가 어느 정도 학업 성취도를 증대시키는 데 기여했는가?'라는 효과성과 관련된 평가질문에 답하는 경우를 생각해보자. 이 질문은 두 개의 부분으로 구성되어 있다. 우선 '판단하고자 하는 것이 무엇인가?'

란 질문에 멘토링 제도라고 답할 수 있다. 다음으로 '판단하고자 하는 방법은 무엇인가?'란 질문에는 멘토링 제도가 멘토링 참여 학생의 학업성취도 개선에 어느 정도 기여했는지를 찾는다.

판단 기준은 뒤의 물음과 관련이 있다. 이 경우에 학업 성취도를 무엇으로 평가할 것인가를 결정해야 한다. 학업성취도는 프로그램에 참여한 학생에 대한 설문조사에 의해 만족, 불만족도로 판단할 수도 있고, 실제 이들의 학교 성적의 변화로 판단할 수 있고, 멘토링을 실시하기 전에 해당 과목에 대한 시험을 보고, 끝난 뒤에 시험을 보아서 양자를 비교해 판단할 수도 있을 것이다. 다양한 기준 가운데에서 어떠한 기준을 사용해 평가할 것인가를 결정해야 한다. 어떠한 판단 기준을 사용하느냐에 따라서 평가결과가 달라질 수 있다. 〈표 5-13〉은 보건복지부 자체평가를 위한 지표의 예를 보여준다.

미국 OMB는 성과평가에서는 성과지표로 실행 가능하고 적절한 성과(outcome) 지표의 사용을 권장한다. OMB는 성과평가에서 사용될 수 있는 지표로 맥락지표(contextual indicator), 고객 서비스 지표(customer service indicator), 효율성 지표(effici-

표 5-13 평가 대상 세부 현황

담당과(팀)	관리과제	성과지표(1개 발췌)	'21년 목표치	측정 방식(측정산식)
복지정책과	복지정책 총괄 · 조정 및 복지사각지대 해소	차상위 계층 수급 가구 수 (단위: 천 가구)	422	5대 법정 차상위 계층 가구 수
기초생활보장과	국민의 기본적 생활보장 강화	신규수급자 발굴률 (%)(공통)	14.1	(생계급여신규수급자 수/총 수급자 수)×100
자립지원과	맞춤형 자활경로 설계를 통한 탈빈곤 지원	전년 대비 자활사업 참여자 증가율	13.6	'21년 1년 간 복지부 자활사업에 참여하여 자활급여를 지급받은 누적 참여자 수
기초의료보장과	의료급여 보장성 확대 및 제도개선을 통한 의료접근성 강화	재가의료급여 시범사업 추진율	100%	'21년 재가의료급여 시범사업 지역 수/재가의료급여 시범사업 확대 계획 지역 수(40개)×100
지역복지과	수요자 중심의 지역복지 전달체계 구축	민관복지 서비스 연계 · 제공(건수)	430만 건	민관복지 서비스(공적급여+민간복지 자원)의 연계건수 취합(누적)

출처: 보건복지부(2021). 2021년도 『자체평가계획』.

ency indicator), 투입지표(input indicator), 중간 성과지표(intermediate outcome indicator), 과정지표(process indicator), 성과지표(outcome indicator), 산출지표(output indicator)를 제시하고 있다(OMB Circular A-11, 2021).

프로그램 평가지표의 기본 특징은 다음과 같다(Frankel & Gage, 2007).

- 지표는 하나의 변수다. 지표는 프로그램 시작 시점에서 프로그램과 그의 활동이 이뤄진 뒤의 새로운 값에 이르기까지의 변화를 보여준다.
- 지표는 하나의 측정 방법(measurement)이다. 지표는 과거 및 미래의 단위를 비교할 수 있도록 설정된 단위에서 변화되는 값을 측정한다.
- 지표는 프로그램이나 프로젝트의 한 측면과 관련이 있다. 즉, 프로그램의 모든 것을 포용할 수 있는 단일의 지표는 없다. 이에 지표는 프로그램의 한 측면을 가능한 정확하게 포착할 수 있도록 협의로 정의하게 된다.

2) 지표의 유형

(1) 정성지표와 정량지표

평가지표는 평가자 주관의 개입 여부에 따라서 〈표 5-14〉와 같이 정량지표와 정성지표로 구분된다. 정량지표는 평가자와는 독립적으로 측정할 수 있는 것으로 전염병 발병률, 도로 건설 km, 기업 유치 수주액 등과 같은 것들이 이에 해당한다. 정성지표는 평가자의 주관이 개입되는 측정지표다. 정성지표에는 국민 만족도, 주요 국정과제 대국민 인지도, 제도개선 과제 이행도, 자치단체장의 수행 능력 등이 이에 해당

표 5-14 정량지표와 정성지표

구분	정량지표(계량지표)	정성지표(비계량지표)
정의	구체화된 양적 수치로 측정 가능	양적 수치로 측정 불가능
특성	평가자의 주관이 개입될 수 없음 반복측정 시 동일한 결과 도출	평가자의 주관 개입 가능성
사례	– 우량농지조성면적 – 해외건설 수주액 – 관광수입액 증가율 – 인구 10만 명당 5대 범죄 발생률	– 민원인 만족도 – 주요 국정과제 대국민 인지도 – 정보관리 시스템 구축 정도 – 제도개선 과제 이행도

출처: 국무조정실(2022c).

한다.

(2) 재무지표와 비재무지표

재무적 지표는 화폐 단위를 바탕으로 측정되는 지표로 이윤율, 수익률 등이 이에 해당된다. 반면에, 최근 관심이 증대되고 있는 비재무적 지표는 고객만족도나 서비스의 품질과 같이 회계장부에서 발견될 수 없는 측정지표들이다.

(3) 기관대표지표와 단위지표

기관대표지표는 조직 전체의 성과를 종합 측정하기 위한 지표로 기관의 고유 임무를 대상으로 개발하게 되는데 한 번 개발되면 매년 목표치만 변화시켜 반영구적으로 사용하게 된다. 예로는 GDP 증가율, 총수출액, GDP 대비 국가채무 비율, 지방자치단체의 재정자립도 등이 있다. 반면에, 단위과제 성과지표는 특정 사업지구 개발에서 토지매수 비율, 생태녹색 체험관광 개발 수, 중소기업 지원 기술개발 건수와 같이 단위사업 및 과제의 당초 목표 달성 여부를 측정하기 위한 지표로 단위사업이 달라지면 지표도 달라진다. 일반적으로 기관대표지표는 전략목표 수준에서 선정되는 경우가 많다(이광희, 2020).

(4) 유형지표와 무형지표

유형지표는 도로 포장률과 같이 가시적인 지표를 의미하고, 무형의 지표는 만족도, 기술 수준 또는 창조성과 같은 비가시적인 지표를 의미한다.

(5) BSC 지표

균형성과표(Balanced Score Card: BSC)는 카플란과 노턴(Kaplan & Norton, 1996)이 재무적 측정 수단에 의존하는 성과측정이 단기적인 성과를 위해 장기적인 가치를 희생하는 결과를 가져옴을 지적하면서 이에 대한 대안으로 등장하였다. 규모와 범위의 경제를 특징으로 하는 산업사회와는 달리 정보화 사회에서 조직의 경쟁력을 확보하고 지속적인 성장을 위해서는 단순한 재무평가뿐 아니라, 재무(financial), 고객(customer), 내부 프로세스(internal process), 학습 및 성장(learning & growth)의 네 가지 관점에서 성과를 판단할 것을 요구하고 있다. BSC 지표는 오늘날 다양한 공공기관 및 지방자치단체 등에서 주요사업 평가와 기관 평가에 많이 활용되고 있다(충청북도, 2020). BSC와 관련된 대표적 지표체계로 앞서 언급한 말콤 볼드리지 국가품질관리 대상 지표가 있다.

(6) 정책과정별 지표

정책평가를 위한 지표는 정책과정별로 〈표 5-15〉와 같이 투입지표, 과정지표, 산출지표, 결과지표로 구분할 수 있다. 우리의 경우 국정과제에 대한 성과지표를 보면 전체적으로 결과(55.1%) 중심의 지표체계를 보여주고 있다. 이외에 산출(27.2%), 과정(9.4%), 투입(2.6%)의 순으로 활용되고 있다(강정석 외, 2020).

표 5-15 정책과정별 지표

구분	개념	특성
투입지표	• 예산 · 인력 등 투입물의 양을 나타내는 지표 (예시) 직업훈련교육 예산 집행률	• 예산집행과 사업진행 과정상의 문제점을 발견하는 데 도움
과정지표	• 사업진행 과정에서 나타나는 산출물의 양을 나타내는 지표 (예시) 직업훈련 교육별 진도율	• 사업 진도 등 사업추진 정도를 중간 점검하는 데 도움
산출지표	• 사업완료 후 나타나는 일차적 산출물을 나타내는 지표 (예시) 직업훈련 교육 수료자 수	• 투입에 비례하여 설정한 목표를 달성하였는가를 평가하는 데 도움
결과지표	• 1차 산출물을 통해 나타나는 궁극적인 사업의 효과, 정책의 영향력을 나타냄 (예시) 직업훈련 수료 후 소득증가율	• 사업이 의도한 최종목표의 달성 정도에 따른 영향과 효과를 측정하는 데 도움

출처: 국무조정실(2022c). 『2022년 정부업무 성과관리 운영지침』.

3) 효과적 지표의 기준

국가재정법은 성과목표관리를 위한 성과보고서 작성에서 "성과지표는 명확하고 구체적으로 설정되어야 하며, 성과목표의 달성을 객관적으로 제때에 측정할 수 있어야 한다."(동법 제85조의6)고 규정하고 있다. 효과적인 정책평가를 위한 지표 설정에 대한 바람직한 기준으로 다음과 같은 기준이 있다.

(1) CREAM 기준

좋은 평가지표는 CREAM 기준을 확보할 필요가 있다(Schiavo Campo, 1999).

- 명확성(Clear): 지표는 명확하고 직접적이며 모호하지 않아야 한다.
- 적정성(Relevance): 지표는 바람직한 결과와 관련이 있어야 한다. 즉, 결과와 관련이 있는 다른 이슈에 의해 영향을 받아서는 아니 된다.
- 경제성(Economic): 지표 선정에서는 선정에 따르는 경제적 비용도 고려해야 한다. 즉, 지표와 관련된 자료의 수집과 분석에 들어가는 비용을 고려해야 함을 의미한다.
- 충분성(Adequate): 지표는 측정하고자 하는 것을 모두 포함하도록 해야 한다. 지표는 측정하고자 하는 것을 간접적으로 측정하거나 추상적으로 표현해서는 아니 된다.
- 모니터 가능성(Monitorable): 지표는 입증하고 확인할 수 있어야 한다.

(2) DOPA 기준

USAID는 바람직한 지표의 기준으로 다음과 같은 DOPA 기준을 제시하고 있다(USAID, 1998).

- 직접적(Direct): 의도한 변화를 직접적으로 측정할 수 있어야 한다.
- 객관적(Objective): 측정하고자 하는 것과 어떠한 자료를 수집할 것인가가 모호하지 않아야 하고, 측정을 수행하는 사람들에 의해 영향을 받지 않도록 명확한 조작적 정의가 있어야 한다.
- 실제적(Practical): 자료 수집 비용과 빈도, 의사결정 시간이 적합해야 한다.
- 충분적(Adequate): 최소한의 지표로 프로그램의 집행과정을 충분하게 평가할 수 있어야 한다.

(3) 국무조정실

정부업무평가 기본법(제6조)은 평가를 위한 성과지표는 정책이나 사업의 목표 달성도를 측정할 수 있도록 가능한 한 객관적·정량적으로 설정하되, 객관적·정량적 설정이 곤란한 경우는 최대한 이를 담보하도록 규정하고 있다. 국무조정실은 이를 바탕으로 성과지표 설정 시 고려사항으로 다음을 제시하고 있다(국무조정실, 2022c).

- 정책 대표성: 성과지표는 해당 성과목표·관리과제의 핵심적인 내용이 포함될 수 있도록 하고, 지엽적인 내용으로 설정하지 않도록 주의한다.

- 목표치 수준의 적절성: 목표치는 과거 3년간의 추세치 및 전년도 성과에 근거하여 적극적 업무 수행 관점에서 도전적으로 설정하고, 구체적으로 어떠한 근거와 논리를 통해 목표치를 설정하였는지 명확히 제시하여야 한다.
- 목표와 결과 간 인과성: 지표는 결과에 영향을 미칠 수 있는 외부요인의 통제가 가능하고, 정책 목표 달성을 위한 기관의 직접적인 노력과 역량이 포함되도록 해야 한다.
- 성과지표의 명확성 및 구체성: 성과목표 또는 사업의 핵심적인 내용을 대상으로 명확하고 구체적인 성과지표를 개발해야 한다.
- 측정 가능성: 성과지표의 측정방법 및 근거 등은 공식적 자료를 활용하며 출처를 명확히 밝히는 등 성과측정 자료의 신뢰성을 확보할 수 있게끔 제시하여야 한다.
- 기한성: 사업 종료 후 산출까지 많은 시간이 소요되지 않아 해당 연도의 성과를 평가할 수 있는 지표여야 하고, 장기적인 사업목표인 경우도 연간 성과지표를 설정하여 일정기간의 성과를 점검할 수 있도록 해야 한다.
- 비교 가능성: 예산편성 등에서 활용할 수 있도록 과거의 성과 및 유사사업의 성과와 비교 가능하도록 설정한다.

4) 지표 설정의 과정

지표를 설정하는 과정에서 참고할 수 있는 과정을 보면 아래와 같다(Bertrand & Tsui, 1995).

① 산출을 적절하게 측정할 수 있는 모든 지표를 확인해 목록화한다.
② 각 지표와 관련된 자료원과 자료 수집 방법을 확인한다.
③ 중요성, 자료 수집 용이성, 비용 등으로 분류하여 지표의 목록을 만든다.
④ 지표의 중요성, 수집의 용이성과 비용에 의해 우선순위를 설정한 뒤에 지표 세트(set)를 구성한다.
⑤ 지표를 자료원별로 집단화한다.
⑥ 지표를 최종적으로 선택해 그룹화하고 자원을 고려해 자료 수집계획을 수립한다.

사례

국무조정실의 성과지표 개발 절차

① 임무 · 비전 · 전략목표 · 성과목표 확인

- 지표 개발에 앞서 기관의 임무와 비전, 전략목표, 성과목표의 주요 내용 확인

② 성과지표의 수집

- 기존 지표와 해외 또는 타 기관 선진지표를 수집하여 성과지표 풀(pool) 형성

③ 후보 성과지표 개발

- 현재 활용되고 있는 지표가 적절하지 않거나 선진사례를 통해 지표 수집이 어려운 경우, 전략목표와 성과목표에 따른 적절한 지표를 새롭게 개발
- 새로 개발된 지표들 중 전략목표와 성과목표에 가장 적합하다고 판단되는 지표를 대상으로 목록 작성

④ 1차 성과지표 선정

- 성과지표가 지나치게 세분화된 경우 대표성이 있는 소수의 성과지표로 통합
- 우수한 평가를 받기 위해 달성이 용이한 지표를 사용하였는지 점검
- 수시 측정이 가능하고 자료 활용이 용이한 지표를 선택
- 성과지표는 조직 내에서 토론 및 검토 등을 통해 선정

⑤ 성과지표 조정 및 확정

- 성과지표 간 중복 또는 상충 여부를 검토 · 조정하며 성과지표 달성을 위한 활동이 부서 간 연계를 통해 추진되는 경우 성과에 대한 책임 범위를 결정
- 성과지표가 확정되면 확정된 성과지표에 대한 관리 방안을 반드시 수립
- 성과지표 관련 자료의 생성과 관리 절차를 구체화하고, 외부 환경변화 및 조직변화에 따른 성과지표의 변경 · 수정 등 지속적 관리 방안을 명확화
- 성과지표는 자체평가위원과 외부 전문가 합동 T/F 논의 결과를 토대로 확정

⑥ 성과지표의 상세화

- 구체적인 측정 방법 및 평가 기준에 의한 상세화
- 계산식 표현을 통한 상세화

출처: 국무조정실(2022c). 『2022년 정부업무 성과관리 운영지침』.

5) 지표의 문제

평가에서 지표는 다음과 같은 문제를 가진다(SUPERU, 2017).

- 지표가 없으면(특히 영향평가에서) 평가자료를 수집할 수 없고 평가할 수도 없다.
- 지표가 너무 많으면 사용 여부와 관계없이 편의성에 의해 측정된다.
- 관련 없는 지표를 함께 묶은 지표, 사람마다 해석이 다른 지표 등 지표를 잘못 설정하면 자료 수집의 일관성 확보가 어려워진다.
- 맥락에 큰 영향을 받는 지표나 프로그램에 영향을 덜 받는 지표는 프로그램 성과에 대하여 아무것도 말해주지 않는다.
- 정량화하기 어렵고 비용이 많이 드는 지표는 평가 요구사항이나 예산에 비추어서 지표 선택을 재고해야 한다.
- 부적절하게 표현되거나 설명하는 지표는 이를 이해관계자에게 설명하고자 할 때 추가적 설명이 필요하게 된다.
- 거짓된 자료 수집과 같이 잘못된 자료 수집을 유도하는 지표는 바람직하지 않다.

2. 판단 기준

평가는 사업의 가치를 판단하는 활동이다. 평가를 위해서는 가치판단을 할 수 있는 기준이 사전에 제시되어야 한다. 예로, 저소득층을 위해 프로그램을 실시한 결과 참여자의 평균 소득이 2% 증대했다면 이것이 바람직한 것인가? 사전에 목표로 1% 증가를 설정했다면 이는 바람직한 것으로 판단할 수 있다. 그러나 성과목표와 같이 사전에 설정한 명확한 기준이 없거나 과정평가 지표 등의 경우에는 다양한 판단 기준을 사용하게 된다.

〈표 5-16〉은 공공기관으로 인천국제공항공사의 업무 효율에 대한 평가를 보여주고 있다. 이에서는 판단의 기준으로 국제적 비교라는 기준을 사용하고 있다. 이외에 중앙행정기관의 자체평가에서 가장 많이 사용하는 효과성 판단 기준으로는 직전 3개년 평균과 비교하는 방법을 사용하고 있다. 〈표 5-17〉은 행정안전부 2020년 성과평가를 위한 성과지표의 예이다. 이에서는 목표치가 판단 기준으로 목표 달성 여부를 평가하여 점수화한다.

표 5-16 인천공항공사 평가편람

ROA 글로벌 경쟁력(평가 방식: 글로벌 실적비교, 가중치: 1점)	
정의	기관의 ROA(Return on Assets, 총자산영업이익률) 수준을 글로벌 TOP5 공항의 실적과 비교하여 평가한다(상향지표).
기준치	비교 대상 공항의 최근 연도 실적치 평균과 최근 3개년 평균 실적 중 높은 실적
목표	최고목표: 기준치 + 1 × 비교대상 공항의 실적치 평균의 표준편차(과거 5개년) 최저목표: 기준치 − 2 × 비교대상 공항의 실적치 평균의 표준편차(과거 5개년)
측정산식 및 변수	① $ROA = \frac{영업이익}{총자산}$ ② 영업이익은 기업회계 기준에 따라 작성된 당해연도 말 손익계산서상의 금액으로 함 ③ 총자산의 정의는 평가 기준 · 방법이 정한 바에 따름 ※ 산출 시 고려사항 • 해외실적치는 비교 대상 공항의 가장 최근 발표된 Annual report상 실적을 사용 • 비교 대상 공항(글로벌 TOP5 공항): 영국 런던 히드로, 프랑스 파리 샤를드골, 네덜란드 암스테르담 스키폴, 독일 프랑크푸르트, 홍콩 첵랍콕

출처: 기획재정부(2021). 『2021년도 공공기관 경영평가편람』(수정).

표 5-17 국가연구개발사업 중간평가 평가지표별 배점 기준

평가지표	[수혜자] 사업 추진활동 또는 산출물을 통한 혜택이 계획된 수혜자에게 잘 전달되었는가?(10점)	
판단 기준	사업 추진활동과 예산집행이 사업 전략계획서에서 제시한 수혜자와 관련이 있으며, 사업 성과의 활용 · 확산을 통하여 직접적인 영향 또는 혜택이 해당 수혜자에게 적절히 전달되었는지 정성평가를 실시하고 배점 내 점수 부여	
수혜자 지표 평가 판단 기준		
등급	판단 기준	점수 부여
S	사업 추진활동 및 성과의 활용 · 확산을 통해 계획된 수혜자에게 직접적인 영향 또는 혜택이 적절히 전달되었으며, 수혜자의 인식을 객관적으로 조사하여 추가 개선점을 도출한 경우	10
A	사업 추진활동 및 성과의 활용 · 확산을 통해 계획된 수혜자에게 직접적인 영향 또는 혜택이 적절히 전달되었으나, 수혜자 인식 조사의 객관성이 다소 부족하거나 추가 개선점이 도출되지 않은 경우	9 8 7 (택1)
B	사업 추진활동 및 성과의 활용 · 확산을 통해 계획된 수혜자에게 직접적인 영향 또는 혜택이 일부만 전달된 경우	6 5 4 (택1)
C	사업 추진활동 및 성과의 활용 · 확산을 통해 계획된 수혜자에게 직접적인 영향 또는 혜택이 전달되지 않은 경우	3 2 1 (택1)

출처: 과학기술정보통신부(2022b). 『2022년도 국가연구개발사업 중간평가 자체평가 지침』.

이러한 준거점으로 베딩(Vedung, 1997)은 다음과 같이 열 가지를 제시하고 있다.

- 과거(the past): 달성한 생산성이 과거와 비교해 어떠한가?
- 국내적 비교(intranational comparison): 달성한 것이 비슷한 국내 또는 지역의 비슷한 기관의 결과와 어떻게 비교되는가?
- 국제적 비교(international comparison): 달성된 것이 다른 나라의 비슷한 기관의 결과와 어떻게 비교되는가?
- 벤치마크(benchmark): 달성된 것이 어떻게 최고의 경험적 활동과 비교되는가?
- 목표(goals): 달성된 것이 정책기구의 목적을 충족하는가? 그 결과는 정부의 목표와 일치하는가?
- 고객의 기대(client expectation): 달성된 것이 고객의 욕구를 충족하는가?
- 이해관계자의 요구(stakeholders demands): 달성된 생산성이 다른 이해관계자의 욕구를 충족하는가?
- 전문가적 기준(professional standards): 달성된 것이 세계보건기구(WHO)의 비타민 섭취 권고량과 같은 관련 부문의 전문가 기준을 충족하는가?
- 최소(minimum): 달성된 것이 최소한의 수요를 충족시킬 만큼 충분한가?
- 최적(optimum): 달성된 것은 최적 모형과 일치할 만큼 훌륭한가?

C·H·A·P·T·E·R 6

평가자료 수집

제 1 절 평가자료 수집의 의의와 계획

1. 평가자료 수집활동의 의의

평가설계가 마무리되면 평가질문에 답을 얻기 위한 정보와 자료를 수집해야 한다. 자료 수집이 평가에서 중요한 이유는 '쓰레기를 넣으면 쓰레기가 나온다(Garbage in, garbage out)'라는 논리이다. 좋은 평가는 평가자의 주관적 판단에 의한 사정이 아니라 좋은 정보와 자료를 증거로 한 평가이다.

바람직한 평가를 위해 사용되는 자료는 최소한 다음 세 가지 조건을 충족해야 한다(Guerr-López, 2008).

- 적정성: 자료는 답하고자 하는 평가질문과 직접 관련이 있어야 한다. 수학점수가 평가지표인데 물리점수를 수집하여 평가하는 것은 적정성이 없는 것이다. 자료 수집의 적정성을 확보하기 위해서는 자료나 정보가 평가의 목적 및 이해관계자의 욕구와 직접적으로 연계된 것이라야 한다.
- 신뢰성: 자료는 동일한 개념에 대해 측정을 반복하였을 때 동일한 측정값을 얻을 가능성을 의미하는 신뢰성을 가져야 한다. 신뢰성을 확보하기 위해서 검증된 측정 도구를 사용하고, 반복적으로 측정하며, 측정 항목 수를 늘리는 등의 방법이 있다.
- 타당성: 평가에 활용되는 정보와 자료는 타당성이 있어야 한다. 타당성은 측정하고자 하는 것을 얼마나 정확하게 측정하였는가의 정도를 의미한다. 길이를 잴 때 12cm라고 하는 것보다 11.99cm라고 측정하면 더 타당한 자료이다.

이외에 평가자료를 수집할 때 다음과 같은 것을 고려하여야 한다(Frankel & Gage, 2007).

- 적용 범위(coverage): 자료가 관심을 가지는 요인 모두를 포함하는가?
- 완전성(completeness): 관심을 가지는 요인에 대한 자료의 세트가 포괄적인가?
- 정확성(accuracy): 자료의 타당성과 신뢰성을 검증할 수 있는 도구가 있는가?
- 빈도(frequency): 자료의 수집은 필요에 적합하게 자주 수집되는가?
- 보고 일정(reporting schedule): 자료가 평가하고자 하는 기간을 반영하는가?

- 접근성(accessibility): 필요한 자료를 수집할 수 있고, 다시 확인할 수 있는가?
- 능력(power): 변화를 추정하고 확인할 수 있을 정도로 표본의 크기가 충분한가?

2. 평가자료 수집계획

합리적으로 평가자료를 수집하기 위해서는 자료 수집계획이 작성되어야 한다. 평가자료 수집계획은 무엇을, 어디에서, 언제, 누가, 어떻게 수집할 것인지에 대한 계획이다. 평가자료 수집계획이 마무리되면 〈표 6-1〉과 같은 수집계획서가 만들어지게 된다. 자료 수집계획의 타당성을 높이기 위해 예비조사(pretest)가 필요한 경우도 있다. 예비조사는 선택한 방법으로 원하는 자료를 얻을 수 있는지, 수집에 부담은 없는지, 피조사자에게 적절한 방법인지를 조사하게 된다. 예비조사의 결과에 의해 자료 수집방법과 절차에 대해 필요한 수정을 한다.

표 6-1 평가자료 수집계획표

평가질문	지표	필요한 자료	자료원	자료 수집 방법	수집자	수집 시기	예산

- 필요한 자료: 대부분 평가질문은 추상적이고 이론적인 경우가 많아서 이를 경험적으로 측정하기 위해서는 평가질문을 조작화한 지표를 측정할 수 있는 자료를 선택하여야 한다. 프로그램의 효과성을 평가하기 위한 평가질문으로 영어 능력이 향상되었는가?를 평가하기 위해서 토익점수를 지표로 설정하였다면 필요한 자료는 토익점수가 된다.
- 자료원: 자료는 프로그램 기록으로부터 수집할 수도 있고, 서비스의 수혜자로부터 수집할 수도 있다. 자료원이란 평가자료를 어디에서 얻을 수 있는가?를 의미한다.
- 자료 수집 방법: 자료를 수집하는 방법은 평가 대상으로부터 직접 수집하는 방법과 간접적으로 수집하는 방법 등 다양한 방법이 있다.
- 자료 수집자: 평가자료 수집계획에서는 누가 자료를 수집할 것인가를 명확하게

해야 한다. 그렇지 않으면 실제 수집 과정에서 자료 수집이 이뤄지지 않는 난처한 일이 발생할 수도 있다.

- 자료 수집 시기: 자료를 수집하는 시기는 명확하게 제시되어야 한다. 자료 수집 시기는 자료의 질을 결정하는 중요한 요인이 된다. 실험 설계에서 어떤 자료는 집행 이전에 수집할 필요가 있고, 또 어떤 자료는 집행이 끝난 뒤에 수집할 필요가 있다. 수집 시기를 명확하게 하는 것은 자료를 일정에 따라서 수집할 수 있도록 해 준다.
- 예산: 자료 수집은 예산을 수반하는 활동으로 자료 수집에 대한 충분한 예산이 반영되어야 한다.

제 2 절 자료와 자료원

1. 평가자료와 자료 관리

정책과 프로그램 평가의 기초가 되는 자료(data)란 정책에 대한 관찰이나 정책 현상에 대한 측정을 통해 수집한 단순한 사실이나 결괏값으로 가공되지 않은 상태를 말한다. 평가에서 자료는 추론, 논의, 계산 등의 기초로 사용하게 된다. 평가에 사용되는 자료는 추상적 아이디어에서 구체적인 측정 및 통계치에 이르기까지 다양하다. 자료는 평가에서 측정, 수집, 보고 및 분석하고 종종 시각화하여 표현된다.

오늘날 정책이나 조직평가를 위해 체계적인 데이터 관리의 필요성이 커지고 있다. 특히 제4차 산업혁명과 IT 기술의 발전에 따라 공공 부문의 데이터 생성 · 수집 · 활용까지 데이터 생애주기별 체계적 관리, 표준화 및 개방 · 활용을 위한 범정부 데이터 관리체계를 마련하여 정책과정에 활용하고 있다. 평가와 관련하여 우리의 경우 전자통합평가시스템(e-IPSES)을 구축하여 관련 평가자료를 관리과제별로 체계화하여 관리하고 있다. 자체평가의 경우 자체평가 위원은 먼저 e-IPSES 시스템을 통해 자료를 검토하고, 평가지원 T/F와 e-mail, 유선, 방문설명 등을 통해 의견교환을 하고, 필요할 때 현장점검을 한다. 전자통합평가체계는 평가과정, 평가결과 및 환류과정의 통합적인 정보관리 및 평가 관련 기관 간 정보공유가 가능하도록 구축하여 운영하고 있다. 이외에 통계청에서 관리하는 통계기반 정책평가도 국가적 자원에서 평가에 활용하기 위한 자료관리체계로 활용되고 있다.

이와 관련하여 미국 OMB(2020)는 평가자료 관리 시 다음을 고려할 것을 권고한다.

- 법이 요구하지 않더라도 데이터를 신중하게 관리하고 사전 동의를 중시하는 조직문화를 육성하여야 한다.
- 평가자는 데이터의 수집, 이용, 공개에 대한 법적 권한과 참여자 데이터의 기밀 유지 등에 대하여 이해하고, 문서화하며, 당사자에게 알려야 한다.
- 평가 데이터에 개인 식별이 가능한 정보나 민감한 정보가 포함된 경우 공개의 위험을 평가하고, 완화하기 위해 관련 법규를 준수한다.
- 개인정보를 다루는 것에 대한 법적 조건 등을 지키는 것과 관련된 훈련이나 자격증 등을 소유하여야 한다.
- 기관은 평가 데이터 관리를 위한 템플릿 등을 제작하여 제공한다.
- 평가 데이터를 관리할 때 이차적으로 이용할 수 있도록 관리하여 데이터 관리의 중복성 등을 방지하도록 한다.

2. 자료의 유형

1) 양적 자료와 질적 자료

(1) 양적 자료

양적 자료는 교통 사고율, 소득, 시험 점수 등과 같이 수치화한 자료다. 수치로 직접 측정하기 어려운 질적인 측면도 질문조사와 관찰 등의 방법에 의해 정량화할 수 있다. 예로, 아주 만족, 만족, 보통, 불만, 아주 불만을 각각 5, 4, 3, 2, 1로 수치화해 통계분석을 할 수 있게 된다. 양적 자료는 등간(interval)척도와 비율(ratio)척도로 수집되어 분석한다.

평가에서 양적 자료는 다음과 같은 경우에 적합하다.

- 실적과 달성도 등을 측정할 때
- 조사 대상 인원이 많을 때
- 확립된 측정 방법이 있을 때

- 통계분석을 할 때

(2) 질적 자료

질적 자료란 정책 대상집단에 대한 면담 자료, 각종 문서 및 보고서 등과 같이 현상을 기술한 자료로 특정 프로그램과 사람들의 행동과 인식을 더욱 깊이 있고 상세히 아는 데 적합하다. 질적 자료는 현상에 대한 구체적인 정보를 보여주므로 프로그램에 영향을 미친 요인, 변화과정 및 이들의 상호관계를 파악할 수 있다. 프로그램 평가에서 집행과정에 대한 정보 대부분은 질적 자료로 양적 자료를 의미 있게 이해하는 데 도움이 된다.

종종 질적 자료는 프로그램에 대한 맥락을 제공해 주기 때문에 양적 자료보다 더 가치가 있을 수 있고, 프로그램 개선에서 프로그램 감독자들에게 더 의미가 있을 수 있다. 질적 자료는 사람들의 감정이 들어 있기 때문에 외부인들에게 프로그램의 차별성을 전달하는 데 더 유용할 수 있다. 그러나 질적 자료는 자료를 다룰 때에 정해진 측정 방법이 있을 수 없으므로, 자료의 의미를 해석할 때 조사자의 편견에 좌우되기 쉬운 단점이 있다. 질적 측정은 명목 척도와 서열 척도에 의해 수집되어 분석된다.

이러한 질적 자료는 다음과 같은 경우에 적합하다.

- 좀 더 깊이 있고 상세한 정보를 조사할 때
- 성과 달성에 영향을 주는 주변 요인(저해 · 공헌 요인 등)을 탐색할 때
- 사전에 분석 방법을 정하지 않았을 때
- 정량화할 필요가 없을 때
- 정책과 프로그램의 맥락을 분석할 때

(3) 평가질문과 자료 선택

평가를 위한 자료는 평가질문에 의해 결정된다. 다음은 양적 자료와 질적 자료에 적합한 평가질문을 예시한 것이다(HM Treasury, 2007).

① 양적 자료에 적합한 평가질문

- 얼마나 많은 사람이 정책문제의 상황에 놓여 있고, 정책문제에 의해 영향을 받으며, 정책에 의해 도움을 받았는가?
- 정책문제가 얼마나 만연되어 있는가?

- 정책문제에 의해 어떤 집단이 가장 영향을 받고 위험에 처해 있는가?
- 정책이나 프로그램이 정책문제에 어느 정도의 변화를 가져올 수 있을 것인가?

② 질적 자료에 적합한 평가질문

- 왜 사람들이 정책문제에 의해 영향을 받는가?
- 어떻게 사람들은 정책문제의 상황에서 벗어났는가?
- 정책이나 프로그램이 어떻게 작용했는가?
- 정책이나 프로그램이 계획대로 집행된 이유와 집행되지 못한 이유는?
- 사람들은 정부개입에 대해 어떻게 생각하고 있고, 그것을 어떻게 개선할 수 있을 것인가?

2) 1차 자료와 2차 자료

(1) 1차 자료

1차 자료(primary data)는 평가하고자 하는 프로그램 대상집단이나 현상으로부터 직접 수집한 자료를 의미한다. 1차 자료는 진실험이나 준실험 등의 평가설계를 통해 수집된 자료이므로, 조사 목적에 적합한 타당도 · 신뢰도 등을 평가할 수 있다. 그러나 1차 자료는 수집에 큰 비용, 인력, 시간이 필요하다.

(2) 2차 자료

2차 자료(secondary data)라 하면 1차 자료를 제외한 모든 자료를 의미하게 된다. 2차 자료는 평가 대상에 대한 자료를 대상이 아닌 제삼자로부터 수집된 자료를 의미한다. 통계기관으로부터 수집된 자료 등이 이에 해당한다. 대부분의 2차 자료는 평가질문과는 다른 목적으로 수집되는 경우가 많다. 2차 자료는 그 자료의 출처에 따라서 동일 조직 내에서 생성되었는가에 따라 내부 자료와 외부 자료, 공적 기관의 자료와 사적 기관의 자료로 분류될 수 있다. 2차 자료는 자료 수집이 용이하고 비용이 저렴한 특징을 가진다. 그러나 평가자가 자료의 수집 및 정리과정을 통제하지 못하기 때문에 평가와 일치되지 않을 위험이 있다.

(3) 1차 자료와 2차 자료의 선택

자료 수집은 자원이 수반되는 활동이기 때문에 자료원을 선택할 때 이를 고려해야 한다. 일반적으로 1차 자료는 수집에 많은 자원이 필요로 하나 정확성을 확보할 수 있는 장점이 있다. 반면에, 2차 자료는 저렴한 비용과 짧은 시간에 자료를 수집할 수 있는 장점을 가진다. 어떠한 자료원을 선택할 것인가를 결정할 때 먼저 이용 가능한 2차 자료가 있는지를 검토하는 것이 요구된다.

3. 자료원과 자료원의 선택

1) 자료원

자료원이란 평가를 위해 자료를 얻을 수 있는 곳이나 대상을 의미한다. 정책 및 프로그램 평가에 활용될 수 있는 자료는 다양한 곳에서 얻을 수 있다. 자료원은 평가하는 대상에 따라서 달라진다. 예로, 정책집행과 관련된 자료는 프로그램 기록이나 프로그램 담당자와의 면담으로 얻을 수 있다. 정책 대상집단과 관련된 자료는 프로그램 기록, 담당직원이나 수혜자와의 면담 등을 통해 얻을 수 있다.

정책 및 프로그램 평가를 위한 자료원에는 다음과 같은 것이 있다.

- 프로그램 기록: 계획서, 운영일지, 회의록 등
- 프로그램 관리정보 시스템
- 프로그램 보고서
- 프로그램 담당자
- 프로그램 참여자와 고객
- 프로그램 참여자의 가족과 주변인
- 실험에서의 실험과 통제집단
- 관련 기관의 담당자
- 기타 프로그램과 관련된 기관의 기록과 문서
- 지역 공동체의 리더
- 외부 전문가
- 일반 대중

• 국가 통계 및 데이터베이스

평가를 위한 자료원 및 수집방법은 각각 장단점을 가진다. 이들 가운데 중요한 자료원이 가지는 장단점은 〈표 6-2〉와 같이 정리할 수 있다.

표 6-2 자료 수집 방법

방법/ 자료원	설명 및 용도	장점	단점
모니터링 시스템	• 성과지표를 사용하여 진행 상황을 측정한 자료를 얻을 수 있음 • 사업이 어떻게 추진되었으며, 어떻게 추진되고 있는지 알고자 할 경우 • 프로그램에 참여한 사람에 대한 이차적인 정보를 얻고자 하는 경우	• 자료 접근 가능성이 높음 • 포괄적 정보 획득이 가능 • 이미 존재하는 정보를 활용하므로 추가적 수집 노력 불필요 • 정보에 대한 편견이 비교적 적음 • 객관적인 해석 가능 • 상대적으로 비용과 시간이 적게 소요됨	• 일반적으로 서비스 제공 이후의 정보를 얻을 수 없음 • 프로그램 지지를 위해 서류를 조작할 수 있음: 신뢰성 검증의 어려움 • 자료가 불완전해 추가적인 해석이 필요할 수 있음 • 찾고자 하는 자료가 무엇인지 명확히 파악하고 있어야 함 • 이미 존재하는 자료에 한정되므로, 자료 수집에 융통성이 없음 • 모니터링 시스템의 신뢰성에 따라 자료의 신뢰성이 결정됨
보고서 및 문서	• 프로그램 내용, 진행 상황, 성과 등에 대한 자료로 정책평가에 기초자료임 • 프로그램 이해 및 집행과정을 이해하고자 할 때 필요	• 신속한 자료 수집과 프로그램 참여자의 도움 없이 자료 수집이 가능 • 자료 수집 비용이 매우 저렴	• 문서가 평가에 필요하지 않은 관리적인 정보 중심일 수 있음 • 자료의 신뢰성과 유효성 검증이 어려움 • 자료분석에 어려움이 있을 수 있음
기존 통계자료 활용	• 정부통계, 국제적인 통계를 활용하는 방법	• 자료의 신뢰성이 높음 • 시계열적 비교가 가능	• 2차 자료로 평가질문과 일치되지 않을 수 있음
설문지	• 대규모 사람들로부터 자료를 수집하고자 할 경우 • 정책 이해관계자의 태도, 신념, 의견, 인식, 만족도 등에 대한 정보를 얻기 위해 사용	• 익명성 • 시간/비용 절감 • 비교/분석 용이 • 다량 자료 획득 가능	• 중요한 정보를 총망라하지 못할 가능성이 있음 • 표본추출의 대표성 문제 • 회수율의 문제 • 곤란 • 응답 왜곡 가능성
인터뷰	• 응답자의 경험이나 감정을 이해하고 하거나, 질	• 세부적인 사항 질문 가능 • 예상하지 못한 답변 획득	• 시간/비용 소요 • 어려움

	문서에 응답한 내용을 더 자세한 사항을 알고 싶은 경우 사용	가능 • 프로그램 참여자의 직접적인 경험이나 결과에 대한 정보를 얻을 수 있음 • 프로그램의 운영에 대한 구체적 정보를 얻을 수 있음 • 개별적 독특한 프로그램에 반대하는 정보를 획득 • 특정 지역이나 집단 대상 프로그램에 대한 정보를 얻을 수 있음	• 해석 시 질문자의 주관개입 우려 • 정보가 기억, 개인적 해석, 두려움 등에 의해 편견이 존재 • 프로그램에 대한 전문가가 아니어서 프로그램을 이해하지 못할 수 있음 • 전체 지역의 일부분의 정보만을 얻을 수 있음
현장 관찰	• 사업이 실제로 어떻게 운영되는지를 파악할 때, 특히 과정 및 사람들의 행동에 대한 정보를 얻고자 할 경우 필요	• 프로그램의 실제 운영 상태 확인 가능 • 객관적인 해석 가능 • 현상의 관찰을 통해 자료를 획득하므로 자료 수집이 용이	• 시간과 비용 소요 • 관찰될 수 없는 요소 존재 • 보이는 행동의 해석 및 분류가 복잡할 수 있음 • 관찰자의 태도에 따라 영향을 받음 • 다른 방법과 병용해 객관성을 확보 • 현장 선정에 편견이 존재할 수 있음
포커스 그룹 면접	• 집단토론을 통해 깊이 있는 주제를 논의하려 할 경우	• 공통적인 생각들을 신속하고 신뢰성 있게 획득 • 좀 더 비용-효과적임 • 반대 의견을 확인하기 쉬움	• 유능한 진행자가 필요 • 수집자료의 분석 어려움 • 민감한 주제에 적합성이 떨어짐(사회적 규범이 있는 이슈의 경우) • 한 사람의 답변이 다른 사람에게 영향을 미칠 수 있음 • 포커스 그룹 구성의 어려움
핵심 정보 제공자	• 광범위한 이해관계자와 질적 심층 인터뷰(일대일 인터뷰)로 프로그램 운영 및 상황을 보다 심층적으로 이해하고자 할 때 활용	• 문제의 본질에 대한 통찰력과 해결방안을 얻을 수 있음 • 다양한 관점으로 프로그램을 이해할 수 있음 • 심층적 질적 정보를 수집하는 가장 효과적인 방법 가운데 하나임	• 정보제공자 선택의 편견 문제 • 정보 확인의 어려움이 있음 • 많은 시간과 비용이 수반됨 • 숙련된 평가자가 필요함
전문가 패널	• 외부 전문가로 구성된 동료나 준거집단을 활용 • 객관적인 자료 확보가 불충분한 분야를 객관적으로 측정/평가하여, 그 결	• 경험과 지식이 풍부한 전문가 의견이므로 신뢰성 확보가 비교적 용이 • 상대적으로 비용과 시간이 적게 소요	• 전문가의 주관적 의견개입 시 신뢰성 문제 발생 가능 • 모든 이해관계자가 공감하는 전문가의 선정이 어려움

	과를 정당화하고자 할 경우 활용	• 관련 자료 및 정보를 입증	
사례연구	• 프로그램 고객의 경험을 완전하게 이해 혹은 서술하고자 할 경우 • 프로그램의 운영 역학, 프로그램 구성요소와 결과의 관계 등에 대한 심층적인 정보를 얻기 위해 사용	• 사업 투입, 과정, 결과에 대한 고객 경험 파악 용이 • 프로그램을 외부인에게 보여 줄 수 있는 강력한 수단 • 질적 분석을 용이하게 함 • 많은 정보의 축약 및 사례 간의 공통점 추출을 용이하게 함	• 많은 시간 소요 • 결과의 일반화가 어려움 • 통합하거나 분류할 경우 비효율적인 결과를 가져올 수 있음 • 텍스트에 내포된 구체적 정보를 모호하게 할 수 있음
경제적 방법	• 비용-편익 및 비용-효과 분석 등에 의하여 프로그램의 효율성을 분석하고자 할 때 필요	• 기대되는 비용과 편익의 항목 확인 • 기대한 것과 기대하지 않은 모든 영향을 평가 • 다른 프로그램과의 비교가 쉬움 • 시간별로 프로그램의 편익과 비용을 평가할 수 있음	• 비용과 편익의 배분적인 측면을 평가하지 못함 • 영향에 대한 원인 파악이 어려움
시험 및 사정	• 정책 효과를 평가하기 위해 프로그램 대상자를 대상으로 시험을 치르거나 실험 설계에 의하여 자료를 얻음	• 실제 활동과 밀접한 과제를 다루어서 평가결과가 정확하고 신뢰할 수 있음 • 실시간으로 정보를 얻을 수 있음	• 자료의 수집에 많은 시간과 비용이 필요할 수 있음
원격/가상 참여	• 위기 상황이나 이해관계자를 한곳에 모아서 회의나 의견을 모으는 것이 어려울 경우에 활용	• 비용과 시간을 절약할 수 있음	• 다양한 기술적인 문제가 발생할 수 있음 • 자료의 수집, 분석, 해석 등에 새로운 방법이 요구됨 • 가상 공간에서 의사소통이 가지는 인간 심리적인 문제 발생

출처: UNDP(2021); PBM SIG(2001); Posavac(2011); UNEC(2013).

2) 자료원 및 수집 방법의 선택

다양한 평가자료원 및 수집방법 가운데 어떠한 방법을 사용할 것인가는 프로그램의 특성, 평가질문, 필요한 자료의 특성 등을 고려하여 결정해야 한다. 이들 자료 수집 방법을 선택할 때 다음과 같은 것을 고려해야 할 것이다(Kellogg Foundation, 2004a).

(1) 자료의 중요성

자료 수집 방법의 결정은 평가질문에 어느 정도의 해답을 주고 평가의 궁극적 목적을 달성하는 데 얼마나 적절한지에 의해 결정되어야 한다. 그리고 수집하고자 하는 개개의 정보가 평가와 이해관계자에게 어느 정도 중요한가를 고려해야 한다. 무엇보다도 자료 수집 방법은 평가질문에 해답을 줄 수 있어야 한다.

(2) 자료 수집에 이용할 수 있는 자원

자료 수집 방법은 이용할 수 있는 자원과 연계해 결정해야 한다. 자원이 부족하면 평가계획과 방법의 수정이 필요하다. 자료의 수집 방법을 결정할 경우에 원하는 시간 내에 자료 수집이 가능한지도 고려해야 한다.

(3) 자료원의 특성

자료 수집 방법을 선택할 때 대상 모집단 및 프로그램 고객의 문화적 특성 등을 고려해 결정해야 한다. 특히 응답자와 참여자의 반응을 고려해야 한다. 예로, 농촌의 노인을 대상으로 하는 평가나 장애인을 대상으로 하는 평가는 일반인을 대상으로 하는 평가와는 다르게 접근해야 한다.

(4) 평가질문 및 프로그램의 필요와 관련된 자료의 수집

자료 수집 방법을 결정할 때 자료의 적합성 이외에 방법의 신뢰성이 어느 정도인지를 고려해야 한다.

(5) 예비조사

자료 수집 방법을 최종적으로 결정하기에 앞서서 시험적으로 실시하는 것도 필요하다. 예비조사는 자료 수집 전략과 활동이 계획대로 운영될 수 있을 것인지를 알 수 있는 수단이다. 예비조사는 자료 수집의 오류를 사전에 방지하기 위한 수단이 된다.

(6) 신축적이고 대응적인 설계

자료 수집 방법은 억압적인 통제보다는 자연주의적이고 대응적인 절차에 의해 수집하는 방법을 모색해야 한다. 그리고 상황에 적합하게 대응할 수 있는 신축적인 방법도 고려하여야 한다.

4. 자료 수집활동

1) 의의

자료 수집계획이 합리적으로 수립되었다고 좋은 자료를 수집할 수 있는 것은 아니다. 자료의 타당성, 신뢰성은 주로 자료 수집활동에서 결정된다. 자료 수집활동에서 바람직한 자료를 수집하기 위해서는 자료를 수집하는 사람과 자료를 제공하는 사람의 능력과 성실성이 중요하다. 예로, 설문조사에서 조사원이 조사를 수행하지 않고 거짓으로 설문지를 기재한다든가, 정보 제공자가 성실하게 응답하지 않는다면 좋은 자료를 얻을 수 없다.

2) 자료 수집활동

(1) 자료 수집의 법적 제한

대부분의 자료 수집활동은 법적 제한을 받게 된다. 자료 수집에 대한 공식적인 법규로는 '통계법', '공공기관의 개인정보 보호에 관한 법률', '통신비밀보호법' 등이 있다.

(2) 참여자에게 통보

평가자는 평가자료를 제공하는 사람들에게 자료 수집의 목적, 성격, 자료 이용 방법, 일정 등을 알려 주어야 한다. 때로는 참여자에게 통보해 동의를 얻어야 하는 경우도 있다.

(3) 수집활동에 대한 모니터링

평가자료 수집의 질을 확보하기 위해 수집이 계획대로 이뤄지고 있는지, 자료에 대한 비밀 유지 여부 등에 대한 주기적인 모니터링이 요구된다. 이외에 자료의 신뢰성을 평가하기 위해 동일한 자료를 2인이 수집하는 것도 필요하다.

(4) 자료 제공자에 대한 교육

자료 수집활동에서 가장 중요한 것은 자료의 질을 확보하면서 평가에 필요한 정확한 자료를 수집하는 것이다. 좋은 자료를 수집하기 위해서는 자료를 창출하고 수집하는 사람이 평가에서 자료 수집의 중요성을 인식하고 있어야 한다. 이러한 인식과 동기부여는 자료 수집자와 제공자에 대한 교육으로 확보할 수 있다. 자료 수집과 관련한 제공자의 동기부여를 위해 자료 제공자에게 부담을 많이 주지 않아야 한다. 가능한 수집 및 자료 준비과정을 단순화시키고, 수집에서의 중복성을 배제해야 한다.

3) 자료 수집활동의 어려움 극복 방법

자료 수집계획을 신중하게 작성했다고 하더라도 실제 자료를 수집하는 과정에서 다양한 형태의 어려움에 부닥칠 수 있다. 자료 수집과정에서의 어려움과 이를 극복할 방법을 보면 다음과 같다(EuropeAid, 2006).

(1) 정보원 접근의 어려움

- 정보원에 접근이 어려운 경우에는 평가팀장, 주요 이해관계자 때로는 관련 부서의 책임자에게 공식적 협조를 기관 단위로 요청한다.
- 관련된 정보를 얻을 수 없는 경우에는 이를 대신할 수 있는 다른 방법을 모색한다.
- 필요한 경우 정보공개법의 청구 방법을 활용해 자료를 얻도록 한다.
- 표본의 수가 줄어든 것이 통계적으로 타당한 결론을 도출할 수 있는지를 결정할 수 없는 경우에는 포커스 그룹과 같은 다른 기법을 활용한다.
- 정보 제공자가 자유스럽게 자기의 의사를 표현하지 못하는 경우가 있다. 이 경우에는 개인적 의견보다는 사실 중심의 포커스 그룹 면접을 하거나 익명 처리를 약속하거나 해야 할 것이다.
- 정보 제공자가 편견을 갖고 고의로 응답하는 경우에는 의견이 아닌 사실을 이야기해 달라고 요구하는 방법이 필요하다.

(2) 문화적 격차의 문제

- 자료 수집의 어려움은 언어상의 문제와 같이 평가자와 조사 대상 간에 커다란 문화적 격차가 있는 경우 발생할 수 있다. 이 경우에는 평가팀에 두 문화를 연결할 수 있는 사람을 포함하여 격차를 줄이도록 해야 한다.

(3) 자료의 부족 또는 취약성 문제

- 자료가 불완전한 경우에는 누락 자료를 보완하도록 해야 한다.
- 자료에 대한 신뢰성이 부족한 경우에는 편견을 이해하고, 자료의 수정 및 다른 자료와 비교·검토해 보완하도록 한다.
- 자료의 불완전성이나 신뢰성을 검토하기 위해 가능한 하나의 정보원으로부터 자료를 수집하는 것을 피하도록 한다.

5. 자료의 질 통제

1) 의의

데이터의 질이란 수집된 데이터가 측정하고자 하는 개념이나 현상을 정확하게 포착하는 정도로 정보의 정확성과 가치를 의미한다. 데이터의 질을 확보하지 않은 평가는 평가의 기본 목적을 달성할 수 없고, 때로는 잘못된 정책결정이나 의사결정을 가져와서 조직 및 프로그램 관리에 커다란 위험을 가져올 수 있다. 이에 증거기반의 정책 및 사업관리를 위해서는 양질의 성과데이터(performance data)가 뒷받침되어야 한다(박희정, 2017). 이러한 데이터의 질을 확보하기 위한 활동을 데이터 질 관리라 한다. 데이터 질 관리는 사용자에게 유용한 가치를 제공하도록 데이터의 품질을 확보하기 위한 품질 목표설정, 품질 진단 및 개선 등 일련의 활동과 이를 지원하기 위한 관련 도구를 의미한다(한국정보화진흥원, 2018).

2) 자료의 질 통제 기준

자료의 질을 평가하는 기준은 연구자에 따라서 65개까지 제시할 정도로 매우 다양하다(Van Nederpelt & Black, 2020) 이들 가운데 공통으로 사용되는 기준으로 다음 8개를 들 수 있다(PACT, 2014).

- 타당성(validity): 데이터가 타당성을 가지기 위해서는 데이터가 적절하게 성과를 표현하고자 하는 것을 실제로 표현하여야 한다. 그리고 자료가 타당성을 가지고자 하려면 자료의 형식, 유형, 범위 등이 적합하여야 한다. 타당성은 외견상의

타당성, 측정 타당성, 데이터 입력 등의 오류가 없는 사본의 타당성 등을 가져야 한다. 예로, 실업자 취업교육 이수자가 전체 실업자의 52%가 이수하였는데, 이를 '50~54%'가 이수하였다와 같은 형태로 표현하면 타당성을 결여하게 된다.

- 신뢰성(reliability): 데이터의 신뢰성은 동일한 측정도구로 동일한 현상을 반복하여 측정하였을 때 일관성 있는 결과를 얻는 것을 의미한다. 신뢰성을 확보하기 위해서는 데이터 관리에서 일관성, 데이터 질 통제 및 투명성 등을 가져야 한다.
- 무결성(integrity): 데이터의 무결성은 데이터 관리에서 정확성, 일관성, 타당성을 유지하도록 함을 의미한다. 데이터가 무결성을 갖기 위해서는 데이터가 정확해야 하며, 고의적이든 무의식적이든 인적 또는 기술적 수단에 의해 데이터가 오염되지 말아야 하고, 조작이나 변조 등이 있어서는 안 된다.
- 정확성(precision; accuracy): 정확성 또는 정밀성은 데이터가 평가자나 평가 활용자가 활용할 수 있도록 충분한 수준의 세부 정보를 포함하여야 함을 의미한다. 데이터의 정확성을 확보하기 위해 데이터를 나이, 성별, 지역별로 구분하여 수집하는 것도 필요하고, 표본을 추출하여 측정하는 경우 허용될 수 있는 신뢰구간의 오차만을 가져야 한다.
- 적시성(timeliness): 자료가 필요한 시점의 현실을 나타내는 정도를 의미한다. 적시성은 최신성을 의미하기도 한다. 적시성을 확보하기 위해서는 충분히 자주 데이터를 수집해야 한다. 12월 말 기준 자료가 있어야 하는 데, 11월 말 자료까지만 있게 되면 적시성이 결여된 자료가 된다.
- 완전성(completeness): 완전성은 데이터 수집, 데이터 입력, 데이터 정리, 데이터 분석에서 요구하는 모든 절차와 단계를 준수한 정도를 의미한다. 완전성을 위해, 누락 데이터가 없어야 하고, 응답이 불완전하거나, 수집되지 않은 데이터가 있어서는 안 된다.
- 기밀성(confidentiality): 기밀성은 정보기술의 발달과 함께 강조되고 있는 프라이버시나 개인정보보호와 관련하여 강조되는 기준이다. 기밀성은 민감한 정보는 정보제공자의 동의를 얻어야 하고, 허가된 사람만이 관리하고 사용할 수 있도록 하는 것을 의미한다. 이는 통계법, 개인정보 보호법 등의 준수를 요구한다.
- 윤리(ethics): 평가에서 데이터 관련 윤리는 데이터 수집, 관리, 보고, 활용에서 지켜야 할 규칙이나 표준 등을 의미한다. 무엇보다 평가 데이터는 데이터 제공자나 참여자의 인권과 권리를 보장하기 위해서 사용되어야 한다. 윤리는 정보

처리의 모든 과정에서 확보되어야 한다.

3) 자료의 질 확보 방법

우수한 자료의 질을 확보하기 위해서는 다음과 같은 데이터 관리가 요구된다.

- 최고관리자의 관심과 지원: 조직에서 건전한 데이터 관리를 위한 문화를 형성하는 데 최고관리자의 관심과 지원은 가장 핵심이 된다.
- 데이터 거버넌스 구축: 데이터 관리는 조직의 모든 부분이 상호연계되어 있다. 이에 데이터 관리를 위한 조직 내외의 거버넌스를 구축하여 관리되어야 한다. 데이터 거버넌스 구축을 통하여 데이터 정책 수립, 데이터 표준 정립, 부서의 필요한 역할 등이 설정되어야 한다.
- 데이터 관리팀 운영: 조직의 데이터 질을 확보하기 위하여 데이터 관리 조직을 운영할 필요가 있다. 이를 중심으로 데이터 관리 정책, 데이터 관리 수행 등을 계획하고 집행할 필요가 있다.
- 디지털 기술의 활용: 오늘날 대부분 데이터는 디지털화되어 관리되면서 자료의 오류 검증 및 질을 확보하기 위한 다양한 기술이 개발되어 있다. 이를 활용하여 데이터의 질을 확보하는 방법을 도입할 필요가 있다.
- 평가 데이터에 대한 명확한 정의: 데이터의 질은 평가에 활용하고자 하는 데이터에 대한 명확한 정의가 있어야 한다.
- 평가과정과 데이터 질의 연계: 데이터의 질은 평가의 전 과정에서 확보되어야 한다. 단순히 데이터 수집과정에서만 확보될 수 있는 것은 아니다. 이를 위해 평가 설계 단계부터 데이터의 질을 고려하여야 한다.
- 삼각검증 활용: 평가예산 및 일정 등을 고려하여 평가자료의 확보를 위해 삼각검증으로 데이터의 신뢰성과 타당성을 확보하도록 한다. 덴진(Denzin, 1978)은 삼각검증으로 다음과 같이 네 가지 방법을 제시하고 있다.
  - ✓ 자료 삼각검증: 같은 질문에 대한 자료를 다양한 자료원에서 얻는다.
  - ✓ 조사자 삼각검증: 동일한 현상은 여러 명이 조사해 편견을 제거한다.
  - ✓ 이론 삼각검증: 동일한 현상을 해석하기 위해 다양한 이론을 활용한다.
  - ✓ 방법론적 삼각검증: 동일한 현상을 연구하기 위해 다양한 접근방법을 활용한

다. 예로, 양적 접근방법과 질적 접근방법의 통합 등을 활용하는 것이다.

JCSEE는 데이터의 질과 관련하여 다음과 같은 것을 고려할 것을 권고하고 있다 (Yarbrough et al., 2011).

- 정보 수집 방법이 평가 목적, 목표에 얼마나 잘 기여할 수 있을 것인가를 고려해 방법을 선택하고 활용해야 한다.
- 정보원의 목록을 작성하고 각각의 정보원 특성을 확인한 뒤에 목적에 가장 정확한 정보를 제공해 주는 정보원을 선택한다.
- 평가에는 잠재적 정보원이 무수히 많다는 것을 생각해야 한다.
- 평가 목적 및 평가질문에 필요한 정보의 폭과 깊이 간에 적절한 균형을 제공하는 방법을 선택한다.
- 평가 목적, 프로그램 집행 및 결과 사정을 기술하기 위해 이용되는 주요 개념을 정리한다.
- 새로운 정보를 수집할 것인지 기존의 정보를 활용할 것인지를 검토해야 한다.
- 새로운 평가에서 과거의 비슷한 평가나 연구에서 잘 활용된 방법이나 절차의 이용도 고려해야 한다.
- 평가팀의 구성원이나 자문가를 선택할 때 정보 수집과 절차에 대한 기술과 지식의 폭과 깊이를 고려해야 한다.
- 서로 다른 방법이 가지는 장단점, 범위와 한계에 대해 정확하게 평가하고 자료수집계획에 반영한다. 평가에서 최선의 방법이 없다는 사실을 받아들여야 한다.
- 자문가나 위원회에 있는 사람들이 잘 알고 사용하고 있는 정보 선택과 수집 방법을 활용하는 것도 필요하다.
- 평가팀의 구성원이 양적 방법 또는 질적 방법에 대해 절대적으로 선호하는 것을 피하도록 한다.
- 양적 접근과 질적 접근방법 가운데 어느 것을 선호하는가에 대해 대답을 해야 할 경우에는 고객이나 이해관계자의 관심사를 명확하게 파악하는 것이 필요하다.
- 정보의 저장 측면에서 저장 오류, 파업 및 컴퓨터 시스템의 오류 등에 대비한다.
- 정보의 질을 제고하고 결함을 줄이기 위한 구체적인 과정을 확립해야 한다.

C·H·A·P·T·E·R 7

평가자료의 분석과 해석

제 1 절 자료의 분석과 판단

1. 의의

1) 분석의 의의

평가자는 평가를 위해 수집된 자료를 바탕으로 평가질문에 답을 찾는다. 이를 위해 수집된 자료를 다양한 방법으로 분석하여 결론을 도출하고 판단한다. 자료를 분석하는 방법은 매우 다양하다. 대표적으로 변화분석, 메타분석, 속성분석, 기여도 분석 등이 있고, 변화분석을 제외하고는 인과관계에 대한 평가문제에 활용할 수 있다(EuropeAid, 2006).

(1) 변화분석

변화분석은 일정한 기간 질적·양적 지표의 변화에 대한 정보를 제공한다. 이 분석이 프로그램과 관찰된 변화 간의 인과관계를 규명하지는 않는다. 이러한 변화분석은 주로 기술통계 방법을 사용한다.

(2) 메타분석

메타분석(meta-analysis)은 다른 평가나 연구의 결과에 대해 타당성과 도입 가능성을 판단하는 방법으로 평가결과의 일반화 정도에 의해 신뢰성이 결정된다.

(3) 속성분석

속성분석(attribution analysis)은 평가하는 정책 및 프로그램에 영향을 줄 수 있는 관찰된 변화의 속성을 평가한다.

(4) 기여도 분석

평가하는 정책이 관찰된 변화를 가져오게 한 원인인지를 판단하는 데 사용된다.

(5) 외적 요인

정책의 외적 요인은 정책의 맥락에 포함되어 있으면서 정책에 의한 변화를 감추거나 확대시키는 요인으로 작용한다. 평가에서 이를 명확하게 하는 것이 매우 중요하다. 그러나 평가를 할 때 모든 외적인 요인을 확인하려고 해서는 아니 된다. 이들 모든 것을 고려하기에 너무 많은 요인이 있기 때문이다.

2) 분석과 판단의 과정

분석 과정은 자료를 평가결과로 바꾸는 과정으로 자료 처리 → 분석 → 해석 → 판단 → 권고안 작성의 과정을 거쳐서 이뤄지게 된다.

(1) 자료 처리

수집된 원자료는 일정한 기준에 의해 정리하고 처리해야 한다. 자료의 처리는 자료의 상호 대조, 비교, 클러스터링(clustering), 목록화 등에 의해 이뤄진다. 정량자료의 경우 주로 기술통계 방법을 사용하게 된다. 많은 경우 자료 처리로 개괄적 평가가 이뤄진다.

(2) 분석 및 탐색

분석 또는 탐색은 예측한 결과가 계획대로 나타났는가 하는 인과적 관계와 현상에서 새로운 것을 찾아내기 위해 수집된 자료를 체계적으로 조사하게 된다. 분석 및 탐색활동은 사실 판단적 활동이다. 이러한 분석에는 주로 통계적 기법이 사용된다.

(3) 해석 또는 결과 도출

해석 또는 결과 도출 단계에서는 앞의 자료 처리와 탐색 및 분석의 결과를 바탕으로 평가질문에 답을 하는 것을 의미한다. 해석 및 결과 도출은 탐색 및 분석 결과와 평가 기준 및 판단의 기준을 비교해 이뤄지게 된다.

(4) 권고안의 작성

권고안의 작성은 판단 결과를 바탕으로 정책 및 프로그램의 확대, 변경, 축소 등에 대한 건의안을 제시하는 것을 의미한다.

2. 자료분석과 판단과정에서 가치판단

가치판단은 평가과정에서 핵심을 구성한다. 평가의 중요한 기준인 형평성, 정당성, 사회적 정의와 같은 것들은 추상적 개념으로 이를 구체적으로 적용할 때는 다양한 의미가 있다. 예로, 사회적 형평성에서 어떠한 가치를 강조하느냐에 따라서 소외된 집단의 가치가 반영될 수도 있고 그러하지 않을 수도 있다.

평가에서 이러한 가치를 명확하게 하기 위해서는 다음과 같은 것을 고려해야 한다 (Yarbrough et al., 2011).

- 이해관계자들이 프로그램에 대해 무엇을 가치 있는 것으로 생각하고, 이러한 가치가 얼마나 중요하며, 가치가 어느 정도 수렴되고, 갈등이 있는가?를 알아야 한다.
- 평가과정과 활동에 이러한 가치의 구체적 의미를 반영하도록 한다.
- 개인이나 집단이 평가계획을 함께 검토할 기회를 제공해야 한다.
- 신체 언어(body language)나 말의 억양도 주의해야 한다. 평가 참여자들이 그들의 가치에 대해 의사전달을 할 수 있는 능력은 개인의 욕구와 선호를 표현하는 경험에 의해 달라진다.
- 프로그램 구조에서 이해관계자가 그들 지위와 무관하게 기여할 수 있도록 해야 한다.

이 과정에서 다음과 같은 위험은 피해야 한다.

- 평가 프로젝트에서 평가자 자신의 가치를 강요하는 것
- 제안된 평가활동에 강력하게 부정적으로 반발하는 것을 무시하는 행동, 이러한 반발을 이해관계자가 제시하는 가치를 알 기회로 생각하는 것
- 평가자는 객관적이며 가치중립적 판단을 할 것이라고 가정하는 것
- 어떠한 기준이 결과를 해석하는 데 이용되리라는 것을 고려하지 않고 자료의 수집과 분석을 계획하는 것
- 자료 수집 전 의사결정의 규칙에서 강조하는 가치를 인식하거나 검토하지 않는 것

3. 사례

다음의 사례는 과천선 금정에서 남태령 구간 급행화 사업에 대한 예비타당성조사 보고서이다. 보고서는 경제성 분석, 정책성 분석을 종합한 AHP 분석 결과 0.492로 사업을 미시행하는 것이 바람직하나, 0.492가 '약간 신중'의 판단 기준에 해당하여 사업을 결정함에 있어서 신중하게 고려할 것으로 권고하고 있다.

사례

과천선 급행화 사업 예비타당성 조사 총괄요약표

(단위: 백만 원)

구분		사업계획서		예비타당성 조사
		최초	변경	
사업위치		과천선 금정~남태령 구간		
사업규모		과천선 금정~남태령(L=14.4km) 구간 급행화, 정부청사역 부본선 설치(분기기 F12)	과천선 금정~남태령(L=14.4km) 구간 급행화, 정부청사역 부본선 설치(분기기 F10)	
사업기간		2020~2026년(7년)		
사업주체/재원조달		국토교통부/국고(100%)		
총사업비	공사비	227,241	196,325	213,164
	시설부대경비	20,009	15,877	18,349
	용지보상비	76,484	44,503	32,132
	예비비	32,373	25,671	26,365
	합계	356,107	282,375	290,009
B/C		-	-	0.87
AHP		-	-	0.492

주: 예비타당성 조사의 총사업비는 2018년 말 기준이며, 부가가치세 포함금액임.

- 경제성 분석 결과 0.87
- AHP를 활용한 사업의 종합판단
  - 경제성 분석, 정책성 분석 결과를 종합하여 AHP 분석을 수행한 결과, 사업시행 점수는 0.492로 사업 미시행 점수보다 낮은 것으로 나타났으며, 사업 미시행이 보다 나은 대안으로 평가됨

-다만, 본 사업의 AHP 평가결과는 평가자별 의견일치도와 AHP 평점에 따른 결론에서 회색 영역에 해당하는 "약간 신중"에 포함되며, 사업의 타당성 여부에 대한 결론을 내리는 데 있어 신중을 기해야 할 것으로 판단됨

■ 정책제언

• 본 사업의 분과위원회에서 제시된 주요 의견은 다음과 같으며, 주무부처는 사업추진 과정에서 참고할 필요가 있음
  - 본 사업은 수도권 서남부 지역주민의 출퇴근 시간 단축 등 교통복지 정책에 부합하다는 의견이 제시되었으며, 본 사업에 대한 영향이 매우 큰 GTX-C 사업, 위례-과천선, 3기 신도시계획 등을 종합적으로 검토할 필요가 있다는 의견이 제시됨
  - 또한 급행열차 미정차 역의 운행시격이 길어지는 불편에 대한보다 개선된 대책 마련이 필요하다는 의견도 제시됨

출처: KDI 공공투자관리센터(2021). 『2021년도 예비타당성 조사 보고서: 과천선 급행화 사업』.

제 2 절 평가자료의 처리와 분석 방법

1. 평가자료의 처리

수집된 자료를 바탕으로 판단하기 위해서는 먼저 자료를 정리해야 한다. 단순히 자료를 정리하고 분류하는 것만으로도 매우 유용한 정보를 얻는 경우가 많다. 자료의 분류는 관련된 집단 간의 성과 차이의 원인을 발견할 수 있도록 한다. 가장 일반적인 정리 방법은 대상집단의 인구학적인 특성(성별, 지역별, 교육 수준별 등)에 의해 분류하는 방법이다. 이는 대부분 기술통계로 얻을 수 있고, 이러한 자료 정리로 정책 대상집단의 불균형 현상을 발견할 수 있다.

자료를 정리하기 위해서는 먼저 개별 자료의 속성을 파악해야 한다. 그러나 종종 자료가 수집되면 자료의 속성을 파악하기 전에 분석하는 경우가 많이 있다. 자료의 속성을 알지 못한 상태에서 분석하게 되면 자료의 맥락을 상실하게 된다. 자료를 처리 또는 정리는 방법에는 다음과 같은 것이 있다.

- 상호 대조: 사실을 확인하기 위해 여러 개의 자료원이나 자료 형태를 대조해 차이를 발견하는 데 이용한다.
- 비교: 표, 그래프, 맵 또는 순위 결정 등에 의해 처리하게 된다. 자료는 성별과 같은 인구학적 변수, 시간, 지역, 기관, 사회경제적 범주 등으로 비교할 수 있다.
- 클러스터링(clustering): 이는 미리 정해진 기준에 따라서 자료를 묶는 것이다.
- 목록화(listing): 욕구, 효과 등의 다양한 차원을 목록으로 정리해 확인하는 방법이다.

오늘날 정보통신 기술의 발전으로 컴퓨터에 의한 자료 처리 시스템들은 좀 더 사용자 지향적이고 정교한 분석을 가능하게 한다. 컴퓨터 자료 처리 프로그램은 방대한 자료의 검색, 보고, 데이터 마이닝(data mining), 데이터 웨어하우징(data warehousing) 및 다차원 분석을 가능하게 하게 한다. 오늘날 이러한 과정에 가장 많이 사용되는 것으로는 마이크로소프트(Microsoft) Office의 Excel, Access, 통계 패키지 프로그램으로 SPSS, SAS, R 통계분석 등이 있다. 이들 소프트웨어는 그래픽 사용자 인터페이스, 자동화된 보고서 작성 시스템, 원거리 접근, 자동화된 자료 입력 등으로 자료 처리와 정보 생성의 효율성을 제고하고 있다.

2. 평가자료의 분석

1) 자료분석의 의의

평가를 위해서는 수집하여 정리된 자료를 바탕으로 정책 및 프로그램과 그의 효과 간의 인과관계를 확인해야 한다. 분석은 이러한 인과관계 이외에 다음과 같은 새로운 정보를 얻기 위해서도 수행하게 된다.

- 새로운 범주나 유형 확인
- 예측하지 않은 설명 요인 확인
- 기대하지 않은 효과 확인
- 새로운 인과적 가설 검증

평가질문에 답을 얻기 위해서는 한 가지 이상의 분석을 요구한다. 예로, 학생의 성적을 높이기 위해 네 가지 프로그램을 실시했다. 이에 대한 평가질문으로 네 가지 서로 다른 프로그램 가운데 가장 효과적인 프로그램은 어떤 것인가를 선정하고 평가를 위해 설문조사를 했다. 이 네 가지 프로그램에 차이가 있는지 분산분석을 한 결과 차이가 있다고 분석 결과가 나왔다면, 다음에는 어느 프로그램이 어떠한 차이를 가져왔는지에 대해 추가적인 분석이 요구된다. 그러나 분석을 많이 하고 다양한 분석을 했다고 타당한 것은 아니다. 오히려 산만한 분석은 단순한 기술적 분석만도 못한 경우가 종종 있다.

수집된 자료를 분석하는 방법은 다음과 같이 매우 다양하다.

- **기술적 분석:** 무엇이 발생하고 변화가 일어났는가?를 확인한다.
- **탐색적 분석:** 정책 조치와 정책결과 간의 관계를 탐색하는 분석이다.
- **진단분석:** 왜 발생하였는가와 같이 문제의 원인이나 맥락을 파악하기 위한 분석이다.
- **예측분석:** 앞으로 무슨 일이 일어날 것인지를 예측하기 위한 분석이다.
- **규범적 분석:** 바람직한 결과를 얻기 위해서 해야 할 것을 분석하는 것이다.

프로그램 평가에서 기술통계나 시계열분석 등을 중심으로 하는 변화분석은 일정한 기간 프로그램의 질적 · 양적 지표의 변화에 대한 정보를 제공한다. 그러나 변화분석만으로 프로그램과 관찰된 변화 간의 인과관계를 규명해 주지는 않는다. 프로그램과 평가 대상의 변화 간의 인과관계를 분석하기 위해서는 좀 더 구체적인 분석 기법이 요구된다. 대부분의 효과성 및 영향에 대한 평가문제는 인과적인 평가문제에 속한다. 그러나 적정성과 일관성은 인과적인 평가문제가 아니다.

분석은 종종 정교한 통계적 절차를 포함하고 훈련된 평가자의 영역이 된다. 기관 내에 경험 있는 평가자가 없는 경우에는 외부 전문가의 도움이 필요하게 된다. 또한 분석은 순차적으로 이뤄져야 한다. 즉, 종합적 평가에서는 먼저 효과성을 분석하고, 이어서 성공과 실패의 요인을 분석하는 방향으로 이뤄져야 한다. 자료를 분석하는 기법은 각각 장단점을 가지고 있어서 평가질문에 적합한 방법을 선택해 사용될 필요가 있다. 이들이 어떠한 상황에서 사용될 수 있는지는 〈표 7-1〉을 참고할 수 있다.

표 7-1 자료분석 기법

자료분석 기법	사용 시기
업무 및 의사소통 흐름 분석	• 조직 또는 체계가 어떻게 작동하는지 알고자 할 경우 • 평가 대상이 여러 부처 및 단위에 걸쳐 있거나 복잡한 단계로 운영되는 경우
사업 논리모형	• 프로그램을 체계적으로 이해하고자 할 경우 • 프로그램과 프로그램의 결과 간의 인과관계를 규명하고자 할 경우
시뮬레이션과 모형화	• 평가 대상기관이 중요한 결정을 할 때 사용한 모형의 적정성을 평가하고자 할 경우 • 평가 초점, 발견사항 및 권고의 영향에 대해 "만약 그러한 경우에는 어떻게 되는가?"라는 질문에 답하고자 할 경우
비율을 활용한 비교	• 실제값과 기대값을 상호 비교하고자 할 경우 • 평가결과를 특정 맥락 속에서 유의미 있게 하고자 할 경우 • 시간의 변화에 따른 변화를 관찰하고자 할 경우 • 평가 기준의 충족도를 판단하고자 할 경우
분석	• 평가 대상기관의 경제적 분석이 전문적 기준을 충족하는지를 확증하고자 할 경우 • 비용과 편익이 이미 알려졌거나 합리적으로 추정될 수 있는 경우 비용과 편익을 비교하고자 할 경우 • 편익이 일정한 것으로 가정될 수 있는 경우에 대안들의 비용을 비교하고자 할 경우
회귀분석	• 프로그램과 효과 간의 상관관계를 검증하고자 할 경우 • 두 사항 간의 규칙적 관계에서 벗어난 예외 치(outlier)를 찾아내고자 할 경우 • 과거에 관찰된 관계로 미래에 대해 예측하고자 할 경우 • 평가 대상기관에 대한 운영모형을 수립하고자 할 경우
자료분포의 해석	• 자료의 단순 평균값보다는 자료의 수준(level), 산포(spread), 형태(shape)가 더 중요한 경우에 그 특징을 찾고자 할 경우 • 성과가 판단 기준을 충족하는지를 결정하고자 할 경우 • 위험을 평가하기 위해 확률분포를 해석하려고 할 경우 • 표본자료가 모집단을 대표하는 것인지를 평가하고자 할 경우
질적 자료의 내용분석	• 사업 목적을 찾아내려고 할 경우 • 사업활동을 객관적으로 서술하고자 할 경우 • 사업의 긍정적 또는 부정적 결과를 결정할 경우

출처: 감사원(2005).

2) 양적 분석

(1) 양적 분석의 의의

양적 분석은 정량자료를 이용해 목표 달성도와 상관관계 등을 통계적 근거로 나타내는 방법이다. 양적 자료는 다양한 분석 기법에 의해 분석될 필요가 있다. 예로, 단순하게 평균을 계산하는 것보다 평균과 함께 표준편차를 분석하게 되면 평균의 의미를 더 명확하게 할 수 있다. 양적 분석 결과는 해석을 요구하고 프로그램의 맥락적 요소에 주는 의미를 파악해야 한다. 이 과정에서 평가자는 다음과 같은 의미를 함께 파악해야 한다.

- 분석의 결과가 어떠한 의미가 있는가?
- 의외의 결과에 대해 어떻게 설명할 수 있는가?
- 프로그램의 성공에 대해 어떠한 결정을 했는가?
- 빠뜨린 다른 지표는 없는가?
- 우리가 수집하고 분석한 방법이 프로그램을 왜곡시키지는 않는가?
- 분석한 숫자나 결과가 프로그램을 개선하기 위한 활동을 결정하는데 어떠한 도움을 줄 것인가?

(2) 기술통계

기술통계는 하나의 변수를 대상으로 하는 기본적인 정량분석 방법으로 목표의 달성도나 수치 목표와 비교하는 데 주로 사용된다. 간단한 방법이면서도 평가할 때는 다양하게 응용해 쓸 수 있다. 기술통계에는 자료를 축약한 빈도분포(백분율 빈도분포, 누적 빈도분포, 누적 백분율 분포), 대푯값으로 평균값, 최빈값, 중앙값 등과 자료의 변이를 기술하는 범위, 사분위수, 표준편차, 분산, 변이계수, 표준화 계수 등이 있다.

(3) 추론통계

기술통계와 달리 추론통계는 변수 간의 관계 및 인과관계를 탐색하기 위해 사용하게 된다. 많은 정책평가는 빈도, 백분율, 평균, 분산 값과 같은 단일변량 통계분석으로 평가된다. 그러나 좀 더 심층적인 정책평가를 위해서는 정책 및 프로그램과 같은 정부개입 조치가 정책 목표에 미친 영향을 평가해야 한다. 즉, 정부개입이라는 독립변수와 영향이라는 종속변수의 관계를 분석하여야 정확하게 정책의 효과를 분석하게 된다. 이를 통계적으로 분석하기 위해 다양한 두 개 이상의 변수 간 관계를 파악하는 다변량 통계분석 방법을 사용하게 된다.

대표적인 다변량 통계분석을 다음과 같이 간략하게 정리해볼 수 있다.

- t 검정: t 검정 또는 일원분산분석(one-way ANOVA)은 주로 두 집단 간의 차이

를 분석할 때 사용된다. 예를 들어, 동일한 과목에 대한 남녀 학생 간의 성적의 차이를 살펴보고자 할 경우 t 검정을 사용할 수 있다.

- **분산분석**: 분산분석(ANOVA)은 세 집단 이상 간의 차이를 분석하고자 할 경우에 사용된다. 예를 들어, 기부자의 종교별로 기부액의 차이를 살펴보고자 할 경우에 분산분석을 사용할 수 있다.
- **χ^2 검정**: 카이제곱 검정은 교차분석에서 범주 간의 관련성을 분석하고자 할 경우에 사용된다. 예를 들어, 어떤 프로그램에 대한 찬성과 반대 성향을 성별로 살펴보고자 할 경우에 카이제곱 검정을 사용할 수 있다.
- **상관관계 분석**: 상관관계 분석은 둘 이상의 변수 간의 관련성 정도를 검증하기 위한 분석으로 보통 피어슨의 상관계수로 두 변수 간의 관계의 정도를 표시한다.
- **회귀분석**: 회귀분석은 변수 간의 인과관계를 분석하기 위해 사용된다. 회귀분석에 의해 독립변수가 종속변수에 어느 정도 영향을 미치는지를 분석한다.

척도별로 적절한 통계 기법을 찾기 위해 고려할 점을 〈표 7-2〉와 같이 정리할 수 있다.

표 7-2 척도별 기술 · 추리 통계기법의 선택과 선택시 주의점

통계기법 \ 척도	명목척도	서열척도	이산형 변수	등간, 비율척도
빈도분석(분포)				
교차분포표				범주가 너무 많음
최빈값				
중윗값	존재하지 않음			
평균값	존재하지 않음	존재하지 않음	해석이 어려움	
표준편차(분산)	평균값 필요	평균값 필요	해석이 어려움	
카이제곱 검정				범주가 너무 많음
신뢰구간	평균값 필요	평균값 필요	비율의 신뢰구간	
t-검정	평균값 필요	평균값 필요	χ^2 검정 사용	
분산분석	평균값 필요	평균값 필요	χ^2 검정 사용	
상관계수	선형관계 측정 불가	스피어만, 켄달타우 계수 사용	χ^2 검정 사용	피어슨 계수 사용
회귀분석	다항 로짓 회귀모형	순위 로짓 회귀모형	이항 로짓 회귀모형	선형 회귀모형

※ □: 사용 가능, □: 사용 불가능, ■: 주의 필요.

(4) 계량경제학 모형과 투입 - 산출 모형

계량경제학적 분석모형은 높은 수준의 전문성과 많은 시간을 요구한다. 계량경제학 모형과 투입-산출 모형은 일반적으로 미래의 특정 기간에 발생하게 될 주요 효과를 계산하는 전망적 분석에 활용되나 능률성이나 생산성 평가 등에도 활용된다. 경제적 분석이 의미 있는 값을 산출하기 위해서는 복잡한 현상을 단순화하고, 정확한 인과관계 모형을 구성할 수 있고, 변수가 시간상으로 안정적이어야 한다.

(5) 재무분석

재무분석은 재무제표상의 재무 비율을 분석하는 것을 의미한다. 공공기관 경영평가에서는 공통지표로 부채비율, 이자보상비율을 평가하고 있다. 이외에 업무효율 향상실적을 평가하는 지표인 자본 생산성(부가가치/총자산) 등이 있다.

(6) 계층화 분석법

분석적 계층화법(Analytic Hierarchy Process: AHP)은 다기준 분석기법으로서 다수의 대안을 비교할 때 비교 기준이나 속성 간의 중요도를 계층적으로 파악함으로써 각 대안의 중요도를 산정하는 기법이다. AHP 기법은 의사결정의 목표, 또는 평가 기준이 다수이며 복합적인 경우 상호 배반적 대안의 체계적인 평가를 지원하는 의사결정 지원 기법이고, 정성적 요소를 포함하는 다기준(multi-criteria) 의사결정에 사용된다. 우리의 경우, 예비타당성 조사에서 종합평가를 위해 사용하고 있다(KDI 공공투자관리센터, 2021).

(7) 시뮬레이션과 모형화

시뮬레이션은 실제 상황을 모방한 모형을 만들어 실험에 의해 결과를 예측하는 방법이다. 오늘날에는 다양한 컴퓨터 시뮬레이션 기법을 많이 활용한다. 일반적으로 변화에 대한 실제 시스템의 반응을 예측하기 위해 수학적 모델을 사용한다. 시뮬레이션은 투입 자료, 수학적 모형, 산출 자료의 세 가지 구성요소로 형성된다. 시뮬레이션에 의한 분석은 실제 실험과 비교해 상대적으로 비용이 적게 든다. 그러나 대부분의 시뮬레이션은 전문적인 능력을 요구한다.

(8) 기타 다양한 통계 기법

기술통계와 추론통계 이외에도 변수 간 상호의존관계를 분석하기 위하여 유사한 변수를 묶어서 변수의 수를 줄여서 분석하는 요인분석(factor analysis), 유사한 특성을 가진 응답자들을 집단으로 묶어서 분석하는 군집분석(cluster analysis), 시계열 자료를 분석할 수 있는 시계열 분석, 복잡한 인과관계를 분석하기 위한 구조방정식 모형(structural equation modeling), 여러 종류의 투입요소와 산출요소를 이용하여 의사결정 단위(decision making unit) 간의 상대적 효율성을 평가하는 자료포락분석(Data Envelopment Analysis) 기법 등이 있다.

사례

구조방정식에 의한 분석

① ODA 사업 평가 및 모니터링 시스템과 성과 간의 관계 분석

이 연구는 전문가 164명의 설문조사 응답결과를 토대로 ODA 사업 평가 및 모니터링 시스템 수준이 수원국에 대한 1·2차적 성과를 매개로 공여국인 한국에서의 성과에 영향을 미치는지 구조방정식을 통해 분석하였으며, 분석 결과 이들 간에 인과관계가 있다는 점을 통계적으로 입증하고 있다.

출처: 윤수재(2016). ODA사업 평가 및 모니터링 시스템과 성과 간의 관계 분석. 『한국공공관리학보』, 30(4): 113-138.

② 정부지원 산학협력의 성공요인: 구조방정식을 이용한 실증분석

이 연구는 정부가 지원하는 산학협력의 성공요인과 이들 요인 간 구조적 인과관계를 분석한 것이다. 설문조사 자료를 기반으로 구조방정식을 이용한 실증분석을 실시한 결과, 자원기반 관점에서 투입자원이 산학협력의 성과에 직접적인 영향요인인 동시에, 조직의 상호작용 관계에서 네트워킹을 매개로 협력성과에 영향을 미치는 인과관계 구조를 갖는 것으로 나타났다.

출처: 류영수·최상옥(2011). 정부지원 산학협력의 성공요인: 구조방정식을 이용한 실증분석. 『한국공공관리학보』, 25(4): 25-52.

③ 부패방지시책평가가 공공기관청렴도평가에 미친 영향에 관한 탐색적 연구

이 연구는 부패와 관련된 기존 통계를 활용하여 부패방지평가가 공공기관청렴도에 미친 영향을 다중회귀분석 방법을 활용하여 분석하고 있다.

출처: 이정주·장진희(2017). 부패방지시책평가가 공공기관청렴도평가에 미친 영향에 관한 탐색적 연구. 『정책분석평가학회보』, 27(2): 1-24.

④ 자료포락분석(DEA)을 활용한 대학 운영의 효율성 평가

이 연구는 대학평가정책이 대학 운영의 효율성을 어느 정도 향상시키고 있는가?에 목적을 두고 있다. 연구 방법은 2011년과 2014년에 걸쳐 전국 75개 대학을 대상으로 효율성을 평가하기 위하여 자료포락분석(DEA)을 활용하였다. 분석지표인 투입변수는 전임교원 확보율, 직원 1인당 재학생 수, 교육비 환원율, 장학금 지급률, 전임교원 1인당 교내연구비, 교사확보율로 하였고, 산출변수는 취업률, 정원 내 재학생 충원율, 전임교원 1인당 논문 수, 정원 내 신입생 충원율, 전임교원 1인당 교외연구비 수혜실적을 선정하고 있다.

출처: 우상규 · 정우열(2015). 자료포락분석(DEA)을 활용한 대학 운영의 효율성 평가: 대학평가정책의 효과성 진단을 중심으로. 『한국행정논집』, 27(4): 1265-1285.

3) 질적 분석

관찰, 인터뷰, 포커스 그룹 토론, 개방적 질문 여론조사 등의 질적 자료를 분석하는 방법으로 다양한 접근방법이 제시되고 있다. 주요 질적 접근방법이 추구하는 것을 보면 〈표 7-3〉과 같다.

표 7-3 질적 분석 방법

분석 방법	초점
근거이론 (Grounded Theory)	다양한 자료를 근거로 하여 귀납적으로 이론을 개발하는 데 관심을 가진다.
민족지학 (Ethnography)	평가 및 연구의 문화적 차이를 이해하는 데 초점을 둔다.
행동연구 (Action Research)	이론과 실천을 연계하여 변화를 추구하고 설명하며 평가하고자 한다.
현상학적 연구 (Phenomenological Research)	연구 대상자의 실제 경험을 설명하고 해석하여 현상을 밝히고자 한다.
내러티브 연구 (Narrative Research)	연구 대상자가 경험을 인식하고 이해하는 방법을 이해하기 위해 이야기가 어떻게 전달되는지를 조사하고자 한다.

이러한 질적 접근방법에 사용되는 질적 자료를 분석하는 다양한 방법이 개발되고 있다. 오늘날에는 인공지능의 발전으로 방대한 빅데이터 등에 대한 질적 자료를 분

석할 수 있는 소프트웨어가 많이 개발되어 있다. 대표적인 툴로 NUDIST, NVIVO, LIWC, CAQDAS, 파랑새 2.0 등이 있다.

질적 분석의 가장 대표적인 방법은 데이터를 일정한 기준으로 범주화하고 코딩을 하여 분석하는 내용분석 방법(content analysis)이 있다(Kellogg Foundation, 2004a). 범주화 및 코딩은 질적 자료의 핵심 내용을 중심으로 카테고리를 확인한 뒤에 자료를 이에 적합하게 분류하는 방법이다. 범주화에는 인터뷰 자료, 현장 관찰 일지, 개방형 설문 등에 활용해 사건, 관련성, 사건의 경과와 같은 요소로 분류하는 것이다. 범주화는 먼저 관련된 자료를 검토해 평가문제와 연계해 범주화하고 이어서 개개의 문서를 이들 범주별로 분류하는 작업을 거치게 된다. 이 경우에 주요 키워드에 의해 내용분석을 하는 방법들이 활용된다. 내용분석에 의한 범주화는 프로그램의 변화 경향이나 핵심 이슈 등을 발견하는 데 유용하게 사용될 수 있다.

범주화된 자료는 다시 다음과 같은 다양한 방법으로 분석될 수 있다.

- **자료 매트릭스**(data matrix): 자료에서 핵심 주제나 특징을 확인해 자료를 분류한 뒤에 자료 간에 형태를 추출하는 것이다.
- **빈도 계산**: 핵심 주제나 주장을 확인하고, 이들이 자료에서 사용된 빈도를 계산한다. 즉, 일반적인 내용분석 기법에 의해 자료를 분석하는 것이다.
- **시계열 질 자료분석**: 자료를 시계열적으로 순서화하여 인과관계를 확인하도록 한다.

이외에 질적 자료를 분석하는 방법으로 맥락분석 기법(contextualization analysis techniques), 메모 기록 기법(memo-writing techniques), 대화분석(conversation analysis), 담론분석 등의 방법들이 있다.

패튼(Patton, 2015)은 질적 평가의 원리로 다음을 제시하고 있다.

- 자연주의적 탐구를 통하여 실제 세계를 관찰한다.
- 발현적 설계를 통하여 개방적이고 대응적이고 신축성을 유지한다.
- 목적 지향의 표본추출을 통하여 정보가 풍부한 사례에 초점을 둔다.
- 관찰한 것을 풍부하고 심층적인 질적 데이터를 통하여 사람들이 말하는 관점과 의미를 구체적이고 자세하게 기술한다.
- 연구 대상에 대하여 직접적인 개인 경험과 참여를 통하여 당신의 이해도를 깊게

하라.

- 중립적인 자세를 통하여 비판적이고 창조적인 측면과 당신의 인지와 감정적인 과정의 균형을 유지하라.
- 동적 과정과 시스템에 대한 민감성을 육성하라.
- 독특한 사례와 같이 특별한 것에 대한 관심을 통하여 당신이 연구하는 개개의 사람, 조직, 공동체와 상황에 대하여 감사하는 마음을 가지고 정의롭게 대하라.
- 상향식의 귀납적 분석을 통하여 통찰력과 이해도를 높여라.
- 맥락적 민감성을 통하여 당신의 분석과 해석을 넓혀라.
- 데이터를 전체적인 관점에서 이해하라.
- 성찰을 통하여 진정성과 신뢰성을 가지고 의사전달을 하여, 당신 자신의 목소리와 관점을 가져라.

3. 평가분석의 오류

평가과정에서 발생할 수 있는 다양한 오류는 자료의 분석과 해석에서 잘못을 가져오게 한다. 평가기관이나 평가자는 이러한 오류의 가능성을 항상 염두에 두고 평가를 진행하여야 한다. 평가에서 잘못된 평가를 가져오게 되는 원인을 살펴보면 다음과 같은 것을 들 수 있다(Guerra-López, 2008).

1) 시스템 매핑의 오류

시스템 매핑(system mapping)의 오류는 평가자가 현상의 인과관계를 부정확하게 판단함으로써 발생하는 오류를 의미한다.

(1) 인과 경로의 오류

이는 소위 제1종 오류(type 1 error)와 제2종 오류(type 2 error)에 의해 발생하는 오류다. 제1종 오류는 참인 귀무가설을 검증이 기각할 때 발생하는 잘못된 결정을 의미한다. 이는 결과에 대한 맹신의 오류다. 제2종 오류는 거짓인 귀무가설을 기각하지 못할 경우에 발생하는 잘못된 결정을 의미한다. 이는 과도한 회의주의에 의한 오류다.

(2) 잘못된 독립변수의 판단에 의한 오류

정책의 성공 또는 실패 요인이 A에 의해 발생한 것인데 이를 B에 의해 발생한 것으로 평가하게 되면 평가가 잘못되게 된다.

(3) 행위자의 실종에 의한 오류

정책평가에서 명확한 인과관계가 없거나 관련된 자료가 없는 경우 정책실패를 특정한 사람의 탓으로 돌리는 경우가 많다. 즉, 특정한 개인이나 집단을 희생양으로 만들어 실패의 책임을 지게 하곤 한다.

(4) 지엽적 가치에 의한 오류

정책의 효과를 지엽적인 차원에서는 바람직하나 더 큰 사회적 차원에서는 바람직하지 못한 경우가 있다. 즉, 좁은 시각에서 정책의 긍정적인 부분만을 평가하는 경우에 오류를 가져올 수 있다.

2) 논리의 오류

(1) 잘못된 결론의 오류

결론이 사실에 의한 지지를 받지 못하거나 편견에 따라 영향을 받게 되면 잘못된 결론에 의한 오류를 범할 수 있다. 결론은 분석된 자료를 바탕으로 엄격하게 해석하여야 한다.

(2) 전문가의 오류

전문가가 자기의 전문 분야가 아닌 분야에 대해 권고안을 제시하거나, 전문가의 의견은 잘못이 없을 것이라고 받아들인다면 전문가에 의한 오류가 발생할 수 있다. 이는 전문가가 가지게 되는 근시안적 사고에 의한 오류다.

(3) 소망적 사고의 오류

사실이 아닌 이해관계자의 기대나 희망을 기초로 평가하게 되면 소망적 사고의 오류를 가져올 수 있다.

(4) 연상의 오류

평가자의 개인적 특성, 과거의 명성 등에 의해 사실과 대립하는 평가를 할 경우에 연상에 의한 평가 오류(error of association)를 가져올 수 있다. 이는 정책이 아닌 평가자를 보고 평가하는 경우에 발생하게 된다. 광고는 청중에게 이러한 연상의 오류를 발생하도록 한다.

(5) 임시적 조치의 오류

실제는 제대로 집행이 되고 있지 않은 데 집행자와 추진자가 잘되고 있다는 것을 보여주기 위해 이에 적합하게 결론을 내렸다면 임시적 조치에 의한 오류를 범하게 된다. 임시적인 조치는 상황을 더욱 나쁘게 하고, 시간과 자원의 낭비를 가져오게 된다.

(6) 설명의 잘못에 의한 오류

행태를 관찰할 경우 행태를 사실이 아닌 그의 동기나 구성 또는 성공을 추구하는 사회적 힘으로 설명하는 경우가 있다. 이러한 동기에 의한 설명은 확인하고 입증되어야 할 가설에 불과하다. 이처럼 사실이나 현실과 동떨어진 설명은 잘못된 판단을 가져올 수 있다.

3) 절차의 오류

절차의 오류는 설명 방법이 부정확하거나, 계산의 잘못, 불완전한 가설 등에 의해 발생하는 오류를 의미한다.

(1) 도구의 오류

프로그램의 효과를 측정하는 도구가 잘못되거나, 커뮤니케이션에서 사용되는 언어가 잘못 사용되는 경우에 판단에 오류를 가져올 수 있다.

(2) 측정의 오류

측정의 오류는 측정하고자 하는 것을 측정했는가 하는 타당성과 측정 결과를 믿을 수 있는가? 하는 신뢰성이 없는 경우에 발생하게 된다. 평가에서 측정의 타당성과 신뢰성을 결여한 경우에 발생하는 오류를 측정의 오류(error of measurement)라 한다.

(3) 모형의 오류

복잡한 정책 현상을 평가하기 위하여 다양한 모형이 사용된다. 모형은 유용한 평가 도구이지만 모형이 평가 대상을 정확하게 설명하지 못하는 경우에 판단에 오류를 가져올 수 있다.

(4) 단일 사건에 의한 오류

반복적이지 않고 1회적으로만 발생하는 사건을 대상으로 평가를 수행하는 경우가 있다. 이 단일 사건은 바람직할 수도 바람직하지 않을 수도 있다. 이에 단일 사건만을 대상으로 할 경우 오류의 발생 가능성이 존재하게 된다.

(5) 맹점에 의한 오류

인간의 심리는 자동차 사이드미러의 보이지 않는 사각지대와 같은 맹점(blind spot)이 존재하는데, 이는 인간의 판단에 오류와 편견을 가져올 수 있다. 인간은 자기 모습을 직접 볼 수 없으며 거울이나 타인의 존재를 통해서만 현실을 볼 수 있어서 그러하다. 평가에서 활용에 초점을 둘 때 평가자는 전체 프로그램을 평가하기보다는 활용 부분에 초점을 두고 평가해 프로그램의 다른 부분을 등한시할 수 있다. 즉, 프로그램이 의도하지 않은 것이나 프로그램이 가질 수 있는 더 큰 사회적 복지에 대한 기여 등을 등한시할 수 있다.

(6) 전위의 오류

전위(轉位)의 오류(error of displacement)는 평가 대상에서 평가해야 할 것을 평가하지 않고, 평가나 관찰이 용이한 것만을 대상으로 평가하는 경우에 발생한다. 예로, 어떤 운전사가 어두운 주차장에서 자동차 키를 잃어버렸다. 그는 자동차 키를 주차장이 아닌 가로등이 있는 거리에서 자동차 키를 찾고 있었다. 그 이유로 가로등 불빛이 있으면 자동차 키를 찾는 것이 더 용이하기 때문이라고 대답하고 있다. 이러한 오류는 프로그램 성과의 모든 부분이 아닌 특정 부분만 평가질문을 하여 평가하는 경우에 발생하게 된다.

(7) 평균의 오류

특정 현상의 대푯값으로 프로그램을 평가하는 경우에 발생하는 오류다. 이는 평균이 양 극단치에 의해 만들어지는 경우, 즉 표준편차가 매우 큰 경우에 발생하게 된다.

4) 평가자가 가질 수 있는 오류

앞서 제시한 오류 이외에 평가자가 가질 수 있는 오류에는 다음과 같은 것이 있다.

- 후광 효과: 어느 한 부분에서의 뛰어난 성과를 바탕으로 다른 부분에도 호의적인 평가를 할 수 있다.
- 뿔 오류: 후광 효과와 반대로, 한 가지 측면에서 저조한 성과를 바탕으로 다른 측면에 대해서 낮게 평가할 수 있다.
- 첫인상 오류: 평가 기간 초반에 형성된 부정적/긍정적 의견을 이후의 성과 인식에 부정적/긍정적으로 반영한다.
- 최근 효과: 첫인상 오류와 반대로, 전체 평가 기간이 아닌 평가 직전 최근 시점에서 성과의 좋고 나쁨이 평가에 큰 영향을 미칠 수 있다.
- 관대화 오류: 승진, 인간관계, 조직 분위기 등에 의해 대부분의 평가 대상을 좋게 평가하곤 한다.
- 가혹화 오류: 관대화 오류와 반대되는 것으로 평가 대상을 지속해서 낮게 평가하는 경향을 의미한다.
- 중심화 오류: 극단적으로 좋게 혹은 나쁘게 평가하는 것을 피하고 중심으로 향하려는 경향을 의미한다.
- 복제 오류: 평가자 자신의 행동이나 성격과 비슷한 사람들을 더 좋게 평가하는 경향을 의미한다.
- 전이 효과(일출 효과): 지난 기간의 평가를 바탕으로 현재의 효과를 평가하는 경우에 나타나게 된다.

4. 분석 결과에 대한 확증

정책 및 프로그램 평가에서 분석 결과가 타당성과 신뢰성이 있다는 것을 확증하는 것이 필요하다. 확증(confirmation)은 평가결과에 대한 신뢰성이나 타당성 등의 비판에 대응하는 데 필요하다. 특히 인과관계를 다루는 평가문제에서 실제 효과와 관찰된 변화를 구분하기 위해서 평가결과에 대한 확증이 요구된다.

분석 결과는 항상 비판에 직면하게 된다. 그러므로 증거에 의해 지지가 필요하다. 증거를 강화하는 방법으로는 다음과 같은 것이 있다(EuropeAid, 2006).

- 관찰된 사실: 사실적인 증거는 가장 강하다. 관찰된 사실은 방문 보고서, 사진, 관리 보고서 및 기타 물질적인 증거의 형태로 제시될 수 있다.
- 목격자의 증언: 정책 프로그램에 참여한 뒤에 자신의 삶에 변화가 생겼다는 대상집단의 증언도 강력한 증거가 될 수 있다.
- 대용물(proxy): 대용물은 상황적 증거를 제시하는 것이다. 예로, 예방접종이 독감을 예방하는 데 효과가 있다는 것을 입증하기 위해 예방접종을 하지 않은 사람이 독감에 걸렸다는 증거를 제시하는 것이다. 이는 논리적인 추론이 가능해야 증거로써 활용될 수 있다.
- 보고서: 간접적인 진술은 증거로서 가장 약한 형태다. 예로 보건소장이 예방접종을 한 사람들은 감기에 걸리지 않았다는 보고서를 증거로 제시하는 것과 같은 것들이다. 이러한 형태의 증거는 보고서 작성자의 권위나 전문성 등에 의해 좌우될 수 있다.

평가결과를 확증하기 위해서는 평가결과를 다음과 같이 체계적으로 검증할 필요가 있다(EuropeAid, 2006).

- 평가결과가 통계적 분석을 기반으로 한 것이라면 타당성 검증(validity tests)으로 입증했는가?
- 평가결과 사례연구에 의해 도출된 것이라면 다른 사례연구와 모순되지는 않는가?
- 평가결과가 설문지 조사에 의한 것이라면 조사의 편견이 검토되었는가?
- 평가결과가 이차적인 정보원을 바탕으로 한 것이라면 다른 정보원과 모순되는 것은 없는가?
- 평가팀이 평가결과를 제시하면서 외생변수를 누락시키지는 않았는가?
- 평가결과가 전문가의 견해와 다르거나 다른 평가결과와 다를 경우에 이것을 설명할 수 있는가?
- 평가 준거집단의 구성원 가운데 평가결과를 인정하지 않는 경우에 이러한 주장

에 대응할 수 있는가?

제 3 절 해석과 결론의 도출

1. 분석 결과의 해석

1) 해석의 의의

분석 결과의 해석은 분석에서 도출된 평가결과에 의미를 부여하는 과정이다. 자료 분석의 결과는 숫자, 통계적 결과, 도표, 사건의 증명이나 설명 등의 형식으로 표현된다. 해석 또는 결과의 도출은 이러한 분석 결과를 토대로 평가질문에 답하는 것을 의미한다. 수집한 자료를 분석해 평균값이 어느 정도인지, 만족도가 어느 정도인지를 아는 것만으로 평가가 끝난 것이 아니다. 분석 결과를 바탕으로 평가질문에 답하기 위한 판단을 해야 한다.

분석 결과를 해석하고 결과를 도출하는 활동은 평가 기준에 의해 프로그램이 유효한지, 타당한지를 판단하는 것 이외에 그러한 평가결과를 가져온 요인을 추정하는 것도 요구된다. 예를 들어, 실업 구제를 위한 교육 프로그램의 효과성을 평가할 때 '프로그램을 통해 직장을 구하는 데 도움을 받은 사람이 어느 정도인가?'라는 평가설문에 '전체의 60%가 도움을 받았다'라는 분석 결과를 놓고 프로그램의 효과성을 판단한다고 하자. 만약 목푯값(전체의 80%)을 달성하지 못한 것을 놓고 효과성이 높지 않다고 판단한 경우에는 왜 그렇게 되었는지 요인을 찾아야 한다.

저해 요인이나 공헌 요인을 분석하지 않고 단순히 '효과성이 높다'라는 결과만 기술하거나 평가 기준별 평가결과를 점수화해서 계산한 것을 종합해 해석하는 것은 사업 개선이 목적인 평가에서는 충분하지 못하다. 제언과 교훈을 도출할 수 있는 평가를 하기 위해서는 프로그램에 영향을 미친 여러 요인과 상관관계를 탐색해 프로그램 결과에 영향을 미친 요인을 분석하는 작업이 필요하다. 이에 대한 분석이 조사해서 얻은 정보와 동떨어지거나 왜 그런 판단을 한 것인지가 불명확한 경우에는 평가의 신뢰성이 낮아진다.

2) 논리적 추론과 이해관계자의 합의

합리적인 평가를 위해서는 정보와 분석으로부터 결과, 해석, 결론 및 판단을 도출하는 논리적 추론과정이 명확해야 한다. 평가에서 결론은 If-Then의 인과모형에 의할 것을 요구한다. If에 해당하는 것으로는 가설, 증거 및 기준, Then에 해당하는 것으로는 증거를 바탕으로 한 결론으로 기술된다. 이에 추가해 평가는 최종적인 결론을 도출하기에 앞서서 이해관계자의 가치와 이에 수반되는 의사결정, 결론 및 판단을 확인해야 한다.

평가자들은 자료분석 결과를 바탕으로 목표치와 성과 간에 편차가 확인된 뒤에는 그 편차를 먼저 해석하는 것이 필요하다. 예로, 목표치를 50%로 했는데 실제 성과가 49%를 달성했다면 이를 어떻게 해석해야 하는가의 문제다. 이러한 해석은 다양한 이해관계자 간의 집단회의 방식에 의해 이뤄지는 것이 가장 바람직하다.

평가결과와 관련해 편차를 해석할 경우에 먼저 편차를 정상적인 것으로 받아들일 것인지를 검토하고, 그 편차가 개선해야 할 부분인지를 결정해야 한다. 통계적 분석이 가능한 경우에 표준편차 이내의 편차는 받아들일 수 있는 것으로 해석되어야 한다. 예로, 과속을 방지하기 위해 과속 방지 카메라를 5대 설치했더니 지난달보다 교통사고율이 30% 감소했다면 직관적으로 효과가 있었다고 생각할 수 있다. 그러나 5% 감소했다면 이 수치가 통계적으로 의미가 있는 것인지를 검토해야 할 것이다. 이러한 변화가 표준편차 이내의 변화라면 의미가 없는 변화가 될 수 있다. 목표와 실제 성과 간의 편차가 받아들일 수 없을 정도로 큰 경우에는 왜 그러한 편차나 변이가 발생했는가에 대한 원인을 확인해야 한다. 이를 확인하기 위해서는 성과에서 바람직하지 않은 형태나 경향이 발생하고 있는 자료에 대해 좀 더 구체적인 분석이 필요하다. 즉, 프로그램의 효과가 무엇에 의해 발생했는지를 이해하려고 노력해야 한다. 예로, 소환장 발급 건수가 늘었다고 평가되었다면 그것이 범죄가 늘었기 때문인지 법 집행을 엄격하게 했기 때문인지를 알아야 한다. 만약 병원의 특정 환자의 입원 기간이 줄어들었다면 그것이 상태가 좋아져서인지 아니면 병원의 정책이 변화했기 때문인지를 알아야 한다. 이러한 분석은 성과 수준, 유형, 경향이 기대치와 큰 차이를 보이는 경우, 성과 수준이 다른 조직과 비교해 현저히 낮은 경우, 우려했던 사건이 발생했을 경우에 필요하다.

대부분의 편차는 복수의 다양한 원인에 의해 발생하게 된다. 평가의 자료 해석에서는 이들 다양한 원인의 우선순위를 명확하게 하는 것이 필요하다. 우선순위의 결정은 요인분석과 같은 통계적인 기법에 의해 이뤄질 수도 있고, 우선순위 비교법에 의해 집단토의 방법으로 확인할 수도 있다. 통계적 자료 해석에서 주의할 것은 단순한 통계치만으로 해석해서는 아니 되고, 전체 프로그램의 운영이라는 맥락에서 통계치를 해석해야 한다는 것이다. 이 밖에 분석에서 중요한 것은 프로그램의 목표를 달성하지 못한 것은 프로그램 이외에 다양한 집행과 환경 요인의 복합적 요인에 의해서 발생할 수 있다는 것을 이해해야 한다. 그리고 평가결과가 기존의 다른 평가나 이론과 다르게 나타나는 경우에는 그 이유, 증거 등을 명확하게 하여야 한다.

평가의 분석 결과로부터 논리적 추론으로 해석할 경우에 다음과 같은 것을 고려해야 한다(Yarbrough et al., 2011).

- 논리적 추론이 핵심적인 평가질문에 합당하게 하려면 가능한 평가과정의 초기에 명확하게 하는 것이 필요하다.
- 명확한 추론은 가장 중요한 평가질문에서부터 시작되어야 한다. 시간과 자원이 있다면 핵심적인 모든 질문에 대해 명확하게 추론할 것이 요구된다.
- 올바른 If-Then 언명은 추론을 명확하게 하는 데 기여한다.
- 논리적 추론의 주요 과정을 명확하게 한 뒤에 완전성을 위해 언명과 가설을 검토하고 평가해야 한다.
- 중복성이 있더라도 개별 평가질문별로 논리적 추론을 분리해 수행되어야 한다.
- 특히 평가과정 동안에 평가의 활용과 평가질문이 변경되는 경우에는 질 차원에서 논리적 추론을 뒷받침하는 타당성과 그의 능력을 위해 정보를 검토해야 한다.
- 가치에 대한 모든 가설을 명확하게 하고, 가치가 질적인 것을 충족해야 하는 정도에 관심을 가져야 한다.
- 주요 이해관계자가 활용을 쉽게 질문, 해석, 결과 및 결정을 표나 기타 방법으로 요약 정리할 필요가 있다.

그러나 추론과정에서 다음과 같은 위험 요인은 피해야 한다.

- 하나의 평가질문에서 추론한 것을 다른 평가질문으로 과도하게 일반화하는 것
- 다양한 추론과정과 정보원을 활용하는 것이 좀 더 정확한 경우에 하나의 추론과정이나 정보원만을 사용하는 것

- 서로 다른 해석과 결론을 도출할 수 있는 것들을 비교하거나 대조하지 않는 것
- 바람직한 결론과 해석을 강조해 논리적 추론에 필요한 정보를 수집하고 분석하는 것을 강조하지 않고, 검토하지 않는 것
- 평가의 논리적 추론에서 중요한 단계나 가설을 빠뜨리는 것
- 중요한 대안적인 설명을 고려하지 않는 것
- 평가팀원, 주요 이용자, 주요 이해관계자로 하여금 추론에 대해 의문을 가지거나 관심을 가지도록 권장하지 않는 것
- 진실험과 같이 완벽한 평가설계가 모든 가설을 추론 과정에 포함되어 있다고 보는것
- 특정한 설계 접근방법을 평가의 상황, 목적, 집행의 실현 가능성을 고려하지 않고 더 논리적이라고 생각하는 것
- 특정한 평가설계와 기대하는 결론에서 타당한 인과적 결론을 위협하는 요인을 철저하게 검토하지 않는 것

2. 결론의 도출

1) 의의

평가의 결론은 엄격하고 체계적 분석과 해석을 바탕으로 하지만, 보편타당성보다는 평가 상황을 고려해 상대적으로 내려져야 한다. 최종 판단은 평가 기준별 해석 결과나 판단의 기준을 바탕으로 하게 된다. 평가 기준별 평가는 프로그램을 다양한 관점에서 개별적으로 파악하는 데 반해, 결론은 그것을 종합적으로 보아 판단하는 것이다. 예를 들어, 사전평가일 때는 실시하는 것이 타당한지, 계획 내용이 적절한지를 판단해야 한다. 종료평가일 때는 성공했는지, 협력을 종료할지를 판단하고, 그 근거를 기준별로 제시해야 한다.

종종 프로그램의 효율성이 높은(투입과 산출의 관계)데도 효과성을 인정할 수 없는 프로그램은 효과 발생을 기대한 인과관계 구조(당초 계획) 자체에 문제가 있었을 수도 있다. 한편 프로그램 구조(인과관계의 논리)에는 특별히 문제가 없는데 효과가 나타나지 않은 경우에는 집행과정(투입과 운영 체계 등 프로그램 실시 방법)에 문제가 있을지도 모른다.

최종적인 결론의 도출에서 프로그램을 판단할 경우에 사전에 설정된 기준, 예로 프로그램의 목표나 성과지표와 같은 기준이 설정된 경우에는 이들 기준이 분석 결과를 해석하고 판단하는 기준으로 사용된다. 그러나 이러한 기준이 없는 경우의 판단은 질적인 분석을 요구하게 된다. 이를 위해 평가자의 판단이나 결과에 대한 평가위원회나 조정집단의 회의 등을 통해 결론을 도출하거나 판단하는 것도 필요하다. 이 경우에 AHP, 델파이 기법, 전문가 패널 구성, 최종 판단에 이해관계자의 참여 등의 방법이 활용될 수 있을 것이다.

결론은 평가 초기에 제시한 평가문제에 대해 명확한 답변을 제공해야 한다. 최종보고서에는 결론이 자료, 해석, 분석과 판단 기준에서 어떻게 도출되었는지를 제시하고 결론이 가지는 방법론적 한계를 명시하여야 한다. 결론 부분은 사실 분석을 바탕으로 한 평가의 결과와 가치판단이 포함된 결론을 구분해 작성할 필요가 있다(EuropeAid, 2006).

결론을 도출하기 위해 평가팀은 평가의 초기 단계에 합의한 판단 기준을 기초로 하게 된다. 또한 가치판단을 포함하는 결론에는 윤리적인 기준을 반영할 필요도 있다. 이 과정에서 불필요하거나 의도하지 않은 가치판단이 최종보고서에 포함되지 않도록 해야 한다. 결론을 제시할 경우 정책에 대해 옹호적 결론이나 부정적 결론 중 어느 한쪽에 치우치지 않도록 균형감을 가지는 것도 필요하다.

2) 판단 기준

평가는 좋다 나쁘다, 바람직하다 바람직하지 않다와 같이 가치를 판단하여야 한다. 이러한 가치를 평하여 매긴 점수를 평점이라고 한다. 예로, 대학의 학점에서 95점 이상을 A^+와 같이 등급화하는 것이다. 판단의 방법은 절대평가와 상대평가의 방법이 있다. 절대평가는 목표를 100% 달성할 경우 100점, 95% 달성한 경우 95점을 부여하는 것이다. 반면에, 상대평가는 평가 대상의 순위를 정하여 평가 등급의 비율에 따라서 평가하는 방법이다. 상대평가는 절대평가에 의한 평가의 관대화 경향을 억제하기 위해서 사용하게 된다.

정성평가의 경우 평가자의 주관성과 편견 등을 배제하기 위해 구체적인 평가 기준을 제시하는 것이 일반적이다. 〈표 7-4〉는 공공기관의 경영평가에서 비계량 지표인 노사관계를 평가하기 위한 기준이다. 이에서 세부평가내용이 판단의 기준으로 활용되게 된다.

표 7-4 공공기관 경영평가 노사관계 세부평가내용

평가지표	세부평가내용	
노사관계	지표정의	협력적 노사관계를 위한 노력과 성과를 평가한다.
	적용 대상(배점)	공기업 및 준정부기관: 비계량 2점
	세부평가내용	① 노사 간 협의체계 구축과 실질적 운영 등이 상호 협력과 참여에 기반하여 합리적이고 적법하게 이루어지고 있는지 여부 ② 노사 간의 공감대 형성을 위한 의사소통과 노사관계 관리 역량 강화를 위한 노력과 성과 ③ 노사협의를 통한 근로조건의 실질적 향상과 구체적 성과

출처: 기획재정부(2021). 『2021년도 공공기관 경영평가편람』.

정부업무평가의 자체평가에서는 성과관리 시행계획의 관리과제를 〈표 7-5〉와 같이 상대 등급화하여 판단하고 있다. 이외에 재정 부문은 사업 수 기준으로 우수 20% 이하, 보통 65% 내외, 미흡 15% 이상, R&D 평가는 절대평가로 우수 85점 이상, 보통 85점 미만~70점 이상, 미흡 70점 미만으로, 재난안전사업은 상대평가로 우수, 보통, 미흡의 3단계로 등급을 부여하고, 균형발전사업은 상대평가로 우수 20% 이하, 보통 65% 내외, 미흡 15% 이상을 등급화하고 있다(국무조정실, 2022c).

표 7-5 평가등급 분포 기준

순위 누적 %*	등급(등급명)	예시(총 20개 관리과제)
~상위 5% 이내	1등급(매우 우수)	1위
5% 초과~20% 이내	2등급(우수)	2, 3, 4위
20% 초과 ~35% 이내	3등급(다소 우수)	5, 6, 7위
35% 초과~65% 이내	4등급(보통)	8, 9, 10, 11, 12, 13위
65% 초과~80% 이내	5등급(다소 미흡)	14, 15, 16위
80% 초과~95% 이내	6등급(미흡)	17, 18, 19위
95% 초과~	7등급(부진)	20위

출처: 국무조정실(2022c). 『2022년 정부업무 성과관리 운영지침』.

공공기관 경영평가에서 비계량지표는 지표별 세부평가내용 전체를 대상으로 전반적인 운영실적과 전년 대비 개선도를 고려하여 등급을 부여한다. C등급(보통)을 기준으로 5개 등급(A~E)으로 구분하고, 각각의 기본 등급보다 우수한 성과를 낸 경우 + 점수를 부여하여 9등급으로 평가한다. 반면에, 계량지표는 목표치와 비교, 글로벌 실적과 비교, β분포, 추세치 등의 다양한 기준을 바탕으로 판단하게 된다.

그리고 최종적인 기관평가에서는 〈표 7-6〉와 같이 6개 등급으로 평가한다.

표 7-6 공공기관 경영평가의 평가 등급

등급	수준 정의
탁월 (S)	모든 경영 영역에서 체계적인 경영시스템을 갖추고 효과적인 경영활동이 이루어지고 있으며, 매우 높은 성과를 달성하고 있는 수준
우수 (A)	대부분의 경영 영역에서 체계적인 경영시스템을 갖추고 효과적인 경영활동이 이루어지고 있으며, 높은 성과를 달성하고 있는 수준
양호 (B)	대부분의 경영 영역에서 양호한 경영시스템을 갖추고 있고, 양호한 성과를 달성하고 있는 수준
보통 (C)	대부분의 경영 영역에서 일반적인 경영시스템을 갖추고 있고, 일반적인 경영 활동이 이루어지고 있는 수준
미흡 (D)	일부 경영 영역에서 일반적인 경영시스템을 갖추고 있지만, 성과는 다소 부족한 수준
아주 미흡 (E)	대부분의 경영 영역에서 경영시스템이 체계적이지 못하고 경영활동이 효과적으로 이루어지지 않으며, 개선 지향적 체계로의 변화 시도가 필요한 수준

출처: 기획재정부(2021). 『2021년도 공공기관 경영평가편람』.

3. 해석과 결론 도출에서 고려해야 할 것

평가에서 정당한 해석과 결론을 도출하기 위해서는 다음과 같은 것을 고려해야 한다(Yarbrough et al., 2011; 日本 總務省, 2010).

- 이해관계자들의 지식 틀과 방법론적인 선호가 결론을 도출하는 토의와 추론에 영향을 줄 수 있다는 것이라는 것을 명확하게 해야 한다.
- 평가팀의 구성원과 주요 이해관계자가 정확한 해석, 결론, 권고안을 구성하는 데 책임이 있다는 것을 명확하게 해야 한다.
- 결과, 자료의 해석과 결론은 이를 도출하고 판단을 하는 사람들에 의해 정의된 구성과 프로그램의 이론적 용어를 반영한다는 것을 확인시켜야 한다.
- 정확한 결과와 결론을 도출하기 위해 서로 다른 평가질문에 의해 얻는 정보를

어떻게 반영할 것인가를 결정해야 한다.

- 일차적인 해석과 결론이 내려진 조건과 상황을 명확하게 해야 한다.
- 평가팀이 정확하다고 내린 결론을 이해관계자들이 그대로 수용하지 않을 수 있다.
- 기술적으로 적합한 방법이 결론을 정당화하기 위한 유일한 필요조건이 아닐 수 있다.
- 전체적으로 최종 판단에서는 평가의 왜곡 가능성과 평가에 반영하지 못한 외생변수가 있을 수 있다는 것을 인정하고 신중하게 판단하여야 한다.
- 적절한 이해관계자의 의견이 판단에 반영될 수 있도록 하여야 한다.

제 4 절 권고안의 작성

1. 권고안의 의의

평가자는 평가질문에 대한 답을 구하는 것 이외에 결론을 바탕으로 정책 및 프로그램의 운영에 대해 제안을 하게 된다. 제안, 시사점 또는 권고안이란 평가 대상 프로그램의 개선을 위해 필요한 조치나 조언을 하는 것이다. 이외에 평가자는 평가결과를 바탕으로 일종의 교훈을 제시할 수도 있다. 교훈은 해당 프로그램의 경험을 통해 도출한 관련 정책이나 프로그램의 발굴과 계획 수립 등에 참고가 될 수 있는 것을 의미한다. 이러한 권고안이나 교훈은 평가한 정책 및 프로그램의 개선이나 새로운 정책 설계를 준비하는 데 도움을 주는 것을 목적으로 한다.

권고안이나 교훈은 어떻게 해야 하는가에 대한 규범적인 언명이다. 권고안은 현재 상황을 기술하고 있는 평가보고서를 기초로 작성되게 된다. 권고안의 궁극적인 목적은 도출된 결론을 바탕으로 바람직한 방향으로 행동을 전환하는 데 있다. 권고안은 분석과 검토, 결과에 대한 해석을 종합해 문제 해결을 위해 노력하는 의사결정자의 결정에 참고될 수 있는 정보 창출을 목적으로 한다.

아래 사례에서는 보건복지부의 관리과제인 혈액 장기 정책의 안정적 수행에 대해 평가한 결과를 바탕으로 개선 · 보완 사항을 제시하고 있다.

사례

보건복지부 자체평가 결과보고서

39	혈액 장기 정책의 안정적 수행	보통

(1) 평가결과

▪ 주요 성과

• 제1차 혈액관리 기본계획('21~'25년) 수립('20.12)에 따라 연도별 세부시행계획 수립 및 추진성과 조기 달성을 위한 제도기반 마련('21.3)

• 장기 · 인체조직 기증활성화 기본계획 수립완료(2021.3.23)

• 제대혈에 대한 관리 강화

– 적격 제대혈 기준 상향으로 고품질의 제대혈 보관 및 이식효과 증대(하위법령 개정, 시행)

▪ 개선 · 보완 필요사항

• 뇌사장기기증 활성화를 위한 다각적 정책 개발이 필요함

(2) 평가지표별 평가결과

평가지표	평가결과	평정근거 및 제언
성과의 객관적 우수성(10)	8.50	헌혈량 0.9% 감소, 5일분 이상 적정 단계의 혈액 보유일수 감소에 대한 고려 없음
성과지표 달성도(25)	21.50	뇌사장기기증 활성화를 위한 다각적 정책개발이 필요함
정책 목표 달성도(20)	17.50	장기기증 활성화를 위한 뇌사추정자 통보시스템 구축에 모바일 어플 개발 등의 노력이 가시화되지 않음. 제대혈 기증이 이전보다 활성화된 성과 도출도 좋지만 기증된 제대혈의 이용에 대한 성과도 필요할듯함

출처: 보건복지부(2022). 『2021년 자체평가 결과보고서』를 수정 · 편집.

2. 권고안의 작성

권고안은 다음과 같이 작성될 필요가 있다(WHO, 2013; UNEG, 2016).

1) 권고안은 실현 가능해야 한다

권고안은 활용을 염두에 두고 작성하여야 한다. 이를 위해 평가자는 조직의 환경,

자원과 예산의 제약, 정치적 압력, 기타 집행에 영향을 미치는 조건들을 고려해야 한다. 실현 가능성을 위해 권고안이 너무 규범적이지 않게 제시될 필요가 있다.

2) 권고안은 적시성을 가져야 한다

권고안의 활용도를 제고하기 위해서는 적시성을 가져야 한다. 의사결정이 마무리된 뒤에 제시되는 권고안은 의미가 없다.

3) 권고안은 구체적이어야 한다

권고안과 교훈이 구체적이고 실제적이지 않으면 아무도 받아들이지 않는다. 권고안은 모호하고 탁상공론은 피하고, 개별적이고 구체적이어야 하며, 가능한 범위 내에서 우선순위나 시간 계획을 설정해(예: 단기적, 중·장기적 제언 등), 다음 행동과 연결되기 쉽게 해야 한다. 중요한 권고안은 개별적인 대안별로 제시하고, 개별적 대안에 대해 예상되는 결과를 제시하는 것이 좋다.

4) 권고안은 참여적으로 작성되어야 한다

권고안의 활용도를 제고하기 위해서는 이를 활용할 사람을 고려해 작성하고, 그들이 자기 것으로 생각할 수 있도록 해야 한다. 권고안을 작성하고 교훈을 도출하는 과정은 이해관계자와 충분히 의사소통하면서 합의하는 과정으로 진행되어야 한다. 참여적인 권고안 작성은 교훈의 활용도를 높이고 사업 개선으로 이어질 것을 기대할 수 있다.

5) 권고안은 확고한 증거와 분석에 의한 평가결과를 바탕으로 작성되어야 한다

권고안은 자료분석과 해석에서 얻은 정보를 바탕으로 도출되어야 한다. 또한 내용이 평가 목적에 부합해야 한다. 권고안은 결론을 반복하지 않으면서 결론과 관련이 있어야 한다. 권고안에는 관찰과 분석을 기초로 한 기술적이고 실증적인 자료를 내포해야 한다. 권고안이 결론으로부터 도출되지 않고 이해관계자의 특정한 이익이 반영

된다면 보고서의 신뢰성을 떨어뜨리게 된다. 평가보고서와 무관한 권고안은 다른 방법으로 제시되어야 한다.

6) 권고안은 너무 많지 않도록 한다

권고안이 너무 많으면 관심도를 떨어뜨린다. 권고안은 선택과 집중에 의해 핵심적인 것으로 축약해 작성되어야 한다. 그리고 권고안은 우선순위를 설정해 제시하는 것도 필요하다. 권고안은 관련자들이 선택하기 쉽게 가능한 짧은 형태로 작성하는 것이 바람직하다.

C·H·A·P·T·E·R 8

평가보고서 작성과 활용

제 1 절 평가보고서 작성

1. 평가보고서의 의의

평가보고서는 평가질문에 대한 답과 그 답을 얻기 위한 과정 및 방법을 설명한 공식적 기록이다. 평가보고서의 주요 목적은 평가로부터 만들어진 결과와 결론에 대해 적절한 사람들에게 메시지를 전달하는 것이다(Worthen et al., 2004).

평가과정에서 제시되는 보고서는 평가과정에 따라서 착수보고서, 중간보고서, 최종보고서 초안 및 최종보고서 등이 있다. 이 장에서는 최종보고서를 중심으로 논의하게 될 것이다. 정책이나 프로그램 평가에서 최종보고서가 제출되기 전에 최종보고서 초안이 제출되는 경우가 일반적이다. 초안은 평가계획에서 제시한 평가질문에 대해 자료 분석을 바탕으로 한 결론을 포함하게 된다. 최종보고서 초안에는 평가결과를 바탕으로 한 평가자의 권고안이 포함될 수 있다. 최종보고서는 최종보고서 초안에 대한 질 평가의 결과와 조정집단 및 감독자와의 토의결과를 반영해 작성하게 된다. 이러한 과정에서 평가자의 자율성을 침해하지 않는 것이 무엇보다 중요하다.

2. 평가보고서 작성

1) 누가 작성할 것인가

평가보고서는 평가팀이 중심이 되어서 1~2명이 시안을 작성하는 것이 좋다. 소수가 중심이 되어 작성해야 전체적 틀의 일관성을 유지할 수 있기 때문이다. 작성된 평가보고서 시안은 평가팀 전체 회의 및 토의를 수정 · 검토 · 보완한다.

2) 이용자를 위한 보고서 작성

평가보고서는 보고서를 활용하고자 하는 사람이 누구인가에 따라서 적절하게 작성되어야 한다. 이용자 중심의 보고서를 작성하기 위해 다음과 같은 것을 고려해야 한다.

- 누구에게 평가결과를 보고해야 하는가?
- 이들은 사업에 대해 어느 정도의 사전 정보를 가지고 있는가?
- 이들은 평가를 통해 무엇을 알기를 원하고 평가결과를 어디에 활용하려 하는가?
- 프로그램에 대해 어느 정도의 시간을 할애하고 관심을 두고 있는가?
- 언제 평가결과를 알기를 원하는가?
- 평가결과 중에서 특별히 민감하게 생각할 만한 것이 있는가?
- 평가결과에 관한 이의제기에 대응할 수 있는 충분한 증거가 있는가?

평가보고서의 주요 이용자들을 위한 보고서 작성 방법을 보면 다음과 같다.

(1) 프로그램의 자금을 통제하는 사람을 위한 보고서의 준비

국책사업, 공모사업과 같은 정책적 과제에서는 정기적으로 평가보고서를 작성해 보고해야 한다. 또한 행정기관은 예산을 통제하는 의회에 정책결과를 보고할 필요가 있다. 평가보고서는 다음 연도 예산 배정의 중요한 근거가 된다. 보고서를 통해 해당 정책이나 프로그램이 중요하고 가치 있는 것임을 보여줄 필요가 있다.

(2) 조직 내의 담당자와 관리자를 위한 보고서의 준비

프로그램 담당자나 관리자를 위한 보고서는 현재 진행 중인 활동이나 미래의 활동과 관련된 의사결정을 지원하는 것이 주요 목적이므로, 구체적인 평가방법론에 치중하기보다는 결과에 초점을 둘 필요가 있다. 이들을 위한 평가보고서는 5쪽 이내의 보고서로 정책의 결과 및 진행과정을 알 수 있도록 요약하는 것이 좋다. 특히 결론과 권고안을 중심으로 구성된 1쪽의 요약보고서는 상위 계층 보고에 필요하다.

(3) 고객과 이해관계자를 위한 보고서의 준비

정책 및 프로그램 고객이나 일반적인 이해관계자들은 집행과정보다 프로그램의 효과에 더 관심을 갖는 경향이 있다. 이들을 위한 보고서는 결과 중심적이어야 하고, 전문적 용어보다는 일상적 용어를 사용하여 이해하기 쉽게 작성해야 한다.

3) 최종보고서에 대한 합의

최종보고서를 확정할 때 관련된 주요 이해관계자와 보고서에 대해 합의를 거쳐 명확하게 해야 평가 오류를 줄이고, 평가결과에 대한 비판에 적절히 대응하며, 평가결과 활용을 촉진할 수 있다. 최종보고서에 대한 최고관리자나 평가위원회의 승인과정에서 최종적으로 다음을 검토할 필요가 있다(Save the Childeren, 2012).

- 데이터(표본추출, 대상사례/문서 선정 등)와 결과물을 신뢰할 수 있는가?
- 평가연구를 통하여 프로그램에 대한 이해도를 얼마나 확대할 수 있는가?
- 평가가 본래의 목직과 목표를 얼마나 잘 다루고 있는가?
- 평가설계가 평가결과를 얼마나 잘 옹호하고 있는가?
- 데이터 소스의 맥락이 얼마나 잘 보존되고 잘 묘사하고 있는가?
- 평가 관점과 내용의 다양성이 제대로 확보되었는가?

4) 바람직하지 않은 결과의 보고

종종 부정적이고 논쟁의 여지가 있는 평가결과를 공개하는 것은 기관에 부담될 수 있다. 그러나 이를 공개함으로써 얻는 장기적인 이익은 매우 크다. 평가결과의 공개는 평가에 의한 권고안을 따르도록 하는 압력 수단이 될 수 있고, 더 나은 평가결과를 위해 노력하도록 동기부여의 계기가 될 수 있다(OECD, 2001). 나쁜 결과를 제시하는 것에 대한 불이익이 있어서는 안 된다. 나쁜 결과를 제시하는 것을 두려워하면 평가는 왜곡되고, 보고서의 질은 떨어지게 되며, 평가결과의 활용은 어려워진다.

3. 최종 평가보고서의 형식

공공기관 평가 대부분이 평가보고서 작성 방법과 내용에 대한 편람이나 서식을 제시한다. 평가보고서 양식을 표준화하는 것은 상대평가를 위해서 필요하다. 최종보고서의 형식 및 내용에 대하여 다음을 참고할 수 있다(World Bank IEG, 2007; UNDP, 2021).

1) 표지와 시작 페이지

다음과 같은 내용이 보고서의 표지 및 앞부분에 기술되어야 한다.

- 평가하는 프로그램의 명칭, 일자
- 평가자의 이름과 소속 기관, 관련 기관의 웹페이지 및 주소
- 발간사 또는 감사의 말씀
- 목차
- 용어 정의 및 두문자 목록

2) 요약문

최종보고서에는 보고서의 핵심 내용을 요약·정리한 요약문을 제시해야 한다. 요약문은 5쪽 이내로 짧을수록 좋다. 요약문은 평가보고서 중 가장 널리 읽히므로 용어, 표현, 포함내용의 선택에 신중할 필요가 있다. 요약문은 다음을 포함해야 한다.

- 프로그램에 대한 간단한 기술 및 논리모형과 프로그램의 맥락
- 평가의 맥락과 평가의 목적과 목표
- 방법론에 대한 간략한 기술
- 중요한 결론과 권고안

3) 서론

서론에서는 평가과정과 관련한 핵심 정보, 기관에서 위임한 내용, 평가정책 및 평가관리와 관련된 내용, 평가 대상 프로그램에 대해 기술한다.

(1) 평가관리와 관련된 내용

- 평가 목적 및 평가를 실시한 근거 기술
- 평가를 위임한 사람 및 평가 자금 제공자
- 평가팀 선발의 방법과 기준 및 평가자
- 평가에 대한 관리 감독사항

- 이해관계자의 참여 실태
- 평가결과, 결론, 권고안 작성에 대한 검토과정 정보

(2) 평가 대상 정책 및 프로그램 기술

평가보고서에는 프로그램과 관련된 내용, 프로그램이 추구하는 결과 및 영향을 간략하게 기술해야 한다. 이에 포함될 수 있는 것으로는 다음과 같은 것이 있다.

- 프로그램을 도입하게 된 배경
- 프로그램의 목표, 프로그램의 적용 범위와 규모, 이해관계자 등
- 프로그램 정책, 목표 및 전략과 관련된 참고 자료
- 프로그램의 논리모형이나 변화이론
- 프로그램이 운영되고 평가되는 사회정치적인 맥락
- 프로그램의 집행을 위한 조직적인 장치
- 기대하는 결과와 구체적인 대상집단에 미치는 영향

4) 본문

보고서의 본문은 평가질문에 대해 답을 제시하는 부분이다. 평가질문에 대한 답은 명확하고, 답을 정당화하는 근거 또한 명확한 자료적 뒷받침이 있어야 한다. 프로그램에 답을 제시할 때 프로그램의 강점과 약점을 지적하는 것도 중요하다.

본문에서는 평가질문에 답을 구하기 위한 자료 수집 계획과 자료 수집활동, 도구의 신뢰도와 타당도, 자료 처리 도구, 자료 수집과정에서의 문제점과 그것이 평가에 미친 영향을 설명해야 한다. 그리고 수집된 자료의 정리, 분석 도구, 방법, 결과의 해석 및 결과의 타당성과 신뢰성 등이 제시되어 결과 해석을 정당화하도록 해야 한다.

평가보고서의 본문에서는 평가의 범위를 구체적으로 제시해야 한다. 분석은 논리적인 방법으로 그 방법을 제시하고, 자료와 정보는 체계적인 방법으로 제시되고 분석하고 해석한다. 평가결과와 결론은 자료와 정보로부터 명확하게 확인될 수 있어야 하고, 추론이 논리적으로 적합하게 표현되어야 한다. 평가와 관련된 가설은 명확해야 하고, 결론은 평가결과와 분석으로 증명하여야 한다.

(1) 평가 기준 및 평가질문

- 평가질문
- 평가 기준과 기준에 대한 정의, 기준을 평가하기 위한 지표
- 평가결과를 판단하기 위한 판단 기준

(2) 평가방법론

- 평가질문별 평가설계
- 자료의 출처, 자료 수집 방법과 분석 방법 기술, 표본추출 방법의 기술
- 주요 한계점

(3) 이해관계자의 참여와 자문 내용 등

- 자문받은 이해관계자
- 이해관계자의 자문 및 참여 내용 등을 기술

(4) 평가결과와 결론

- 평가 목표 및 평가질문별로 명확하게 제시
- 평가결과를 입증할 수 있는 자료 제시
- 프로그램과 결과와의 인과관계 분석 방법 및 분석 결과
- 평가질문별 결론의 도출 및 종합적인 판단

(5) 권고안 및 교훈

- 권고안이나 시사점은 계획한 평가결과의 이용자와 연계해 작성되어야 한다.
- 좋은 평가보고서는 평가결과로부터 논리적으로 추론한 교훈을 제시해 주어야 한다.

5) 부록

평가보고서의 부록 형태로 첨부될 수 있는 것으로는 다음과 같은 것이 있다.

- 평가를 위한 최종 ToR
- 프로그램의 구체적인 논리모형

- 인터뷰한 사람의 명단(공개가 가능한 경우)과 방문한 장소
- 자료 수집 도구(설문지 등)
- 참고 자료 및 참고 문헌

4. 평가보고서의 작성 방법

평가보고서를 작성할 때 다음과 같은 것들을 고려해 작성할 필요가 있다(World Bank IEG, 2007; DG BUDGET, 2004.)

1) 내용적 측면

- 보고서에는 통계적으로 중요한 것뿐만 아니라 중요하지 않은 것도 포함할 필요가 있다. 통계적으로 중요하지 않은 것으로부터도 많은 것을 학습할 수 있기 때문이다.
- 평가하고자 하는 프로그램과 프로젝트 논리모형을 제시하는 것이 바람직하다. 논리모형은 평가의 이용자들이 프로그램이 무엇을 하고, 프로그램 설계자들은 문제를 해결하기 위해 어떻게 했는가를 알고자 하는 데 도움을 준다.
- 정책 및 프로그램에 대한 해당 기관 및 주요 이해관계자의 역할과 기여를 명확하게 기술해야 한다.
- 평가방법론의 한계와 평가자료의 질 확보 방안도 명확히 제시해야 한다.
- 평가의 기준을 제시할 경우 기준으로 선택한 근거가 명확하게 제시되어야 한다.
- 평가의 목표는 프로그램의 환경에서 수집될 수 있는 정보로 실제적이고 실현 가능성이 있도록 제시되어야 한다.
- 자료는 모든 것을 제시할 필요는 없다. 단지 결과를 도출하는 데 증거가 되는 것을 중심으로 제시하는 것이 필요하다.
- 평가에 참여한 이해관계자에 대한 완전한 기술이 있어야 한다. 평가의 주요 단계별 참여 현황과 정도 및 역할을 명확하게 기술해야 한다.
- 평가설계에서 제시된 자료 제공자 등에 대한 비밀 준수, 인간의 존엄성, 복지와 같은 윤리적 안전장치 등의 내용이 포함되어야 한다.
- 결과를 제시할 경우 투입, 산출, 결과, 영향은 측정할 수 있는 형태로 제시하도

록 한다. 프로그램의 투입활동과 과정을 명확하게 제시하고 결과와 산출은 구분되며, 산출과 영향도 명확하게 구분해 제시되어야 한다.

- 분석에는 이해관계자의 의견이 정확하게 표현되도록 기술해야 한다.
- 프로그램이 목표를 달성하게 된 근거와 어려움이나 장애 요인을 가능한 명확하게 제시되어야 한다. 성과에 영향을 미친 외적인 변수도 제시되어야 한다.
- 결론은 자료의 분석과 일치되게 제시되어야 한다. 결론과 분석 결과 간의 논리적인 연계성이 명확하게 제시되지 않는 경우 평가의 신뢰성은 떨어지게 된다.
- 권고안은 엄격한 증거와 자료 분석을 기초로 하여 프로그램과 관련성을 가지고 현실적으로 제시되어야 한다.
- 교훈은 좀 더 광범위하게 다른 프로그램 등에 적용될 수 있는 일반성을 가지는 교훈이 제시되어야 한다.

2) 형식적 측면

- 보고서의 분량은 가능한 적은 것이 좋다. 종종 분량과 활용도는 반비례하는 경향을 가진다.
- 평가보고서는 시각적으로 작성하도록 한다. 도표, 그림, 사진 등을 효과적으로 사용하고 지면을 밝고 읽기 쉽게 한다.
- 적절한 여백을 설정하고 여유가 있는 레이아웃으로 편집한다. 평가의 전체 내용을 하나로 표현할 수 있는 그림이나 도표를 작성하는 것도 필요하다.
- 목차만으로 전체를 알 수 있도록 크고 작은 목차를 신중하게 선정한다.
- 글자의 모양, 크기 등의 일관성과 단순성을 유지한다.
- 문장의 내용은 주어와 술어로 전개한다.
- 불필요한 것이나 평가질문과 직접 관련이 없는 것은 가능한 제시하지 않는다.
- 중요한 부분은 밑줄을 치거나 글씨 모양을 바꾸는 등 두드러지게 한다.
- 평가보고서는 쉬운 용어로 명확하게 전달되어야 한다.
- 보고서의 문장은 짧지만, 과도한 개조식 표현을 피해야 한다.

제 2 절 평가결과의 보고와 공유

1. 평가결과의 보고

1) 보고의 의의

평가의 주요 목적인 책임성 확보를 위해서는 평가결과의 공개 및 보고활동이 전제되어야 한다. 보고는 평가와 관련된 이해관계자인 기관의 최고관리자, 조정집단 또는 정책 대상집단이나 이해관계자 등을 대상으로 이뤄진다. 이외에 일반 국민이나 간접적인 이해관계자에게 평가결과를 알리는 보고활동이 있게 된다. 정부업무평가 기본법(제7조)는 정부업무평가의 원칙으로 "정부업무평가의 과정은 가능한 한 평가 대상이 되는 정책 등의 관련자가 참여할 수 있는 기회가 보장되고 그 결과가 공개되는 등 투명하여야 한다." 그리고 제27조는 국무총리가 매년 각종 평가결과보고서를 종합하여 이를 국무회의에 보고하고, 중앙행정기관의 장이 전년도 정책 등에 대한 자체평가결과를 국회 소관 상임위원회에 보고해야 한다고 규정하고 있다.

보고활동은 공식·비공식적으로 관련된 이해관계자가 평가결과를 공유할 뿐만 아니라 다음과 같은 역할을 할 수 있다(Kusek & Rist, 2004).

- 보고는 관련 기관이나 장이 시민이나 다른 이해관계자와의 약속을 이행하기 위한 책무성을 확보하도록 한다.
- 보고활동은 평가결과를 바탕으로 정책에 대해 이해관계자를 설득하는 수단이 된다.
- 평가결과의 보고는 조직에서 평가결과를 기초로 한 조직학습을 위한 수단으로 활용할 수 있다.
- 보고는 프로그램 담당기관이 어떤 일을 했고, 어떤 일이 이뤄지지 않았고, 그 이유는 무엇인가 하는 조사 탐색의 역할을 한다.
- 보고활동은 고객과 이해관계자들이 프로그램에 대한 이해를 증진시킨다.
- 보고활동은 프로그램에 대한 참여를 확대하는 기능을 한다.
- 보고활동은 프로그램에 대한 지원을 확보하기 위한 수단으로 이용될 수 있다.

효과적인 평가활동이 되기 위해서는 평가의 보고와 이용 단계에서 다음과 같은 것을 고려해야 한다(DG BUDGET, 2004).

- 적절한 환류 메커니즘에 의해 모든 유형의 평가결과가 의사결정의 책임 있는 모든 사람에게 전달되어야 한다.
- 기관은 조직의 백서나 연차별 활동보고서 등에 평가결과를 보고해야 한다.
- 평가결과를 바탕으로 한 환류 메커니즘은 정책, 프로그램 및 활동의 형성, 기획 및 수정을 하는 데 활용해야 한다.
- 운영부서는 평가결론과 실현 가능한 권고안을 검토하고 행동으로 옮기고자 하는 것을 기술해야 한다.
- 평가 담당부서는 최종보고서를 관련 부서 및 예산부서에 배포해야 한다.
- 정당하게 입증된 대외비적인 평가결과를 제외하고는 공식적으로 쉽게 이용할 수 있도록 해야 한다.
- 평가결과는 의사결정자, 수혜자와 일반 시민의 욕구에 맞도록, 그리고 법규에 의한 보고 의무를 충족할 수 있도록 적절한 형태로 전달해야 한다.

2) 보고의 방법

평가결과의 보고가 제 기능을 하기 위해서는 그 대상자가 누구인가에 따라서 맞춤형으로 이뤄져야 한다. 그렇지 않으면 커뮤니케이션과 보고의 효과성을 확보할 수 없다. 커뮤니케이션과 보고는 간단하고 명확하게 하는 것이 좋다. 전문적 언어나 구체적인 자료는 피해야 한다. 그리고 발표보다는 가능한 질문과 이에 답변할 수 있는 충분한 시간을 확보해야 한다.

적시에 적절한 커뮤니케이션과 보고활동을 위해서는 다음과 같은 것을 고려해야 한다(Yarbrough et al., 2011).

- 정보를 언제 어떠한 방법으로 공유할 것인가를 평가계획부터 고려해야 한다.
- 게시판, 인트라넷, 회의 의제와 같은 기존의 커뮤니케이션 활동과 통합하도록 한다.
- 커뮤니케이션 계획의 한 부분으로 비공식적 상호작용 커뮤니케이션 활동도 조심스럽게 활용하도록 한다.

- 공동체의 구성원, 사회적 네트워크 및 언론매체와 언제 어떠한 방법으로 상호작용할 것인가를 계획하여 평가의 사회적 의미를 널리 알리는 것도 필요하다.
- 보고에서 기술적 언어를 설명할 수 있는 시간을 할애하는 것도 필요하다. 이는 후속되는 토의와 활동 및 결과의 해석과 이를 의사결정에 적용하는 데 도움을 주게 된다.
- 의사결정자가 큰 부담이 없이 평가정보에 접근할 수 있도록 문서화된 보고를 하도록 한다. 이를 위해 요약보고서 등이 요구된다.

2. 평가결과의 공유

1) 평가결과의 공유

조직은 공적 책무성을 강화하기 위해 평가에 대한 명시적인 공개 정책을 가지고 있어야 한다(UNEG, 2016). 효과적인 평가는 단순히 평가하는 것만으로 충분하지 않다. 평가결과는 공식적 보고서를 발간하는 것 이외에 다양한 집단 및 이해관계자와 평가결과에 대한 지식을 공유할 필요가 있다. 평가결과는 공식적 보고 이외에 잠재적 사용자들이 지식을 응용할 수 있도록 공개하여야 한다. 정부업무평가 기본법(제26조)는 "국무총리·중앙행정기관의 장·지방자치단체의 장 및 공공기관평가를 실시하는 기관의 장은 평가결과를 전자통합평가체계 및 인터넷 홈페이지 등을 통하여 공개하여야 한다."고 규정하고 있다.

정책 및 프로그램 평가에서 얻은 정보는 최초의 평가 목적 범위를 넘어 좋은 목적을 위해 다양하게 이용되어야 한다(Wholey et al., 2004). 이를 위해 평가결과를 공유·논의하기 위한 계획은 처음부터 평가과정의 일부가 되도록 해야 한다(IFAD, 2002). 기획과정에 포함하는 이해관계자가 많을수록 평가권고안을 집행할 가능성이 높아진다.

2) 공유의 한계

평가기관과 관리자는 평가보고서의 공개 여부를 합의할 필요가 있다. 특히 정치·문화적으로 민감한 부분을 공식 보고서에 포함할 것인지를 검토해야 한다. 평가 참여자의 프라이버시나 문화적 특성을 공표하는 것이 사회적 이슈가 될 수 있다.

3) 평가결과 공유와 커뮤니케이션 방법

공공기관의 평가결과는 공공기관의 정보공개에 관한 법률에 의하여 국민의 알권리 보장을 위해 적극적으로 공개하도록 하고 있다. 우리의 경우, 각종 사업에서 우수사례에 대한 공유가 매우 활발하게 이루어지고 있고, 우수사례의 공유는 정책 및 프로그램 확산에 큰 영향을 주고 있다. 공공기관의 평가보고서는 정부업무평가위원회 및 관련 행정기관 및 공공기관 홈페이지에 공개하고 있다. 정부의 평가활동과 관련된 정보를 공유하고 있는 대표적인 인터넷 사이트는 다음과 같다.

- 정부업무평가 기본법상 평가정보: 정부업무평가포털(www.evaluation.go.kr)
- 한국재정정보원 재정사업성과정보관리시스템: 디지털예산회계시스템(dBrain)과 통합되어 관리(www.fis.kr)
- 공공기관 경영성과: 공공기관 경영정보 공개시스템 ALIO(www.alio.go.kr)
- 정부 및 공공기관의 각종 평가: 정책연구관리시스템(www.prism.go.kr)
- 이외에 해당 부처 및 자치단체 홈페이지, 각종 공공연구기관 홈페이지, 대한민국 정책브리핑(www.korea.kr/), 공공데이터포털(www.data.go.kr), 지방공기업평가원(www.erc.re.kr/) 등에서 공공기관 및 정책평가 관련 보고서를 볼 수 있다.

3. 평가보고서의 보고와 공유에서 고려해야 할 것

평가에서 결과의 보고와 공유를 위해 다음과 같은 조건을 확보할 필요가 있다(Yarbrough et al., 2011).

- 평가의 정확성을 확보하기 위해 커뮤니케이션 계획을 수립한다. 계획은 상황에 따라 신축적이고 대응적이어야 한다.
- 공식적·비공식적인 보고 일정은 정보 이용자의 욕구에 의해 결정해야 한다.
- 보고서 작성자의 의도와 이용자가 보고서를 이해하는 것이 일치되는지에 대해 점검할 수 있도록 해야 한다.
- 정보 수집을 공식적·비공식적인 보고를 위한 기회로 활용하라. 포커스 그룹 인

터뷰에서 프로그램에 대한 예비결과를 간단하게 보고해 의견을 청취할 수 있을 것이다.

- 공식적 보고에 앞서 특별한 청중에게 어떻게 하면 최선의 보고를 할 수 있는지에 대해 예비 보고를 하는 것도 필요하다.
- 공식적 · 비공식적 보고 상황에서 정확성에 영향을 줄 수 있는 평가자 및 기타 관련인의 배경적인 특성에 대한 정보를 얻어야 한다.
- 공식적 보고의 내용과 범위가 정확성을 확보할 수 있도록 지침을 제정해야 한다.
- 보고의 정확성을 높이기 위해 영화나 사진 등과 같은 매체를 적극적으로 이용한다.

제 3 절 평가결과의 활용

1. 평가결과 활용의 의의

평가결과의 활용은 평가결과를 정책이나 프로그램의 개선을 위해 이용하는 제반 활동을 의미한다. 광의로 평가 활용의 개념에는 평가결과에 한정하지 않고 평가로부터 나온 모든 정보를 포함한다. 평가결과가 활용되고 있다는 것은 특정 정책이나 프로그램에 대해 평가결과가 이슈화되어 토론 의제가 되고, 정책이나 프로그램의 담당자가 평가결과에 의해 다르게 생각하고 행동하고 있다는 것을 의미한다. 평가결과의 활용은 특히 활용 중심의 평가 접근방법에서 가장 중요시 하는 영역이다.

평가결과의 활용은 정책과정에서 하나의 환류 시스템으로 학습을 통해 얻은 교훈을 새로운 활동에 반영하기 위한 동적인 과정이다. 평가결과의 활용은 정부와 기관에서 지식과 학습을 촉진할 수 있다. 학습은 경험, 지식, 접근 및 적실성을 기본 요소로 하는 지속적이고 동적인 연구과정이다. 학습은 탐구하고 조사하는 하나의 문화를 요구한다(UNDP, 2002). 즉, 평가결과가 정책 및 프로그램 체제에 올바르게 환류되기 위해서는 평가 체계, 평가자 및 이해관계자와 평가 여건이 활용 중심 체계 지향적이어야 한다.

내프(Knaap, 1995)는 정책평가에 의한 학습을 시스템 학습, 인지 능력 개발로서 학습, 대화와 논쟁의 수단으로 사회적 학습이라는 세 가지 수준에서 논의하고 있다.

- 시스템 학습(system learning): 시스템 학습은 환류에 의한 체제와 환경과의 정보 교류와 시스템의 자기 수정 능력을 기초로 하는 학습이다. 이에 의할 경우 평가는 시스템에서 오류 검색과 수정과정에 의한 학습의 기능을 제공하게 된다.
- 인지적 학습(cognitive learning): 인지심리학과 연관해 평가는 개인의 프로그램 등에 대한 인지 능력을 개발하는 기능을 제공하게 된다.
- 사회적 학습(social learning): 평가는 관련된 이해관계자들의 커뮤니케이션과 대화의 수단을 제공하는 기능을 수행하게 된다.

2. 평가결과 활용 유형

1) 평가결과의 일반적 활용 유형

정책평가 결과는 다음과 같이 도구적, 개념적, 상징적, 과정적으로 다양하게 활용될 수 있다(Taylor & Liadsky, 2016). 이에서 도구적 활용은 가장 기본적인 활용 방법이 된다.

- 도구적 활용: 평가 권고사항에 따라서 프로그램 관련 의사결정을 하는 데 이용
- 개념적 활용: 평가결과에 대한 학습으로서 새로운 프로그램이나 아이디어 창출
- 상징적, 법적, 설득적 활용: 평가를 프로그램을 정당화하기 위한 수단, 법적 의무적 평가의 준수 및 정치적으로 이용하는 것
- 과정적 활용: 평가에 참여하여 평가팀이나 고객과의 관계 개선에 활용

구체적으로 정책평가의 활용을 보면 다음과 같다(EuropeAid, 2006; Kellogg Foundation, 2004; OECD, 1998; Kusek & Rist, 2004).

(1) 정책 및 의사결정의 개선

평가결과를 정책과 관련된 의사결정에 활용될 수 있다. 평가결과는 더 나은 의사결정을 할 수 있도록 정보를 제공하고 관리자의 자의적인 의사결정자 가능성을 낮춘다. 평가결과는 각 대안이 갖는 장단점 정보를 제공하고, 문제의 원인을 재고할 기회를 제공한다. 평가의 결과는 정책의 유지, 중단 및 확대와 축소와 같은 변경, 집행과

정의 조정 및 전략의 수정, 정책의 정치적 방향의 재정립 등에 활용된다.

평가는 정책결정자 및 관리자에게 다음의 정보를 제공해 정책결정에 기여한다.

- 문제 기술: 문제 상황, 과정 및 문제와 관련된 사건 등을 기술하는 것을 돕는다.
- 규범 또는 순응: 프로젝트, 프로그램 또는 정책이 제시하고 있는 기준을 준수하고 있는지에 대한 정보를 제공한다.
- 상관관계: 구체적인 인과관계는 아니더라도 정책과 효과 간의 연계성을 보여준다.
- 영향 또는 원인과 효과: 두 개의 조건 간에 인과적 관계를 설정하는 데 도움을 준다.
- 프로그램 논리: 프로그램 설계가 논리적으로 올바른지에 대한 정보를 제공한다.
- 집행 또는 과정: 집행이 계획한 대로 이뤄지고 있는지에 대한 정보를 제공한다.
- 성과: 투입, 활동, 산출, 결과 및 영향 간의 관계를 설정해 준다.
- 정책 도구의 적절한 활용: 목표 달성을 위한 적절한 정책 도구가 선택되었는지에 대한 정보를 제공해 준다.

(2) 기존 프로그램의 개선

평가는 정책 및 프로그램을 개선하는 데 그 목적이 있다. 평가결과는 프로그램의 강점과 약점을 확인해 지속적인 개선전략을 제시하게 된다. 평가에서 조직의 이슈가 되는 것을 다루게 되면 프로그램의 효과적 관리, 조직문화와 시스템의 개선, 직원 상호관계 및 고객과의 관계를 개선하는 데 도움을 줄 수 있게 된다. 특히 평가과정은 프로그램에 참여하는 다양한 집단 간의 커뮤니케이션과 공동의 이해를 개선하는 데 활용될 수 있다. 그리고 참여적 평가에서 획득한 정보는 집단의 발전과 조직 발전에 중요한 정보가 될 수 있다.

평가는 다음의 정보를 제공함으로써 기존 프로그램의 개선에 활용할 수 있다.

- 프로그램, 서비스 전달과 과정, 프로그램의 영향에 대한 이해를 증진
- 정책의 바람직한 변화를 확인
- 프로그램 내부 및 프로그램 간의 자원 재배분에 대한 대안 제공
- 프로그램 및 서비스와 관련된 지침과 절차의 개선

(3) 책임성 향상

정책 및 프로그램 평가는 기관 및 기관장이 효과적이고 효율적으로 정책과 프로그램을 집행했는가에 대한 책임성을 일반 국민과 의회에 보여주어 책임성을 제고한다. 평가는 이러한 대외적 책임성 이외에 대내적으로 상급기관이나 임명권자에 대한 책임성을 확보하는 수단으로 이용되기도 한다.

(4) 조직관리에 활용

평가는 결과의 관점에서 책임성과 투명성을 제고하는 관리 도구가 될 수 있다(OECD, 2001). 구체적으로 다음과 같은 면에서 평가를 조직관리에 활용함으로써 조직의 효율적 운영에 기여할 수 있다(Wye, 2002).

- 평가정보는 예산 배분에서 예산을 정당화하고 조정하는 데 필요한 정보를 제공한다.
- 평가결과는 좋은 성과를 낸 사람에게 인센티브를 제공하고 기대를 충족하지 않은 사람에게 제재를 가해 전체적인 성과를 제고하기 위한 수단이 될 수 있다.
- 결과지향적 평가는 구성원에게 명확한 목표를 제공하여 성과 달성을 촉진한다.
- 구성원에게 동기부여의 수단이 될 수 있다.
- 평가결과는 모범사례(Best Practice)를 확인하고, 규모의 경제를 지원하며, 중복과 중첩을 피하도록 하고, 기관 간에 비슷한 프로그램을 조정하는 데 기여한다.
- 평가는 관리자에게 사전 관심이 필요한 문제를 확인시키는 경고 기능을 한다.

(5) 학습 조직화

평가의 환류(evaluation feedback)는 조직학습에 기여한다. 학습을 위해서는 합리적인 지식관리가 요구된다. 지식관리는 평가결과를 축적하고, 학습을 제도화하며, 활용을 촉진하기 위한 일련의 과정을 의미한다. 학습은 또한 중요한 관리 도구가 될 수 있다. 평가 지식의 응용을 위한 전략은 결과를 달성하기 위한 중요한 수단이 된다.

(6) 새로운 지식의 창출

많은 정책은 이론을 바탕으로 하는데, 평가는 이러한 이론을 검증함으로써 새로운 지식 창출에 기여한다. 평가는 정책이 누구에게 어떤 변화를 어떻게, 왜 가져왔는가에 대한 정보를 제공한다. 이러한 정보는 이론과 실제 간의 연계성 확립, 효과적인 집행에 대한 일반 원리의 구성과 조직 발전에 필요한 지식의 발전에 기여한다.

2) 우리나라의 평가결과 활용 실태

우리의 정부업무평가 기본법은 평가결과의 활용으로 책무성 확대를 위한 평가결과의 공개와 평가결과의 보고 이외에 다음을 명시하고 있다(동법 제5장).

① 평가결과의 예산 · 인사 등에의 연계 · 반영: 중앙행정기관의 장은 평가결과를 조직 · 예산 · 인사 및 보수체계에 연계 · 반영하고, 다음 연도의 예산요구 시 반영하고, 기획재정부장관도 예산편성 시 반영하여야 한다(동법 제28조).

② 평가결과에 따른 자체 시정조치 및 감사: 중앙행정기관의 장은 평가의 결과에 따라 정책 등에 문제점이 발견된 때에는 지체 없이 이에 대한 조치계획을 수립하여 당해 정책 등의 집행중단 · 축소 등 자체 시정조치를 하거나 이에 대하여 자체감사를 실시하고 그 결과를 위원회에 제출하여야 한다(동법 제29조). 이를 통해 정책의 개선, 업무 효율성을 증진한다. 이외에 많은 사업에서 평가결과가 미흡한 경영 및 기관에 대한 컨설팅을 권고하기도 한다.

③ 평가결과에 따른 보상 등: 중앙행정기관의 장은 평가의 결과에 따라 우수사례로 인정되는 소속 부서 · 기관 또는 공무원에게 포상, 성과급 지급, 인사상 우대 등의 조치를 하고, 그 결과를 위원회에 제출하여야 한다. 그리고 평가결과 우수기관에 대하여 표창 수여, 포상금 지급 등의 우대조치를 할 수 있도록 하고 있다(동법 제30조). 이를 통하여 행정업무의 성과향상, 동기부여 및 기관의 공공관계 형성에 도움을 주게 된다.

기획재정부장관은 재정사업 성과관리 결과를 국무회의에 보고하고, 이를 재정운용에 반영할 수 있으며, 중앙관서의 장은 재정사업 성과관리의 결과를 조직 · 예산 · 인사 및 보수체계에 연계 · 반영할 수 있다. 정부는 재정사업 성과관리 결과 등이 우수한 중앙관서나 공무원에게 표창 · 포상 등을 할 수 있다(국가재정법 제85조의10).

공공기관경영평가에서는 평가결과를 다음에 활용하고 있다.

① 성과급 지급: 경영평가를 종합하여 탁월(S), 우수(A), 양호(B), 보통(C), 미흡

(D), 아주 미흡(E)으로 등급화하여 경영평가 성과급을 지급하고 있다. '2021년도 공기업·준정부기관 예산편성지침'은 경영평가 성과급으로 공기업 직원의 경우는 월 기본급의 250%, 준정부기관은 기준월봉의 100% 이내로 지급할 수 있도록 하고 있다.

② 우수·부진기관 등에 대한 조치: 우수기관에 대하여는 기획재정부장관 표창을 하고, 부진기관에 대하여는 경영개선계획을 당해연도 9월까지 제출받아 그 이행 상황을 점검하고 이를 다음 평가에 반영한다. 그리고 경영실적이 부신한 기관의 기관장·상임이사에 대하여 공공기관운영위원회의 심의·의결을 거쳐 임명권자에게 해임을 건의할 수 있다.

③ 사회적 기본책무 위반 및 사회공헌에 대한 조치: 채용비리, 양성평등 위반, 최저임금 미준수, 고용차별, 조세포탈, 회계부정, 재난·사고, 불공정거래 행위 등 공공기관(임직원 포함)의 중대한 사회적 기본책무 위반 또는 위법행위가 있을 경우 기관의 귀책사유 및 책임의 정도를 고려하여, 평가등급 또는 성과급 지급률을 하향 조정할 수 있다. 반대로 사회적 책무 실적이 우수한 경우 성과급 지급률을 상향 조정할 수 있다.

④ 우수지표 평가 면제 조치: 2년 이상 연속으로 우수 등급 이상(A+, A0)을 받은 경영관리 지표는 해당 지표에 한해 다음 연도 평가에서 우수 등급 이상(A+, A0)을 부여한다.

⑤ 맞춤형 경영컨설팅 실시: 평가결과 실적 부진기관 및 다년간 실적 부진 상태가 지속되는 기관에 대해 경영개선 및 구조개선을 위한 컨설팅을 실시한다.

기타 개별평가에서는 정책과 사업의 추진실적을 평가하여 다음 연도 재정지원 금액 결정에 반영하기도 한다. 이외에 각 부처의 주요업무계획이나 발전계획을 수립할 경우에 평가결과를 계획 수립에 반영하도록 규정하고 있다. 예로, '고독사 예방 및 관리에 관한 법률' 제7조는 중앙행정기관 장 및 시·도지사는 연도별 시행계획에 대한 추진실적을 평가하여 시행계획 수립할 때 반영하여야 한다(동법 시행령 제3조)고 규정하고 있다.

사례

평가결과 활용

1. 중앙행정기관 평가결과 활용

[특정평가]

• 중앙행정기관장은 평가결과 개선 · 보완 필요사항에 대한 조치 계획을 수립 · 이행 → 국무조정실은 부처별 이행 상황 점검

• 기관 평가 등급 공표, 우수기관 포상금 지급, 업무 유공자 포상 실시

[개별평가]

• 평가 주관기관은 정책개선 방안 등 조치 필요사항을 마련하여, 평가 대상기관에 통보하고 인센티브 부여 등 환류

[자체평가]

• 중앙행정기관의 장은 평가결과를 정책개선 · 조직관리 · 예산편성 등에 활용하고, 개인 성과급 · 인사와 연계 · 반영

[정책 현안과제 분석 · 평가]

• 관계부처 회의체, 정부업무평가위원회 등을 통해 개선 방안 확정

• 국무조정실 주관으로 개선방안 이행점검 및 결과 공유(반기별)

• 정책분석 기여도 높은 기관은 '22년도 성과관리 · 자체평가 실태 점검 시 가점 부여 (최대 3점)

2. 지방자치단체 평가결과 활용

[합동평가]

• 시부와 도부를 구분하여 평가결과 우수 광역지자체 공개

• 합동평가 결과에 따른 맞춤형 행정 컨설팅 실시

• 평가결과에 따른 성과분석보고서 및 우수사례집 발간

• 평가결과에 따른 재정인센티브(특별교부세) 지급 및 유공자 포상

• 각 부처의 지자체 합동평가 결과 정책 환류 실태 점검

[개별평가]

• 평가 주관기관은 정책개선 방안 등 조치 필요사항을 마련하여 해당 지방자치단체에 통보하고 인센티브 부여 등 환류

[자체평가]

• 자체평가 결과는 인터넷 홈페이지 등에 공개

• 평가결과는 각 지자체에서 차년도 성과관리계획, 예산 · 인사 등에 반영

• 각 지방자치단체는 자체평가 운영 실태를 점검하여 평가제도 개선 필요사항을 도출하고, 차년도 자체평가 운영에 반영

3. 공공기관 평가결과 활용
- 인센티브: 기관장 성과연봉 및 기관운영예산 차등 지급(출연연), 포상 등
  - 공기업, 준정부기관의 경우 직원에게도 성과급 차등 지급 적용
- 인사: 경영실적 부진 기관장 해임 건의(공기업) 등
- 환류 및 컨설팅: 우수사례 공유 · 확산, 부진기관 대상 컨설팅 등

출처: 국무조정실(2022b). 『2022년도 정부업무평가 시행계획』.

3. 평가결과 활용에 미치는 요인

정책평가 결과는 정책과정에서 다양하게 활용할 수 있고, 활용하도록 권고하고 있다. 그러나 패튼(Patton, 2008)의 분석에 따르면, 평가가 정책결정에 큰 영향을 미치지 못한다고 하고 있다. 평가 활용에 영향을 미치는 요인은 평가자 특성, 사용자 특성, 조직 · 문화적 특성, 평가결과 및 성과정보 품질 등 다양하다(안국찬, 2016).

우리나라의 재정지출성과평가에서는 평가의 환류 기능이 제대로 작동하지 못하고 있고, 그 결과 성과평가를 바탕으로 한 사업 지출 규모와 방식 결정이 어려운 상황이다. 주요 원인으로 구체성이 결여된 평가 목적, 평가지표의 낮은 타당성, 체크리스트 평가 방법의 한계, 적극적 평가 및 환류에 대한 인센티브 부족, 낮은 성과 정보의 질 등이 있다(강희우 외, 2018). 이러한 평가결과의 활용도가 낮은 이유로는 학습보다 책무성 중심의 평가, 부적절한 커뮤니케이션, 접근방법과 기대치의 불일치, 평가에 대한 투자와 기대치의 불일치, 특정 종류의 평가질문에 대한 불완전한 평가 등을 이야기하기도 한다(Taylor & Liadsky, 2016).

평가결과의 이용을 촉진하고 억제하는 요인을 정리하면 다음과 같다(Pattyn & Bouterse, 2020; Alkin, 1985; Patton, 2008; Kusters, 2011).

① 정책결정자와 평가자의 상호관계: 정책평가가 사용자의 의도와 연계되지 못하면 활용도가 떨어진다. 정책평가에 정책결정자의 참여, 둘의 접촉 빈도와 평가결과에 대한 논의가 활성화할수록 평가 활용이 높다.

② 정치적 맥락: 이슈에 대한 정치적 갈등이 크고, 변화에 대한 정치적 압력이 높으며, 평가자가 다양한 의견을 듣고자 할 때 평가 활용도가 높다.

③ 평가의 시기: 새로운 정책을 입안할 경우에 활용도가 높다.

④ 평가와 보고서의 속성: 정책 상황에 적합한 평가설계 및 평가는 활용도를 떨어뜨린다. 평가의 질이 높고, 이론 지향적 평가를 추구하고 평가가 학습 목표를 가지고, 기술적 증거 수준이 높고, 정성적 정보이고, 권고안이 실현 가능할 때 활용도가 높다.

⑤ 평가자의 특성: 평가자가 활용에 초점을 둘 경우, 정책결정자가 평가자의 정치적 감각이 있다고 생각하거나 신뢰하는 경우에 평가 활용도가 높아진다. 전체적으로 평가가 불공정하거나 평가자가 편파적이라고 생각하면 활용도를 떨어뜨린다.

⑥ 정책결정자 및 사용자의 특성: 정책결정자가 평가가 유용하다고 생각하거나 관심을 둘 경우, 평가에 참여할 경우, 평가결과 활용자의 정책과정에서의 지위가 높을 경우 평가 활용도가 높다.

⑦ 조직의 특성: 조직의 개방적 의사전달 분위기, 높은 참여, 학습 지향 조직, 평가 이용에 대한 명시적 활동은 평가 활용도를 높인다. 반면에, 높은 직원의 이동은 평가 활용도를 떨어뜨린다.

⑧ 이해관계자의 참여: 주요한 이해관계자의 정책평가 과정에 참여는 평가결과의 활용도를 높여준다. 전체적으로 주요 이해관계자가 배제된 평가는 그 활용도가 떨어진다.

⑨ 평가 자원: 평가를 위한 재원 등의 자원이 바람직한 평가를 수행할 정도로 확보되었는가에 의해서도 영향을 받는다.

4. 평가결과 활용의 촉진 방법

평가에 대한 저항을 줄이고 평가의 활용을 촉진하기 위해서는 평가 자체뿐만 아니라 활용을 촉진할 수 있도록 평가 여건 및 문화를 개선할 필요가 있다.

1) 평가 활용을 고려한 평가계획의 수립

평가팀과 주요 이해관계자들은 평가를 기획할 때부터 평가결과의 활용문제를 생각해야 한다. 평가의 활용도를 높이기 위해서는 평가기획 단계에서 이용에 초점을 두어야 한다.

2) 평가과정에 이용자 참여 확대

평가결과의 이용을 촉진하기 위해서는 잠재적인 이용자를 평가설계 및 과정에 참여시키도록 해야 한다. 참여는 다양한 이해관계를 평가에서 고려할 수 있도록 할 뿐만 아니라 평가결과의 활용과 배포를 촉진한다. 참여적 평가는 평가 담당자와 이해관계자에게 평가에 대한 주인의식을 가지도록 하여 활용도를 높인다.

3) 평가결과 활용 촉진을 위한 제도화

평가결과의 활용을 촉진하기 위해 평가 활용을 제도화하는 것이 필요하다. 예로, 새로운 계획을 수립할 경우 전년도 추진사업 평가결과를 의무적으로 반영하도록 하거나, 특히 평가 권고사항에 대한 이행을 체계적으로 추적하고, 모니터링 결과는 조직의 장에게 제출하도록 해야 한다(UNEG, 2016). 평가결과의 활용을 위한 제도화 장치를 보면 다음과 같은 것이 있다(UNFPA, 2004).

- 평가결과 정보의 활용에 대한 지침 개발
- 평가결과를 이용하는 관리자와 직원에 대해 정보 이용에 대한 훈련
- 평가 권고안의 집행 상태에 대한 주기적인 보고
- 평가보고서가 완료되면 즉시 담당자 대상의 정규 회의를 개최
- 좋은 결과를 가져온 담당자, 보조금 수령자 및 기관을 선발해 보상
- 평가 우수사례집 제작과 배포, 직원 훈련 욕구의 확인, 자원 배분의 우선순위 설정 등에 이용을 제도화
- 평가결과 활용에 대한 후속 모니터링 및 점검

4) 정책평가의 정치적 속성에 대한 이해

평가결과의 활용을 촉진하거나 억제하는 요인으로 정책과정의 정치적 속성을 들 수 있다(서진완 · 윤상오, 2007). 평가자는 평가의 활용을 제고하기 위해 누가 핵심 이해관계자이고, 그들이 평가에서 관심을 가지는 것이 무엇인가? 누가 프로그램에 대해 비판적이고, 그들이 원하는 것이 무엇인가? 그들이 확인하고자 하는 증거는 어떠한 것인가? 그들은 프로그램의 미래 방향에 어떻게 영향을 줄 수 있는가? 방법론

과 관련해 개개 이해관계자들의 주요 관심사는 무엇인가?와 같은 평가의 정치적 맥락을 이해해야 한다.

5) 적절한 평가방법론의 활용

활용도 높은 평가를 위해서는 적합한 평가 접근방법을 개발하고 고객이 이해하는 접근방법을 사용해야 한다. 평가 이용자가 평가방법론에 대해 동의하지 않거나 이해하지 못하면 활용도를 떨어뜨리게 된다.

6) 평가결과에 대한 커뮤니케이션 활성화

정책평가 결과의 활용도를 높이기 위해 평가자와 정책결정자 간의 활발한 커뮤니케이션이 있어야 한다. 이외에 평가결과의 공개, 접근성 향상으로 정책평가 결과를 적시에 접근 활용할 수 있게 하여야 한다.

7) 건전한 평가문화 형성

평가를 활성화하기 위해서는 학습조직 형성, 실패를 인정하고 받아들이는 문화, 개방적인 커뮤니케이션, 책무성보다는 정책 개선의 도구로 평가를 인정하는 문화가 조성되어야 한다. 특히 조직의 최고관리자의 평가 활용에 대한 관심과 지원은 전전한 평가문화 형성에 기여할 수 있다.

[부록 1] 2021년도 고용노동부 성과평가 사례

1. 고용노동부 2021년도 성과관리시행계획의 목표체계

임무	양질의 일자리를 창출하고 노동존중사회를 실현하여 더불어 성장하는 나라를 만든다
비전	국민 누구나 원하는 일자리에서 마음껏 역량을 발휘하는 나라

전략목표	Ⅰ. 노동존중사회 실현과 차별없는 일터 조성으로 노동자 권익을 보호한다	Ⅱ. 양질의 일자리 창출과 일자리 안전망 강화를 위한 기반을 마련한다	Ⅲ. 성별・연령별 맞춤형 일자리 지원을 강화한다	Ⅳ. 미래 노동시장에 대비하는 직업능력개발체제를 구축한다	Ⅴ. 안전하고 건강한 일터를 조성한다
성과목표	소통과 협력을 바탕으로 노동존중 사회 실현의 기틀을 마련한다	국민의 눈높이에 맞는 일자리 창출을 지원한다	청년을 위한 좋은 일자리를 확대한다	미래 인력양성을 위한 신기술 분야 직업훈련을 강화한다	사망재해를 예방하고 안전보건 활동을 강화한다
	차별없는 좋은 일터를 조성하여 근로자의 권익을 보호한다	일하는 사람 대상으로 일자리 안전망을 강화한다	여성의 일자리 기회를 확대한다	사람 중심의 포용적 평생직업능력개발을 지원한다	직업병을 예방하고 노동자 건강을 증진한다
	취약근로자의 근로조건을 보호하고 기초고용질서 준수 분위기를 확산한다	수요자 중심의 고용서비스를 강화한다	신(新)중년・장애인의 일자리 기회를 확대한다	직업훈련의 현장성을 강화한다	산재근로자의 신속한 보상과 원활한 노동시장 복귀를 촉진한다
	공공 부문 정규직 고용관행 정책과 노사관계 안정을 이룬다	사회적기업 활성화를 통해 일자리 기회를 확대한다		직업능력개발 제도 및 인프라를 확충한다	
		데이타 기반의 정책 대응과 고용문화 개선을 지원한다			

2. 2021년도 고용노동부 성과관리시행계획

■ 전략목표 Ⅱ. 양질의 일자리 창출과 일자리 안전망 강화를 위한 기반을 마련한다.

■ 성과목표 4. 사회적기업 활성화를 통해 일자리 기회를 확대한다.

(1) 주요 내용

□ 다양한 사회적기업 진입 촉진 및 성장 생태계 조성

ㅇ 사회적기업 등록제 도입 추진 및 진입장벽 완화 등을 통해 다양한 사회적기업이 활동할 수 있는 기반 마련

ㅇ 지속가능한 사회적기업 생태계 조성을 위해 판로·금융 등 간접지원 확대, 규모화 발굴·지원

□ 사회적기업 활성화 및 성장 지원

ㅇ 사회적기업 취·창업 활성화를 위한 소셜벤처 경연대회, 분야별·대상별(여성·시니어 등) 특화 교육과정 등 운영

ㅇ 창의적·혁신적인 아이디어로 사회문제를 해결하고 일자리를 창출하는 사회적기업들의 지속성장 지원

구분		성과지표
성과목표	사회적기업 활성화를 통해 취약계층 등의 일자리 기회를 확대한다	• 신규 인증 사회적기업 수
관리과제	다양한 사회적기업 진입 촉진 및 성장 생태계 조성	• 사회적기업 3년 생존율
	사회적기업 활성화 및 성장 지원	• 창업성공팀의 (예비)사회적기업 전환율(%)

(2) 성과지표

성과지표	실적			목표치	'21년 목표치 산출근거	측정산식 (또는 측정 방법)	자료 수집 방법 (또는 자료 출처)
	'18	'19	'20	'21			
신규 인증 사회적기업 수 (공통)	312	392	429	400	코로나19 장기화를 고려하여 최근 3년 간('18~'20년) 실적치에 각 가중치를 부여하여 설정('20년, '19년, '18년 실적에 가중치를 각 3 : 2 : 1로 설정)	'21년 신규 인증 사회적 기업 수	내부통계

(3) 외부환경·갈등요인 분석 및 갈등관리계획

□ 다양한 분야의 사회적기업 진입 촉진

ㅇ 등록제 도입을 위하여 「사회적기업 육성법」 개정안을 국회에 제출하였으나, 사회적기업의 질적 수준 하락 등 우려 제기, 국회 관심 부족 등으로 논의 한계 발생

⇨ 기업에 대한 사회적 가치평가를 강화하고, 지원 시 사회적 기여도를 반영하는 등 사회적 가치 중심의 사회적기업 지원

□ 사회적기업 지속성장 생태계 조성

ㅇ 사회적기업이 양적으로 확대 추세에 있으나, 코로나19로 인한 경영 악화 등으로 사회적기업의 내실 성장 및 일자리 창출 저조 우려

⇨ 판로·금융·경영컨설팅 등 지원 및 자원연계 강화를 통해 지속가능한 사회적기업 생태계 조성

□ 사회적기업 활성화 및 성장 지원

ㅇ 사회적기업 창업 지원을 통해 많은 팀이 창업에 성공하고 있으나, 창업 후 사후관리가 미흡하여 (예비)사회적기업 진입률 저조

⇨ 입주·협업공간, 멘토링, 네트워킹 제공 등을 위한 사회적기업 성장지원센터 추가 조성, 지원기간 연장 등 사후관리 강화

(4) 기타: 해당 없음

(5) 관리과제별 추진계획

다양한 사회적기업 진입 촉진 및 성장 생태계 조성(II-4-①)

□ 추진배경(목적)

ㅇ 양극화·고령화 문제가 심화되고 있는 가운데, 돌봄·복지·일자리 등 다양한 사회문제 해결에 있어 사회적기업의 역할 확대

ㅇ 다양한 사회적 가치를 추구하는 기업들의 사회적기업 진입을 촉진하고, 지속가능성과 자생력 확보를 위한 생태계 조성 필요

□ 주요 내용 및 추진계획

ㅇ (사회적기업 진입 활성화) 사회적기업 인증제를 등록제로 개편하여 진입장벽은 낮추되, (예비)사회적기업 관리 및 모델발굴 강화

- (등록제 추진) 등록제 도입을 위한 논의(등록요건, 절차, 사후관리 등) 구체화 및 세부 추진계획 마련(연중)
- (운영관리 강화) 사업보고서 제출 관리 및 분석 강화, 예비 사회적기업 대상 인증전환 지원 강화(컨설팅 연계 등)
- (신규모델 발굴) 다양한 고용·노동 현안과 연계해 사회적 가치를 창출하는 예비사회적기업을 육성할 수 있도록 모델 발굴

ㅇ (자생력 강화 지원) (예비)사회적기업이 스스로 경쟁력을 갖출 수 있도록 판로·금융·자원연계 등 지원 강화

- (판로 지원) 포스트 코로나 추세에 맞추어 온라인·비대면 시장진출, 공공기관 기관평가 반영 등 판로개척 통합지원('21년 상반기 종합 대책 발표)
- (금융 지원) 모태펀드 투자조합 추가결성(제7호, '21년 상반기 예정), 크라우드펀딩 등을 통해 사회적금융 공급 확대
- (자원연계) 대기업·공공기관·종교계 등 사회공헌활동(CSR)의 사회적경제기업 연계 활

성화

ㅇ (평가・모니터링 시스템 구축) 사회적기업이 실현하는 사회・경제적 성과에 대한 평가 및 분석체계 강화

- (평가지표 정교화) 등록제 전환과 더불어 다양한 사회적 경제 조직에 적용될 수 있도록 사회적 가치 평가지표*(SVI) 개선

* 사회적 가치 추구 여부, 사회적 성과 평가체계 구축 여부 등 총 14개 지표

- (범용성 확보) 지원사업에서의 활용 방안, 기업 대상 확산 방안 등 마련

□ 수혜자 및 이해관계 집단

ㅇ (수혜자) 저소득자, 장애인 등 취업 취약계층

□ 기대효과

ㅇ 저소득자, 장애인 등 노동시장에서 소외될 수 있는 취약계층에게 지속가능한 맞춤형 일자리 및 사회 서비스 제공

ㅇ 분야별・단계별 맞춤형 지원을 통한 사회적기업 지속성장 동력 확보 및 양질의 일자리 창출

□ 관련 재정사업 내역

□ 성과지표 및 측정 방법

성과지표	실적			목표치	'21년 목표치 산출근거	측정산식 (또는 측정 방법)	자료 수집 방법 또는 자료출처
	'18	'19	'20	'21			
사회적기업 3년 생존율 (공통)	90.5	92.1	95.7	92.3	최근 3년 평균 생존율과 코로나19에 따른 경영 악화 등 외부환경을 고려하여 목표치 설정	(21년 말 기준 3년 전 인증받은 사회적기업 중 활동 중인 기업)/(21년 말 기준 3년 인증받은 사회적기업 수)×100	내부통계

3. 성과평가 결과

2021년도 고용노동부 자체평가 보고서

19	다양한 사회적기업 진입 촉진 및 성장 생태계 조성	보통

(1) 평가결과

□ 주요 성과

* 사회적기업 양적 규모 확대

ㅇ 인증 사회적기업 수: ('20) 2,777개소 → ('21) 3,215개소(15.8% ⇧)

ㅇ 사회적기업 고용규모: ('20) 55,407명 → ('21) 61,877명(11.7% ⇧)

* 사회적기업을 통한 취약계층의 노동시장 진입 촉진

ㅇ 취약계층 고용규모: ('20) 33,206명 → ('21) 36,605명(10.2% ⇧)

ㅇ 다양한 사회적기업 진입 활성화 및 판로 금융 등 지속 가능한 생태계 조성 노력을 통해 사회적 기업 규모 확대 및 사회경제적 성과 창출

- (양적 규모 확대) '21.11월 기준 인증 사회적기업은 3,142개소, 61,154명 일자리 창출
- (사회적 성과) 사회적기업 고용인원 중 취약계층은 36,605명(59.2%)으로 고령자, 장애인, 저소득자 등 취약계층의 노동시장 진입 촉진, 특히 코로나19 등 외부적 경영 위기 요인이 많은 상황에서도 사회적 목적 재투자가 증가하는 등 사회적 가치의 선순환 구축에 기여

* 기업 수: ('07) 32 → ('13) 512 → ('18) 1,281 → ('19) 1,279 → ('20) 1,720개소

* 금액(억 원): ('07) 41 → ('13) 532 → ('18) 1,157 → ('19) 1,161 → ('20) 1,814

- (경제적 성과) 사회적기업의 매출*은 증가하고 있으며, 특히 '19년 이전 인증 사회적 기업 중 '20년 매출액이 전년 대비 증가한 곳은 1,181개소(52%)로 코로나 영향에도 불구하고 매출액 증가

* 매출액(억 원): ('16) 25,963 → ('20) 52,939

ㅇ 사회적기업 제품에 대한 온·오프라인 판로 확대를 통해 사회적기업의 진입과 성장의 기틀을 마련

- (온라인 판로 지원) 전용 쇼핑몰*(e-store 36.5)을 구축('18년)하고, 온라인 플랫폼 내 구매실적 관리체계를 마련하여 체계적 관리를 통한 지원

* 입점기업 2,099개소, 이용회원 10,886명, 총거래액 156.9억 원('18~'21)

ㅇ (오프라인 판로 지원) 오프라인 공동판매장(store 36.5)을 57개소('16년)에서 87개소('21년)까지 확대하는 등 유통기반 시설 또한 지속적으로 확대

□ 개선·보완 필요사항

ㅇ (우선구매 의무 확대) 사회적기업 제품 구매실적은 매년 지속적으로 증가하고 있으나, 우선구매 의무 공공기관 지속 확대 필요

ㅇ (사회적기업 단계별 지원 격차) 정부 지원이 기업 초기 창업 및 성장 단계에 집중되어 있어 성숙 단계로의 전환 지원 강화 모색

(2) 평가지표별 평가결과

평가지표	평가결과	평정근거 및 제언
1. 성과지표의 목표 달성도	달성	• 성과지표 모두 목표치를 초과 달성하였음
2. 성과지표의 적절성	중	• 3년 간 실적과 연도별 가중치 부여 및 코로나19에 따른 경영 여건을 고려한 목표치 설정 등 현실적인 목표치를 제시하였음
3. 추진일정의 충실성	상	• 사회적기업 인증·재정지원 업무지침 개정, 사회적기업 인증 등 분기별로 추진계획을 적정하게 수립하여 추진하였음
4. 정책 영향이 발생한 정도	상	• 경제환경의 악화에도 불구하고 사회적기업의 활동이 지속되고 있어 정책효과가 인정됨. 정책 성과에 대한 긍정적 평가도 인정됨

[부록 2] 행정안전부 2022년도 지방자치단체 합동평가 지표 매뉴얼

<table>
<tr><td>국정 목표</td><td colspan="3">2. 더불어 잘 사는 경제</td><td>국정 전략</td><td colspan="3">2-1. 소득 주도 성장을 위한 일자리 경제</td></tr>
<tr><td>국정 과제</td><td colspan="7">2-1-1. 국민의 눈높이에 맞는 좋은 일자리 창출</td></tr>
<tr><td>평가 지표</td><td colspan="7">㉯ 자치단체 재정지원 일자리사업 수행성과(자치단체 자체사업)</td></tr>
<tr><td>지표 성격</td><td colspan="7">국가 주요시책
- 일자리사업 재정 효율성 제고를 위해 일자리사업 통합전산망인 '일모아시스템' 활용</td></tr>
<tr><td>지표 유형</td><td>①</td><td>정량</td><td>②</td><td colspan="2">공통</td><td>③</td><td>정순</td></tr>
<tr><td>평가 근거</td><td colspan="7">고용정책 기본법 제13조의2(재정 지원 일자리사업의 효율화)의 제2항 제1호와 제3호 같은 법 제13조의3(재정 지원 일자리사업 통합정보전산망의 구축·운영 등)</td></tr>
<tr><td rowspan="4">지표 설명</td><td colspan="2">지표명 설명</td><td colspan="5">• 본 지표는 자치단체 예산만으로 운영하는 일자리사업을 평가</td></tr>
<tr><td colspan="2">평가 필요성</td><td colspan="5">• 일자리사업 재정 효율성 제고를 위하여 범부처 일자리사업 통합 전산망인 '일모아시스템' 구축·활용
• 중복·반복 참여자 관리, 취업취약계층 참여자 관리, 사업 성과평가 등에 일모아시스템을 활용하여 사업 효과성 개선 도모</td></tr>
<tr><td colspan="2">기대효과</td><td colspan="5">• 중복·반복 참여자 관리, 취업취약계층 참여자 관리, 사업 성과평가 등에 일모아시스템을 활용하여 사업 효과성 개선 도모</td></tr>
<tr><td colspan="2">기타 참고사항</td><td colspan="5">• 일자리사업 유형 중 ① 직접일자리, ② 직업훈련, ③ 고용장려금, ④ 창업지원사업에 한하며, 평가 대상사업은 자치단체 협의 등을 통해 확정</td></tr>
<tr><td>측정 방법</td><td colspan="7">• 산식
('21년 일자리사업 참여인원/'21년 일자리사업 계획인원)×100
* 일자리사업 참여인원은 일모아시스템 입력된 참여자 정보를 기준으로 산출
* 시·군·구 실적은 해당 시·도의 실적에 포함하여 산출
• 목표치: 계획인원 대비 일자리사업 창출·참여인원 달성률 95% 이상
• 평가 대상: 시·도(시·군·구 실적은 해당 시·도의 실적에 포함하여 산출)
• 평가 기준일: 2021.12.31</td></tr>
<tr><td>시스템 구현 서식</td><td colspan="7">자치단체 일자리사업 수행성과(자치단체 자체사업) (단위: 명, %)

| 구분 | 재정 지원 일자리사업 참여인원(A) | 재정 지원 일자리 사업계획인원(B) | 달성률=[(A/B)×100] |
| 시·도 | | | |

* '21년 일자리사업 계획 대비 달성률에서 소수점 둘째 자리 미만 절사</td></tr>
<tr><td>연계 시스템</td><td colspan="7">연계하지 않음</td></tr>
<tr><td>증빙 자료</td><td colspan="7">참여인원은 일모아시스템 입력된 참여자 정보를 기준으로 산출
단, 사업담당자 착오로 사업관리 연도를 평가 연도와 다르게 입력한 경우 증빙 필요</td></tr>
<tr><td>입력 주체</td><td colspan="2">중앙부처</td><td>입력 주기</td><td>반기(6월, 12월)</td><td>지표변경 여부</td><td colspan="2">변경</td></tr>
<tr><td>문의처</td><td colspan="7">고용노동부 일자리정책평가과 ○○○(☎: 044-202-7232)</td></tr>
</table>

참고문헌

* 참고문헌에 표시된 URL은 2022년 7월 31일 기준으로 확인된 것입니다.

국내 문헌

감사원(2005). 『정책 · 사업의 평가를 위한 성과감사 운영 매뉴얼』. 서울: 감사원.

감사원 평가연구원(2006a). 『JICA 사업평가 가이드라인』. 서울: 감사원 평가연구원.

감사원 평가연구원(2006b). 『공공부문 평가제도 실태 보고서』. 서울: 감사원 평가연구원.

강근복(2008). 정책분석 및 평가에서의 양적 · 질적 연구의 혼합. 『정책분석평가학회보』, 19(4): 43-67.

강정석 · 윤수재 · 정서희(2020). 정부업무평가제도의 현황과 개선방안: 특정평가를 중심으로. 『2020 한국정책학회 동계학술대회 논문집』.

강희우 · 박한준 · 권남호 · 오영민(2018). 『재정성과평가제도 환류방안에 관한 연구』. 한국조세재정연구원.

고용노동부(2021). 『2021년도 자체평가 계획』. 고용노동부.

과학기술정보통신부(2022a). 『2022년도 대학기술경영촉진사업 시행계획』. 과학기술정보통신부.

과학기술정보통신부(2022b). 『2022년도 국가연구개발사업 중간평가 자체평가 지침』. 과학기술정보통신부.

과학기술정보통신부 · KISTEP(2022). 『2021년 국가연구개발사업 상위평가 보고서』. 과학기술정보통신부 · KISTEP.

곽채기 · 박현식(2021). 공공기관 경영평가 지표체계에 대한 형성적 메타평가. 『사회과학연구』, 28(4): 89-112.

교육부(2021). 『2020년 자체평가 결과보고서』. 교육부.

교육부 평생미래교육국(2021). 『2021년 대학의 평생교육체제지원사업 기본계획』. 교육부.

구광모(2003). 정책평가와 프로그램평가의 비교: 우리나라 정부평가정책의 발전방향 모색을 중심으로. 『중앙행정논집』, 17(2): 139-166.

구교준 · 반가운 · 정이윤 · 최현수 · 장한일 · 최정호(2018). 『기본소득으로서 청년수당 효과성 측정을 위한 정책실험 설계 연구』. 서울 연구원 · LAB2050 공동연구.

국무조정실(2021). 『한국의 정책분석: Case Study』. 국무조정실.

국무조정실(2022a). 『정부업무평가백서』. 국무조정실.

국무조정실(2022b). 『2022년도 정부업무평가 시행계획』. 국무조정실.

국무조정실(2022c). 『2022년 정부업무 성과관리 운영지침』. 국무조정실.

국회예산정책처(2007). 『사업평가방법론 연구』. 서울: 국회예산정책처.

국회예산정책처(2005). 『두뇌한국 21사업의 평가와 시사점』. 서울: 국회예산정책처.

권선필(2008). 컴퓨터 활용 질적 자료분석을 통한 행정-정치-경영 담론 분석. 『한국행정학보』, 42(1): 345-364.

권성훈(2020). 국가연구개발사업 예비타당성조사 제도의 현황과 개선방향. 『현안분석』, 제112호. 국회입법조사처.

권지성(2010). 저소득층 자산형성 프로그램에 대한 질적 평가 연구: 서울시 희망플러스 통장 시범사업을 대상으로. 『한국사회복지학』, 62(3): 193-218.

금현섭(2020). 이론기반평가(Theory-Based Evaluation)의 이론적 재조명. 『정책분석평가학회보』, 30(3): 17-41.

기획재정부(2021). 『2021년도 공공기관 경영평가편람』. 기획재정부.

김갑순(2020). 『2020년도 교육부 소관 기타공공기관 경영실적 평가지표 개발』. 교육부.

김경희 외(2016). 『중앙행정기관의 성인지 정책 평가지표 개발 연구』. 여성가족부.

김대영 · 임승완(2021). CIPP 평가 모형의 지향 원칙과 프로그램 평가 표준에 기초한 프로그램 평가 사례 연구. 『Korea Business Review』, 25(4): 67-97.

김도윤(2009). 심의 민주주의의 가능성과 한계. 『한국사회학회 2009 전기 사회학대회 논문집』, 1147-1159.

김명수(2003). 『공공정책평가론』(전정증보판). 서울: 박영사.

김민길 · 김민호 · 조민효(2018). 민간 분야 노인 일자리사업에 대한 질적 정책평가: 논리모형 도출 및 정책 대상자 중심 효과 분석. 『현대사회와 행정』, 28(3): 115-148.

김병주 외(2009). 『대학재정 지원을 위한 포뮬러 지표개발 및 재정운용의 자율성 확대방안 연구』. 한국학술진흥재단.

김우림(2021). 『저출산 대응 사업 분석 · 평가』. 국회예산정책처.

김준한(1999). 정책평가 개념의 재정립. 『한국행정학보』, 33(4): 225-241.

김진오 · 민병욱(2020). 환경영향평가의 시민참여 절차에 관한 해외사례 연구. 『환경영향평가』, 29(5): 363-376.

김형미(2019). 유아교육에서의 구성주의 연구 동향 분석. 『구성주의 유아교육연구』, 6(2): 93-110.

김형아(2019). 정책이 효과성 평가에 중점을 둔 성과감사 발전방안 연구. 『정책분석평가학회보』, 29(4): 211-239.
김호기(2006). 민주화 · 세계화 이후의 대안 민주주의 논의. 신영복 · 조희연(편). 『민주화 · 세계화 이후 한국 민주주의의 대안체제모형을 찾아서』. 서울: 함께 읽는 책.
김호석 · 김종호 · 조을생(2017). 『국가 정책 · 계획 지속가능성 평가체계 개발』. 한국환경연구원
김회성 · 강혜규 외(2020). 『복지전달체계 개편 시범사업 평가 및 모형개발 연구』. 한국보건사회연구원.
김흥주 · 박상철(2018). 소비자제품 안전규제의 효과성 평가와 정책대안 도출: 생활화학제품 분야 전문가 의견조사를 중심으로. 『2018년 한국정책분석평가학회 춘계학술대회 발표논문』.
김희강(2010). 공공성, 사회집단, 그리고 심의민주주의. 『한국정치학회보』, 44(2): 5-27.
노화준(2015). 『정책평가론』(제5판). 서울: 법문사.
라영재(2020). 정책평가의 이론기반평가: 평가원칙과 적용의 실제: 정부업무평가와 공공기관 경영평가 사례를 중심으로. 『정책분석평가학회보』, 30(3): 43-78.
류민정(2020). 성과감사 접근방법의 이론과 적용: 직접일자리사업을 중심으로. 『2020년 한국정책분석평가학회 추계학술대회 논문집』.
류영수(2020). 국가연구개발사업 자체평가의 메타평가. 『정책분석평가학회보』, 30(3): 79-108.
류영수 · 최상옥(2011). 정부지원 산학협력의 성공요인: 구조방정식을 이용한 실증분석. 『한국공공관리학보』, 25(4): 25-52.
류영아(2018). 지방자치단체의 효율성 분석: 전국 69개 자치구를 중심으로. 『정책분석평가학회보』, 28(2): 137-164.
박세경 외(2019). 『2019년 사회서비스 수요 · 공급 실태조사』. 한국보건사회연구원.
박정수(2020). 『해외주요국 공공기관 평가 및 관리방안』. 국회예산정책처.
박홍윤(2014). 『공공조직을 위한 전략적 기획』. 서울: 대영문화사.
박홍윤(2015). 평가학회 및 국제기구의 평가 윤리강령에 대한 내용분석. 『한국거버넌스학회보』, 22(2): 183-208.
박흥식(2018). 비합리성과 정책 평가. 『정책분석평가학회보』, 28(4): 319-339.
박희정(2017). 양질의 데이터에 기반한 정책 및 사업평가를 위한 도전과제. 『정책분석평가학회보』, 27(2): 169-199.
배귀희 · 김권식 · 이광훈(2016). 진입규제의 제3종 오류 분석: 항만용역업 등록규제 사례를 중심으로. 『분쟁해결연구』, 14(2):137-157.
보건복지부(2021). 2021년도 『자체평가계획』.
보건복지부(2022). 『2021년 자체평가 결과보고서』.
서영빈 · 이윤식(2019). 질적 평가연구의 인과성 규명방법 개선을 위한 시론적 연구: 마이

스터고 정책의 물리적 인과관계 규명을 중심으로. 『정책분석평가학회보』, 29(3): 169-196.

서진완 · 윤상오(2007). 정책평가와 정책조정의 변화. 『한국정책과학학회보』, 11(1): 1-31.

손봉수 · 정남지(2000). 『서울시 교통영향평가제도의 공정성 확립 방안』. 서울: 서울시정개발연구원.

송희준(2010). 정책평가문화의 특성과 진화방향: 공공기관평가 제도를 중심으로. 『정책분석평가학회보』, 20(4): 13-36.

신민철 · 박성문(2018). 『지자체 대상 평가제도, 자치분권 관점에서 전략적 통합관리 · 불합리한 지표 개선 필요』. 서울연구원.

신열(2019). 정책분석평가 실제에서의 평가이론 적용. 『정책분석평가학회보』, 29(4): 317-342.

심동철(2019). 참여모니터링&평가(PM&E)의 지방자치단체 도입 가능성 탐색. 한국조세재정연구원. 『공공기관과 국가정책: 2권 성과관리 · 평가』. 한국조세재정연구원

심준섭(2019). 정책분석평가의 다각화: 양적 방법과 질적 방법의 결합. 『정책분석평가학회보』, 29(2): 143-166.

안국찬(2016). 우리나라 정책평가 결과 활용 연구에 관한 비판적 고찰. 『정책분석평가학회보』, 26(3): 223-244.

안문석(2021). 구성주의 이론 관점에서 본 문재인 정부의 대북정책. 『인문사회 21』, 12(3): 2865-2880.

안선회(2010). 사교육비 경감 정책 평가연구. 고려대학교 대학원 박사학위 논문.

양영조 · 윤성옥(2005). 행정서비스 품질 측정에 있어서 SERVQUAL 모형과 SERVPERF 모형 비교연구. 『사회과학논집』, 24(2): 115-131.

여성정책연구원(2016). 여성가족부 주요 정책 수요조사. 『KWDI Brief』, No. 41.

오수길 · 곽병훈(2013). 질적 평가의 해외 사례 분석과 시사점. 『한국비교정부학보』, 17(3): 273-296.

오연천(2006). 행정학 교육에서의 사례연구. 김광웅 외(편저). 『정책사례연구』. 서울: 대영문화사.

오영민 · 이광희 · 오윤섭 · 이삼열(2017). 『우리나라 정부성과평가제도에 대한 메타평가 연구』. 한국조세재정연구원.

오철호(2017). 제4차 산업혁명과 정책분석평가: 탐색적 문제제기. 『정책분석평가학회보』, 27(4): 177-192.

오철호(2019). 정책분석평가 연구의 두 문화와 혼합방법론: 탐색적 시도에 부쳐. 『정책분석평가학회보』, 29(2): 93-108.

오철호(2020). 프로그램논리모형(이론기반 평가) 제대로 읽기. 『정책분석평가학회보』, 30(3): 1-15.

오현순(2013). 매니페스토 이행과정에서 심의 민주주의 적용 사례 연구: 지자체단체장 공약이행 평가를 위한 주민배심원제 운영 평가. 『시민사회와 NGO』, 11(2): 99-146.

우상규 · 정우열(2015). 자료포락분석(DEA)을 활용한 대학 운영의 효율성 평가: 대학평가 정책의 효과성 진단을 중심으로. 『한국행정논집』, 27(4): 1265-1285.

윤건(2018). 증거를 통하여 정책을 세워라. 『통계의 창』, 22(겨울호).

윤수재(2016a). ODA 사업 평가 및 모니터링 시스템과 성과 간의 관계 분석. 『한국공공관리학보』, 30(4): 113-138.

윤수재(2016b). 『효율적인 통합평가제도 구축을 위한 실태분석 및 개선방안 연구』. 한국행정연구원.

이강훈 · 황해익(2020). 빅데이터를 통해 살펴본 누리과정 평가 담론 분석. 『미래유아교육학회지』, 27(4): 77-109.

이건민(2020). 핀란드 기본소득 실험 이해하기: 배경, 설계, 결과, 평가. 재단법인 바람, 정치경제연구소 대안. 『Alternative Issue Paper』, No. 20. https://alternative.house/alternative-issue-paper-no20

이경래(2020). 시민참여형 평가의 실천적 설계를 위한 연구. 『한국기록관리학회지』, 20(2): 21-40.

이경복 · 윤기찬 · 심미나 · 임종인 · 박태형(2016). SERVQUAL 기법을 이용한 국가 개인정보보호 정책에 대한 국민 인식의 분석. 『정보보호학회논문지』, 26(4): 1037-1055.

이광희(2020). 자체평가 기관대표 성과지표 개발 및 활용 방안. 『KIPA 조사연구』, 35: 56-61.

이광희 · 윤수재(2012). 성과관리와 평가체계의 관계에 대한 비교 연구: 캐나다와 한국 사례를 중심으로. 『행정논총』, 50(1): 37-65.

이국희 · 박소현 · 구본재 · 이미영(2012). 정보화 성과의 사전-사후평가 차이에 관한 사례연구. 『Journal of Information Technology Applications and Management』, 19(2): 59-78.

이석민(2010a). 사회 서비스 사업에 대한 프로그램 이론 주도 평가모형의 적용에 관한 연구: 맞춤형 방문건강관리사업을 중심으로. 『한국정책학회보』, 19(3): 316-340.

이석민(2010b). 임파워먼트 평가(Empowerment Evaluation)에 대한 고찰과 정부업무평가에의 적용 가능성 탐색: 자체평가를 중심으로. 『정책분석평가학회보』, 20(1): 23-53.

이성우(2008). 후기실증주의와 질적 연구 방법의 정책분석 평가 연구에의 적용 가능성. 『정책분석평가학회보』, 18(4): 15-42.

이성우 · 곽병훈 · 오수길(2015). 사회정책 평가에서 질적 평가의 의의와 정합성. 『한국사회정책』, 22(3): 165-196.

이승원 · 김정권 · 서정국(2018). 현행 환경영향평가 제도의 문제점과 개선방안: 실무자적 관점에서 검토. 『Journal of Environmental Science International』, 27(5): 281-289.

이원석(2010). 반응적 평가(Responsive Evaluation)란 무엇인가?『교육평가연구』, 23(3): 569-589.

이원석(2019). CIPP 평가 모형의 지향 원칙과 국내 교육 분야 CIPP 평가 모형 활용 연구 고찰.『교육평가연구』, 32(4): 603-624.

이윤식(2016).『지자체 민원서비스 종합평가 지표개발 연구』. 한국정책학회.

이윤식・윤종현(2013). 시스템평가모형 기반의 정책평가 Frame 개선 연구.『정책분석평가학회보』, 24(1):1-20.

이인섭・금재덕(2007). 성과관리 시행계획(성과계획) 수립 및 평가방법. 국회예산정책처.『사업평가 현안분석』, 제18호.

이정욱(2016). 미국의 정부업무평가제도. 황혜신・조문식,『정부업무평가제도의 운영효과에 관한 연구』. 한국행정연구원.

이정주・장진희(2017) 부패방지시책평가가 공공기관청렴도평가에 미친 영향에 관한 탐색적 연구.『정책분석평가학회보』, 27(2): 1-24.

이정현(2015). 의료기관 평가인증제: 무엇이 문제인가?『복지동향』, 2015.8.

이종수(2018). 정책의 합리성과 권력 그리고 기술: 분석평가의 현재적 과제와 미래 조망.『정책분석평가학회보』, 28(4): 293-317.

전진영・최진영(2014). 국정조사제도의 운영현황과 개선방안.『이슈와 논점』, 제898호. 국회입법조사처.

정성호(2019). 증거기반 정책결정과 성과주의예산에 관한 소고.『KPFIS 인사이트』, 12월호.

정세희・문영규(2013). CIPP 모형을 적용한 사회서비스 평가지표개발에 관한 연구.『한국정책연구』, 13(2): 233-254.

정영주(2014). 지상파방송 디지털 전환 정책 과정평가 연구.『방송통신연구』, 2014(여름호): 41-74.

정일호・이백진・김혜란(2011).『공정한 사회를 위한 인프라 정책이 사회적 형평성 제고 방안: 교통정책이 형평성을 중심으로』. 국토연구원.

조강주・최명성・김명수(2019). 미래형 신산업단지의 사회경제적 평가모형 및 방법을 위한 탐색적 연구.『2019년 한국정책분석평가학회 추계학술대회 발표 논문』.

조동희・윤여준・문성만(2019).『주요 선진국 근로장려금 제도의 영향평가 및 시사점』. 대외경제정책연구원.

조성호(2010). 중앙권한 이양정책의 과정평가에 관한 연구: 참여정부를 중심으로.『한국정책연구』, 10(2): 363-385.

조영철(2009). 예비타당성 조사제도의 문제점과 개선과제.『예산춘추』, 14(봄호): 1-10.

조은아・서지혜・이효영(2018).『2018 꿈의 오케스트라 중기 평가지표 정립연구: 변화이론 기반 거점 사업평가 프레임워크 개발』. 한국문화예술교육진흥원.

주희진・조경훈(2020). 지방자치단체 재정사업평가에 대한 메타평가 연구: 2016~2019년 평가의견을 중심으로. 『국정관리연구』, 15(2): 35-63.
채서일(2003). 『사회과학조사방법론』. 서울: 비앤엠북스.
최경희 · 하세헌(2015). 타운홀 미팅과 심의민주주의: 대전의 도시철도 2호선 타운홀 미팅에 대한 대전지역 언론의 평가를 중심으로. 『한국행정논집』, 27(4): 1215-1242.
최영준 · 구교준 · 고동현(2020). 『솔루션 2050 - 05: 정책실험의 개념과 필요성: 청년 기본소득 지급 실험 모델 제안』. LAB2050.
최준규 · 박지현 · 이병권(2019). 우리나라 환경영향평가 제도의 미래상. 『환경포럼』, 제234호: 1-22.
최진욱(2017). 제4차 산업혁명이 정부 정책분석평가에 미치는 영향에 대한 탐색. 『정책분석평가학회보』, 27(4): 223-246.
충청북도(2020). 『충청북도 성과지표 개발연구』.
하승수(2017). 민주주의는 진전되고 있는가: 신고리5 · 6호기 공론화위원회 활동 평가. 『창작과 비평』, 45(4): 341-351.
한국개발연구원 공공투자관리센터(2021a). 『예비타당성조사 수행을 위한 세부지침 일반부문 연구』. KDI 공공투자관리센터.
한국개발연구원 공공투자관리센터(2021b). 『2021년도 예비타당성조사 보고서: 서울-양평 고속도로 건설사업』. KDI 공공투자관리센터.
한국개발연구원 공공투자관리센터(2021c) 『2021년도 예비타당성조사 보고서: 과천선 급행화 사업』. KDI 공공투자관리센터.
한국문화관광연구원(2018). 『문화 다양성 정책 평가지표 개발 및 시범평가 연구』. 문화체육관광부.
한국정보화진흥원(2018). 『공공데이터 품질관리 매뉴얼 v2.0』. 한국정보화진흥원.
한국정책학회(2014). 『정책사례연구』. 서울: 대영문화사.
한국직업교육학회(2018). CIPP 평가모형을 적용한 특성화고 취업역량강화 프로그램 평가지표 개발. 『직업교육연구』, 37(3): 1-23.
한국행정연구원(2016). 『공공부문 정책사례』. 서울: 대영문화사.
한국행정연구원 정부조직디자인센터(2021). 정부의 행정 활동 · 서비스에 대한 대국민 인식 조사와 조직 · 인력 관리 전략. 『정부 디자인 ISSUE』, 8(2).
한국행정학회 신진학자연구회(2022). 『정책사례연구: 사례야 놀자』. 서울: 윤성사.
한인섭 · 김상윤(2017). 지방공기업 경영평가의 품질 수준 측정: 지방공기업 경영평가의 총괄평가를 중심으로. 『한국사회와 행정연구』, 28(3): 225-249.
홍문숙 · 박채원 · 변수진(2019) 전환주의 평가이론의 탐색: 임파워먼트 평가 개념 및 방법론을 중심으로. 『국제개발협력연구』, 11(1): 39-56.
홍문숙 · 이태주 · 남종민(2019). 국제개발협력 프로그램의 참여적 성과모형 구축연구: 유네스코 브릿지 프로그램의 변화이론 적용의 사례를 중심으로. 『지역발전연구』, 28(1):

79-108.
홍형득(2011). 성과관리와 정책평가 연구의 특성에 관한 네트워크분석. 『정책분석평가학회보』, 21(3): 39-59.
환경부 지속가능발전위원회(2020). 『2020 국가지속가능성 보고서: 국가지속가능발전목표(K-SDGs) 점검 및 지표평가 결과』. 환경부 지속가능발전위원회.
황석원 · 오승환 · 우청원 외(2016). 『R&D 투자 영향평가 기반 구축 및 시범분석』. 과학기술정책연구원.
UNION 리서치(2021). 『2021년도 기상업무 국민만족도 조사 결과: 보고서』. 기상청.

국외 문헌

AEA(2018). *The 2018 AEA Evaluator Competencies*. https://www.eval.org
ACF(Administration for Children and Families), OPRE(Office of Planning, Research and Evaluation)(2010). *The Program Manager's Guide to Evaluation*(2nd ed.). Washington, DC.: OPRE, ACF U.S. Department of Health and Human Services. www.acf.hhs.gov
Alkin, M. C.(1972). Accountability Defined. Evaluation Comment. *UCLA Evaluation Comment*, 3(3): 1-11.
Alkin, M. C.(1991). Evaluation Theory Development II. in McLaughlin, M. & Phillips, D.(eds.). *Evaluation and Education at Quarter Century*. Chicago: University of Chicago Press.
Alkin, M. C., & Christe, C. A.(2006). An Evaluation Theory Tree. in Alkin, M. C.(ed.). *Evaluation Roots*, 12-66. California: Thousand Oaks.
Alkin, M. C., & King, Jean A.(2017). Definitions of Evaluation Use and Misuse, Evaluation Influence, and Factors Affecting Use. *American Journal of Evaluation*, 38(3): 434-450.
Aubel, J.(1999). Participatory Program Evaluation Manual. http://www.Childsurvival.com/features/bookmarks/pemanual.Cfm
Bakken, Lori L.(2018). *Evaluation Practice for Collaborative Growth: A Guide to Program Evaluation with Stakeholders and Communities*. New York. Oxford University Press.
Baldrige Performance Excellence Program(2022). *Baldrige Excellence Builder*. www.nist.gov/baldrige

Bamberger, M., Rugh, J., Church, M., & Fort, L.(2004). Shoestring Evaluation: Designing Impact Evaluations Under Budget, Time and Data Constraints. *American Journal of Evaluation*, 25(1): 5-37.

Bamberger, M., Rugh, J., & Mabry, L.(2006). *Real World Evaluation: Working under Budget, Time, Data, and Political Constraints*. Thousand Oaks, CA: Sage Publications, Inc.

Bertrand, Jane & Tsui, Amy(1995). *Indicators for RH Program Evaluation*. University of North Carolina. http://www.measureprogram.org

Bolinson, Courtney & Mertens, Donna(2019). *A Transformative Evaluation Toolkit for the Impact Investing Sector*. Engineers without Borders Canada. https://comm.eval.org

Bradshaw, J. R.(1972). The Taxonomy of Social Need. in R. Cookson, R. Sainsbury, & C. Glendinning(eds.)(2013). *Jonathon Bradshaw on Social Policy: Selected Writings 1972-2011*. York: University of York.

Burtless, G., & Orr, L. L.(1985). Are Classical Experiments Needed For Manpower Policy? *The Journal of Human Resources*, 21: 607-639.

Campbell, D. T., & Stanley, J. C.(1966). *Experimental and Quasi-Experimental Design for Research*. Chicago: Rand McNally.

Campilan, D.(2000). Participatory Evaluation of Participatory Research. *Forum on Evaluation of International Cooperation Projects: Centering on Development of Human Resources in the Field of Agriculture*. Nagoya, Japan, International Potato Center.

Carden, Fred & Alkin, M. C.(2012). Evaluation Roots: An International Perspective. *Journal of Multi Disciplinary Evaluation*, 8(17): 102-118.

Card, J. J., Greeno C., & Peterson, J. L.(1992). Planning an Evaluation and Estimating It's Cost. *Evaluation & the Health*, 15: 75-89.

CDA(Colorado Nonprofit Association)(2015). Principles and Practices for Nonprofit Excellence in Colorado. https://coloradononprofits.org/download-4th-edition-pp

CDCP(Centers for Disease Control and Prevention)(2005). *Introduction to Program Evaluation for Public Health Programs: A Self-Study Guide*. Atlanta, GA: U.S. Department of Health and Human Services, Centers for Disease Control and Prevention. www.cdc.gov/eval/evalguide.pdf

CES(Canadian Evaluation Society)(2019) *Competencies for Canadian Evaluation Practice*. https://evaluationcanada.ca/txt/2_competencies_cdn_evaluation_practice.pdf

Chen, H. T., & Rossi, P. H.(1989). Issues in the theory-driven perspective. *Evaluation and Program Planning*, 12: 299-306.

Christie, C. A., & Alkin, M. C.(2013). An Evaluation Theory Tree. in Alkin, M. C. *Evalu-*

ation Roots: A Wider Perspective of Theorists' Views and Influences(2nd ed.). Los Angeles: Sage.

Christie, C. A., & Lemire, S. T.(2019). Why Evaluation Theory Should be Used to Inform Evaluation Policy. *American Journal of Evaluation*, 40(4): 490-508.

Clark, H., & Anderson, A. A.(2004). Theories of Change and Logic Models: Telling Them Apart. Presentation at American Evaluation Association Atlanta, Georgia November 2004. https://www.theoryofchange.org

Cohen, L., Manion, L., & Morrison, K.(2018). *Research Methods in Education Eighth edition*. New York: Routledge.

Cooksy, L. J., & Caracelli, V. J.(2005). Quality, Cntext, and Use: Issues in Achieving the Goals of Metaevaluation. *American Journal of Evaluation*, 26: 30-42.

Cook, T. D., & Campbell, D. T.(1979). *Quasi-Experimentation: Design and Analysis for Field Setting*. Houghton: Mifflin.

Cook, T. D., & Shadish, W. R.(1994). Social experiments: Some Developments over the Past Fifteen Years. *Annual Review of Psychology*, 45: 545-580.

Cooper, Susan(2016). *Transformative Evaluation: A Guide to Practice*. The University of St Mark & St John. https://www.marjon.ac.uk

Cousins, J., & Earl, L.(1992). The Case for Participatory Evaluation. *Educational Evaluation and Policy Analysis*, 14(4): 397-418.

Cronbach, L. J.,(1982). *Designing Evaluations Of Educational and Social Programs*. San Francisco, CA: Jossey-Bass.

Cronbach, L. J., Ambron, S., Dornbusch, S., Hess, R., Hornik, R., Phillips, D., Walker, D., & Weiner, S.(1980). *Toward Re-Form of Program Evaluation: Aims, Methods ond Institutional Arrangements*. San Francisco, CA: Jossey-Bass.

Dahler-Larsen, Peter(2017). Theory-Based Evaluation Meets Ambiguity: The Role of Janus Variables. *American Journal of Evaluation*, 39(1): 6-23.

DeGEval-Gesellschaft fur Evaluation e.V.(Evaluation Society)(2009). *Recommendations for Clients of Evaluations: An Introductory Brochure for the Field of Public Administration*. www.degeval.de

Denzin, N. K.(1978). *The Research Act: A Theoretical Introduction to Sociological Methods*. New York: McGraw-Hill.

DG BUDGET, EC. Evaluation Unit(2004). *Evaluating EU Activities: A Practical Guide For The Commission Services*. Luxembourg: Office for Official Publications of the European Communities.

Donaldson, S. I.(2002). Theory-Driven Program Evaluation in The New Millennium. in

Donaldson, S. I., & Scriven, M.(eds.). *Evaluating Social Programs and Problems: Visions For The New Millennium*. Mahwah, NJ: Erlbaum.

Donaldson, S. I., Gooler, L. E., & Scriven, M.(2002). Strategies for Managing Evaluation Anxiety: Toward a Psychology of Program Evaluation. *American Journal of Evaluation*, 23: 261-273.

Dubow, W. M., & Litzer, E.(2019). The Development and Use of a Theory of Change to Align Programs and Evaluation in a Complex, National Initiative. *American Journal of Evaluation*, 40(2): 231-248.

Dye, Thomas R.(2017). *Understanding Public Policy*(15th ed.). New York: Pearson.

EES(European Evaluation Society)(2022). *The EES Evaluation Capabilities Framework*. https://europeanevaluation.org

EFQM(2021). *The EFQM Model: An Overview*. http://www.efqm.org

EuropeAid Co-operation Office, Joint Evaluation Unit(2006). *Evaluation methods for the European Union's external assistance: methodological bases for evaluation Vol. 1*. Luxembourg: Office for Official Publications of the European Communities.

Fetterman, D. M.(1996). Empowerment Evaluation: An Introduction to theory and Practice. in Fetterman, D. M., Kaftarian, S. J. & Wandersman, A.(eds.). *Empowerment Evaluation: Knowledge And Tools for Self Assessment and Acountability*. Thousand Oaks, CA: Sage.

Fetterman, D. M.(2005). Empowerment Evaluation Principles in Practice: Assessing Levels of Commitment. in David M. Fetterman & Abraham Wandersman(ed.). *Empowerment Evaluation Principles in Practice*: 42-72. New York, NY: Guilford Press.

Fitzpatrick, J. L., Sanders, J. R., & Worthen, B. R.(2011). *Program Evaluation: Alternative Approaches and Practical Guidelines*(4th ed.). New York: Pearson.

Frankel, N., & Gage, A.(2007). *M&E Fundamentals: A Self-Guided Minicourse*. USAID. http://www.k4health.org/system/files/M%2526E%20fundamentals_0.pdf

Frechtling, J. A.(2007). *Logic Modeling Methods in Program Evaluation*. San Francisco, CA: John Wiley & Sons, Inc.

Fukuda-Parr, S., Lopes, C., & Malik, K.(eds.)(2002). *Capacity for Development: New Solutions to Old Problems*. New York: UNDP, London: Earthscan Publications, Ltd.

GAO(United States General Accounting Office), Program Evaluation and Methodology Division(1991). Considering the Evaluation's Constraints. *Designing Evaluations*, 19-24.

Garbarino, S., & Holland, J.(2009). *Quantitative and Qualitative Methods in Impact Evaluation and Measuring Results*. UK, DFID. Governance and Social Development Resource Centre(GSDRC).

Goodman, L. A., Epstein, D., & Sullivan, C. M.(2017). Beyond the RCT: Integrating Rigor and Relevance to Evaluate the Outcomes of Domestic Violence Programs. *American Journal of Evaluation*, 39(1): 58-70.

Government of Canada(2022). *Policy on Results: What is Evaluation?*; https://www.canada.ca/en/treasury-board-secretariat/services/audit-evaluation/evaluation-government-canada/policy-results-what-evaluation.html

Grandner, A. L., & Brindis, D. D.(2017). *Advocacy and Policy Change Evaluation: Theory and Practice*. California: Stanford University Press.

Greene, J. C.(1997). Evaluation as Advocacy. *Evaluation Practice*, 18(1): 25-35.

Guba, E. G., & Lincoln, Y. S.(1985). *Effective Evaluation*. San Francisco, CA: Jossey-Bass.

Guba, E. G. & Lincoln, Y. S.(1989). *Fourth Generation Evaluation*. Newbury Park, CA: Sage.

Guerra-López, I. J.(2008). *Performance Evaluation: Proven Approaches for Improving Program and Organizational Performance*. San Francisco, CA.: Jossey-Bass.

Guijt, I.(2014). Participatory Approaches, Methodological Briefs: Impact Evaluation 5. Florence: UNICEF Office of Research.

Hansen, M. B., & Vedung, E.(2010). Theory-Based Stakeholder Evaluation. *American Journal of Evaluation*, 31(3): 295-313.

Harries, E., Hodgeon, L., & Noble, J.(2014). *Creating Your Theory Of Change: Npc's Practical Guide*. NPC(New Philanthropy Capital). https://www.thinknpc.org/wp-content/uploads/2018/07/Creating-your-theory-of-change1.pdf

Harris, H., Brewster, C., & Sparrow, P.(2003). *International Human Resource Management*. CIPD Publishing.

Hause, E. R. & Howe, K. R.(2004). Deliberative Democratic Evaluation. *New Directions for Evaluation*, 85: 3-12.

Heider, C.(2009). *Conceptual Framework for Developing Evaluation Capacities: Building on Good Practice in Evaluation and Capacity Development*. New York: World Bank. http://siteresources.worldbank.org/INTLACREGTOPPOVANA/Resources/Paper_Caroline_Heider_Evaluation_Capacity_Development_Advance.pdf

HM Treasury(2003). *THE GREEN BOOK: Appraisal and Evaluation in Central Government, Treasury Guidance*. London: TSO. www.hm-treasury.gov.uk/d/green_book_complete.pdf

HM Treasury(2020). *Magenta Book: Central Government Guidance on Evaluation*. www.gov.uk/official-documents

HM Treasury Government Social Research Unit(2007). *The Magenta Book: Guidance Notes for Policy Evaluation and Analysis Introduction*(2nd ed.). London: HM Treasury. http://www.civilservice.gov.uk

Hood, Christopher(2010). Can We? Administrative Limits Revisited. *Public Administration Review*, 70(4): 527-534.

Hood, S.(2000). Commentary on Deliberative Democratic Evaluation. *New Directions for Evaluation*, 85: 77-83.

House, E. R., & Howe, K. R.(1998). Advocacy in Evaluation. *American Journal of Evaluation*, 19(1): 233-236.

House, E. R., & Howe, K. R.(2000). Deliberative Democratic Evaluation. in Ryan, K. E. & DeStefano, L.(eds.). *Evaluation As A Democratic Process: Promoting Inclusion, Dialogue, and Deliberation, New Directions for Evaluation*, 85: 3-12. San Francisco, CA: Jossey-Bass.

Hurteau, M., Rahmanian, J., Houle, S., & Marchand, M.(2020). The Role of Intuition in Evaluative Judgment and Decision. *American Journal of Evaluation*, 41(3): 326-338.

James, Cathy(2011). *Theory of Change Review: A Report Commissioned by Comic Relief.* https://www.theoryofchange.org/pdf/James_ToC.pdf

Jones, M., Castle-Clarke, S., Manville, C., Gunashekar, S., & Grant, J.(2013). *Assessing Research Impact: An International Review of The Excellence in Innovation for Australia Trial.* RAND Europe, Cambridge.

Kaplan, R. S., & Norton, D. P.(1996). *The Balanced Scorecard: Translating Strategy into Action.* Boston: Harvard Business School.

Kellogg Foundation(2004a). *Using Logic Models to Bring Together Planning, Evaluation, & Action: Logic Model Development Guide.* W.K. Kellogg Foundation. www.wkkf.org

Kellogg Foundation(2004b). *Evaluation handbook.* W.K. Kellogg Foundation. http://www.wkkf.org

Kellogg Foundation(2014). *Logic Model Development Guide.* W.K. Kellogg Foundation. http://www.wkkf.org

Kellogg Foundation(2017). *The Step-by-Step Guide to Evaluation: How to Become Savvy Evaluation Consumers.* W.K. Kellogg Foundation.

King, Julian(2017). Using Economic Methods Evaluatively. *American Journal of Evaluation*, 38(1): 101-113.

Knaap, Peter van der(1995). Policy Evaluation and Learning: Feedback, Enlightment or Argumentation? *Evaluation*, 1(2): 189-216.

KRA Corporation(1997). *A Guide to Evaluating Crime Control of Programs in Public Housing*. Washington DC.: U.S. Department of Housing and Urban Development, Office of Policy Development and Research. www.ojp.usdoj.gov

Kusek, J. Z., & Rist, R. C.(2004). *Ten Steps to a Results-Based Monitoring and Evaluation System: A Handbook for Development Practitioners*. Washington, DC.: World Bank. www.oecd.org/dataoecd/23/27/35281194.pdf

Kusters, C. S. L. et al.(2011). *Making Evaluations Matter: A Practical Guide for Evaluators. Centre for Development Innovation*. Wageningen University & Research Centre, The Netherlands: Wageningen.

Lam, S., & Skinner, K.(2022). The Use of Evaluability Assessments in Improving Future Evaluations: A Scoping Review of 10 Years of Literature(2008-2018). *American Journal of Evaluation*, 42(4): 523-540.

Linfield, K. J. & Posavac E. J.(2018). *Program Evaluation: Methods and Case Studies*(9th ed.). New York: Routledge.

Madey, D. L.(1982). Some Benefits of Integration Qualitative and Quantitative Methods in Program Evaluation, with Illustration. *Educational Evaluation and Policy Analysis*, 4(2): 223-236.

Markiewicz, A.(2008). The Political Context of Evaluation: What Does This Mean for Independence and Objectivity? *Evaluation Journal of Australasia*, 8(2): 35-41.

Mark, M. M.(2009). Evaluation-Method, Choices, and Pathways to Consequences. in Katherine E. Ryan & J. Bradley Cousins. *The SAGE International Handbook of Educational Evaluation*. SAGE Publications, Inc.

Mason, J.(2002). *Qualitative Researching*(2nd ed.). London: Sage.

Mathison, Sandra, ed.(2005). *Encyclopedia of Evaluation*. London: Sage.

Mayne, J.(2008). Building an Evaluative Culture for Effective Evaluation and Results Management. *ILAC Brief No. 20*. Rome: Institutional Learning and Change(ILAC) Initiative.

McDavid, J. C., Huse, I., & Hawthorn, L. R.(2019). *Program Evaluation and Performance Measurement: An Introduction to Practice*(3rd ed.). London: Sage.

Mertens, D. M.(2009). *Transformative Research and Evaluation*. New York: Guilford Press.

Mertens, D. M., & Amy, T. W.(2019). *Evaluation Theory and Practice: A Comprehensive Guide*(2nd ed.). New York: The Guilford Press.

Morra Imas, L. G., & Rist. R. C.(2009). *The Road to Results, Designing and Conducting Effective Development Evaluations*. Washington, DC: World Bank.

Navem, B., Miech, E. J., & Mosteller, F.(2000). A Rare Design: The Role of Field Trials in Evaluation School Practices. in Stufflebeam, D. L., Madaus, G. F., & Kellaghan, T.(eds.). *Evaluation Models*. Noewell, MA: Kluwer.

Nevo, D.(1981) The Evaluation of a Multi-Dimensional Project. in Lewy, A. & Kugelmass, S.(eds.). *Decision Oriented Evaluation In Education: The Case of Israel, International Science Service*. Philadelphia: International Science Services.

Newcomer, K. E, Hartry, H. P., & Wholey, J. S.(2015). *Handbook of Practical Program Evaluation*(4th ed.). San Francisco: Jossey-Bass.

Noble, James(2019). *Theory of Change in Ten Steps*. NPC(New Philanthropy Capital). http://www.thinkNPC.org

Odera, Erica L.(2021). Capturing the Added Value of Participatory Evaluation. *American Journal of Evaluation*, 42(2): 201-220.

OECD(1997). *In Search of Results: Performance Management from OECD Countries*. Paris: OECD. http://www.oecd.org/dataoecd/11/56/1902957.pdf

OECD(1998). Best Practice Guidelines for Evaluation. *PUMA Policy Brie*, No. 5. http://www.oecd.org/dataoecd/11/56/1902965.pdf

OECD(1999). *Improving Evaluation Practices: Best Practice Guidelines for Evaluation and Background Paper*. Paris: OECD. http://www.oecd.org

OECD(2001). *Evaluation Feedback for Effective Learning and Accountability*. Paris: OECD. http://www.oecd.org/dataoecd/10/29/2667326.pdf

OECD(2004). *Public Sector Modernisation: Governing for Performance, Policy Brief*. Paris: OECD. http://www.oecd.org/dataoecd/52/44/33873341.pdf

OECD(2009). *Glossary of Key Terms in Evaluation and Results Based Management*. Paris: OECD. https://www.oecd.org/dac/evaluation/glossaryofkeytermsinevaluationandresultsbasedmanagement.htm

OECD(2020). *How Can Governments Leverage Policy Evaluation to Improve Evidence Informed Policy Making?: Highlights from an OECD Comparative Study 2020*. OECD. http://www.oecd.org

OECD(2021). *Applying Evaluation Criteria Thoughtfully*. https://www.oecd-ilibrary.org/development/applying-evaluation-criteria-thoughtfully_543e84ed-en

OECD/DAC(2010). *Quality Standards for Development Evaluation*. OECD. https://www.oecd.org/development/evaluation/qualitystandards.pdf

OECD/DAC(2019). *Better Criteria for Better Evaluation: Revised Evaluation Criteria Definitions and Principles for Use*. http://www.oecd.org/dac/evaluation

OMB(2007). *Program Assessment Rating Tool Guidance*, No. 2007-02. http://georgewbush-whitehouse.archives.gov/omb/performance/guidance/part_guidance_2009budget_110

107.pdf

OMB(2018). *Monitoring and Evaluation Guidelines for Federal Departments and Agencies that Administer United States Foreign Assistance.* https://www.whitehouse.gov/wp-content/uploads/2017/11/M-18-04-Final.pdf

OMB(2020). M-20-12 Phase 4 *Implementation of the Foundations for Evidence-Based Policymaking Act of 2018: Program Evaluation Standards and Practices.* https://www.whitehouse.gov/wp-content/uploads/2020/03/M-20-12.pdf

Orr, L. L.(1999). *Social Experiments: Evaluating Public Programs with Experimental Methods.* Thousand Oaks, CA.: Sage Publications.

PACT(2014). *Field Guide for Data Quality Management: Monitoring, Evaluation, Results and Learning Series Publications, Module 2.* Washington, Pact, Inc.

Parasuraman, A., Zeithaml, V. A., & Berry, L. L.(1985). A Conceptual Model of Service Quality and Its Implications for Future Research. *The Journal of Marketing*, 49(4): 41-50.

Patton, M. Q.(2008). *Utilization-Focused Evaluation*(4th ed.). Thousand Oaks, CA.: Sage.

Patton, M. Q.(2012). *Essentials of Utilization-Focused Evaluation.* London: Sage Publications, Inc.

Patton, M. Q.(2015). *Qualitative Research and Evaluation Methods*(4th ed.). Thousand Oaks, CA: Sage.

Patton, M. Q.(2018). Evaluation Science. *American Journal of Evaluation*, 39(2): 183-200.

Patton, M. Q., & Campbell-Patton, C. E.(2022). *Utilization-focused Evaluation*(5th ed.). Thousand Oaks: Sage.

Pattyn, Valérie & Bouterse, Marjolein(2020). Explaining Use and Non-Use of Policy Evaluations in a Mature Evaluation Setting. *Humanities And Social Sciences Communications*, 7(85): 1-9.

PBM SIG(Performance-Based Management Special Interest Group)(2001). *The Performance-Based Management Handbook: Volume 1, Establishing And Maintaining Performance-Based Management Program.* http://www.orau.gov/pbm

PEW & MacArthur Foundation(2014). *Evidence-Based Policymaking: A Guide for Effective Government.* https://www.pewtrusts.org

Popham, W.(1971). An Answer to the Researcher's Dilemma. *Improving College and University Teaching*, 19: 146-148.

Posavac, E. J.(2011). *Program Evaluation: Method and Case Studies*(8th ed.). New York: Prentice-Hall.

Posavac, S. S., Sanbonmatsu, D. M. & Ho, E. A.(2002). The Effects of the Selective

Consideration of Alternatives on Consumer Choice and Attitude-Decision Consistency. *Journal of Consumer Psychology*, 12(2): 203-213.

Preskill, H., & Caracelli, C.(1997). Current and Developing Conceptions of Use: Evaluation Use TIG Survey Results. *American Journal of Evaluation*, 18: 209-225.

Provus, M. N.(1971). *Discrepancy Evaluation*. Berkeley, CA: McCutcheon.

Public Health England(2018). *A Guide to Evaluation of Health and Wellbeing Projects And Programmes*. https://www.gov.uk/government/collections/evaluation-in-health-and-wellbeing

Public Health Ontario(2018) *Focus on: Evaluability Assessment-A Step Model*. Toronto, ON: Queen's Printer for Ontario.

Reichardt, C. S.(2022). The Counterfactual Definition of a Program Effect. *American Journal of Evaluation*, 43(2): 158-174.

Rein, M.(1981). Comprehensive Program Evaluation. in Levine, R. A., Solomon, M. A., Hellstern, G. M., & Wollmann, H.(eds.). *Evaluation Research and Practice*, 132-148. Thousand Oaks, CA.: Sage.

Renger, R. & Titcomb, A.(2002). A Three-Step Approach to Teaching Logic Models. *American Journal of Evaluation*, 23(4): 493-503.

Robyn Bailey EvalResearch Ltd.(2016). *A Précis of the Evaluation Competency Literature: A Working Document*. https://anzea.org.nz

Rogers, P., Hawkins, A., McDonald, B., Macfarlan, A., & Milne, C.(2015). *Choosing Appropriate Designs and Methods for Impact Evaluation*. Australian Government, Department of Industry, Innovation and Science.

Rossi, P. H., Freeman, H. E., & Lipsey, M. W.(2018). *Evaluation: A Systematic Approach* (8th ed.). Thousand Oaks, CA.: Sage.

Roth, Jane(1990). Needs and the Needs Assessment Process. *American Journal of Evaluation*, 11(2): 141-143.

Rubin, Allen(2020). *Program Evaluation: Pragmatic Methods for Social Work and Human Service Agencies*. London: Cambridge University Press.

Russ-Eft, D. & Preskill, H.(2001). *Evaluation in Organizations: A Systematic Approach to Enhancing Learning, Performance, and Change*. Cambridge, MA: Perseus Press.

Ryan, K. & Cousins, J. B.(2009). *The Sage International Handbook of Educational Evaluation*, Thousand Oaks: Sage.

Sanders, J. R., & Nafziger, D. N.(2010). A Basis for Determining the Adequacy of Evaluation Designs. *Journal of Multi Disciplinary Evaluation*, 7(15): 44-78.

Save the Childeren(2012). *Evaluation Handbook*. https://resourcecentre.savethechildren.

net/document/evaluation-handbook

Schiavo-Campo, S.(1999). Performance in the Public Sector. *Asian Journal of Political Science*, 7(2): 75-87.

Schwandt, T. A.(1997). Evaluation as Practical Hermeneutics. *Evaluation*, 3(1): 69-84.

Schwandt, T. A.(2007). Expanding the Conversation on Evaluation Ethics. *Evaluation and Program Planning*, 30(4): 400-403.

Scriven, M.(1969). An Introduction to Meta-Evaluation. *Educational Product Report*, 2(5): 36-38.

Scriven, M.(1974). Pros and Cons about Goal-Free Evaluation. in W. J. Popham(ed.). *Evaluation in Eduaction: Current Applications*. Berkeley, CA: McCutchan.

Scriven, M.(1986). New Frontiers of Evaluation. *American Journal of Evaluation*, 7(1): 7-44.

Scriven, M.(1991). *Evaluation Thesaurus*(4th ed.). Newbury Park, CA.: Sage.

Scriven, M.(1994). Evaluation as a Discipline. *Studies in Educational Evaluation*, 20(1): 147-166.

Shaw, I. F.(1999). *Qualitative Evaluation*. London: Sage.

Smart, J.(2019). *Needs Assessment: Families and Children Expert Panel Practice Resource*. Australian Institute of Family Studies. https://aifs.gov.au

Smith, M. F.(1989). *Evaluability Assessment: A Practical Approach*. Clemson: Kluwer Academic.

Spencer, L., Ritchie, J., Lewis, J., & Dillon, L.(2003). *Quality in Qualitative Evaluation: A Framework for Assessing Research Evidence*. UK: Government Chief Social Researcher's Office. www.natcen.ac.uk

Stake, R. E.(1983). Program Evaluation: Particularly Responsive Evaluation. in Madaus, G. F., Scriven, M., & Stufflebeam, D. L.(eds.). *Evaluation Models*: 287-310. Boston: Kluwer-Nijhoff.

Stern, E.(2015). *Impact Evaluation: A Guide for Commissioners and Managers*. BOND for International Development. https://assets.publishing.service.gov.uk

Stevahn, L., King, J., Ghere, G., & Minnema, J.(2005) Establishing Essential Competencies for Program Evaluators. *American Journal of Evaluation*, 26(1): 43-59.

Stufflebeam, D. L.(1983). The CIPP Model for Program Evaluation. in Madaus, G. F., Scriven, M., & Stufflebeam, D. L.(eds.). *Evaluation Models: Viewpoints on Educational and Human Services Evaluation*: 117-141. Kluwer-Nijhoff: Boston.

Stufflebeam, D. L.(2011). Meta-evaluation. *Journal of Multi Disciplinary Evaluation*, 7(15): 99-158.

Stufflebeam, D. L.(2020). *CIPP Evaluation Model Checklist: A Tool for Applying the CIPP Model to Assess Projects and Programs*. https://wmich.edu/evaluation/checklists

Stufflebeam, D. L. & Coryn, C. L. S.(2014). *Evaluation Theory, Models, and Applications*. San Francisco, CA.: Jossey-Bass.

Stufflebeam, D. L. Madaus, G. F. & Kellaghan, T.(2000). Program Evaluation: A Historical Overview. in D. L. Stufflebeam, G. F. Madaus, & T. Kellaghan(eds.). *Evalutaion Models: Viewpoints on Educational and Human Services Evaluation*(2nd ed.). Boston, MA: Kluwer Academic.

Stufflebeam, D. L. & Shinkfield, A. J.(2007). *Evaluation Theory, Models, and Applications* (1st ed.). San Francisco, CA.: Jossey-Bass.

Suchman, E.(1967). *Evaluative Research*. New York: Russell Sage.

Summa, H.(2001). *Report of the Working Group: Evaluation and Transparency*. White Paper on European Governance. http://ec.europa.eu/governance/areas/group4/report_en.pdf

SUPERU(2017). *Making Sense of Evaluation: A Handbook for Everyone*. https://thehub.swa.govt.nz/assets/documents/V2_Handbook_FINAL-enhanced.pdf

Taylor, A. & Liadsky, B.(2016). *Evaluation Literature Review*. Ontario Nonprofit Network.

Taylor-Powell, E. & Henert, E.(2008). *Developing A Logic Model: Teaching and Training Guide*. University of Wisconsin. http://www.uwex.edu/ces/pdande

Teasdale, Rebecca M.(2019). Evaluative Criteria: An Integrated Model of Domains and Sources. *American Journal of Evaluation*, 42(3): 354-376.

Trevisan, M. S.(2007). Evaluability Assessment from 1986 to 2006. *American Journal of Evaluation*, 28(3): 290-303.

Trochim, W. K.(1998). An Evaluation of Michael Scriven's Minimalist Theory: The Least Theory That Practice Requires. *American Journal of Evaluation*, 19(2): 243-249.

Trochim, W. K.(2006). *An Evaluation Culture*. http://www.Socialresearchmenthods.net/kb/evalcult.Php

UK Evaluation Society(2019). *Guidelines for Good Practice in Evaluation*. http://www.evaluation.org.uk

UNAIDS, MERG(2009). *12 Components Monitoring and Evaluation System Strengthening Tool*. https://www.unaids.org

UNDP(2009). *Handbook on Planning, Monitoring and Evaluating for Development Results*. New York: UNDP. http://www.undp.org/eo/handbook

UNDP(2019). *The Revised UNDP Evaluation Policy*. http://web.undp.org/evaluation/documents/policy/2019/DP_2019_29_E.pdf

UNDP Evaluation Office(2002). *Handbook on Monitoring and Evaluating for Results.* New York: UNDP. www.undp.org/evaluation

UNDP, Independent Evaluation Office(2021). *UNDP Evaluation Guidelines.* http://www.undp.org/evaluation

UNEG(United Nations Evaluation Group)(2005). *Standards For Evaluation in the UN System.* New York: United Nations. http://www.uneval.org/docs/ACFFCA1.pdf

UNEG(2013). *UNEG Handbook for Conducting Evaluations of Normative Work in the UN System.* http://www.uneval.org/document/detail/1484

UNEG(United Nations Evaluation Group)(2016). *Norms and Standards for Evaluation.* New York: UNEG. http://www.unevaluation.org/about

UNEG(United Nations Evaluation Group)(2020). *Ethical Guidelines for Evaluation.* http://www.unevaluation.org/document/detail/2866

UN ESCWA(Economic and Social Commission for Western Asia)(2010). *ESCW Aevaluation policy.* http://www.uneval.org/papersandpubs/documentdetail.jsp?doc_id=669

UNFPA(2004). *Programme Manager's Planning Monitoring & Evaluation Toolkit: Tool Number 4: Stakeholder Participation in Monitoring And Evaluation.* http://www.unfpa.org/monitoring/toolkit/stakeholder.pdf

UNFPA(2019). *Evaluation Handbook: How to Design and Conduct a Country Programme Evaluation at UNFPA.* https://www.unfpa.org/admin-resource/evaluation-handbook-how-design-and-conduct-country-programme-evaluation-unfpa-2019

Unicef/CLEAR(2019). *Embedding Evaluation in Voluntary National Reviews in Africa: A Guide.* New York: UNICEF.

UNICEF Evaluation Office(1991). *Evaluation: A UNICEF Guide for Monitoring and Evaluation-Making a Difference?* New York: UNICEF, Evaluation Office. http://www.unicef.org/reseval/index.html

University of Kansas(2015). Center for Community Health and Development. *Section Participatory Evaluation.* https://ctb.ku.edu

USAID Centre for Development Information and Evaluation(1998). Guidelines for indicator and data quality. *TIPS Number 12.* http://www.dec.org/usaid_eval/#004

USAID, The Food Security and Nutrition Network Monitoring and Evaluation Task Force(2015). *Monitoring and Evaluation Facilitator's Guide.* Washington, DC: The TOPS Program. http://www.thetopsprogram.org

Van Nederpelt, P. & Black, Andrew(2020). *Dimensions of Data Quality.* DAMA NL Foundation. http://www.dama-nl.org

Varone, F., Jacob, S., & Winter, L. D.(2005). Polity, Politics and Policy Evaluation in

Belgium. *Evaluation*, 11: 253-273.

Vedung, E.(1997). *Public Policy And Program Evaluation*. New Bruswick, N.J.: Transaction Publishers.

Voorhis, Patricia Van(1996). *Evaluability Assessment: A Tool for Program Development in Corrections*. National Institute of Corrections. http://citeseerx.ist.psu.edu

Weiss, C. H.(1998). *Evaluation: Methods for Studying Programs & Policies*(2nd ed.). New York: Prentice-Hall, Inc.

What Works Centre for Local Economic Growth(2016). *Guide to Scoring Evidence Using the Maryland Scientific Method Scale*. https://whatworksgrowth.org

WHO(2013). *WHO Evaluation Practice Handbook*. Geneva: WHO Press.

Wholey, J. S.(1979). *Evaluation: Promise and Performance*. Washington, DC.: The Urban Institute Press.

Wholey, J. S.(1983). *Evaluation and Effective Public Management*. Boston: Little Brown and Company.

Wholey, J. S.(2010). Evaluability assessment. in Wholey, J. S., Hatry, H. P., & Kathryn E.(eds.). *Handbook of Practical Program Evaluation*. San Francisco CA.: Jossey Bass.

Widmer, Thomas & Brunold, Herbert(2017). *Evaluation Glossary of the FOPH*. https://www.zora.uzh.ch/id/eprint/144204/

Wilson, James Q.(1973). On Pettigrew and Armor. *The Public Interest*, 31(Spring): 132-134.

World Bank IEG(Independent Evaluation Group)(2007). *IEG Guidelines for Global and Regional Program Reviews*. New York: World Bank IEG. http://www.worldbank.org/ieg/grpp

World Bank IEG(2009). *Independent Evaluation Group, Institutionalizing Impact Evaluation within the Framework of A Monitoring and Evaluation System*. New York: World Bank IEG. http://siteresources.worldbank.org

Worthen, B. R., & Sanders, J. R.(2004). *Program Evaluation: Alternative Approaches and Practical Guidelines*(3rd ed.). Boston: Allyn and Bacon.

Wye, C.(2002). *Performance Management: A Start Where You Are, Use What You have* Guide. Arlington: IBM Endowment for The Business of Government. http://knowledge.fhwa.dot.gov

Yarbrough, D. B., Shulha, L. M., Hopson, R. K., & Caruthers, F. A.(2011). *The Program Evaluation Standards: A Guide for Evaluators and Evaluation Users*(3rd ed.). Thousand Oaks, CA: Sage.

YoungMinds(2020). *Evaluating Participation: A Guide For Professionals*. https://www.youngminds.org.uk

日本 總務省(2010).『政策評価の實施rに關するガイドライン』. https://www.soumu.go.jp/main_content/000152600.pdf

찾아보기

ㅊ

ㅌ

ㅍ

저자 소개

박홍윤(朴洪潤)

- 현 한국교통대학교 행정학부 명예교수
- 한국교통대학교 행정학과 교수(1996~2020)
- 한국교통대학교 기획협력처장/기획연구처장, 교무처장 역임
- 서울대학교 행정학 박사
- 연세대학교 행정학 석사

* 연락처: p5rk96@ut.ac.kr

박규동(朴奎東)

- 현 광운대학교 행정학과 교수
- Univ. of Colorado-Denver, Public Affairs, 행정학 박사
- 서울대학교 행정대학원 행정학 석사
- 서울대학교 농경제학과 졸업

* 연락처: gdpark29@kw.ac.kr

인지
도서출판 대영문화사

개정판

정책평가론
-실제와 사례-

펴낸날 제1판 제1쇄 2012년 1월 30일
제2판 제1쇄 2023년 2월 15일
지은이 박홍윤 · 박규동
펴낸이 임춘환
펴낸곳 도서출판 **대영문화사**
주소 (본사) 사무실: 경기도 고양시 일산서구 주화로 70
우신프라자 307호 (우) 10387)
(본사) 물류센터: 경기도 고양시 일산서구 덕산로
107번길 68-50 (우) 10205)
등록 1975년 12월 26일 제3-16호
전화 (031) 913-3062, (031) 914-3884~5
팩스 (031) 913-3839
홈페이지 http://www.dymbook.co.kr

ISBN 978-89-7644-874-3
값 32,000원